인물로 풀어 쓴

이야기 중국사

The History of the China

이형기 엮어 옮김

머리말

우리가 한때 '중공中共'(중화인민공화국)으로 부르며 적대시했던 중국은 이제 우리나라와는 뗄 래야 뗄 수 없는 밀접한 관계의 이웃 나라가 되었다. 정치, 경제, 사회, 문화 어느 것 하나 우리와 깊이 연관되지 않는 것이 없다.

더구나 오랫동안 중국의 간섭을 받아왔고 중국의 영향을 받아 유교를 숭상하는 우리로서는 중국은 꼭 알아야 할 나라이다. 특히 같은 아시아권의 나라이면서 국경을 마주하고 있는 우리나라로서는 중국의 영향을 무시할 수가 없다. 경제적으로 중국은 우리나라에 막대한 영향력을 행사하고 있으며 북한과 맞서 있는 상황에서 정치적·군사적으로도 밀접한 관계에 놓여 있다.

중국은 이제 어느 나라도 넘볼 수 없는 공룡의 나라로 성장했다. 이 성장의 배경에는 중국의 오랜 역사와 광활한 영토, 그리고 13억이 넘는 인구의 힘이 크게 작용했다. 19세기 들어서 서구 열강의 각축장이 되어 유린을 당하고 많은 상처를 입었지만 이러한 아픔은 중국을 발전시키는 계기가 되었다. 특히 아편 전쟁과 손문孫文(쑨원)에 의한 신해혁명辛亥革命으로 오랜 잠에서 깨어난 중국은 1989년 천안문사태를 겪으면서 이제는 경제대국으로서의 발걸음을 재촉하고 있다.

중국은 오랜 역사를 갖고 있다. 문자로 기록된 것만도 4천년에 이르며 그 이전 신화시대까지 아우르면 7천 년이나 된다. 이처럼

오랜 역사를 갖고 있는 중국은 5천 년 전부터 형성된 고대문명을 현재까지 지속·발전시켜온 저력을 자랑하고 있다. 중국은 한족이 중심을 이루지만 실제로는 56개의 이민족이 뒤섞인 다민족 국가이다.

  이 책은 딱딱한 학문서가 아니다. 중국의 역사를 학문적으로 한 권의 책으로 묶는다는 것은 불가능하다. 이 책은 왕조 시대별로 역사적 사건과 각 나라의 왕들에 대한 정치, 그 시대 인물들에 대한 재미있는 얘기들을 중심으로 엮은 역사서이다. 한 마디로 '인물과 사건으로 엮어 쉽고 재미있게 읽을 수 있는 중국 역사' 이야기이다.

  중국의 역사는 전쟁과 살육의 역사라고 할 정도로 끊임없이 전쟁을 일으켰고 그때마다 무수한 인명이 희생되었다. 형벌도 가혹하고 다양했다. 사람을 삶아 죽이고는 그 국물이나 살점을 먹게 했고, 한 사람을 허리를 자르는 등 다섯 가지 체형에 처하기도 했다. 『사기』를 지은 사마천은 생식기를 자르는 궁형(부형)을 받았다.

  이 책에서는 중국의 역사를 대체로 3기로 분류하여 정리했다.
  1기는 은나라 전반기에서부터 춘추·전국 시대와 진나라가 중국을 통일한 후 유방과 항우가 자웅을 겨루어 유방이 승리를 거두고 한나라를 세울 때까지이다. 이 시기에는 군웅이 할거하던 시대로 중국의 찬란한 문화가 피어나기 시작했다.

2기는 한 고조가 한 왕조를 연 후 '문경지치文景之治'를 구가하던 시대와 촉한, 위, 오가 군웅할거의 양상을 보였던 삼국 시대, 서동진과 남북조 시대, 수·당나라 시대, 송나라 시대를 담아 정리했다. 이때는 씨족제가 붕괴되고 중앙집권적인 통일국가가 형성되는 과도기였으며, 또 귀족제가 무너지고 군주독재체제로 바뀌는 시기였다.

3기는 원나라 시대부터 명·청조를 거쳐 오늘의 중국이 세워지기까지를 서술했다. 이 시기는 서구열강의 침입에 의해 큰 변화를 겪는 소용돌이 속에 군주제가 무너지고 민주적 정치체제로 바뀌는 시기였다. 3기에서는 모택동毛澤東(마오쩌둥)에 의해 강행되었던 '문화대혁명'과 등소평鄧小平(덩샤오핑)에 의해 촉발된 '천안문天安門 사태'도 자세히 언급하였다.

이 책은 읽는 이의 이해를 돕기 위해 각 시대별로 주요 인물들에 대한 간략한 개요를 넣었다.

차례

제1장 맹주들의 군웅할거 • 11

중국의 신화 시대 • 12
　　삼황 · 오제와 요 · 순 시대 • 13
　　미인계에 망한 하夏 왕조 • 19

은殷 · 주周 왕조의 시대 • 23
　　매희 뺨치는 달기와 은殷 왕조의 흥망 • 24
　　서백 창과 여상의 주周 왕조 • 27

춘추春秋 · 전국戰國 시대 • 39
　　춘추오패와 전국칠웅의 패권 다툼 • 40
　　진晉 문공과 경국지색 하희 • 48
　　요리사 전제專諸, 왕을 요리하다 • 58
　　귀곡 선생의 수제자 손빈과 방연의 대결 • 79
　　제가 놓은 덫에 걸린 진秦나라의 재상 상앙 • 85
　　세 치 혀로 대결한 소진과 장의의 합종연횡 • 95
　　아비를 사지로 몰아 넣은 자란子蘭 • 104
　　천하를 사들인 장사꾼 여불위 • 107
　　중국 최초의 황제 진시황의 천하 통일 • 114

통일국가 진나라의 흥망성쇠 • 121
　　삼황 · 오제를 뛰어넘는 시황제 • 122
　　진秦을 묻은 여산릉과 미완의 아방궁 • 127
　　영원한 맞수 유방과 항우의 등장 • 140
　　관중을 향해 달리는 유방과 항우 • 146
　　항우와 범증의 홍문연鴻門宴 갈등 • 157
　　천하에 황제가 둘이 있을 수 없다 • 164

제2장 한漢에서 몽골까지 • 175

최초의 농민출신 황제가 연 한나라 시대 • 176
패현에서 일어난 한漢 왕조 • 177
관상쟁이의 딸 여태후의 시대 • 181
번영의 상징 '문경지치' 시대 • 186
한漢나라를 찬탈한 외척 왕망 • 194
후한後漢과 광무제의 덕치 • 199
나라 망치는 외척과 환관의 횡포 • 207

군웅할거의 삼국시대 • 214
패권을 노리는 세 사람 • 215
불타는 적벽 강의 밤 • 225
제갈공명과 삼국의 멸망 • 232

혼란의 서동진西東晉시대 • 240
사람 젖을 먹여 기른 돼지 • 241
5호 16국과 동진東晉의 흥망 • 247

육조문화를 일으킨 남북조南北朝 시대 • 256
유유劉裕, 남조(송) 시대를 열다 • 257
효자황제 효문제의 북조 시대 • 261

39년 만에 막을 내린 수나라 시대 • 267
아버지와 형을 죽이고 황제가 된 수 양제 • 268
고구려를 깔보았던 수 양제 • 273

중국 역사상 가장 찬란한 황금시대 당唐 • 280
　　야심가 이세민의 천하통일 • 281
　　중국 최고의 성군 당태종 • 285
　　중국 최초의 여황제 측천무후 • 289
　　천하일색 양귀비에 빠진 당 현종 • 296
　　안사의 난과 황소의 난 • 301
　　잠자다가 황제가 된 조광윤 • 310

송나라 시대 문치文治의 오류 • 315
　　요나라에 끌려다닌 송나라 • 316
　　금나라에 짓밟히는 송나라 • 323

제3장 근대화를 향한 몸부림 • 333

몽골족이 세운 원나라 시대 • 334
　　칭기즈칸의 손자 쿠빌라이의 등장 • 335
　　라마교의 유입과 홍건적의 등장 • 340
　　탁발승 주원장 황제가 되다 • 348

신흥왕조 명나라 시대 • 352
　　홍무제와 영락제의 정치 • 353
　　명나라의 목줄을 죄는 세력들 • 361
　　임진왜란과 두 차례의 호란胡亂 • 370
　　자금성에 입성한 역졸 이자성 • 377

서구 열강의 각축장이 된 청淸나라 시대 • 383
어부지리漁父之利로 일어선 청나라 • 384
강 · 옹 · 건 3대가 일군 찬란한 업적 • 389
아편 전쟁과 청의 개항 • 397
청 · 일 전쟁과 강유위의 변법 개혁 • 408
썩은 나라를 수술하는 의사 손문孫文 • 419

이념의 대립장 중화민국 시대 • 426
정체성을 찾으려는 중국인들 • 427
장개석과 모택동의 대결 • 434
대륙에 나부끼는 오성홍기 • 446

중국의 학문과 사상 · 시문학과 서화 • 457
춘추 · 전국 시대의 백가쟁명 • 458
중국의 시문학과 서화 • 467

중국사 연대표 • 485

제 **1** 장

맹주들의 군웅할거

중국의 신화 시대

[주요 인물]

삼황 _ 일반적으로 복희 · 여와 · 신농씨를 가리킨다. 복희는 8괘卦와 글자를 만들었으며 혼인제도를 정하고 어업과 농업을 가르쳤다고 전한다. 여와는 인류를 탄생시킨 여신, 즉 섹스를 가르친 신으로 알려져 있다. 황토를 반죽하여 신들의 아버지인 반고의 모습을 닮은 인간을 만들었다고 한다. 신농은 사람들에게 농경 방법을 가르쳤다고 전한다. 들풀로 의약품을 발명했으며 시장을 열어서 물물교환하는 일도 가르쳤다고 한다.

오제 _ 황제, 전욱, 제곡, 제요, 제순을 가리킨다.

황제 _ 이름이 헌원인 황제黃帝는 염제가 불복하자 맹수들을 훈련시켜 판천벌에서 세 번을 싸운 끝에 승리하고 치우가 난을 일으키자 사로잡아 죽이고 황제가 되었다. 배와 수레를 발명하고 건축술을 고안해 냈다.

요임금 _ 당나라를 개국, 선정을 베풀었다.『사기』는 '요 임금은 하늘과 같은 어진 마음과 신과 같은 지혜를 가졌다. 백성들은 요 임금을 우주처럼 받들었다'고 서술했다.

순임금 _ 우나라를 건국하여 선정을 베풀었다. 효성이 깊고 어진 인물로 요임금의 눈에 들어 요의 두 딸인 아황과 여영을 동시에 부인으로 얻었다. 순의 가정은 일부이처의 상황에서도 큰소리 내지 않고 화목해 천자로 뽑혔다.

우임금 _ 순임금으로부터 천자 자리를 물려받아 하왕조를 건국했다. 신하들에게 생활에 필요한 물건들을 만들게 해 수레, 우물, 술 등을 발명했다. 천하를 돌아다니며 백성들의 생활을 직접 보고 나라를 다스렸으며 도로 건설, 치수 사업 등에 힘썼다.

걸왕 _ 폭군으로 하나라의 마지막 임금. 유시씨의 부족을 침공하여 얻은 전리품인 매희에 빠져 정사는 돌보지 않고 주지육림을 만들어 세월을 보냈다. 상商족의 수령인 탕왕湯王에게 망했다.

매희 _ 주지육림을 만든 걸왕의 애첩. 유시씨有施氏의 딸이라는 설이 있는 그녀는 자신의 조국이 폭군 걸왕에게 망하자 복수심에 하왕조를 무너뜨리려고 걸왕을 방탕으로 몰아넣었다고 전한다.

삼황·오제와 요·순 시대

반인반수의 삼황三皇

우리나라에 단군신화가 있듯 중국 역사에도 건국신화가 있다. 하지만 중국은 세력자들의 전쟁으로 나라가 시작된다는 점이 다르다.

중국의 역사는 삼황三皇·오제五帝에서부터 시작되었다고 역사서는 기록하고 있다.

삼황은 복희씨伏羲氏, 여와씨女媧氏, 신농씨神農氏를 말한다. 역사서에 따라서는 천황씨天皇氏, 지황씨地皇氏, 인황씨人皇氏로 기록되어 있기도 하지만 어디까지나 신화이기 때문에 어느 것도 정확하지가 않다. 정설이 없는 것이다.

복희는 여와와 일란성 쌍둥이 오누이 신으로 우주 구성요소를 팔괘로 구분하여 길흉화복을 점쳐서 미래를 가르쳐 주었다고 한다. 복희는 8괘卦와 글자를 만들었으며 혼인제도를 정하고 어업과 농업을 가르쳤다고 전한다. 복희와 여와의 모습은 신강성에서 발

복희와 여와 상

견된 그림에 따르면 인면사신, 즉 하반신은 뱀으로 얽혀 있으며 복희는 자尺를, 여와는 컴퍼스를 갖고 있다.

여와는 인류를 탄생시킨 여신이라고 전한다. 황토를 반죽하여 신들의 아버지와도 같은 반고의 모습을 본 따 인간을 만들었다고 한다. 복희는 여와의 오빠이지만 남편이기도 했다고 전한다. 신농은 나무를 잘라서 쟁기를 만들고 사람들에게 농경 방법을 가르쳤다고 전한다. 산야초로 의약품을 발명했으며 시장을 열어서 물물교환 하는 일도 가르쳤다고 한다. 신농의 머리는 소이고 몸은 사람으로 되어 있는 반인반수인데 불을 발명했다고 전해지고 있다.

신비의 인물들 오제五帝

오제는 황제黃帝, 전욱, 제곡, 제요, 제순을 일컫는다. 제요帝堯와 제순帝舜은 태평성대로 유명한 요임금과 순임금을 말한다. 역사는 이때를 '요순堯舜 시대'라고 적고 있다.

유웅국의 임금 소전의 아들로 태어난 황제는, 출생 두 달만에 말을 하고 모르는 것이 없을 정도로 총명했다고 전한다. 성은 공손公孫이고 이름은 헌원軒轅이다. 헌원 때에는 이미 신농씨의 세력이 약해져, 제후들이 서로 침략을 일삼고 백성들에게 폭정을 자행하였으나 신농씨는 이것을 징벌할 수 없었다. 제후들 가운데는 헌원과 염제, 동이족의 치우가 경쟁하고 있었는데 헌원이 무기를 고안해 쓰는 방법을 익혀 조공을 바치지 않은 제후들을 징벌했다.

헌원은 염제가 불복하자 맹수들을 훈련시켜 염제와 판천벌에서 세 번을 싸운 끝에 승리했다. 이때 치우가 난을 일으켜 황제의 명령을 어기자 황제는 제후의 군사를 징집하여 탁록벌에서 치우와 싸우게 되었다. 치우는 눈이 네 개이고 손이 여섯 개이고 이마에 뿔이 난 짐승의 모습을 하고 있었다고 한다.

헌원이 치우를 사로잡아 죽이자 백성들은 헌원을 천자로 삼고 신농씨를 대신하여 황제皇帝로 추대했다.

천자가 된 황제는 정치를 잘해 백성들이 편안하고 즐거운 생활을 누렸다. 배와 수레를 발명하고 건축술을 고안해 냈다. 부인 유조에게는 누에치는 법과 옷감 짜는 일을 백성들에게 가르치도록 하였으며 신약을 만들어 질병을 치료토록 했다. 백성들은 황제를 '중국 문명의 개조'라며 성군으로 받들었다. 황제는 25명의 아들을 두었는데 이들이 몇 개의 부족으로 나뉘어져 살면서 씨족사회가 구성되었고 차츰 한족漢族의 조상인 화하족華夏族이 구성되었다. 황제에 이어 전욱, 제곡, 제요, 제순이 차례로 황제가 되었다.

평화의 상징 요순堯舜 시대

황제黃帝가 죽고 그 뒤를 이어 요堯 임금이 천자가 되면서 나라의 면모를 갖추게 되었다. 천자가 된 요임금은 국호를 당唐이라 하였다. 요 임금 역시 선제先帝를 받들어 정치를 잘 했다. 요임금에

요임금

이어 등극한 순舜임금은 국호를 우虞라 하였다.

요와 순은 오제 가운데 가장 정치를 잘해 이 기간을 '요순 시대'라고 한다. 후일 공자孔子는 『상서尙書』라는 책에서 〈요임금의 경전〉과 〈순임금의 경전〉을 첫 권에 수록하면서 두 사람의 치적을 '덕망으로 중국 전체를 통치한 높은 인격을 가진 제왕'이라고 기술했다. 중국의 사가 사마천은 그의 저서 『사기』에서 '요임금은 하늘과 같은 어진 마음과 신과 같은 지혜를 가졌다. 백성들은 요 임금을 우주처럼 받들었다'고 서술했다.

두 임금은 이상적인 선정을 베풀고 백성들을 편안하게 다스려 후세 제왕들이 본받아야 할 인물로 높이 숭앙되었다. 요·순 임금은 모두 검소하였다고 역사는 기록하고 있다. 요 임금은 초가집에서 살았고 소박한 음식을 먹었다고 한다.

요 임금은 재위 중 7년이나 홍수로 황하가 범람하는 재난을 당했다. 이에 곤이라는 사람에게 치수治水를 맡겼으나 실패하고 곤은 우산羽山이란 곳에 추방되어 죽음을 당했다. 곤이 치수에 실패한 이유는 물의 자연스런 흐름을 인위적으로 막으려 했기 때문이며 그가 죽음을 당한 것은 천명天命을 받들지 않고 천제天帝의 식양息壤(저절로 불어나는 흙)을 훔쳐다 홍수를 막았기 때문이라고 전한다.

청빈의 상징 허유와 소부

요임금은 나이가 들자 천자의 대를 이을 후계자를 찾으려고 하였다. 요임금에게는 아들이 있었으나 명석하지 못했다. 신하들로부터 허유許由라는 사람이 어질다는 추천을 받은 요임금은 그를 다음의 천자로 삼겠다고 선언했다. 이 소문을 들은 허유는 기산箕山으로 숨어 버렸다.

"에이 더러워서……."

허유는 못 들을 말을 들었다며 영수 강가에서 더러워진 귀를 씻었다. 이때 나귀에게 물을 먹이러 나왔던 친구 소부巢父가 이 모습을 보고는 귀를 씻은 더러운 물을 나귀에게 먹일 수 없다며 나귀를 끌고 강 상류로 올라가 물을 먹였다고 전한다. 이 고사는 오늘날에도 청렴의 상징으로 받아들여지고 있다. 허유가 죽자 요임금은 그를 기산箕山에 묻고 그의 무덤을 기산공신箕山公神이라 하였다. 이 두 고사高士의 절개와 지조를 이른바 '기산지절箕山之節'이라 한다.

허유에게 천자 자리를 넘겨주려던 계획이 수포로 돌아가자 요임금은 순舜이란 사람이 효성이 깊고 어질다는 소문을 듣고는 시험해 보려고 자기 두 딸인 아황과 여영을 동시에 시집보냈다. 순의 가정은 일부이처의 상황에서도 큰소리 내지 않고 화목했다.

순은 오황의 두 번 째 황제인 전욱의 6세손인데, 아버지 고수는 순의 어머니가 죽자 곧 후처를 얻었다. 순의 아버지는 후처의 말만 듣고 순을 학대하고 새로 얻은 아들 상象만을 총애하였다. 그러나 순은 부모의 말을 거역하지 않았고 이복동생을 사랑했다. 상이 어머니와 짜고 아버지를 꾀어서 순을 두 번이나 죽이려고 하였으나 그때마다 순은 기지를 발휘하여 위기를 모면했다. 계모의 학대

순임금

에도 순은 전과 다름없이 부모에게 효도하였다.
 '이만한 인물이 없다. 집안을 잘 다스리니 나라도 잘 다스릴 것이다.'
 순은 요임금에 의해 30세에 관리로 등용되었으며, 50세에 정치에 직접 나섰다. 순은 요 임금이 붕어하자 61세 때 천자에 올랐다. 요임금 때부터 골치를 썩였던 황하의 범람은 순임금 때에도 계속됐다. 이에 순 임금은 전에 치수 사업을 맡았던 곤의 아들 우禹에게 치수 사업을 맡겼다.
 우는 뛰어난 지혜와 기술, 그리고 13년에 걸친 각고의 노력으로 마침내 치수 사업을 성공적으로 마쳤다. 이 우가 후일 하夏왕조를 세우게 된다.
 순임금은 제위를 자신의 외아들 상균에게 넘겨주지 않고 치수 사업에 성공하고 또 덕망이 가장 높은 우禹에게 물려주었다.

미인계에 망한 하夏 왕조

우의 출생에 얽힌 전설

하夏왕조 역시 현자에게서 현자에게로 양위되는 절차를 밟아 치수에 큰공을 세운 우禹에 의하여 건국되었다. 우는 황제 헌원의 자손으로 기록돼 있으나 역시 전설상의 인물이다.

천자에 오른 우임금은 신하들에게 생활에 필요한 물건들을 만들게 했다. 해중은 수레를 만들고 익은 우물, 의적은 술을 발명했다. 우임금은 천하를 돌아다니며 백성들의 생활을 직접 보고 나라를 다스렸다.

우임금은 회계에서 병사했는데 죽기 전에 우물을 고안해낸 익益에게 자리를 넘겨주었다. 익은 우임금의 3년 상이 끝나자, 우임금의 아들인 계啓에게 양위하고는 기산으로 숨어 들어갔다. 이때부터 하왕조는 자손이 왕위를 승계하는 세습제로 바뀌었다. 하왕조는 제17대 걸왕에 이르러 멸망했다.

주지육림酒池肉林을 만든 요녀 매희

매희妹喜(말희妺喜라고 기록한 책도 있다)는 후대에 나오는 달기와 쌍벽을 이루는 미인이자 음란녀이다. 두 여인은 비슷한 점이 많다. 군주가 전쟁에서 얻은 전리품이라는 점이 그렇고 주지육림酒池肉林을 만들었다는 점도 닮은꼴이다. 임금을 부패하게 만들어 나라를 쓰러뜨렸다는 것도 공통점이다.

하왕조의 마지막 임금인 걸桀은 포악무도한 왕이었다. 그는 무려 53년 간이나 집권했는데, 재위 중 이웃 종족들을 침략하여 재물과 미녀들을 약탈하고 백성들의 고혈을 짜서 궁전과 누각을 크게 지어 백성들의 원성이 하늘을 찌를 듯했다. 유시씨의 부족도 많은 진상품을 바치고 항복했는데 그 가운데 매희妹喜라는 미녀가 있었다.

"매희가 있으니 더 이상 무엇을 탐하랴!"

걸왕은 미모의 매희를 무척 아끼고 사랑했다. 《열녀전과 하걸매희전》에 의하면, 걸왕이 주야로 매희를 껴안고 궁녀들과 질탕하게 놀아댔다고 한다. 걸왕은 매희를 무릎 위에 올려놓고 그녀가 하는 말이라면 모두 들어 주었다. 하루는 걸왕과 매희가 배를 타고 연못가에서 춤을 추는 미녀들을 바라보며 술을 마시고 있었다. 이때 매희가 걸왕에게,

"궁녀들이 일일이 음식과 술을 나르고 시중을 드는 것이 너무 번거롭고 지루하오니 연못에 술을 채우고, 나무로 연못가에 울타리를 쳐서 거기에 비단을 걸쳐놓고 고기안주를 걸어놓게 하여 아무 때나 술을 마시고 안주를 먹도록 하시옵소서."

하고 간청했다. 이렇게 해서 만들어진 것이 이른바 '주지육림酒

池肉林'이다. 걸왕이 매일 매희를 끼고 앉아 술과 기름진 음식으로 황음과 방탕을 일삼으니 국고가 바닥이 났다. 신하들이 주지육림으로 국고가 바닥났다고 간하였으나 걸왕은 들은 체도 하지 않았다. 매희는 주지육림에 그치지 않고 걸왕을 졸라 큰 궁궐을 새로 짓게 하고 궁녀들을 더 뽑아 흥청망청 놀았다.

매희는 사실은 애국자였다는 기록이 보인다. 유시씨_{有施氏}의 딸이라는 설이 있는 그녀는 자신의 조국이 폭군 걸왕에게 망하자 복수심에 하왕조를 무너뜨리려고 이 같은 행동을 하였다고 전한다. 매희는 하나라의 국가 기밀을 빼내 은_殷나라를 세우는데 일조를 하였다는 설도 있다.

걸왕의 학정이 계속되자 자주 상소를 올렸던 이윤_{伊尹}은 도망쳐서 상_商족의 수령인 탕왕_{湯王} 밑으로 들어갔다. 탕왕은 온후하고 관대한 성품으로 백성들을 잘 다스렸다. 탕은 신분이 높은 가문의 후예였다고 한다. 전설에 의하면 신화적 인물인 황제_{黃帝}의 후예라고 하는데 어느 날 거북의 등에 쓰인 예언을 보고 포악한 군주 걸_桀에 대항하여 군대를 일으켰다고도 기록돼 있다. 탕왕은 덕이 높기로 이름이 나 있었다.

"가뭄이 들어 백성들이 굶어죽게 되었으니 어찌 보고만 있을 수 있는가."

그는 비가 안 오자 자신을 희생 제물로 바치는 기우제를 올릴 만큼 정사에 열심이었다고 전한다. 다행히 제사가 끝나기 전에 비가 내려 목숨을 건졌다고 하는데 그는 키가 9척에 뾰족한 머리와 6마디의 팔을 가지고 있으며 몸의 한쪽이 다른 쪽보다 훨씬 큰 모습으로 묘사돼 있다.

탕이 하_夏(기원전 22~18세기)나라를 멸망시키고 세운 나라가 은

殷(기원전 18~12세기)이다. 이로써 하왕조는 470여 년 동안 이어져 오다가 멸망했는데 하왕조가 실재한 나라인지는 아직까지도 밝혀지지 않고 있다. 우왕의 탄생에 전설이 보이듯 하나라도 전설의 나라라는 학설이 지배적이다. 또 17대까지의 왕에 대한 계보도 불분명하고 후대의 기록이 보일 뿐이다.

은殷·주周 왕조의 시대

[주요 인물]

탕왕 _ 하나라에서 망명해온 이윤의 도움으로 은왕조를 건국했다. 신분이 높은 가문의 후예로 온후하고 관대한 성품으로 백성들을 잘 다스렸다. 전설에 의하면 신화적 인물인 황제黃帝의 후예라고도 한다.

주왕 _ 전리품인 미희 달기를 총애한 폭군. 하나라의 걸왕처럼 주지육림에 빠져 정사는 뒷전이었고 조가朝歌에 어마어마한 궁전인 녹대鹿臺를 짓는 등 방탕한 생활로 백성들을 도탄에 빠뜨린다.

달기 _ 매희와 쌍벽을 이루는 음란녀. 유소씨有蘇氏의 딸로 천성이 음탕하여 눈뜨고 볼 수 없는 해괴하고 음탕한 놀이로 주왕과 함께 세월을 보낸다.

서백 창 _ 주周의 제후로 은왕조를 멸하고 주를 건국. 널리 인재를 구하고 있었던 문왕 창은 어느 날 사냥에 나섰다가 위수渭水에서 낚시질을 하고 있는 강태공姜太公(여상呂尙)을 만나 스승으로 모시고 은나라를 치기에 이른다. 선조들의 어진 정치를 본받고 인재를 널리 등용하여 백성들의 신망을 얻었다고 전한다.

여상 _ 서백 창을 도운 위수의 낚시꾼. 동해 바닷가에서 태어나 젊어서는 공부에만 힘쓰고 집안 일에는 전혀 신경을 쓰지 않자 아내는 과거에도 응시하지 않는 그에게 불만을 품고 가출한다. 후일 여상이 출세한 후 만나게 되지만 재결합하지 못한다.

백이·숙제 _ 왕이 되길 거부한 의좋은 형제. 고죽국孤竹國 왕의 아들로 천리天理를 무시하고 세운 주나라를 섬긴다는 것은 수치라며 수양산에 들어가 고사리만을 꺾어 먹고살다가 굶어죽었다.

유왕 _ 걸왕·주왕 못지 않은 폭군으로, 포사를 사랑한 임금. 포사가 웃지 않는 것이 늘 불만이었던 그는 포사를 웃게 하기 위해 여산의 봉화대에 거짓으로 봉화를 올려 그녀의 웃음을 유발하려다 신후의 난으로 나라를 망친다.

포사 _ 유왕과 함께 주나라를 망친 요녀. 한 궁녀가 도마뱀이 지나간 자취를 밟은 후 임신을 해 낳았다는 전설이 있는 여자로, 간신 괵공이 뇌물로 받은 것을 유왕에게 헌납했다고 한다.

매희 뺨치는 달기와
은殷 왕조의 흥망

달기의 음란에 녹은 주왕

달기는 하나라의 매희 못지 않은 미인이자 음란녀였다. 변태적인 여자라는 게 어울릴 것이다. 유소씨有蘇氏의 딸인 그녀는 주왕에게 바쳐진 전리품인데, 그녀의 미모와 음탕한 생활이 결국 나라를 망하게 한다. 주왕은 다양한 감정의 소유자였는데 달기는 주왕의 마음을 읽어내 그를 사로잡았다고 한다. 달기도 매희처럼 복수심을 갖고 있었는지에 대해서는 기록이 없다. 주왕은 미녀 달기에게 빠져 정사를 전혀 돌보지 않았다. 어느 날 달기가 주왕에게 간청했다.

"전하, 좀더 즐거운 음악을 듣고 싶사옵니다."

달기의 소청에 주왕은 신하들에게 음란한 음악을 만들게 하여 밤낮 없이 술과 춤과 노래로 세월을 보내었다. 색정적인 음악을 궁궐에서 부르며 놀았다. 달기도 매희처럼 주지육림을 만들게 해

연못가에서 눈뜨고 볼 수 없는 해괴하고 음탕한 놀이로 세월을 보냈다. 은주왕은 하나라의 걸왕처럼 주지육림에 빠져 정사는 뒷전이었고 백성들에게서 거둬들인 세금으로 조가朝歌에 어마어마한 궁전인 녹대鹿臺를 지었다. 주왕의 방탕한 생활로 백성들은 도탄에 빠졌고 국고가 바닥이 나자 충신의 간언이 잇따랐다. 이럴 때면 주왕의 포악함은 극에 달했다.

"그런 말은 성인聖人이나 하는 것이다! 성인은 심장이 일곱 개의 구멍이 나 있다는데 한 번 보자."

주왕은 쓴 소리를 하는 숙부 비간을 죽여 심장을 마구 파헤치는가 하면 정치에 관해 비방을 하거나 반대하는 제후나 백성은 잡아다가 '포락의 형刑'을 서슴없이 자행했다. 포락의 형이란 활활 타오르는 숯불 위에 기름을 바른 구리기둥을 여러 개 걸쳐놓고 죄인이 그 위를 맨발로 걸어가게 하는 잔혹한 화형火刑이었다. 포락의 형은 달기가 원해서 생겼다는 기록도 있다.

은나라는 탕이 건국하기 전에 설이 세운 부족이며 은왕조를 세운 탕왕湯王은 설의 14대 손인 천을이라고 전한다. 설은 전설의 임금인 하왕조의 우禹를 도와 치수 사업에 많은 공을 세웠다고 하니 역시 전설의 인물로 볼 수밖에 없다.

하나라에서 망명해온 이윤의 도움으로 은왕조를 건국한 탕왕은 이윤을 재상으로 임명하고 왕도정치를 펼쳤다. 탕왕이 세운 은왕조는 제 30대 주왕紂王 제신帝辛때까지 이어졌는데 주왕을 하나라의 걸왕 못지 않은 폭군이라 하여 중국역사에는 '하걸은주夏傑殷紂(걸주)'라 고 부른다.

은허에서 나온 역사

은나라 청동기

주왕은 후일 망국폭군亡國暴君의 대명사가 되었지만 처음부터 그랬던 것은 아니었다. 어려서 총명하고 무술에도 뛰어났던 그는 즉위 초기에는 동이족을 멸하고 회수淮水와 장강長江 유역에까지 세력을 뻗쳤다. 그러나 오랜 전쟁을 치르는 동안 백성들에게 중세를 부과하고 행궁을 여러 곳에 지으면서 국가 재정이 어려워지고 백성들의 신임을 잃었다. 이로 인해 은왕조는 빠르게 멸망의 늪으로 빠져 들어가고 있었다. 이 무렵 서쪽 변경에서는 주周 민족의 동진이 세력을 키워 은나라를 위협했다.

주周의 제후였던 서백西伯 창昌은 주왕에게 여러 차례 선정을 베풀 것을 간하였으나 주왕은 이를 받아들이지 않고 오히려 창을 잡아서 유리에 감금했다. 간신히 풀려난 서백 창은 폭군 주왕이 민심을 잃어 가는 과정을 지켜보면서 은왕조를 치기로 결심하였다.

서백 창과 여상의 주周 왕조

서백西伯 창昌의 등장

은殷왕조를 멸하고 주周왕조를 건립한 창昌에 대한 입신을 알기 위해서는 그의 시조에 대해 살펴볼 필요가 있다.

주왕조는 요순시대의 후직后稷이 시조로 알려져 있다. 후직의 성은 희姬, 이름은 기棄이다. 그의 어머니 강원姜原(유태씨有邰氏의 딸)이 어느 날 거인의 발자국을 밟은 후 태기가 있어 아들을 낳았다.

후직의 10대손 고공단보가 기산岐山에 나라를 세우고 국호를 주周라 하였다. 고공에게는 장남 태백太伯, 차남 우중虞中, 삼남 계력季歷을 낳았는데 정실부인 태강에게서 낳은 막내인 계력이 총명하여 아버지의 사랑을 받자 장남 태백과 차남 우중은 아버지의 뜻을 알아차리고 남방으로 도망쳐 머리를 깎고 몸에 문신을 새겨 왕이 되기를 포기했다. 계력이 태임이라는 여자를 맞아 창昌을 낳았는데, 창은 범상한 인물이 아니었다. 할아버지 고공은 창의 인물됨을 보고,

태공망 여상

"주나라가 장차 크게 융성할 징조다. 창이 주나라를 흥성케 할 것이다."

라며 창에게 왕위를 물려주기로 결심했다. 고공단보의 뒤를 이은 계력이 죽자 창이 그 자리를 이으니 그가 곧 주 문왕文王이다. 문왕이 즉위하자 은의 주왕은 그를 서백西伯(서쪽의 패자)으로 임명하고 서쪽 변경 지방의 군대를 지휘하게 하였다. 창은 후직, 고공, 공계(부친 계력) 등 선조들의 어진 정치를 본받고 인재를 널리 등용하여 백성들의 신망을 얻었다.

태공망 여상呂尙을 얻다

서백 창의 둘째 아들 단旦이 달기를 훈련시켜 은나라의 주왕에게 미인계로 바쳤다는 야화도 있으나 어디까지나 야화일 뿐 근거가 될만한 기록은 없다. 다만 단이 은나라를 멸하는데 일등공신이었다는 점에서 이 야담은 설득력이 있다.

"사냥을 나가겠노라!"

도읍을 기산에서 풍읍으로 옮긴 문왕 창은 어느 날 사냥에 나섰는데 이것이 주나라의 앞날에 서광이 되었다. 위수渭水에서 주나라가 은나라를 치는데 큰 힘이 된 태공망太公望 여상呂尙을 만난 것이다. 널리 인재를 구하고 있었던 문왕 창은 여상이 예사 사람이 아님을 알고 달려가 스승이 돼달라고 간청했다.

"저의 태조 공께서 일찍이 말씀하시기를 '언젠가 성인이 나타나

주왕조의 문왕과 사당

주나라에 올 것이다'라고 하셨습니다. 당신이야말로 그 사람입니다. 삼가 가르침을 받고자 합니다."

문왕은 여상을 스승으로 영입하여 정사를 맡겼고 여상은 주나라가 천하를 제패하는 데 많은 도움을 주었다.

여상의 이름은 강상姜尙, 호는 태공망이다.

강태공으로 불리는 태공망 여상은 동해 바닷가에서 태어났다. 젊어서는 공부에만 힘쓰고 집안 일에는 전혀 신경을 쓰지 않았다. 비가 와 곡식을 널은 멍석이 떠내려간다고 아내가 소리쳐도 여상은 공부만 하였다. 아내는 과거에도 응시하지 않고 늘 집안에 틀어박혀 공부만 하는 남편에게 지쳐 집을 나가 버렸다. 여상은 매일 위수에 나가 낚시질을 하였다. 그러나 사흘을 밤낮으로 낚시질을 하였으나 한 마리도 잡지 못했다. 여상이 낚싯대를 집어 던지고 화를 내자 밭을 갈던 노인이 여상을 돌아보며,

"그렇게 화를 내지 말고 조금만 더 계속하십시오."

라며 달랬다. 이에 여상이 마음을 가라 앉히고 다시 낚시를 던지자 처음에는 붕어가 나오고 그 다음에는 잉어가 걸려들었다. 잉

어의 배가 유난히 불룩하여 갈라 보니 '장차 제후가 되리라' 는 글이 씌어진 것이 나왔다. 여상을 모셔온 문왕은 태공이 무척 기다렸다 하여 여상에게 '태공망' 이란 호를 내렸다(뒷날 태공망, 혹은 태공은 낚시꾼들을 가리키는 대명사가 되었다).

주왕과 달기의 최후

달기의 최후가 시시각각 다가오고 있었다.

문왕文王 창昌이 여상을 사부師父로 모셔오는 등 다방면으로 국력을 신장시키기 위해 노력하고 있는 중에도 은나라 주왕과 달기의 방탕한 생활은 더욱 심해만 갔다. 대신들은 직간을 하면 포락의 형을 당하거나 죽음을 면치 못하기 때문에 아예 입을 열지 않았다.

주나라는 도읍을 풍읍으로 옮긴 후 창이 죽자 그 아들인 발發이 뒤를 이어 무왕武王으로 즉위했다. 무왕은 왕위에 오르자 선왕이 숙원사업으로 남겼던 은나라 토벌을 위해 착착 준비에 들어갔다. 군사軍師에는 태공망 여상을 앉히고 보좌역에는 동생인 주공周公 단旦을 임명하고 기회를 노리고 있었다. 무왕은 주왕이 있는 동쪽을 향해 한 발 한 발 나아가 즉위 9년에는 세력이 맹진에까지 떨쳤다.

스스로를 태자太子라고 칭한 무왕은 기원전 1052년 여상에게 군사권을 주어 은나라를 향해 진군했다. 은왕조를 멸한다는 의도보다는 무력시위로 주왕에게 겁을 주어 반성시키는 한편 만약의 경우 주나라가 군사를 일으키면 주위의 제후들이 얼마나 호응할 것인가를 점쳐보기 위해서였다.

무왕이 군사를 일으키자 각지에서 8백 제후가 모여들어 뒤를 따르겠다고 맹약했다. 그만큼 은나라 주왕은 제후들의 외면을 당하고 있었던 것이다. 하지만 무왕은 아직 때가 아니라며 철군을 명했다. 무왕이 군사를 돌려 주왕에게 반성의 기회를 주었지만 주왕의 방탕과 학정은 날이 갈수록 심해졌다. 기원전 1050년 무왕은 마침내 제후들에게 일어날 것은 명령했다.

무왕 11년 12월, 무왕은 문왕의 위패를 받들고 병거(전차) 3백 승(1승은 말 네 마리가 끄는 마차 1대을 말함), 사관 3천 명, 군사 5천 명을 이끌고 물밀듯이 은나라로 돌진해 들어갔다. 무왕이 선두에 서고, 여상과 무왕의 동생 주공 단旦 등이 그 뒤를 따랐다. 제후들도 각지에서 무왕에게 동조해 군사를 끌고 나왔다. 맹진에는 제후의 군대가 4백 승의 병거를 끌고 무왕을 맞았다. 무왕은 목야牧野에 진을 쳤다.

은殷은 70만 병력을 자랑하고 있었지만 전혀 싸울 준비가 되어 있지 않았고 임금이 방탕을 일삼아 군사들의 군기가 형편없었다. 주왕은 주나라 군대가 들어왔다는 소식을 듣고 달기를 떼어놓고 독전에 나섰으나 은나라 군사들은 전의를 잃고 무왕의 질풍노도 같은 군대 앞에 추풍낙엽처럼 무너지고 말았다. 은나라 군사들 중 일부는 무기를 버리고 주나라 군대에 귀순했다.

전세가 기울었음을 깨달은 주왕은 목야에서 수도 조가로 달아났다. 무왕의 군사들이 추격의 고삐를 늦추지 않자 주왕은 자신이 축성했던 녹대로 올라가 불을 질렀다. 주왕은 불길에 휩싸였다. 주왕에게 방탕한 생활과 황음을 가르쳤던 달기도 죽음을 당하고 은 왕조는 막을 내렸다.

은주 시대의 술잔

쏟아진 물을 담는 여인

주왕조가 탄생하기까지는 어진 임금과 지혜가 있는 신하의 호흡이 맞은 것이 크게 작용했다. 천자가 된 무왕은 도읍을 풍읍에서 호鎬로 옮기고 태공망 여상에게 제齊나라 땅을 주고 다른 공신들에게도 봉토를 주어 봉건왕조의 기틀을 마련했다. 제후로 봉해진 여상은 임지로 가던 중 낯익은 누추한 차림의 늙은 여인을 보게 되었다. 바로 자기를 버리고 달아난 부인이었다. 태공망 여상은 여인에게,

"고개를 들고 나를 보시오."

하고 말했다. 여인은 고개를 들고 쳐다보다가 호화로운 행차의 주인공이 옛날의 남편임을 알아보고는 조강지처이니 다시 맞아달라고 애원했다. 그러자 여상은 물을 한 그릇을 땅바닥에 쏟았다.

"그 물을 다시 그릇에 담아 보시오."

여인은 물을 쓸어 담으려 하였으나 담아질 리가 없었다. 여상은 여인에게,

"엎질러진 물은 다시 주워 담을 수 없소. 우리의 인연도 이와 같소."

하고는 길을 떠났다.

여상은 많은 명언을 남겼는데 '관리로서 공평하고 결백하며 백성을 사랑하지 않는 자는 참된 관리가 아니다.' '남의 참외밭 가에서 신을 고쳐 신지 않아야 하고 오얏나무 아래에서는 갓을 고쳐 쓰지 않아야 한다'는 명언은 새겨 둘만 하다.

무왕은 은왕조를 멸한 후 이반된 민심을 추스르는데 전력을 다했다. 무왕은 죽기 전에 태자 송誦에게 궐위를 넘겨주었다. 이가

성왕成王이 되었으나 나이가 어려서 주공 단이 7년 동안 섭정을 하였다. 성장하여 단으로부터 정치를 이양 받은 성왕은 어진 정치로 백성들을 편안하게 이끌었고, 강왕康王이 후위에 올라 역시 선정을 베풀었다.

그러나 흥성하던 주왕조도 4대 여왕 시대에 쇠락의 길로 접어들었다. 여왕은 왕실의 세력을 강화 하기 위해 이재에 밝은 이공夷公을 등용하여 수입의 증대를 꾀했으나 이공은 노골적인 착취로 수입을 증대시켜 백성들의 불만이 높았다. 이러한 착취의 학정이 계속되고 내란이 일어나면서 주왕실의 쇠락은 더욱 가속화하였다.

여왕이 자신을 비방하는 자들을 감시하고, 욕하는 사람은 닥치는 대로 처형하자 충신들은 하나 둘 여왕 곁을 떠났다. 제후국들은 주나라를 종주국으로 섬기지 않게 되었고 사신의 왕래도 끊겼다. 그리고 12대 유왕幽王이 즉위하면서 멸망의 징후를 보이기 시작하였다.

포사의 웃음에 망한 유왕

하왕조의 매희와 은왕조의 달기가 주지육림을 만들어 방탕하게 놀면서 나라를 쓰러뜨린 것과는 달리 포사褒似는 웃음으로 주나라를 망하게 한 여인이다. 웃지 않아서 왕을 심란하게 했고 이것이 주나라를 망하게 한 원인이 되었다고 역사는 기록하고 있다.

주나라 유왕幽王(재위기간 기원전 782~771)은 폭군이었다. 술과 여자를 좋아하는 것이 걸주桀紂에 못지 않았다. 절세미인인 포사褒似는 유왕의 후궁이었다. 포사는 용녀의 화신이라고 전해온다. 그녀의 출생은 괴이하고 신비롭다.

유왕의 선대인 선왕宣王 때의 일이다. 선왕先王 말년에 한 궁녀가 도마뱀이 지나간 자취를 밟은 후 임신을 해 40년 만에 여자아이를 낳았다. 도마뱀은 용의 입에서 나온 거품이 변한 요물이었다. 궁녀는 불길한 생각이 들어 아이를 강에 버렸는데 한 사내가 안고는 포성褒城 땅으로 도망쳐 사대라는 홀아비에게 맡겼다. 포성의 조숙대라는 사람이 죄를 지어 떠돌자 포향褒珦이 그의 복직을 상소했다가 투옥되는 사건이 일어났다. 세월이 흘러 사대가 키운 아이는 열 일곱 살이 되었는데 얼굴이며 몸매가 절색이었다. 포향의 아들 흥덕이 어느 날 계집애를 보고는 무릎을 쳤다. 그는 그 길로 사대에게 막대한 돈을 주고 아이를 사서 괵공이라는 대신에게 바치고 아버지를 석방시켰다. 간신 괵공이 이 여자아이를 유왕에게 헌납하니 바로 포사이다.

이러한 출생 배경 때문인지 포사는 한 번도 웃지를 않아 유왕을 우울하게 했다. 포사에게 푹 빠진 유왕은 전혀 국정을 돌보지 않고 포사와 세월을 보냈다. 포사가 웃지 않는 것이 늘 불만이었던 유왕은 그녀의 환심을 사기 위해 왕후인 신후申后와 그녀가 낳은 태자 의구宜臼를 폐하고 포사에게서 난 아들 백복伯服을 태자로 삼았으나 포사는 전혀 웃지를 않았다. 유왕은 처음 포사가 들어왔을 때 신후에게는 비밀로 했는데 나중에 신후가 알고는 아들을 시켜 포사를 두들겨 패주었다. 이 일로 의구는 폐위되고 신후도 궁에서 쫓겨났다. 포사가 장차 임금의 어머니가 되는 데도 웃지를 않자 유왕은 악공들을 불러 가무를 연주케 했다. 그래도 포사는 웃지를 않았다.

주나라 유왕과 포사

"음악도 싫다면 무슨 짓을 해야 네가 웃을 수 있단 말이냐?"
"소첩은 별로 좋아하는 것이 없사옵니다. 다만 시골에 살 때 손으로 비단을 찢은 일이 있는데 그때 기분이 상쾌했사옵니다."

유왕은 궁녀를 시켜 매일 비단을 수십 필씩을 찢게 하였으나 포사는 입만 벙긋할 뿐 여전히 웃지를 않았다. 별 효과도 없이 왕궁의 창고가 비고 이를 채우기 위해 각처로부터 비단을 징발하니 백성들은 도탄에 빠졌다. 포사가 웃지를 않아 더욱 우울해진 유왕에게 괵공이 계책을 올렸다. 여산의 봉화대에 거짓으로 봉화를 올려 제후들이 당황하여 병사를 이끌고 달려오는 모습을 본다면 포사가 웃을 지도 모를 것이라고 간하였다.

봉화가 타오르자 제후들은 오랑캐가 쳐들어온 줄로 알고 군사를 이끌고 여산으로 달려왔다. 그러나 왕궁에서는 아무 일도 일어나지 않고 풍악만 울리고 있을 뿐이었다. 속은 것을 안 제후들과 군사들은 씩씩거리며 군사를 돌렸다. 이 광경을 본 포사가 살짝 미소를 짓자 유왕은 시도 때도 없이 봉화를 올리게 했다. 유왕은 괵공에게 상을 내렸다.

그러나 봉화는 심각한 문제를 불러왔다. 신후申后와 태자를 폐한 것에 대해 원한을 품은 신후申侯 일족이 서쪽의 유목민족인 견융犬戎과 손잡고 반란을 일으켰다. 유왕 11년 반란군은 주나라의 도읍인 호경을 공격했다.

"적군이 쳐들어온다. 어서 빨리 봉화를 올려라!"

유왕의 명령으로 여산에 봉화가 올랐으나 제후들은 달려오지 않았다. 이미 봉화에 속은 제후들은 이번에도 장난이라고 여기고 응하지 않았던 것이다. 양치기 소년의 늑대 우화를 연상케 하는 사건이었다. 개전 10여 일이 지나자 신후 일당은 여궁을 에워쌌다. 유왕은 포사와 백복을 데리고 도주했으나 곧 사로잡히고 말았다. 융주戎主는 유왕과 백복의 목을 베고 포사는 자신의 첩으로 삼았다. 포사는 너무 아름다워서 목숨을 건지게 된 것이다.

신후申侯는 융주로부터 유왕이 죽었다는 보고를 받고 눈물을 흘렸다. 신후는 유왕을 반성케하여 의구를 복위시킬 계획이었는데 일이 커진 것이다. 신후는 유왕을 장사지내고 태자 의구를 내세워 제위를 잇게 했다. 이가 평왕平王이다.

신후 일족은 견융족에게 재물을 주어 보냈으나 이들은 호시탐탐 호경을 노리고 변방에서 재물과 부녀자의 약탈을 일삼았다. 이에 신후는 삼로三路(동로, 북로, 서로)의 힘을 빌어 밀어내고 수도를 낙양으로 옮겼다. 융주에게 끌려가 그의 첩이 된 포사는 신후 일족이 융족을 멸하자 대들보에 목을 매 자살했다.

평왕이 도읍을 낙양으로 옮기기 이전의 시대를 서주西周왕조 시대라 부르고, 기원전 770년 이후 낙양에 수도를 둔 주나라가 기원전 256년 진秦나라에 의해 망할 때까지를 동주東周왕조 시대라 한다. 동주는 다시 춘추春秋와 전국戰國 시대로 나누어진다.

우애가 좋은 백이와 숙제

백이 · 숙제 형제와 수양산 고사리

이 시대의 뛰어난 인물로 백이伯夷와 숙제叔齊를 빼놓을 수 없다. 이들은 고죽국孤竹國 왕의 아들이었다. 아버지는 셋째 아들인 숙제를 총애하여 그에게 왕위를 물려줄 작정이었다. 하지만 아버지가 세상을 떠나자 숙제는 맏형인 백이에게 양위하겠다고 선언했다.

"큰 형님이 계신데 막내인 제가 어찌 그 자리를 잇겠습니까?"

그러나 백이는 완강히 거부했다.

"네가 왕위를 잇는 것이 부왕의 뜻이다. 내가 어찌 아버지의 뜻을 거스를 수 있겠는가."

하고 백이는 국외로 도망쳤다. 그러자 숙제도 끝까지 왕위를 거절하고 형의 뒤를 따라 도망쳤다. 결국 왕위는 둘째아들에게 돌아갔다.

국경을 벗어나 여기저기 방황하던 형제는 나이가 들자 주나라의 서백 창이 노인들을 잘 대접한다는 소문을 듣고 주나라로 향했다. 그러나 막상 주나라에 가보니 서백은 이미 죽었고 그 뒤를 이어받은 무왕이 은나라 주왕을 치기 위해 동쪽으로 떠나려는 참이었다. 백이와 숙제는 주 무왕에게 간언하였다.

"아직 선왕의 장례도 치르지 않고 살육의 전장으로 떠나신다니 그것을 어찌 효孝라 하겠나이까?"

이 말을 들은 무왕이 군사들에게 형제의 목을 치라고 명하자 태공망 여상이 가로막았다.

여상의 도움으로 형제는 목숨을 건지고 그 자리를 떠났다. 시간이 흘러 무왕이 전투에서 은나라를 멸망시키자 천하가 모두 주왕실을 섬겼으나 백이와 숙제는 무왕의 승리를 인정하지 않았다. 형제는 천리天理를 무시하고 세운 나라이니 주나라를 섬긴다는 것은 수치라고 생각했다. 그리고 주나라 곡식을 먹는 것은 배반한 의리를 따르는 것이라며 수양산에 들어가 오로지 고사리만을 꺾어 먹고살다가 굶어죽고 말았다. 백이와 숙제의 이야기는 끝까지 두 임금을 섬기지 않고 충절을 지킨 의인들을 가리키는 표현으로 사용되어, 중국 문화권의 문헌에서 여러 차례 언급된다.

춘추春秋·전국戰國 시대

[주요 인물]

제왕 환공 _ 춘추 오패 중 먼저 패권을 차지한 인물. 포숙아의 도움으로 왕위에 올라 환공이 된다.

진왕 문공(중이) _ 오랜 방랑 끝에 왕이 된 인물. 계모의 음모로 쫓겨나 19년 동안 남의 나라를 전전하다가 문공文公으로 즉위한다.

오왕 합려(광) _ 초나라와의 전쟁에서 숱한 공을 세운 바 있는 왕손으로 오자서와 전제의 힘을 빌어 요왕을 몰아내고 왕이 되었다.

오자서 _ 초나라의 장수였으나 아버지의 원수를 갚기 위해 조국을 떠나 오나라로 망명한다. 광光을 왕위에 올려 원수를 갚지만 광의 아들 부차에게 죽는다.

오왕 부차 _ 합려의 아들로, 아버지가 구천에게 패한 원한을 풀기 위해 장작더미 위에서 자며 칼을 갈아 결국 구천의 항복을 받아내지만 끝내 패한다.

월왕 구천 _ 오왕 부차에게 패하자 참모 범려의 충고를 받아들여 자신은 부차의 종으로 들어가고 아내는 부차의 첩이 된다. 부차의 대변을 핥으면서까지 복수의 기회를 노려 결국 승리를 거둔다.

관중과 포숙아 _ 친구를 상징하는 '관포지교'란 말의 주인공. 관중은 공자 규를, 포숙아는 소백을 왕위에 올리기 위해 대결하는데 결국 포숙아가 이긴다. 하지만 포숙아는 소백(환공)에게 관중을 천거하는 우정을 보인다.

손빈과 방연 _ 귀곡 선생의 제자로 함께 공부하며 의형제를 맺지만 손빈의 재주가 두려운 방연은 그를 불러 간첩죄를 씌우고 다리 병신을 만든다. 마릉 전투에서 대결, 방연이 손빈에게 패해 죽는다.

하희 _ 진陳나라 주림株林 출생으로 소녀채전술을 배워 남자들을 녹인다.

공손앙 _ 법치주의를 내세웠던 개혁자. 위왕의 첩의 아들로 이름은 앙, 성은 공손公孫. 젊은 시절부터 형명학(법률학)을 배워 진 효공에게 중용돼 조정의 개혁을 단행한다.

소진과 장의 _ 귀곡 선생의 제자로 각각 합종론과 연횡론을 주장한 인물.

여불위 _ 진나라 양책 출신의 대상인으로 조나라에 볼모로 잡혀 있는 공자 자초를 알아보고 후원하여 왕위에 올리고 천하를 호령한다.

춘추오패와
전국칠웅의 패권 다툼

관포지교의 뜨거운 우정

제齊나라에 관중管仲(관이오)과 포숙아鮑叔牙라는 청년이 있었다. 친구 사이인 두 사람은 시장에서 장사를 했는데 장사가 끝나면 관중이 포숙아보다 더 많은 돈을 가지고 갔다. 포속아를 좋아하는 사람들이 관중을 헐뜯었다.

"함께 장사를 했는데 왜 관중이 왜 더 가져가는 거요?"

포숙아는 아무렇지도 않다는 듯이 이렇게 말했다.

"관중은 늙은 어머니가 계시고 식구가 많아서 내가 좀 더 주었네."

관중은 비겁하고 약삭빠른 사람으로 소문이 나 사람들의 비난을 받았다. 그럴 때마다 포숙아는 관중을 두둔했다.

이 같은 두 사람의 돈독한 우정은 '관포지교管鮑之交'라는 고사성어를 만들어냈다. 하지만 두 사람은 세상에 나와 한때 정적이 되어 대립한다. 제齊나라 환공桓公을 패자霸者로 만드는 데 한치의 양보도 없는 대결을 벌이게 되는 것이다. 결국 포숙아가 승리하지만 후일 두 사람은 한 군주를 섬기며 우정을 더욱 돈독히 한다.

제나라는 앞서 기술한 것처럼 은나라 주왕을 토벌하고 주나라 창건에 많은 공을 세운 태공망 여상에게 무왕이 봉한 나라로 여상의 13대 후손인 희공이 다스리고 있었다. 제나라는 평야가 넓지 않아서 농업이 부진한 반면 산동 반도의 바다를 끼고 있어서 어업과 염전이 발달했고 이것이 제나라를 부강하게 만드는 원동력이 되었다.

희공은 환공의 아버지이다. 희공僖公은 제아諸兒, 규糾, 소백小白이라는 세 아들을 두었는데 규는 노나라 여자의 몸에서, 소백은 거나라 여자의 몸에서 태어났다. 희공이 죽자 장남 제아가 아버지의 뒤를 이어 왕위에 올랐다. 그가 14대 왕인 양공襄公이다. 양공의 뒤를 이어 소백이 왕이 되니 그가 환공이다. 환공이 왕으로 재위한 것이 기원전 685~642년으로 40여 년의 긴 세월에 이른다.

이복남매 양공과 문강의 불륜

환공의 이야기를 하기에 앞서 폭군 양공의 사생활과 정치 역정을 더듬어 볼 필요가 있다.

제 희공에게는 선강宣姜과 문강文姜이라는 재색을 겸비한 두 딸이 있었다. 선강은 위나라로 출가했지만 문강은 이복오빠인 제아(후일 양공)와 사랑에 빠졌다. 제아는 술을 좋아하는 호색한이었다. 문강이 흘과의 혼담이 깨져 병을 앓게 되자 제아가 자주 문병을 갔다. 이에 희공은 낌새를 채고 송후의 딸을 제아의 처로 삼자 문강은 홧김에 노나라 환공의 청혼을 받아들였다. 세월이 흘렀다. 노 환공이 문강을 데리고 제나라에 간 일이 있었는데 이때 이복남매는 오랫동안 만나지 못했던 운우지정雲雨之情을 뜨겁게 나누었다. 노 환공이 이를 눈치 채고 서둘러 귀국 길에 오르자 양공은 아들 팽생을 시켜 환공을 살해했다. 왕이 시체로 돌아오자 노나라는 제나라에 거세게 항의했다. 이에 제나라에서는 팽생을 죽여서 사죄했다.

그 뒤에도 제 양공은 사냥을 핑계삼아 축구 등지에서 문강을 만나 사랑을 나누었다. 노나라에서는 환공이 죽자 장공이 왕이 되었는데 그는 양공의 씨를 받고 태어난 아들이라고 한다. 문강은 성인인 장공과 양공의 갓난 딸을 혼인시키기로 정혼을 하였다니 나이 차이도 그렇지만 핏줄은 어떻게 되는 것인가. 문강은 제 양공이 죽은 후 자신을 치료하는 어의와 통정하다 해소병으로 죽었다. 노 장공은 어머니 문강의 사전 혼약으로 20년을 기다렸다가 제 양공의 딸 애강哀姜과 결혼했다.

제나라 양공襄公은 이런 사람이다. 본디 지독한 폭군이었던 그는 죄 없는 신하들을 많이 죽였고 여자라고 하면 누구에게나 손을 뻗치고 대신들에게도 아무데서나 무안을 주었다.

그렇게 포악했기 때문에 양공의 동생들은 겁에 질려 부들부들 떨고 있었다. 결국 규는 외가인 노魯로 관중을 데리고 망명했고 소백 역시 스승 포숙아鮑叔牙를 데리고 외가인 거나라로 도망쳤다. 떠나기 전 관중이 포숙아에게 말했다.

"훗날 둘 중의 하나가 왕이 될 것이다. 그때는 우리가 서로를 천거하여 한 임금 밑에서 함께 일하도록 하자."

한편 양공의 정치는 날이 갈수록 포악해졌다.

"양공의 횡포를 더 이상 두고 볼 수가 없다!"

드디어 양공의 사촌동생 무지無知가 연칭連稱, 관지보管至父 등과 함께 들고일어나 양공을 죽이고 군주의 자리에 올랐다. 그러나 무지는 무식해서 지도력이 없었고 양공과 마찬가지로 포악했다. 무지의 정치는 백성들의 신망을 잃고 나라는 무정부 상태가 되었다.

관중에 반한 제 환공

무지가 옹림雍林에 갔다가 앙심을 품은 자에게 살해당하자 대신들은 거나라로 망명한 소백을 왕으로 추대하려 했다. 이와 반대로 노나라 측에서는 공자 규를 왕으로 세우기 위해 호위군을 딸려서 제나라로 보냈다. 관중은 군사를 이끌고 거에서 돌아오는 소백을 칠 준비를 했다. 결국 형제가 맞붙게 되고 친구가 대결하게 된 것이다. 관중과 포숙아는 서로 한 발이라도 먼저 제나라에 도착하려고 각 각 주공을 모시고 부지런히 말을 몰았다.

"소백이 먼저 돌아와서는 안 된다."

관중이 즉묵 땅에서 30리를 지나니 소백 일행이 눈에 들어왔다. 관중은 포숙아에게 규가 서열상 위이니 양보하라고 전했다. 그러자 병력이 막강한 포숙아는 관중에게 각자 섬기는 주공이 다르니 물러가라고 소리쳤다. 군사력이 열세인 관중은 물러나는 체하면서 군사들을 매복시켰다가 소백의 일행이 오는 것을 보고 화살을 날렸다. 소백은 배에 화살을 맞고 수레에서 떨어졌다. 그러나 그가 화살을 맞은 곳은 바로 허리띠의 쇠장식이었다. 소백은 일부러

관중

죽은 척한 것이다.

소백이 죽은 줄 안 관중은 곧 노나라로 사자를 보내 소백을 죽였다는 사실을 보고하고 느긋하게 제나라로 돌아왔다. 그러나 소백의 일행은 이미 6일 전에 제나라에 도착해 고혜의 옹립을 받고 있었다. 소백이 포숙아의 계략에 따라 죽은 것으로 꾸며 영구수레를 타고 먼저 성안으로 들어오자 늦게 도착한 규의 병사와 일대 접전이 벌어졌다. 이 싸움에서 관중은 생포되고 공자 규는 살해되었다.

소백이 형을 꺾고 제나라 환공으로 즉위했다. 환공은 왕위 쟁탈전에서 자신을 없애려 했던 관중을 죽이려고 했으나 공신 포숙아는 천하의 패자가 되려면 관중 만한 사람이 없다며 살려둘 것을 환공에게 간청하였다. 포숙아의 우정에 힘입어 목숨을 건진 관중은 곧 제나라의 재상이 되었다. 환공이 관중에게 물었다.

"나라의 기강을 바로 하고 백성들이 잘 살게 하려면 어떻게 하는 게 좋소?"

환공과 관중은 사흘 밤낮을 국정에 대한 문제로 논의를 했다. 관중이 결론을 말했다.

"백성을 사랑하면 백성은 나라의 어버이인 군주를 섬깁니다. 나라의 이익을 백성에게 나누어주면 백성은 부지런히 일합니다. 백성이 잘 살게 하려면 형벌을 약하게 하고 세금을 감면해야 합니다. 정전법을 실시하여 생산을 높이고 군사는 수를 줄이되 정예주의를 도입하여 변방을 튼튼히 해야 합니다. 화폐를 만들고 소금을 전매제로 하여 국가 예산을 충당하고 전국을 21개 향으로 나누어 정사를 돌보기 편하게 해야 합니다. 인재를 능력에 따라 널리 등용하고 이에 맞는 대우를 해야 합니다."

관중의 정책으로 제나라는 경제적·사회적으로 크게 발전했다. 환공은 관중에게 '중부仲父'라는 칭호를 내렸다. 이때부터 관이오라는 본명 대신 관중으로 불리게 되었다.

환공은 주위 나라를 합쳐 그 수가 30여 개국이나 되었다. 환공은 담나라를 친데 이어 노나라 정벌에 나섰다. 노나라 장수 조말曹沫이 거느린 군사를 세 차례나 무찌르고 수읍 땅을 받기로 하고 화의를 맺었다. 이로써 제 환공이 춘추 오패의 패자가 되니 군주가 된 지 7년만의 일이다.

인육人肉을 먹은 제 환공

환공이 패자로 올랐을 때 사람들은 제나라에 삼귀三貴가 있다고 수군댔다. 수초, 역아, 개방이 삼귀인데 이들은 후일 삼귀三鬼, 혹은 삼괴三怪가 된다. 관중은 이들이 후일 무슨 일을 저지를지 알고 있었기 때문에 죽기 전에 환공에게 가까이 하지 말고 절대로 벼슬을 내리지 말라고 간곡하게 부탁한 일이 있었다. 그런데 환공은 관중이 죽은 후 이들을 등용하였다가 후일 죽어서 장례도 제대로 치르지 못하는 처참한 신세가 된다.

수초는 궁중에 들어올 때 미소년이어서 환공의 총애를 받았다. 항상 환공 곁에서 시중을 들었던 수초가 역아라는 권모술수가 뛰어난 요리사를 천거했다. 어느 날 환공이 역아에게 농담을 했다.

"사람고기는 어떤 맛일까? 자네는 먹어봤는가?"

역아는 대답이 없었다. 그로부터 며칠 후 환공의 수라상에 이상한 고기 반찬이 올라와 먹어보니 참으로 맛이 좋았다.
"무슨 고기인데 이리도 맛이 좋으냐?"
역아는 사람의 고기라고 천연덕스럽게 대답했다. 환공은 역아를 죽이기는커녕 수초처럼 총애했다. 개방은 위나라에서 세자의 신분을 버리고 도망쳐온 인물이다. 삼귀가 어떻게 제나라를 망치는가가 계속된다.

환공에게는 3명의 부인이 있었다. 왕희王姬·서희徐姬·채희蔡姬였다. 이 세 여자들은 모두 자식을 낳지 못했다. 채희는 채나라에서 시집왔는데 어느 날 뱃놀이를 하다가 환공을 놀라게 한 죄로 친정으로 쫓겨났다. 이 일로 제나라와 채나라 사이에 전쟁이 벌어져 채나라가 패해 멸망했다. 환공은 여자를 좋아해 많은 애첩을 거느리고 있었는데, 그 중에서도 부인 대접을 받는 여자들이 6명이나 있었고, 그들은 모두 자식을 낳았다.

장위희長衛姬는 무궤無詭를 낳았고, 소위희少衛姬가 뒷날의 혜공인 원元을 낳았으며, 정희鄭姬는 뒷날의 효공인 소昭를 낳았다. 또한 갈영은 뒷날의 소공인 반潘을 낳았고, 밀희密姬는 뒷날의 의공인 상인商人을 낳았으며, 송화자宋華子는 공자公子 옹雍을 낳았다. 장위희와 소위희는 위 혜공의 딸로 자매간이었다.

"누구를 태자로 삼는 게 좋겠소?"
환공은 관중과 상의해서 정희의 아들 소를 태자로 세우고 송나라 양공에게 그 뒤를 부탁했다. 그런데 일은 뜻대로 되지 않았다. 역아易牙는 일찍이 장위희의 마음을 사고 있었다. 역아는 환공의 마음을 움직여 장위희의 아들인 무궤를 태자로 내세우도록 했다.
관중이 죽은 후 환공은 관중이 생전에 삼귀에게는 절대로 벼슬을 주지 말라고 했던 경고를 무시하고 세 사람을 중용했다. 환공 42년이었다. 환공이 병이 나 눕자 왕위를 노리는 자들 사이에 암투가 벌어졌다. 역아와 수초는 음모하여 환공의 방에 출입금지 팻말을 붙여놓고 일체 출입을 금했다. 환공은 목이 마르고 배가 고팠으나 사람을 만날 수 없으니 뭘 먹을 수가 없었다. 환공은 그렇게 죽었다. 죽기 전에 환공은 관중이야말로 성인이었다는 말을 여러 번 뇌였다. 환공 43년의 10월 을해 날, 환공이 73세로 죽자 제나라는 후계자의 자리다툼이 치열했고 환공의 시체는 67일 동안이나 장례를 치르지 않고 방치해 썩는 냄새가 진동하였다.

"내가 왕이 돼야지. 소에게 왕 자리를 넘겨줄 수는 없어."

송나라에서 돌아온 태자 소와 무궤 사이에 왕위 다툼이 벌어졌다. 무궤파의 세력이 강하자 소는 송나라로 몸을 피했다. 역아는 곧 궁궐 안에 들어가서 수조와 손을 잡고 환공의 애첩들의 안내를 받아 수많은 대부들을 죽이고 공자 무궤를 왕으로 즉위시켰다.

제 환공이 죽은 뒤, 진 문공과 초 장왕 등으로 그 패자가 교체되어갔다. 환공과 문공 사이에는 송 양공이 끼어 패권을 다투었으나, 양공은 초나라와의 싸움에서 상처를 입고 세상을 떠났다. 환공이 죽자 제나라는 차츰 세력을 잃기 시작했다.

진晉 문공과 경국지색 하희

여희의 무서운 음모

진나라 문공이 패권을 차지하기까지에는 참으로 많은 난관이 있었다. 그 방해꾼은 남이 아닌 가족이었다. 중국뿐만 많은 나라의 왕위 쟁탈전에는 왕비를 비롯한 여자들이 끼여들어 남자들을 조종하고 주도권을 장악했다. 그것은 여자가 왕자를 낳았기 때문이다.

진나라에도 매희나 달기 같은 전리품이 하나 들어왔다. 여희驪姬라는 절세미인이다. 그녀는 달기나 매희처럼 음탕한 여자는 아니었지만 야심이 많고 독한 여자였다. 진나라는 문공의 아버지인 헌공獻公 때부터 기틀을 잡기 시작하였다. 헌공은 여융驪戎을 멸하고 주변의 약소국들을 장악했는데 이때 얻은 여자가 여희이다. 헌공은 여희 말고도 여희의 동생 소희少姬도 함께 얻었는데 여희를 특히 사랑했다. 7년 후 여희는 아들을 낳았다. 즉위 12년이었다. 헌공은 그를 해제奚齊라 이름지었다.

헌공은 세자 시절 이미 견융이 바친 두 여자로부터 아들 중이重

耳와 이오夷吾를 얻었고 소모와의 사이에 낳은 신생申生을 궁 밖에 두고 있었다. 헌공은 진 무공이 죽자 신생을 태자로 봉했었으나 총애하는 여희가 해제를 낳자 똑똑한 세 아들은 거들떠보지도 않고 해제에게 나라를 물려주려고 마음먹었다. 여희도 은근히 욕심을 냈다. 하지만 이 무렵 여희는 헌공보다는 미소년 시와 비밀리에 통정을 하고 있었다.

"태자 신생은 곡옥으로 가라!"

헌공은 해제를 태자로 봉하기 위해 신생은 곡옥으로 보내고 중이와 이오는 각 각 포와 굴을 맡아 다스리게 했다. 여희의 계략에 따라 변방으로 멀리 쫓아보낸 것이다. 그러나 신생은 얼마지 않아 여희의 모함에 걸려 자살하고 말았다.

어느 날 여희는 신생에게 생모인 제강의 사당에 제사를 지내라고 명했다. 신생은 제사가 끝난 후 제사 음식을 아버지 진 헌공에게 바쳤다. 헌공이 음식을 먹기 전에 여희가 음식에 독을 넣고는 헌공이 보는 앞에서 독이 들었는지 시험해 본다며 환관에게 주었다. 환관이 거품을 물고 쓰러지자 여희는 신생의 짓이라고 주장했다. 대부 호돌이 신생에게 달려가 피신할 것을 권했으나 신생은 아버지의 명을 받들어 스스로 목숨을 끊고 말았다.

여희는 여기서 그치지 않고 신생의 음모를 중이와 이오도 알고 있었다고 계략을 꾸며 헌공에게 고발했다.

춘추시대의 청동제 창

"그놈들도 한패란 말이냐? 중이와 이오를 잡아오너라!"

헌공이 노발대발했으나 중이는 호모·호언 형제의 도움으로 적나라로 도망쳤다. 조쇠와 개자추 등이 뒤를 따랐다. 이오는 양나라로 달아났다. 헌공은 여희의 소생 해제를 세자로 세웠다. 헌공의 상중喪中이었다. 이극과 비정의 밀명을 받은 자객이 해제를 죽이자 여희는 연못에 몸을 던져 자살했다. 이어 헌공과 소희 사이에서 낳은 9살의 탁희가 제위를 이었으나 역시 이극과 비정에게 죽임을 당했다.

배은망덕한 혜공(이오)

권력을 잡기 위해 지키기 어려운 공약公約을 하고 허리를 굽히는 것은 예나 지금이나 마찬가지이다. 권모술수를 쓰는 것 또한 같다. 일단 권력을 잡고 보자는 게 사람의 심리이다. 권력을 잡고 나면 언제 그랬냐는 듯이 약속이 공약空約이 되는 건 예사고 약속을 손바닥 뒤집듯이 어긴다. 계모의 음모를 피해 양나라로 도망간 이오도 그러한 인물 가운데 한 사람이다. 헌공이 죽자 중이와 이오의 반응은 달랐다. 대신들이 중이에게 돌아올 것을 권했으나, 중이는 왕위를 사양했다. 이때 중이는 43세였다. 이오는 중이에게 나라를 빼앗기지 않으려고 이극에게 자신이 후계자의 자리에 오르는 것을 도와 준다면 분양 땅을 주어 그곳의 영주로 삼겠다고 제의하는 한편 매부인 진秦나라의 목공穆公에게도 자신이 즉위하면 황하 이북의 땅을 주겠다며 지원을 요청했다.

"제가 진나라의 왕이 되면 하서 지방의 다섯 성을 귀국에 바치겠습니다."

목공은 처남에게 병거 3백 승을 주어 귀국을 도와주었다. 이오가 이런 과정을 거쳐 진晉나라의 왕이 되니 그가 곧 혜공惠公이다.

혜공은 즉위하자마자 비정趙鄭을 사자로 삼아 진秦나라에 감사의 뜻을 전했으나 영지를 주겠다던 약속을 일방적으로 파기했다. 혜공 4년, 진晉나라에는 흉년이 크게 들어 나라꼴이 말이 아니었다.

"이 기회에 배은망덕한 혜공을 없앱시다!"

"나는 하늘의 뜻을 거슬러서 이득을 취하지 않는다."

진秦 목공은 혜공을 공격하자는 신하들의 의견을 뿌리치고, 도리어 처남의 나라인 진晉에 식량을 보내 주었다. 이듬해에는 진秦나라에 흉년이 들었다. 전 해 흉년에 진秦나라의 도움을 받았으니 이번에는 진晉에서 구호 양곡을 보내주는 것이 인간으로서의 마땅한 도리였다. 그러나 은혜를 원수로 갚는 일이 일어났다. 진秦나라의 실상을 보고 온 한간韓簡이 공격을 주장하자 진晉 혜공은 이 기회를 이용해 진秦나라 공격에 나섰다.

"이런 배은망덕한 놈이 있나!"

진秦나라 목공은 군사를 일으켜 진晉나라로 쳐들어가서 혜공을 사로잡았다. 그러나 목공은 혜공의 누나가 되는 부인이 상복을 입고 엎드려 간청하는 바람에 혜공을 3개월만에 귀국시키고 태자 자어를 인질로 잡아두었다. 목공은 자기 집안의 여자를 자어의 아내로 삼아주었다.

여복이 많은 진 문공

한편 중이가 적 땅으로 피신한 지 12년이 지났다. 중이는 그 곳에서 계외라는 여자를 만나 아들을 낳고 호의호식하고 있었다. 중이는 여복이 있었던지 이후 두 번이나 더 결혼을 하게 된다.

혜공은 형 중이를 제거할 음모를 꾸몄다. 위험을 느낀 중이는 적 땅을 떠나 다시 제나라로 갔다. 떠나기 전에 중이는 아내 계외를 불러 이렇게 말했다.

"25년이 지나도 내가 돌아오지 않거든 그때는 재혼을 하시오."

제나라에서는 중이를 환대했다. 중이는 환공의 딸 제강을 아내로 맞아 편안한 생활에 안주했다. 중이는 이제 제나라 사람으로 살겠다고 마음먹었으나 환공이 2년 만에 죽는 바람에 버팀목이 없어졌다. 제나라의 왕권 다툼을 지켜본 중이는 정치가 싫었으나 아내 제강은 빨리 돌아가 떳떳한 생활을 하라고 졸랐다. 가신 호언과 조쇠도 동조했다. 그러나 중이는 들은 체를 하지 않았다.

"예쁜 아내가 있고 의식주를 해결하면 됐지 군주의 자리가 무슨 소용이 있단 말이오."

제강은 궁리 끝에 술상을 차려 놓고 중이에게 권주가를 받쳤다.

"이 술잔에 공자의 운명이 달려 있습니다. 이 술은 공자를 전송하려고 차린 것이지만 공자께서 떠나시기 싫다면 많이 드시고 소첩과 밤새 취해 보사이다."

중이는 제강의 말에 기분이 좋아 마음껏 마시고는 쓰러졌다. 얼마나 잤을까. 눈을 떠보니 수레 위였다. 제강이 조쇠를 시켜 술 취한 중이를 수레에 싣고는 제나라를 떠나게 한 것이다. 제강은 제나라에 남았다. 중이 일행은 송나라로 들어섰으나 송나라는 이들을 도와줄 힘이 없다고 거절했다. 하는 수 없이 정鄭나라로 갔으나 정나라는 중이 일행을 무시하고 발도 못 붙이게 했다. 망명길은 멀고도 험했다. 이들은 정나라를 나와 초나라로 향했다. 초나라 성왕成王은 자신이 품고있는 중원진출의 꿈에 중이가 도움이 될 것이라고 판단하고 따뜻이 맞아주었다. 그러나 성왕은 이들을 받아들이기에 앞서 조건을 걸었다.

"그대가 귀국하여 진왕에 오르게 된다면 우리에게 어떻게 보답하겠소?"

중이는 잠시 생각하다가 앞으로 어쩔 수 없이 초나라와 진나라가 싸우게 된다면 삼사三舍(주 : 1사는 30리 정도)를 퇴각하겠다고 대답했다. 진秦나라 목공은 중이가 초나라에 있다는 소식을 듣고는 진나라로 불러들였다.

진晉나라에서는 혜공이 죽자 진秦에 볼모로 잡혀있었던 자어가 회공懷公으로 즉위했다. 회공은 외국에 있는 중이가 두려웠다. 그래서 회공은 중이를 따라 망명간 자들을 귀국시키라고 그 가족들에게 명령을 내렸다. 중이가 망명할 때 따라갔던 호모·호언 형제의 아버지는 이 명령을 지키지 못해 처형당하자 형제는 진晉나라로 진격하기로 했다. 한편 진나라의 대신들은 중이가 귀국하기를 고대하고 있었다.

진秦 목공은 자어가 두고 간 아내 회영과 중이를 결혼시키고 진晉나라 중신에게 사자를 보내 중이를 왕으로 세우라고 통고했다. 진晉나라 대부들은 목공의 뜻에 따라 중이를 진秦나라에서 모셔다가 임금의 자리에 오르게 하였다. 마침내 중이는 19년 동안 남의 나라를 전전하다가 진晉나라로 돌아가서 문공文公으로 즉위하였다. 그의 나이 62세 때였다. 진나라는 이로써 혜공·희공 시대가 지나고 문공의 시대가 열렸다. 문공은 여성과 극예의 반란을 목공의 힘을 빌어 반란군을 진압했다. 문공이 패자가 되는 길은 이처럼 멀고 험했다.

진 문공은 즉위 후 적 땅에 있던 아내 계외와 해후했다. 그녀의 나이 32살이었다. 그 후 제나라에 두고 온 제강도 진나라로 왔다.

춘추 호

회영은 부인의 지위를 두 형님에게 양도하겠다고 말했다. 이에 따라 제강-계외-회영의 순서가 매겨졌다.

초나라 성왕이 송나라를 공격하여 수도 수양을 포위하였다. 이에 송나라는 진晉나라에 원병을 청하였고, 진나라는 거절할 수가 없는 처지에 놓였다. 이때 외삼촌 고범이 답을 내놓았다.

"조曹와 위衛를 공격합시다. 그러면 초楚는 두 나라를 구하기 위해 송宋나라 공격을 포기할 것입니다."

문공은 고범의 말을 듣고 조나라와 위나라의 공격에 나섰다. 초나라는 조나라를 빼앗고 위나라와는 혼인 관계였으므로, 초 성왕은 군대를 철수시키려 하였다. 그러자 초나라 장군 자옥이 강력하게 반대했다. 성왕은 초나라 군대 일부를 자옥에게 주었으나 성복 대전에서 진晉나라군에게 크게 패하고 자결해 버렸다. 문공은 재위 9년만인 기원전 628년에 세상을 떠났다.

한편 초 성왕은 상신商臣을 태자로 삼았고 성왕에 이어 즉위한 상신이 목왕穆王이다. 초 목왕은 약소 국가를 차례로 정벌하여 북진을 시도하다가 재위 14년 만에 죽고, 아들 여侶가 즉위하여 장왕莊王이 되었다. 장왕은 춘추오패의 한 사람이었다. 초 장왕은 계속 북진하여 정나라를 포위하고 항복하라고 설득했다. 정 양공은 석 달 동안 버텼으나 견디지 못하고 항복을 하였다. 이로써 초 장왕은 패자霸者가 되었고 그 뒤 6년 만에 죽었다. 이어 즉위한 공왕共王은 그 뒤 진 여공과의 싸움에서 크게 패하고, 공왕은 눈에 화살을 맞고 도망쳤다. 이때부터 남북으로는 진晉과 초楚, 동서로는 제

齊와 진秦이 버티는 4강국의 시대로 접어들었다.

소녀채전술을 배운 하희

경국지색傾國之色(여색이 나라를 망하게 한다)이란 말이 있다. 미모로 정치인을 좌지우지하고 끝내는 나라를 말아먹는 요부가 경국지색이다. 앞에서 기술한 매희나 달기, 포사 같은 미인이 이에 속한다. 춘추 시대의 초 장왕 시대에 희대의 섹스 스캔들이 일어난다.

하희夏姬는 진陳나라 주림株林에서 정나라 목공의 딸로 태어났다. 하희가 성장하면서 점점 예뻐지자 목공은 정나라에 두면 문제가 생길 것이라고 생각하고 하희를 진陳나라의 공자 하어숙에게 시집보냈는데 거기서 아들 하징서夏徵舒를 낳았다. 하희는 이에 앞서 정목공의 서자로 자신의 이복오빠가 되는 공자 만蠻과 통정했는데 만이 3년 뒤에 죽었다. 그리고 아들 하징서가 열두 살이 되던 해 남편 하어숙도 죽어 과부가 되었다.

'괴이한 일이로다. 무슨 이런 꿈이 다 있담?'

하희가 열다섯 살이 되던 어느 날 밤 꿈에 천상에서 내려왔다는 남자와 동침을 했는데 그때 남자의 정기를 빼앗아 여인의 음기를 북돋우어 주는 비법을 익혔다. 세상 사람들은 이것을 '소녀채전술素女采戰術'이라고 하였다. 이후 그녀와 동침을 한 남자는 즐거움을 극도로 맛볼 수 있지만 여자에게 양기를 빼앗겨 결국 얼마 살지 못하고 죽었다. 반면 그녀는 많은 남자를 겪을수록 더욱 젊어져서 마흔 살이 넘었어도 15세 전후의 젊음과 아름다움을 간직하고 있었다.

하희는 남자를 좋아했다. 과부가 된 그녀는 남편의 친구인 공녕과 동침한 후 의정보와도 관계를 가졌다. 이에 공녕은 질투심에 하희를 진 영공에게 넘겨주었다. 소문을 듣고 하희에게 마음을 두고 있었던 진 영공은 주림의 하희 집에서 난생 처음 경험하는 운우지정을 나누었다.

영공이 돌아갈 때 하희는 정표로 자신의 속옷을 벗어주었다. 다음 날 영공은 공녕과 의정보를 불러놓고 하희의 속옷을 보여주었다. 이후 세 사람이 주림에 가서 하희와 교대로 동침을 했다는 소식이 하징서의 귀에 들어갔다.

'아, 부끄러워 고개를 들고 살 수가 없구나!'

하징서는 하희의 집에서 나가는 영공의 등에 화살을 꽂았다. 공녕과 의정보는 초나라로 도망쳐 하징서가 반란을 일으켰다고 거짓말을 했다. 하징서는 세자 오를 임금에 앉히니 그가 진 성공成公이다. 하희를 탐내고 있었던 초나라의 공족대부 굴무가 장왕에게 진을 칠 것을 간하자 장왕은 진나라로 군사를 몰았다. 하징서와 하희가 끌려왔다. 하희의 미모를 본 초 장왕이 후궁으로 삼겠다고 하자 굴무가 한 나라의 임금이 여색에 빠진다는 것은 망국의 첫발이라며 반대했다. 이에 장왕이 하희를 석방하려 하자 이번에는 공자 측이 아내로 맞겠다고 청했다. 굴무가 샘이 나서 말했다.

"저 여자는 요물입니다. 가까이 하면 화를 입습니다."

결국 하희는 홀아비 연윤 양로에게 넘겨졌고 하징서는 능지처참을 당했다. 초 장왕은 진나라를 차지했다. 하희의 남편 양로는 전장에서 전사해 하희는 다시 과부가 되었다. 하희는 새 남편이 전쟁에 나간 뒤 남편의 전처 아들 흑요와 통정했는데 이 소문이

나돌자 정나라로 달아날 궁리를 하고 있었다. 이를 도와준 사람이 하희에게 눈독을 들이고 있었던 굴무였다. 정나라에 도착한 굴무는 하희와 결혼하여 재미있게 살다가 초나라의 공격이 가해오자 진晉나라로 향했다. 세기의 요부인 하희의 스토리는 일본의 소설가 미야기카니 마사비쓰가 쓴 『하희』와 중국의 『주림야사』라는 소설에 잘 나타난다.

요리사 전제専諸 왕을 요리하다

나는 왕이 되기 싫다

"순서를 어기면서까지 왕위를 이어받지 않겠습니다. 이는 하늘의 뜻을 어기는 일이옵니다."

오나라 왕 수몽壽夢의 넷째 아들 계찰季札은 왕이 되기 싫다며 즉위하지 않고 나라를 떠나 멀리 도망친 인물이다. 요순 시대의 허유나 백이·숙제, 혹은 조선 시대 3대 임금 태종의 둘째 아들 효령대군과 비교되는 인물이다. 하지만 계찰의 왕위 양보가 후일 피바람을 몰고 온다.

기원전 546년 송의 수도에서 14개국의 대부가 참석한 가운데 초나라와 진나라의 평화회담(미병회담)이 열린 후 중원에서 강력한 힘을 갖춘 패자가 나타나지 않았다. 이 무렵 중원 남쪽에서는 오吳나라와 월越나라가 세력을 키우고 있었다. 오나라와 월나라는 오랑캐로 몰려 힘을 쓰지 못하다가 춘추 시대 후기에 등장해 나라 이름이 알려지기 시작했다.

춘추전국시대의 전쟁도

오나라 왕 수몽壽夢은 제번諸樊·여제餘祭·여매餘昧·계찰季札 등 네 아들을 두었는데 막내 계찰이 가장 총명했다.

"내가 죽으면, 계찰을 후사로 삼겠노라."

수몽이 죽음을 앞두고 총애했던 막내 계찰을 후계자로 삼았으나 문제가 생겼다. 수몽의 유언에도 불구하고 계찰은 자신이 막내라는 이유로 끝까지 왕위를 사양했다. 계찰이 즉위를 거절하자 결국 맏아들 제번이 왕위를 계승하게 되었다. 제번은 죽기 직전 아들에게 왕위를 물려주지 않고 동생들에게 차례로 계승한다고 유언했다. 제번에게는 아들이 있었으나, 형제들이 왕위를 순서대로 잇다 보면 부친이 총애한 막내 계찰에게도 차례가 돌아갈 것으로 생각했기 때문이었다(어떤 역사서에는 수몽이 처음부터 4형제가 순서대로 왕위를 이으라고 유언했다고 기록돼 있다).

왕위는 예정대로 여제에게, 다시 여매에게 차례로 이어졌고, 여매가 죽자 왕위를 계승해야 할 계찰이 국외로 도망치는 일이 일어났다. 대신들은 하는 수 없이 전왕인 여매의 아들 요僚를 왕으로 옹립했다. 이에 장자인 제번의 아들 광光이 발끈하고 나섰다.

'내가 장손인데 왜 요가 왕이 되는 거야!'

초나라와 싸워 숱한 전공을 세운 바 있는 광은 언젠가는 자신이 요왕을 몰아내고 왕이 될 계획으로 차근차근 준비를 해나갔다.

며느리 감을 가로챈 평왕

칼을 갈고 있는 광에게 막강한 실력을 갖춘 조력자가 나타났다. 3년 후, 초나라 장수 오자서伍子胥가 오나라로 망명해온 것이다. 공자 광은 그를 참모로 맞이했다.

오자서는 본래 초楚나라 사람이었다. 자서는 자字이고, 이름은 원員이다. 아버지는 오사伍奢, 형은 오상伍尙, 조상 중에는 초 장왕莊王에게 봉사한 오거가 있었다. 장왕에게 직간한 것으로 유명한 사람들이다. 오씨伍氏 집안은 초나라의 명문이었다.

장왕으로부터 5대 뒤의 초나라 평왕에게는 건建이라는 태자가 있었다. 이때 오자서의 아버지 오사가 태부(시종장)로, 비무기費無忌가 소부(부시종장)로 있었는데, 비무기는 악질이었다. 그는 태자와 사이가 좋지 않았다. 평왕은 진秦나라 공주를 태자비로 맞이하기로 하고 비무기를 진나라에 사자로 보냈다. 비무기는 진나라에 가서 공주가 대단한 미인인 것을 알고 평왕의 환심을 사기 위해 급히 귀국해서 평왕에게 이렇게 말했다.

"정말 빼어난 미인입니다. 이런 미인이야말로 당연히 왕께서 차지하셔야지요. 그리고 태자에게는 다른 여자를 주시면 되지 않겠습니까?"

평왕은 그의 권유에 따랐다. 과연 공주가 듣던 대로 마음에 쏙

들어서 각별히 그녀를 총애했다. 머지않아 두 사람 사이에는 진軫이라는 사내아이가 태어났다. 태자에겐 다른 여자를 구해 주었다. 비무기는 처음에는 태자를 돕다가 배신하고 평왕에게 달라붙어서 왕의 측근으로 출세했다. 그러나 일이 이쯤 되고 보니 비무기는 평왕이 죽은 후가 걱정되었다. 태자가 왕위에 오르는 날에는 목숨이 위태롭다고 생각한 그는 평왕에게 태자를 중상 모략하였다.

원래 태자의 어머니는 작은 나라인 채蔡나라 출신이었다. 게다가 평왕이 특별히 사랑하는 것도 아니었다. 비무기가 생각한 대로 왕은 태자를 멀리하게 되었다. 그래서 끝내는 태자를 변경의 성보란 작은 도시로 쫓아내어 국경 수비를 맡겼다. 태자가 성보에 가자 비무기는 얼마 동안 태자의 동정을 살피다가 다시 왕에게 태자를 모함하기 시작했다.

"태자는 왕께서 진秦나라 공주를 가로챈 것을 불평하고 있습니다. 왕께서는 더욱 조심하셔야 합니다. 성보 땅에서 군사를 맡고 있는 것을 계기로 몰래 제후들과 친분을 맺고 있는데, 반란을 일으킬 뜻이 뚜렷하지 않습니까?"

평왕은 태자와 태부 오사를 불러 조사했다. 오사는 비무기가 자신을 헐뜯었다는 것을 알아차리고 왕에게 간하였다.

"터무니없는 말을 믿고 태자를 의심하신다는 말씀입니까?"

그러나 비무기도 필사적이었다.

"내버려두시는 날에는 그들은 반드시 반란을 일으킬 것입니다. 그렇게 되면 폐하의 목숨도 위험하십니다."

그 말을 듣고 평왕은 마침내 이성을 잃고 말았다. 왕은 오사를 가두는 한편, 조정에 불렀던 성보의 사마(군사장관) 분양奮揚에게 명령했다.

"즉시 성보에 달려가서 태자를 죽여 없애라."

분양은 성보로 출발하면서 태자에게 급히 사자를 보냈다.

"태자께서는 목숨이 위험하니 빨리 피신하십시오."

태자 건은 송宋나라로 도망쳤다. 그러자 비무기는 공격 목표를 바꾸었다.

"오사에게는 자식이 둘 있는데 둘 다 대단한 사람입니다. 지금 조처하지 않으면 장차 화근이 됩니다. 아비를 인질로 삼아서 그들을 불러들여 처치하도록 하십시오."

평왕은 비무기의 의견에 따라 옥중의 오사에게 이렇게 말했다.

"두 아들을 불러온다면 너를 살려 주리라. 그렇지 않으면 너를 죽이겠다."

오사는 이렇게 대답했다.

"형인 상尙은 생각이 깊기 때문에 아비의 큰일이라고 한다면 올 것이오. 그러나 아우인 원員(자서)은 성질이 난폭하오. 어떠한 오명을 뒤집어쓰더라도 그것을 참고 견디어 큰 뜻을 이루고 말 것이오. 잡힌다는 것을 알고 있다면 올 애가 아니오."

평왕은 오사의 말을 듣지 않고 그의 자식들에게 출두하라는 명령을 내렸다.

"너희들이 출두하지 않으면 아비를 죽여 버리겠다."

형은 평왕의 명령에 응하려고 했다. 그러나 아우가 말렸다.

"출두하면 아버지를 살려 주겠다는 것은 거짓말입니다. 우리 형제를 놓치면 자기 자신이 위험하기 때문에 아버지를 인질로 삼아 우리들을 잡아들이려는 것입니다. 우리가 출두하는 날이면 우리 부자들은 모두 죽임을 당할 것입니다. 그래서 우선 나라 밖으로 망명해서 힘을 길러 아버지의 무죄를 밝혀야 한다고 봅니다. 우리가 죽으면 원수를 갚을 수가 없습니다."

"우리가 출두한다 하여 아버님을 구할 수 없다는 것은 나도 알고 있다. 하지만 아버님의 목숨이 몹시 위태롭다. 그것을 지금 모르는 척했다가 끝내 원수를 갚지 못하게 될지도 모른다. 그러면 우리는 천하의 웃음거리가 될 것이다. 너는 피신하여 원수를 갚아다오. 너라면 가능하다. 그러나 나는 죽음을 택하겠다."

이래서 오상은 왕의 출두 명령에 따랐다. 사자는 오자서를 잡으러 갔으나 오자서는 태자 건이 있는 송나라에 가서 그를 받들었다. 옥중의 오사는 자기 아들이 망명했다는 소식을 듣자 속으로 기뻤다. 오상이 도읍까지 호송되어 오자 평왕은 곧장 오사·오상 부자를 죽여 버렸다.

오자서와 신초서의 만남

오자서는 송나라에 망명했으나, 송나라에서는 우연히 화씨華氏의 난(정나라의 원공은 믿음이 없었고 공자와 대부들을 죽였기 때문에 화씨가 반란을 일으켰다)이 일어났기 때문에, 그는 태자 건과 함께 이웃나라인 정鄭나라로 피했다. 그들은 정나라에서 정중한 대우를 받았으나 그곳에 오래 머물지는 않고 곧장 큰 나라인 진晉나라로 옮겨갔다. 왕의 소환에 응하지 않고 각지를 전전하다가 오나라로 향한 오자서는 오나라의 힘을 빌려 초나라를 징벌한다는 계획을 세웠다.

오자서가 오나라에 오기까지에는 어려움이 많았다. 도중에 병에 걸려 편작(중국의 명의)의 제자인 동고공의 도움으로 생명을 건

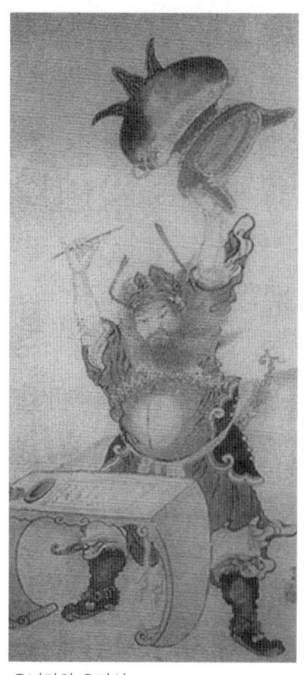
오나라의 오자서

졌고, 걸식을 한 일도 있었다. 오자서는 송나라를 지나다가 팔배지교(아주 돈독한 사이)를 맺은 장군 신포서申包胥를 만났다. 오자서가 초나라를 치기 위해 망명길에 올랐다고 하자 신포서는 이렇게 답했다.

"그대가 초나라를 멸하겠다면 나는 반드시 초나라를 지키겠네."

오자서는 오추 땅에서 힘이 장사인 전제專諸를 만나 의형제를 맺었다. 오자서의 사정을 듣고 난 전제는 태호泰湖라는 호숫가에서 3개월 동안 생선 요리법을 익혔다. 오나라에 도착한 오자서는 광光이 오왕 요를 제거할 마음을 품고 있다는 것을 알아차리고는 장사 전제를 광의 수하에 들어가 심복이 되게 하였다.

'이번 기회에 오왕 요를 죽여야한다. 기회는 두 번 오지 않는다!'

4월 병자 날, 공자 광은 요왕을 자기 집의 연회에 초대하고 지하실에 무장한 군사들을 숨겨 두었다. 한편 요왕 쪽에서도 경계를 게을리 하지 않았다. 길가에는 병사들을 배치하여 삼엄한 경계를 폈다. 또한 연회석을 물론이고 정문이며 계단, 방문 등 왕궁에서 광의 집까지 모두 측근들이 경비했다. 그들은 단검을 손에 잡고 왕의 양쪽에 버티어 섰다.

마침내 연회가 시작되었다. 기회를 살피고 있던 광은 발이 아프다는 핑계를 대고 지하실로 숨어 버렸고 그 대신에 전제가 요리사로 변장해 구운 생선 접시를 왕의 상으로 가지고 갔다. 생선 속에는 비수가 감춰져 있었다. 그는 왕 앞에 접시를 놓으면서 재빨리 비수를 빼어 왕을 찔러 버렸다. 그 순간 왕을 호위하던 군사의 단검이 전제의 가슴을 좌우에서 찔렀지만 전제는 굴하지 않고 왕을 찔러 죽였다.

때를 맞추어 광은 지하실에 숨겨둔 부하들을 풀어 왕의 무리를 소탕했다. 이렇게 하여 왕위에 오른 광이 곧 오나라 왕 합려闔閭이다. 합려는 오자서에게서 큰 벼슬을 내려 나랏일을 함께 의논하고 전제의 아들은 약속대로 경으로 임명했다. 오자서는 합려를 보좌하여 왕위를 굳건하게 하는 한편 초야에 묻혀 살던 병법가 손무孫武를 발굴하여 합려에게 추천하였다. 손무는 자신이 지은 병서《손자병법》13편을 왕 합려에게 바치는 한편 병서대로 군사들을 훈련했다. 얼마 후 진晉나라에 갔던 계찰이 돌아왔다. 그는 다음과 같이 자신의 태도를 분명히 밝혔다.

"누구를 원망할 것이 없다. 나는 죽은 왕을 슬퍼하고 신왕을 받들며 천명을 기다릴 뿐이다. 우리나라 역사를 살펴보면 국왕이 조상의 제사를 끊은 일이 없으며, 백성이 왕을 받들지 않은 일도 없다. 가장 중요한 것은 국가이다. 그것만 유지시킬 수 있다면 누가 왕이 되어도 상관없다. 본디부터 나는 혼란을 일으키려고 하지 않았다. 왕이 바뀌면 새 왕에게 봉사하리라. 그건 우리 가문의 규율이 아닌가."

계찰은 요왕의 무덤에 찾아가서 엎드려 울었다. 그리고는 전처럼 자기 지위에 머물며 신왕의 명령을 기다렸다. 합려는 왕위에 오르자 오자서를 외교 고문으로 임명하고 국정의 상담역으로 삼왔다. 때마침 초나라에서는 대신인 백주리가 죽임을 당했고 그의 손자인 백비가 오나라로 망명해 왔다. 합려는 그를 대부에 임명했는데 훗날 오자서의 발목을 잡는 역할을 하게 된다.

조국에 칼을 들이댄 오자서

3년이 지난 뒤, 합려는 오자서·백비와 함께 군사를 이끌고 초나라를 공격하여 서를 함락시키고 이듬해에는 월越나라를 쳐서 승리했다. 평왕이 죽은 뒤, 초나라의 왕이 된 소왕昭王은 오나라를 쳐들어왔다. 이때, 오나라에서는 오자서가 나아가 싸워 대승을 거두었다.

그 뒤, 합려는 당唐나라·채蔡나라와 연합하여 초나라를 공격했다. 다섯 차례의 싸움 끝에 오나라 군사들은 마침내 초나라의 수도인 영을 함락시켰다. 합려 즉위 9년이었다. 소왕은 다른 나라로 도망쳐 버렸다.

오자서는 초 평왕의 시체를 꺼내어 구리쇠로 만든 구절편으로 3백 번을 채찍질함으로써 쌓이고 쌓인 원한을 풀었다. 오자서는 걸레처럼 찢어진 평왕의 시신을 벌판에 버렸다. 신포서申包胥가 산 속으로 도망가서 이 소식을 듣고, 오자서에게 사람을 보내어 꾸짖었다.

"아무리 복수라고는 하지만 너무 지나치지 않은가? 사람이 악한 짓을 하면 하늘의 응징을 받는다 했소. 자네는 평왕의 신하로서 곁에서 왕을 모시던 사람이 아니오? 그런데도 평왕의 시신을 그렇게 욕보일 수가 있는가."

오자서는 사자에게 말했다.

"신포서에게 이렇게 전하라. 해는 지고 길이 멀어서 방법을 택할 여유가 없다고 말이다."

한편 신포서는 도움을 요청하기 위해서 진秦나라로 떠났다. 그는 진나라 애공哀公에게 초나라의 어려움을 호소했으나 애공은 받아들이지 않았다. 그래서 신포서는 궁중 정당에 선 채로 큰 소리로 물 한 모금 먹지 않고 7일 동안을 밤낮으로 울었다. 신포서의 애국심에 감동한 애공은 대장인 자포에게 병거 5백 승을 내주어 직 땅에서 오나라 군을 물리쳤다. 이렇게 해서 '어떤 일이 있더라도 초나라를 지키겠다' 는 신포서의 다짐은 지켜졌

오나라 왕 부차의 창

다. 오자서와 신포서의 대결은 이뤄지지 않았다. 합려는 춘추 오패의 패자에 올랐다. 왕 합려가 오랫동안 초나라에 머무르고 있을 때 내란이 일어났다. 합려의 동생 부개가 절수에서 패한 뒤 슬그머니 오나라로 돌아가서 스스로 왕이 된 것이다.

"이런 놈이 있나? 형을 배신하다니!"

오왕 합려는 다급해져 곧 오나라로 군사를 돌려 부개와 싸웠고 부개는 패해 초나라로 망명했다. 초 소왕은 수隨나라에 피신했다가 오나라에 형제간에 전쟁이 일어난 틈을 타서 다시 돌아왔다. 손무는 합려가 주는 벼슬을 마다하고 오자서의 만류를 뿌리친 채 산 속으로 숨어버렸다. 승전 후 작은 벼슬을 받은 신포서도 일족을 데리고 산 속으로 들어가 죽을 때까지 나오지 않았다.

장작더미 위에서 잠잔 오왕 부차

'장작더미를 침대로 삼아 잠을 자리라!'

부차夫差는 춘추 오패에 오른 합려의 아들이다. 그는 선왕 합려가 월왕 구천句踐에게 패한 후 절치부심切齒腐心의 각오로 장작 위에서 자며 구천에 대한 복수의 칼을 갈았다. 오왕 합려가 월나라를 치려다가 크게 패한데 대한 복수였다. 당시의 전세는 이렇다.

오나라는 초나라를 부순 후 중원을 장악하고 패자로서의 위엄을 떨쳤다. 태자 부차의 나이 16세였다. 이때 오나라의 동쪽에 구천句踐이 다스리는 월나라가 등장하여 세력을 뻗치고 있었다. 월나라의 구천은 선왕 윤상允常을 본받아 착실하게 나라를 이끌고 있었다. 월나라를 치려고 기회를 노리고 있었던 오나라는 윤상이 죽자 행동을 개시했다. 그러나 구천의 참모 범려가 뛰어난 전술로 오나라의 군대를 일격에 대파했다. 합려는 이 전투에서 손에 부상을 입고 지병이 악화되었다. 합려는 죽기 전에 태자 부차夫差를 불러 여러 차례 다짐을 주었다.

"내가 이렇게 된 것은 월왕 구천 때문이다. 너는 결코 이를 잊어서는 안 된다."

합려의 뒤를 이어 즉위한 오왕 부차는, 매일 밤마다 장작더미 위에서 자며 아버지의 한을 되새겼다. 뿐만이 아니었다. 다른 사람에게 시켜서,

"구천이 아버지 합려를 죽인 원한을 잊겠느냐?"

하고 아버지가 생전에 말한 그대로 다그치게 하였다. 이 소식을 들은 월왕 구천은 오왕 부차를 생각만 해도 소름이 돋을 지경이었다. 부차는 대부 백비를 태재로 임명하여 나랏일을 보게 하고 자

신은 군사훈련에 매달렸다. 이를 안 월왕 구천이 선수를 치기로 했다. 이때 중신 범려가 말렸다.

"싸움이란 자연적인 이치에 거슬리는 행위이며 무기는 상서롭지 못한 도구로 알려져 있습니다. 그럼에도 싸움을 즐겨 그 속에 몸을 던지는 것은 하늘의 뜻을 거역하는 것이옵니다."

그러나 구천은 초조한 나머지 범려의 반대에도 불구하고 오나라를 공격했다가 크게 패했다. 오나라가 이 기회를 놓칠 리 없었다.

"구천을 사로잡아라!"

오나라 군사가 월나라의 수도 회계를 포위하자 구천은 갈 길이 없었다. 그에게는 5천의 군사밖에 남아있지 않았다. 이때 다시 범려가 나섰다.

"현재로서는 목숨을 살리는 일이 중요합니다. 공물을 바치고 이쪽의 성의를 오왕에게 보여야 합니다. 왕께서 손수 몸을 바쳐 화의를 청할 수밖에 없습니다. 목숨을 건지고 나서 다시 힘을 모아야 합니다."

패잔병을 이끌고 회계산에 들어가 숨어 있던 구천은 범려의 말에 따라 많은 재물을 오나라 태재 백비에게 보내고 강화를 요청했다. 이 일에는 대부 문종文種이 사신으로 나섰다.

"구천이 항복해 왔습니다. 나라를 전부 바치고 자신은 오나라의 종이 되고 아내는 오왕의 첩이나 하인이 돼도 좋다고 합니다."

오왕은 화의를 받아들이려 하였으나 오자서가 제지하였다.

"하늘이 월나라를 오나라에게 내려주셨습니다. 그를 살려두면 언젠가는 칼을 거꾸로 들이댈 것이옵니다."

오자서는 월나라를 멸해야 한다고 부차에게 간했다. 문종이 화의에 실패하자 구천은 처자를 죽이고 종묘의 제기를 불사른 다음 최후의 결전을 벌이기로 각오했다. 이때 문종이 만류했다.

"오나라 태재 백비에게 뇌물을 보내 다시 한 번 화의를 청해보는 게 어떻겠습니까? 제가 다시 다녀오겠습니다."

문종은 마차에 재물을 가득 싣고 다시 오나라 백비를 찾아가 화의를 받아들이도록 힘써 줄 것을 부탁했다. 백비가 부차에게 간했다.

"월왕을 신하로 받아들인다면 이익이 될 것입니다."

오왕은 백비의 말을 듣고 화의를 받아들이기로 하였다.

미인 서시西施의 뒤에 숨긴 와신상담

춘추 시대에 월越나라에 서시西施라는 미인이 있었다. 양귀비, 초선, 왕소군과 함께 중국의 4대 미인 중 한 사람이다. 산에서 나무를 해 팔아서 생계를 꾸리는 가난한 집의 딸이었는데 얼굴이며 몸매가 천하 절색이었다. 이 서시가 전쟁통에 오왕 부차의 애첩이 되니 그 과정은 이러하다.

월왕 구천은 오나라에 항복하고 인질이 되어 가는 배 안에서 월부인越夫人을 돌아보며 눈물을 흘렸다. 자신은 오왕 부차의 종이 되고 아내 월부인은 부차의 첩이 되니 어찌 눈물이 나오지 않겠는가. 구천은 성안에 들어가자 웃옷을 벗고 무릎으로 기어 들어가 신하의 예로 부차에게 재배했다. 월부인도 따라서 절을 했다. 부차는 구천을 선왕 합려의 무덤 곁의 석실에서 살게 하고 자신이 나들이를 할 때면 말고삐를 잡게 했다. 월왕 구천과 범려는 3년 동안이나 오나라 회계산에서 노비처럼 생활했다. 부차가 병들어 눕자 범려가 구천에게 말했다.

"문병을 가셔서 오왕의 대변을 맛보고 곧 쾌차하실 것이라고 말씀하십시오."

범려의 말에 구천은 처음에는 차라리 죽는 게 낫지 일국의 왕이 어찌 그런 일을 할 수 있느냐고 거절했다. 그러나 범려는 돌아가 복수를 하기 위해서는 그렇게 해야 한다고 다그쳤다. 구천은 할 수 없이 범려의 말을 따랐다. 이런 일이 있은 후 병이 나은 부차는 구천의 행동에 감격하여 손수 구천을 수레에 태워 월나라로 돌려보냈다.

오나라에서 돌아온 월왕 구천은 회계에서의 굴욕을 씻기 위해 음식을 먹을 때마다 쓸개 맛을 보면서 자신을 채찍질하였다. '와신상담臥薪嘗膽'이란 말은 치욕을 씻기 위해 고통을 견딘다는 뜻으로, 이때 생긴 사자성어이다. 구천은 오나라의 비위를 맞추어 경계를 느슨하게 하는 한편 밭에 나가 일하는 등 검소한 생활을 하며 군비를 확장하는데 힘썼다. 오나라에서 별궁 고소대를 짓는다고 하자 구천은 아름드리 나무를 보내어 환심을 사는 한편 매년 식량을 꾸어와 오나라의 창고가 비게 만들었다.

4년이 흘렀다. 오나라가 제나라를 치려고 하자 월왕 구천은 오나라를 돕는 한편 귀중한 재물을 백비에게 뇌물로 바치고 오왕 부차에게는 미녀 서시西施를 선물하였다. 구천은 서시와 같은 미인을 뽑기 위해 전국에 미인대회를 연다는 방을 부쳤다. 무려 2천여 명이 몰려왔는데 그 중에서 서시와 정단이라

오나라의 서시

는 두 미녀를 선발해 3년 동안 가무를 가르쳤다. 서시와 정단을 본 오왕 부차는 눈부신 아름다움에 넋을 잃었다. 서시는 어찌나 아름다웠는지 그녀가 강으로 빨래를 하러 갔을 때 강속의 물고기가 물에 비친 그녀의 얼굴에 반해 헤엄칠 생각도 잊고 그대로 가라앉아 버렸다는 이야기가 생길 정도였다. 오자서가 매희와 달기의 고사를 들어 반대했으나 부차는 서시를 고소대에 들어 앉히고 술과 여자로 세월을 보냈다.

월왕 구차가 이처럼 오왕의 경계심을 늦추며 준비를 하고 있을 때 부차가 제나라를 치려고 했다. 오자서가 다시 나서서 간언하였다.

"아직 때가 아닙니다. 월왕 구천은 검소한 생활을 하며 군비를 보강하여 나라를 튼튼히 하고 있다 하옵니다. 구천이 살아 있는 한 오나라는 마음을 놓을 수 없습니다. 제나라는 작은 나라인데 어찌 신경을 쓰십니까? 월나라를 먼저 치는 것이 순서입니다."

그러나 부차는 오자서의 말을 듣지 않고 오히려 그를 죽음의 길로 내몰기 위해 선전포고문을 들려 제나라로 보냈다. 여기에는 오자서를 미워하는 백비의 음모가 크게 작용했다. 오자서는 제나라로 떠나면서 아들을 데리고 가 대부 포목에게 맡기면서 이렇게 말했다.

"오나라가 망하는 것은 시간 문제이다. 나는 죽지만 너는 살아야 한다."

제나라는 오자서를 죽이지 않고 돌려보냈다. 이에 백비가 또 오왕에게 오자서를 모함하였다.

"오자서가 아들을 제나라에 맡기고 온 것은 후일 모반을 꾀하기 위함입니다."

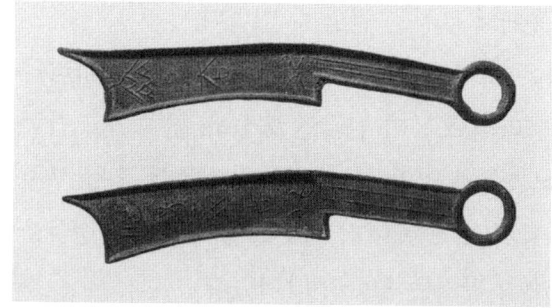

춘추전국시대의 칼 모양의 화폐

　백비의 말을 들은 부차는 오자서에게 속루검을 보내 자결을 명했다. 오자서는 칼을 받고는 껄껄 웃으며 이렇게 말했다.
　"부차여, 잊었는가? 네 아비가 패왕이 된 것도, 네 놈이 왕위에 오른 것도 모두 내가 있기 때문이라는 것을. 이제 나는 죽지만 내가 없이 네가 과연 무얼 하겠는가?"
　오자서는 죽으면서 자신의 무덤 가에 가래나무를 심고 눈알을 빼서 동쪽 관문에 걸어달라고 유언했다. 자신의 썩은 시체로 가래나무를 키워 오왕의 관을 만들고, 동관에 걸어 놓은 눈으로 월나라가 쳐들어와 오나라를 멸망시키는 것을 보겠다며 자결했다. 오왕 부차가 즉위한 지 11년째의 일이다. 오자서의 이 같은 유언을 들은 오왕 부차는 크게 노하였다.
　"오자서의 시체를 포대에 넣어서 강물에 버려라!"

와신상담에 무너진 오왕 부차

　절치부심切齒腐心보다 복수심이 더 강한 단어는 와신상담臥薪嘗膽이 아닐까? 오왕 부차가 와신臥薪 끝에 월왕 구천을 사로잡았다면 구천은 상담의 고통에서 부차를 멸할 수 있었다.

승승장구하던 오왕은 오자서가 죽은 다음 해 드디어 제나라를 공격했다. 이때는 제나라의 포목이 임금인 도공悼公을 죽이고 간공簡公을 세웠으므로 국상 중에 있었다. 제나라를 정복한 오왕 부차는 진晉의 정공定公과 황지黃池에서 여러 제후들을 소집하여 맹약을 체결하고 패자가 되었다. 황지는 송나라 땅이었다.

이때, 월나라의 구천 군사가 오나라에 쳐들어왔다는 급보가 부차에게 전해졌다. 오왕 부차는 맞서 싸웠지만 역부족이었다. 월왕 구천이 설욕을 위해 아내를 바치고 자기에게 굽실거렸다는 것도 깨달았다. 5만의 월나라 군사들은 힘들이지 않고 오나라에 쳐들어가서 태자를 죽이고 유수 부대도 섬멸했다. 부차는 고소산으로 피신하고 대부 공손웅을 월나라에 보내 화의를 요청했다.

"부차는 옛날 회계산에서 대왕(구천)께 무례를 저질렀습니다. 바라옵건대 회계산에서의 화의를 생각하시어 부차왕을 신하로 받아주소서."

참모 범려는 하늘이 오나라를 월나라에 주시는 것이라며 화의를 반대했으나 정에 약한 구천은 강화 요청을 받아들였다. 4년 뒤, 구천은 군비를 강화하여 다시 오나라를 공격했다. 월나라 군사들이 3년 동안이나 오나라 수도를 포위하자 오왕 부차는 항복을 선언했다. 결국 오왕 부차는 자결했는데, 죽기 직전에 얼굴을 가리고 한마디 말을 남겼다.

"저승에 가서 어찌 오자서를 본다는 말인가. 내가 죽거든 얼굴에 비단을 세 겹으로 덮어다오."

오나라를 평정한 월왕 구천은 서주에서 제후들을 모으고 춘추시대의 최후 패자에 올랐다. 구천은 돌아오자마자 범려를 찾았다.

오자서를 모신 사당

구천이 패자가 된 것은 범려의 도움이 컸기 때문이었다. 그러나 범려는 보이지 않았다. 범려는 문종에게 한 통의 편지를 남기고 홀연히 사라졌다. 편지에는 이렇게 쓰여 있었다.

'사냥꾼이 토끼를 잡은 후에는 사냥개를 삶아 먹는다고 했소(토사구팽 兎死狗烹). 세상사도 이와 마찬가지요. 월왕은 욕심이 많고 질투심이 강하오. 이런 사람과는 어려움은 함께 해도 즐거움은 나누기 어렵소.'

출세를 위해 아내를 죽인 오기 吳起

월왕 구천은 나라를 살리기 위해 왕후를 적국 왕의 첩으로 내주고 자신은 종살이를 했다. 왕의 대변을 맛보며 아첨한 끝에 자유를 찾고 설욕할 수 있었다. 이처럼 인간사란 자신이 살아남기 위해서는 수단과 방법을 가리지 않는다. 오나라 출신 장수 오기吳

춘추전국시대 청동 항아리

起도 자신의 출세를 위해 칼로 사랑하는 아내의 목을 쳤다. 나라가 망해 치욕을 당하는 것을 막기 위해서가 아니라 출세를 위해서라니 몸서리가 쳐진다. 이것이 인간이 쓴 전쟁의 역사다.

문공文公이 패자로 위엄을 떨치던 진晉나라는 차차 왕실의 권력이 쇠약해져 결국 기원전 453년 한韓·위魏·조趙 세 나라로 분할되면서 각 각 하나의 나라로 독립하게 된다. 이로써 기원전 403년, 전국시대가 개막한다.

《사기》는 전국 시대를 6국 시대라고 기술하고 있다. 위魏, 조趙, 한韓, 제齊, 초楚, 연燕의 6국이 패권을 놓고 다투었기 때문이다. 이 6개국이 패자 자리를 놓고 겨루고 있을 때 서쪽의 신흥국인 진秦이 세력을 확장하면서 전국 시대는 '전국칠웅戰國七雄'의 시대가 된다.

7웅으로 꼽히는 7개 나라들 사이에는 치열한 전쟁이 끊임없이 계속되었다. 진晉에서 분열된 3개국 가운데 가장 먼저 강력한 힘을 보인 나라는 위魏였다. 위나라는 서쪽에 있는 진秦나라를 쳐서 황하 서쪽의 넓은 땅을 차지하고 동쪽에 있는 제나라를 침략해서 영토를 확장했다.

뿐만 아니라 북쪽으로 조나라의 수도 한단을 유린하고, 남쪽으로 초나라를 쳐서 넓은 땅을 차지하는 등 위나라는 날로 세력을 확장했다. 그 힘은 가히 주변국이 따를 수가 없었다. 위나라가 이렇게 주변의 여러 나라를 누르고 강력한 힘을 갖게 된 것은 명장 오기吳起의 힘이 컸다.

오기는 원래 위衛나라 사람이었다. 그는 장차 정승이 되겠다는 야심을 품고 여러 나라를 기웃거렸으나 뜻을 이루지 못했다. 오갈 데 없는 신세가 된 오기는 주위 사람들이 자기를 깔보자 홧김에 사람을 여럿 죽이고 고향을 떠났다. 그 후 오기는 노魯나라에서 공

위나라의 오기

자의 제자인 증삼을 만나 학문과 병법을 배웠다. 이때 노나라에 머물고 있던 제나라의 대부 전거가 오기를 사위로 삼았고 오기는 벼슬자리를 얻어 정착하게 되었다. 그 무렵 제나라의 장군 전화가 노나라를 공격하자 오기에게 제나라를 치라는 명령이 내렸다. 이때 모함이 들어왔다.

"오기의 아내는 제나라 여자인데 어찌 제나라를 치라고 한단 말이오?"

노나라에서 중신들의 반대가 거세게 일자 오기는 아내를 죽여 자신이 노나라 신하임을 증명했다. 노나라의 대장이 된 오기는 군졸들에게 모범을 보이며 통솔했다.

오기는 제나라의 군사를 크게 무찌르는 무공을 세웠지만 노나라 조정에서는 그다지 탐탁지 않게 여겼다. 언제 배신할는지 모르기 때문이었다. 노나라 중신들의 의심이 풀리지 않는다는 것을 안 오기는 위나라 문후文侯가 인재를 널리 구하고 있다는 소문을 듣고 위나라로 갔다. 오기는 진나라를 쳐서 다섯 성을 빼앗는 등 위나라에 큰 승리를 안겨주었다.

위 문후는 오기를 서하의 태수로 임명했다. 문후가 죽자 태자 격이 임금자리에 오르니 이가 위 무후武侯이다. 무후가 전문田文을 재상으로 임명하자 재상 자리를 원했던 오기는 위협을 느끼고 초

나라로 망명했다. 초나라 도왕悼王은 오기를 보자 바로 재상에 임명했다. 남으로는 백월을 치고 북으로는 진陳·채蔡를 병합하였으며 삼진三晉을 멸하고 서쪽으로는 진秦나라마저 정벌하여 초나라를 강대국의 반열에 올려놓았다.

그러나 초나라 안에서는 오기에게 관직을 빼앗긴 공족들이 복수의 기회를 노리고 있었다. 드디어 초나라의 도왕이 죽자, 왕족과 귀족들이 난을 일으키고 오기를 죽였다. 이후 초나라는 국력이 쇠약해져 갔고 진秦나라가 서서히 세력을 확장하고 있었다.

귀곡 선생의 수제자
손빈과 방연의 대결

방연에게 발목이 잘린 손빈

라이벌은 어느 시대 어느 사회에나 있게 마련이다. 정치계에는 정치적인 라이벌이 있고 경제계에는 돈벌이의 경쟁 상대가 있다. 한 상품을 놓고 서로 경쟁을 함으로써 품질이 좋아지고 더 나은 상품을 만들려고 노력한다. 직장에서도 라이벌이 있음으로 해서 노력하게 되고 발전한다. 악의가 아니고 선의의 경쟁을 한다면 라이벌은 필요하다.

연예계의 라이벌 경쟁은 더욱 심하다. 70년대에 우리나라 가요에서 최고의 인기를 누리던 두 트롯가수가 있었다. 당시 한 가수가 시민회관 무대에서 공연을 하고 있다가 갑자기 뛰어올라온 관객으로부터 깨진 유리병으로 얼굴을 난자 당하는 사건이 있었다. 당시 그 범인은 라이벌 가수의 사주를 받았다고 말했지만 사실로 밝혀지지는 않았다.

춘추 시대의 동으로 만든 화살촉

　중국의 춘추 시대의 손빈과 방연龐涓은 의형제이지만 악의의 라이벌이었다. 두 사람은 양성 땅 귀곡鬼谷이라는 곳에 숨어사는 귀곡 선생으로부터 가르침을 받고 있었다. 귀곡 선생은 묵자墨子와 동문으로 수학, 병학, 유세학, 출세학 등 네 가지가 전문이었다. 귀곡 선생의 제자로는 손빈과 방연 외에도 장의張儀와 소진蘇秦 등 4명이 수제자로 꼽혔다. 후일 방연은 의형제를 맺은 손빈의 다리를 못쓰게 하는 악의의 라이벌이 된다. 장의와 소진은 의형제를 맺었지만 서로 추구하는 바가 달라 합종론과 연횡론으로 대결을 하게 된다.
　방연이 공부를 마치고 하산하게 되자 귀곡 선생은 위나라로 가라며 '염소를 반기고 말을 조심하라'는 글을 써 주었다. 방연은 남은 손빈에게 자리를 잡으면 좋은 자리를 마련해 주겠다며 만약 약속을 어기면 온몸에 화살을 맞고 죽을 것이라고 다짐했다. 방연은 위나라 혜왕惠王의 신임을 얻어 금세 출세를 했다. 얼마 후 손빈도 하산을 하게 되었다. 귀곡 선생은 손빈의 조상인 손무가 지은 병법서 《손자》에 자신이 상세한 주석을 달아 그에게 주고는 위기에 처했을때 열어보라며 주머니도 하나 주었다. 손빈은 스승이 준 《손자》를 열심히 공부했다. 손빈은 제나라에서 태어났다.

방연은 손빈보다 먼저 출세를 했지만 자신의 실력이 모자라 언제 손빈에게 자리를 빼앗길지 알 수 없어 내심 불안했다.

'아무래도 내가 손빈만 못하니 무슨 수를 써야겠어.'

방연은 높은 자리를 마련해 주겠다며 손빈을 위나라로 불렀다. 손빈은 방연이 의리가 있다고 생각하고 달려갔다. 그러나 방연은 자리는커녕 손빈에게 간첩죄를 뒤집어씌워 월형(발 뒤꿈치를 도려내는 형벌)과 자자형(이마에 죄명을 문신으로 새기는 형)을 내려 앉은뱅이로 만들어버렸다. 방연은 그것도 모자라 손빈의 무릎을 도려내고는 병서 《손자》를 기억해내 다시 쓰게 했다.

'내 어떻게 해서든지 이 원수를 갚겠다. 그러기 위해서는 하루 빨리 제나라로 돌아가야 한다.'

어처구니없는 형벌을 당한 손빈은 하산할 때 스승이 준 주머니를 풀어보았다. 거기에는 '간질병 환자로 위장하라'는 글이 적혀 있었다. 손빈은 스승의 가르침대로 미치광이 행세로 방연을 안심시킨 후 위나라에 온 제나라의 사신을 만나는 데 성공했다. 사신은 손빈을 알아보고, 자신의 수레에 숨겨서 제나라로 돌아왔다.

손빈은 제나라 장수 전기田忌와 사귀기 시작했다. 전기는 거금을 걸고 공자들과 경마를 하는 취미를 가지고 있었는데 옆에서 구경을 하고 있던 손빈이 전기에게 훈수를 하였다.

"장군의 상등 말로 상대의 중등 말과 대결하게 하고, 장군의 중등 말과 상대의 하등 말, 장군의 하등 말과 상대의 상등 말과 대결을 시켜 보십시오."

결과는 전기의 승리였다. 전기의 하등 말이 한 번 졌을 뿐 상등 말과 중등 말은 모두 이겨서 거금을 차지할 수 있었다. 전기는 손빈의 지략을 높이 평가하고 제나라 위왕威王에게 추천했다. 위왕은 병법이 뛰어난 손빈을 군사軍師로 삼았다.

'방연, 이 나무 아래서 죽는다'

그 무렵 위나라의 공격을 받은 조나라에서 제나라에 원군을 요청했다. 위나라의 장수는 당연히 방연이었다. 조, 위, 제 3국은 국경을 접하고 있어 마찰이 잦으면서도 솥 단지의 발과 같은 형국을 유지했다. 제나라 위왕은 장군 전기에게 명해 조나라를 지원토록 했다. 군사는 손빈으로 세워졌다. 손빈은 왕에게,

"전하! 보시다시피 신은 불구의 몸이옵니다. 이런 몸으로 어찌 장수가 되어 군사들을 지휘할 수 있겠사옵니까?"

하고 극구 사양을 하였다. 하지만 위왕은 전기를 선봉 장수로 삼고 그 밑에 손빈을 참모로 따르게 하였다. 손빈은 치거輜車(장애인용 수레) 위에 앉아서 작전을 짜기 시작했다. 전기는 군사를 이끌고 조나라로 쳐들어가려 했다. 그때 손빈이 전기에게 다른 작전을 제안했다.

"지금 조나라로 가면 안 됩니다. 우리가 위나라와 싸우고 있는 조나라를 돕기 위해서는 위나라의 서울 대량을 공격해야 합니다. 위나라는 조나라를 공격하러 나왔기 때문에 국내는 거의 텅 비

전국시대의 청동 인형

었을 것입니다."

　전기가 손빈의 전략에 따라 대량을 공격하자 역공을 당한 위나라 군사들은 서둘러 철군했다. 제나라 군사들은 대량에서 기다리고 있다가 위나라 군사들을 대파했다. 기원전 353년의 일이다.

　13년이 지났다. 진晉에서 분할된 조, 위, 한 등 3국이 싸움을 벌이게 됐다. 조나라와 위나라가 연맹하여 한나라를 공격한 것이다.

　"위기에 빠졌습니다. 우리 한나라를 좀 도와 주십시오."

　제나라에서는 이번에도 전기를 장수로, 손빈을 참모로 하여 한나라에 파병했다. 제나라 군사는 거침없이 위나라 수도로 쳐들어갔다. 이때 위나라의 장수는 방연이었다

　"손빈, 이번에는 어떤 전략이 좋겠소?"

　전기가 손빈에게 작전을 물어보았다.

　"이번은 아궁이 전술로 적을 섬멸할까 합니다. 밥짓는 아궁이를 첫날은 10만 개를 만들고 다음 날부터 점차 줄여 군사가 줄어든 것으로 위장하는 것입니다."

　전기는 손빈의 전술이 의아하였지만 믿기로 하였다. 제나라군이 한나라를 지원하자 방연은 군사들을 독려하여 손빈의 제나라 군대와 맞섰다. 그런데 제나라 군사들은 일전도 싸우지 않고 줄행랑을 쳐버리는 것이었다. 방연은 제나라군대가 겁을 먹은 것이라고 생각하고 추격전을 벌였다. 위나라 군대가 쫓겨간 제나라 군영에 당도해 보니 가마솥 터가 날이 갈수록 줄어 있었다.

　"가마솥 터를 보니 사흘 동안에 군사가 반 이상이나 줄었군. 제나라 군사들을 추격하라!"

　방연은 보병 부대는 남게 하고 정예 부대만을 이끌고 제나라 군사들을 추격했다. 병법에 치밀한 손빈은 마릉馬陵에 진을 치고 기

석판에 새긴 〈춘추〉 연대기

다렸다. 마릉은 험한 협곡이었다. 길이 좁고, 양쪽 기슭은 깎아지른 절벽을 이루고 있었다. 손빈은 험한 지형을 이용하여 제나라 군사 중에서 명사수 5만 명을 매복시키고는 한 병졸에게 나무를 깎아 뭔가를 써서 세우게 했다. 방연이 군사들을 이끌고 마릉에 도착했을 때는 날이 저물었다. 방연은 나무에 뭔가가 쓰여 있어 횃불을 밝히고 글씨를 보았다.

'방연, 이 나무 아래서 죽는다.'

글씨를 읽는 순간 불빛을 표적으로 양쪽 절벽 위에서 화살이 빗발치듯 쏟아졌다.

'아, 다리 병신인 손빈의 계략에 속았구나!'

방연은 자신의 병법과 지략이 손빈만 못함을 자인하고 자결했다. 이것이 '마릉 싸움' 이다. 귀곡 선생이 방연에게 말을 조심하라고 한 것은 바로 마릉馬陵을 가리킨 것이다. 손빈은 마릉 싸움에서 대승하고, 위나라 군사들을 모조리 격파함으로써 천하에 명성을 높였다. 위나라는 이 전투에서 패해 점점 쇠퇴한 반면 제나라는 점점 강성해졌다.

손빈은 손무가 죽은 지 백여 년이 지나 태어났다. 오늘날 전해지는 병법서는 손무가 지은 『손자병법孫子兵法』인데 1972년 산동성 임기에서 죽간(대나무에 글씨를 새겨 기록한 것)으로 만든 손빈의 개정판 『손빈병법』이 발견돼 손자의 병서는 두 권이 되는 셈이다.

제가 놓은 덫에 걸린
진秦나라의 재상 상앙

공손앙의 뛰어난 개혁 드라이브

칼로 일어선 자는 칼로 망하고 법을 좋아하는 자는 법에 걸려 망한다는 말이 있다. 세계 역사에서 우리가 보아왔듯이 혁명을 일으킨 자는 또 다른 혁명세력에 의해 제거된다. 또 혁명이나 개혁이라는 것이 수구세력의 저항을 받기 때문에 성공하기까지에는 어려움이 많이 따른다.

개혁가 촘스키가 '지식인의 책무를 실천하는 사람들은 언제나 그 시대의 다른 지식인들의 반발을 사기 마련'이라고 지적하였듯이 진秦나라의 공손앙 역시 강력한 변법 개혁을 추진했으나 반대세력에 의해 숱한 난관을 겪게 된다.

그의 부국강병을 위한 정치 개혁(변법)은 현대에 와서 중국에서 〈상앙 변법〉이란 경극京劇으로 만들어져 중국인들의 가슴을 뜨겁게 했고, 정치지도자들이 필히 보아야 할 작품이 되었다.

공손앙

상앙의 이름은 공손앙이다. 후일 상군商君이라는 지위에 올랐기 때문에 상앙이라고 부른다. 상앙은 위나라의 서자 출신의 공자이다. 그는 위왕의 첩의 아들로 이름은 앙, 성은 공손公孫이다. 상앙은 젊은 시절부터 형명학(법률학)을 배웠고 얼마 뒤 위나라 재상 공숙좌의 식객이 되었다. 공숙좌는 그의 능력을 인정하고 추천할 기회를 엿보고 있었다. 그러는 동안 공숙좌가 병에 걸려 자리에 눕게 되자 위나라의 혜왕惠王이 그를 문병하러 왔다.

"만일 공에게 불행한 일이 생기면 어떤 사람에게 국정을 맡기면 좋겠는가?"

혜왕의 물음에 공숙좌는 상앙을 추천했다.

"저의 식객 중에 공손앙이 있습니다. 아직 젊지만 뛰어난 재능을 가진 사람입니다. 그에게 모든 것을 맡겨도 좋다고 생각합니다. 만약 쓰시지 않으려면 차라리 그를 죽여 없애시옵소서."

공숙좌는 곧장 상앙을 불렀다.

"왕께서 나에게 다음 재상에 누가 적합하냐고 물으시기에 자네를 추천했네. 왕은 대답하지 않았지만 내가 보기에는 아무래도 찬성하는 눈치가 아니었어. 나로서는 역시 신하보다는 왕을 우선적으로 생각하지 않을 수 없었네. 그래서 나는 이렇게 말했네. 만일 상앙을 쓰시지 않으시려거든 죽여야 한다고 말이야. 왕은 이 말에 고개를 끄덕이었네. 그러니 자네는 잡히기 전에 빨리 도망치는 것이 좋겠네."

그러나 상앙은 이렇게 말했다.

"그런 걱정은 하지 않으셔도 됩니다. 왕께서는 저를 쓰시라는 선생님의 의견을 받아들이지 않았다면 저를 죽이라는 말도 받아들일 리가 없습니다."

상앙은 이렇게 말하고 도망치지 않았다. 공숙좌가 죽자 상앙은 자신의 앞날을 생각했다. 이때 진秦의 효공이 동쪽의 잃은 땅을 되찾고 목공의 위업을 이으려고, 나라 안에 포고문을 내고 인재를 구한다는 소문이 들려왔다. 그는 곧장 진나라로 가서 효공이 총애하는 신하 경감景監을 찾아가 효공을 만나게 해달라고 청하였다. 효공은 상앙의 얘기가 길었기 때문에 가끔 졸면서 얘기를 들었다. 상앙이 물러가자 효공은 그를 소개했던 경감을 불러 꾸짖었다.

"그대 집에 온 손님은 바보가 아닌가. 그를 등용하라니, 참으로 어처구니가 없군."

그래서 경감이 상앙을 꾸짖자 그는 이렇게 대답했다.

"나는 제왕으로서의 바른 길을 말했는데, 효공이 잘 알아듣지 못하신 모양입니다."

닷새 뒤 이번엔 효공이 상앙을 만나보고 싶다고 했다. 그리하여 네 번째 만나게 되었을 때 효공은 자기도 모르는 사이에 의논에 열중하였다. 효공은 상앙 만한 인물이 없다고 여기고 그를 중용했다. 효공은 강국책을 실행에 옮기는 첫 사업으로 우선 조정의 개혁을 단행하려 했으나, 세상의 여론과 비난이 두려워 체념하고 있었다. 이때 상앙은 이렇게 건의했다.

"성공도 명예도 자신 없이는 얻을 수 없습니다. 그리고 행위든 사상이든 세상의 상례를 벗어나면 무조건 비난의 대상이 되기 쉽습니다. 일이 끝나도 느끼지 못하는 것은 어리석은 사람입니다. 이에 비해서 지혜로운 사람은 일을 시작하기 전부터 정찰할 수가 있습니다. 따라서 백성에게는 계획 단계에서는 알리지 않고 결과

만을 누리게 하면 되는 것입니다. 지상의 덕을 논하는 자는 세속에 영합하지 않으며, 큰공을 세우려는 자는 다수의 사람들과 상담하지 않습니다. 감히 말씀드리지만 강국을 목표로 하신다면 선례를 따르지 마시고 과감하게 결단하고 실행하셔야 한다고 생각합니다. 백성에게 이익이 되는 것이라면 옛날의 관습을 좇을 필요가 없습니다."

효공은 그의 말에 찬성을 표시했다. 공손앙은 효공에게 개혁을 주장했다. 우선 5인조·10인조의 제도(오십제도)를 설치하여 백성을 서로 감시하고 고발하게 하는 연좌제를 설치했다.

타인의 범죄를 알고서도 고발하지 않는 자는 요참형(허리를 자르는 형벌)에 처한다. 그리고 고발한 자에게는 적의 목을 잘라 온 것과 같은 상을 주며 또 죄인을 숨겨 준 자에게는 적에게 항복한 것과 같은 벌을 준다. 한 집에 두 사람 이상의 성년 남자가 있으면서 분가하지 않은 경우에는 세금을 2배로 받는다. 싸움에서 공을 세운 자에게는 그 상황에 따라서 상당한 급수의 작위를 준다. 개인적인 싸움에는 정도에 따라서 형을 과한다. 어른이나 아이나 힘을 합쳐 농사와 직물을 본업으로 삼도록 한다. 그리하여 곡식과 물건을 많이 바치는 자에게는 부역을 면제해 준다. 그 이외의 직업에 종사하고 싶은 자나, 게으르기 때문에 가난한 사람은 노예로 삼는다. 왕족일지라도 공을 세우지 못하는 자는 심사하여 왕족의 적을 빼앗는다. 신분의 봉록을 정하여 확실한 차별을 둔다. 전지, 가옥의 넓이, 가신·노비의 수, 의복 등에는 가격에 의하여 단계를 정한다. 공을 세운 자에게는 사치를 허용하지만 아무리 부자일지라도 공이 없으면 호화로운 생활을 허용치 않는다.

공자 건의 코를 벤 상앙

그 뒤 상앙은 법의 규제를 더욱 강화했다. 대가족제도를 폐지하고 작은 마을이나 도시를 합하여 현으로 하고 거기에는 현령과 현승을 두었다. 이로써 전국이 약 31현으로 나누어지게 되었다. 농사를 짓기 편리하도록 둑이나 경계를 없애고 밭을 넓혔다. 조세율을 일정하게 정하고, 도량형을 통일했다.

공손앙의 개혁 정책안을 두고 진나라 조정은 두 패로 나뉘었다. 중신 중에서 감룡과 두지 등은 공손앙의 개혁정책을 극구 반대했다. 양쪽의 말을 다 들은 효공은 공손앙의 개혁론이 맞는다고 판단하고 그에게 좌서장의 벼슬을 주었다. 상앙이 정한 법률은 빈틈이 없이 완전한 것이었다. 공손앙은 스스로가 법을 지켰다. 아무리 훌륭한 법이라도 그것을 지키지 않으면 아무 소용이 없다는 것이 그의 지론이었다. 공손앙은 법률을 공포하면 누구나 그 법을 지켜야 한다는 것을 백성들에게 몸소 보여 주기로 하였다.

상앙은 남문에 있는 나무를 북문으로 옮기는 사람에게는 은 열 냥을 주겠다고 방을 붙였다. 사람들은 그까짓 은 열 냥에 나무를 옮기겠느냐면서 돌아섰다. 상앙은 이번에는

상앙의 법개정 시험 장면

금 백 냥을 주겠다고 공언했다.

"이거 거짓말하는 거 아니오?"

한 사람이 반신반의하면서 그 나무를 북문으로 옮겨 놓았다. 상앙은 약속한 대로 그 사람에게 금 백 냥을 주었다. 그 후 백성들은 법을 믿고 지키게 되었다. 법을 제정해 선포한 지 얼마가 지났을 때, 태자가 법을 어기는 일이 일어났다. 상앙은 태자를 법대로 처벌하겠다고 나섰다. 모두가 어떻게 하나 지켜보았다.

"아무리 태자라 하지만 법을 어겼으니 마땅히 벌을 받아야 합니다. 하지만 태자는 머잖아 임금자리에 오를 분이니 형벌을 직접 가할 수는 없습니다."

상앙은 태자 대신 그의 후견인인 공자건과 공손가를 가볍게 처벌하였다. 이를 본 백성들은 모두 법을 지켰다. 4년 후 공자건이 다시 법을 어기는 일이 일어났다. 상앙은 이번에는 법 조항에 따라 그의 코를 베었다. 이처럼 법을 절대적으로 여기자 진나라는 10년도 못 되어 법치국가가 되었으며, 나라가 안정되고 차차 강해졌다. 도둑도 찾아보기 어려웠고 법 때문에 살기 좋은 세상이 되었다. 하지만 원성도 만만찮았다.

상앙, 위魏 혜왕惠王을 굴복시키다

진秦나라의 효공 원년(기원전 361년), 황하 및 화산에서 동쪽으로는 강한 나라가 여섯이 있었다. 즉, 제齊나라의 위왕威王, 초楚나라의 선왕宣王, 위魏나라의 혜공惠公, 연燕나라의 도공悼公, 한韓나라의 애공哀公, 조趙나라의 성후成侯 등이다. 기타 10여 개 나라는 회수와 사수 사이의 좁은 지역에 밀려 있었다.

6개 강대국들 중 초나라와 위나라는 진秦나라와 국경을 맞대고 있었다. 위나라는 정鄭나라를 기점으로 낙수를 따라 장성을 쌓고, 북으로는 상군 지방에까지 세력을 넓히고 있었다.

그리고 초나라는 한중을 중심으로 남으로는 파 지방과 검중까지 세력을 넓히고 있었다. 주 왕실周王室이 쇠퇴한 뒤로 제후들이 힘에 의한 대결을 기도하고 서로 영토를 합친 결과 이렇게 된 것이다.

진나라는 서쪽 변두리에 있는 옹주에 도읍을 두었기 때문에 중원의 제후들로부터 오랑캐로 취급받으며, 맹세의 모임에 초대되는 일도 없었다. 진나라의 효공은 어진 정치를 베풀려고 몹시 애썼다. 그는 고아나 과부를 돕고 병사들을 우대했으며, 공을 따져 상을 주는 일을 공평하게 실시하면서 한편으로 나라 안에 다음과 같이 포고했다.

"옛날 우리 선왕이신 목공은 기산과 옹주 일대에 나라를 정하고부터 덕을 쌓고 무력을 충실하게 다졌다. 그 결과 동쪽으로는 진晉나라의 난을 평정하여 국경을 용문강까지 넓히고 서쪽으로는 융과 적을 귀속시켰다. 이때 후세를 위한 나라의 기초가 구축되었지만, 이처럼 훌륭한 업적에도 불구하고 그 뒤 여공·조공·간공·출공, 이렇게 대를 거듭하면서 내란이 그치지 않아 외국의 원정은 엄두도 못 내게 되었다. 뿐만 아니라 3진三晉에 의하여 우리 선군이 남기신 하서 땅을 빼앗기고 제후로서의 수모를 받았

전국 시대의 병거(전차)

다. 이와 같은 굴욕이 또 있겠는가. 그러나 그 뒤 헌공이 즉위하자 변경의 야만족을 다스리고 역양으로 도읍을 옮겨 다시 원정군을 보내고 빼앗긴 영토를 도로 찾고 목공의 다스림을 재현하려 하셨다. 이 헌공의 뜻을 생각만 해도 나는 마음이 아프다. 그리하여 나는 여기서 빈객이나 모든 신하들에게 말한다. 기묘한 계략으로 우리 진秦나라를 강대하게 만드는 자에게는 높은 관직과 영지를 줄 것이다."

이렇게 하여 진나라의 외국 원정이 시작되고 동쪽으로는 섬성을 포위하고 서쪽으로는 융나라 원왕의 목을 베는 전과를 올렸다. 상앙은 효공에게 이렇게 건의하였다.

"현재 진나라는 융성합니다. 목공의 전성 시대를 잊어서는 아니됩니다. 위나라가 마릉에서 제齊나라와의 싸움에서 대패하여 제후들로부터 따돌림을 받고 있습니다. 위나라를 치려면 지금이 좋은 기회입니다. 위나라를 쳐서 잃은 영토를 되찾도록 하소서."

효공은 그의 말을 받아들여 상앙을 장군으로 임명하고 위나라를 공격케 하였다. 이에 위나라는 공자公子 앙을 장군으로 하여 반격해 왔다.

양쪽 군사가 서로 대치했을 때 상앙은 공자 앙에게 한 통의 편지를 보냈다.

"제가 옛날 위나라에 있을 때 당신과 친히 교제하기를 원하였습니다. 그런데 지금의 입장은 서로 다르기 때문에 공격하게 된 것입니다. 옛일을 생각하면 쓰라린 생각이 듭니다. 가능하다면 직접 뵙고 동맹을 맺어 서로가 기분 좋게 군사를 거두고 싶습니다. 그렇게 되면 귀국이나 우리나라가 다 함께 평안하고 태평할 수 있다고 생각합니다."

공자 앙은 잘됐다고 생각하고 맹세를 맺기 위하여 술자리에 응했다. 그러나 상앙은 그 자리에 무장한 군사를 숨겨 두었다가 공자 앙을 포로로 잡았다. 이렇게 승리를 거두고 돌아왔다.
 위나라는 제나라와 싸워 패한 데다가 다시 진나라에게도 패하여 국력은 몹시 쇠퇴했고, 영토는 점점 줄어들었다. 위나라 혜왕惠王은 공포에 사로잡혀 진나라에 사신을 보내서 하서의 땅을 떼어 준다는 조건을 내걸고 화의를 맺었다. 드디어 위나라는 도읍인 안읍을 버리고 대량으로 옮겼다.
 "그때 공숙좌의 의견을 받아들이지 않은 것이 원통하다."
 뒷날 혜왕은 이렇게 후회했다고 한다. 상앙이 위나라를 무찌르고 돌아오자 진나라 왕은 그에게 상과 어의 15읍을 주었다. 그 뒤 상앙은 상군商君으로 불리게 되었다.

자승자박에 걸려든 상앙

 진나라의 재상이 된 상앙은 법을 어기는 자는 엄벌에 처했다.
 "상앙이 법으로 우리를 꼼짝 못하게 하니 숨을 쉬고 살 수가 없구나."
 백성들 중에는 서릿발같은 법 때문에 상앙을 원망하는 사람들이 많았다. 그리고 그 수는 날이 가고 해가 바뀔수록 늘어났다. 왕실과 귀족 계통의 사람들은 특히 상앙을 못마땅하게 여겼다. 조량趙良이 상앙을 만나 돌아가는 정세를 귀띔해 주었다.
 "상군은 운이 다했습니다. 이젠 모든 것을 정리하고 낙향하여 농사나 지으시지요."

위나라의 무녀와 삼로

그러나 상앙은 들은 체도 하지 않았다. 효공이 죽고 태자가 혜왕에 봉해지자 코를 잘린 공자건의 일당들이 상앙이 왕을 제거할 음모를 꾸미고 있다고 모함했다. 혜왕이 체포령을 내리자 상앙은 재빨리 도망을 쳐서, 한 객사에 숨어들어 하룻밤을 묵으려 했다. 그러나 객사에서는 상앙을 받아주지 않았다. 상앙의 법에 여행권이 없는 사람을 재워 주면 벌을 받는다는 조항이 있었기 때문이었다. 그들은 상앙을 알아보지 못했다.

'아, 이것이 덫이구나. 내가 만든 법에 내가 걸려들었구나!'

상앙은 탄식을 하며 위나라로 도망쳤다. 그러나 위나라를 공격했던 상앙을 위나라 사람들이 받아들일 리가 없었다. 위나라에서 진나라로 추방당한 상앙은 상 땅으로 도망쳐서 재기를 도모했다. 군사를 모아 정鄭나라를 공격한 것이다.

"반란자 상앙을 사로잡아라!"

진나라에서 군대를 출동시키자 상앙은 정나라 땅에서 진나라 군사에 의해 오마분시五馬分尸형을 당했다. 다섯 마리의 말이 몸의 사지와 머리를 묶은 줄을 끌어당기는 형으로 능지처참과 같은 것이었다. 상앙은 신상필벌信賞必罰과 작법자폐作法自斃(내가 만든 법에 내가 죽는다)는 고사성어를 만들어놓고 죽었다. 하지만 상앙이 이룩해 놓은 업적은 중국 역사에 큰 영향을 주었다.

세 치 혀로 대결한 소진과 장의의 합종연횡

왕들이 소진의 합종론에 놀아나다

남자는 세 가지 '끝'을 잘 놀려야 한다는 말이 있다. 첫째는 설단舌端이라 하여 혀끝, 즉 말을 조심하라는 것이고, 둘째는 필단筆端이라 하여 붓끝을 조심해야 하며, 셋째는 족단足端이라 하여 발끝을 조심해야 한다는 것이다. 그러나 요즘은 세 번째 족단을 여자를 조심하라는 것으로 바꾸어 놓았다. 성기를 잘 못 놀리면 패가망신한다는 교훈을 담고 있다.

세 치 혀로 천하를 주름잡는 사람이 있는가 하면 혀를 잘못 놀려 망신을 당하는 사람을 종종 보게 된다. 말 한마디로 천 냥 빚을 갚는다는 속담은 인간 생활에서 말이 얼마나 중요한가를 깨우쳐 준다.

손빈이 방연을 상대로 한판승을 거둘 무렵 귀곡 선생의 다른 수제자인 장의張儀와 소진蘇秦도 하산하여 각자의 길을 가게 되었다.

소진이 읽었다는 음부

귀곡 선생은 유세술을 공부한 두 제자에게 공부를 더 하라며 《태공음부太公陰府》라는 책을 주었다.

소진은 동주의 낙양 출신으로 귀곡 선생에게서 유세술을 배운 후 입신출세의 길을 찾아 집에도 들르지 않고 여러 나라를 찾아다녔다. 수년 동안 돌아다녔으나 그의 뜻을 받아들이는 사람이 없어 궁색한 모습으로 고향에 돌아왔다. 형제자매들은 물론 그의 아내까지 소진을 비웃었다.

"낮은 벼슬자리 하나 못 얻고 꼴 좋군요! 차라리 장사를 하지, 유세를 한답시고 떠돌아다니고 있으니 식구들이 굶을 수밖에 없지요."

집에서는 소진을 냉정하게 대했다. 그 뒤부터 소진은 방안에만 틀어박혀 책을 읽기 시작했다. 태공망이 지은 《태공음부》를 읽고 1년 만에 상대편의 마음을 읽어내는 독심술을 깨우쳤다. 소진은 췌마(자신의 마음으로 상대방의 속마음을 미루어 짐작하는 방법)를 터득했다며 이 정도면 임금들을 충분히 설득할 수 있을 것이라고 자신을 가졌다.

한편 세상이나 가정으로부터 냉대를 받기는 장의도 마찬가지였다. 장의는 원래 위나라 사람이었다. 머리가 뛰어나 귀곡 선생에게 배울 때부터 소진은 장의의 재능을 따를 수가 없었다. 하산한 장의는 여러 나라를 찾아다니며 자기의 이론을 유세하였으나 알아듣는 사람이 없었다. 장의가 초楚나라에 들어가 재상의 식객으로 있을 때의 일이다. 연회 자리에서 재상이 자랑하던 구슬을 잃어버린 일이 일어났다. 혐의는 장의에게 집중되었다. 그들은 곧장 장의를 잡아 고문했다. 장의는 모르는 일이라고 끝까지 버텨 겨우 풀려났다. 온갖 모욕을 당하고 고향에 돌아온 장의는 아내에게 사건의 전말을 얘기하자 아내가 말했다.

"유세술 같은 걸 공부하니까 그런 망신을 당한 거요. 이제 그만두고 장사를 하던지 아니면 농사나 지으시지요."

먼저 자리를 잡은 것은 소진蘇秦이었다. 이 무렵의 전국은 중원의 진秦, 연燕, 제齊, 초楚, 한韓, 위魏, 조趙가 3강 4약의 양상을 보이고 있었는데 이를 전국칠웅이라 한다. 전국칠웅 시대가 시작되자 본격적인 약육강식의 양상이 나타났다. 위, 제, 진이 강력한 라이벌을 형성한 반면 한, 조, 연, 초는 허약했다. 상앙의 정치 개혁으로 강력해진 서쪽의 진秦나라는 이후 점차 동쪽으로 세력을 확장하여 영토를 넓히기 시작했다. 진나라와 제나라는 영토가 넓고 인구가 많은 초나라를 서로 먼저 차지하려고 다툼을 벌이고 있었다. 초나라만 먹으면 천하통일은 반 이상을 이룬 것이기 때문이었다.

"진을 제외한 여섯 나라가 연맹하여 진나라를 견제해야 하오."

소진은 6개국이 종적으로 연합하여 진나라에 맞서야 한다는 합종론合縱論을 내세웠다. 이에 반해 장의는 연횡론連衡論을 주장했다. 연횡론은 진나라가 6개국과 동맹을 맺지 못하게 막고, 그들 여섯 나라와 각각 연맹을 체결해야 한다는 이론이었다. 합종론과 연횡론은 지금도 정치에서 이용되고 있는 힘의 대결 내지 분산 방법이다.

소진은 진나라로 혜왕을 찾아가 합종론을 역설했다.

"진나라는 천혜의 나라입니다. 머지 않아서 천하를 통일할 수 있을 것이니 선비와 백성들에게 병법을 가르쳐 준비하소서."

그러나 혜왕은 소진의 말을 귀담아듣지 않았다. 소진은 연나라로 가서 문후文侯를 만나 합종론을 주창했다.

"조나라가 강국인 진나라와 제나라를 견제하기 때문에 연나라는 잘 지내고 있습니다. 이제 조나라와 가까이 지내고 나머지 4개국과도 연맹을 한다면 기반이 튼튼해질 것입니다."

연나라 문후는 합종론을 받아들였다. 소진은 조나라를 찾아가 숙후에게 말했다.

"진나라는 한나라와 위나라가 뒤에서 일어날까 두렵기 때문에 조나라를 치지 못하고 있습니다. 그러나 진나라는 야심이 있습니다. 한나라와 위나라를 쓰러트린 뒤에는 반드시 조나라를 치려 할 것입니다. 진나라를 제외한 여섯 나라가 합한 국토와 군사력은 진나라를 능가하는 것입니다. 6개국이 하나로 단결한다면 진나라는 힘을 쓰지 못할 것입니다."

조나라 숙후는 소진의 합종론을 받아들이고 그에게 맹약을 추진하는 책임을 맡겼다. 소진은 이어 한 혜선왕惠宣王, 위왕, 제 선왕宣王, 초 위왕에게서도 합종의 허락을 받아내었다. 조나라 숙후는 소진으로부터 6개국 합종이 맺어졌다는 보고를 받고 그를 무안군武安君에 봉하였다. 소진이 6개국 합종을 이뤄내자 진나라는 나라의 국경을 넘볼 수 없게 되었다.

하지만 천하통일을 노리는 진나라로서는 어떤 방법을 써서라도 여섯 나라의 동맹을 깨뜨려야할 입장이었다.

한편 소진에게도 걱정거리가 있었다. 만약 진秦나라가 6개국 중 어느 하나를 공격한다면 공든 탑이 무너질 것은 명약관화한 일이었다. 소진은 어떻게 해서든지 진나라의 출병을 막아야 한다고 생각하고 친구인 장의를 이용하기로 했다. 그는 장의에게 사람을 보내 충동질했다.

"소진은 6개국 재상이 되었는데 당신은 언제까지 이러고 있을 거요?"

장의는 곧 조나라로 친구 소진을 찾아갔다. 그러나 소진은 장의를 하인 취급을 하며 홀대를 하였다. 화가 난 장의는 친구에 대한 복수심으로 진秦나라로 떠나자 소진이 조용히 식객인 가사인을 불렀다.

"장의의 설득력은 진왕을 감동케 할걸세. 내가 시켰다고 하지말고 그를 도와주게."

소진은 가사인에게 많은 돈을 주고는 장의를 도우라고 지시하였다. 세월이 흘러 장의는 마침내 진나라 혜왕을 만나게 되었고 혜왕의 고문으로 영입되었다. 이때 가사인이 이젠 돌아가겠다고 말했다. 그러자 장의는,

"당신의 도움으로 내가 출세했으니 이제 은공을 갚아야 하는데 떠난다니 무슨 말이오?"

하고 막았다. 이에 가사인이 사실을 말했다.

"저는 소진 어른이 시키는 대로 했을 뿐입니다. 소진 어른은 진나라가 조나라를 공격하여 합종이 깨어지지 않을까 무척 두려워하고 있습니다. 그래서 당신을 도운 것입니다."

"그런 일이 있었소? 소진의 뜻에 항복할 수밖에 없군. 가서 소진에게 전하시오. 내가 있는 한 진나라는 조나라를 치지 않을 것이라고."

장의에 의해 깨어진 연횡의 맹약

지백의 반라문감

진나라는 6개국의 동맹을 깨기 위해 제나라와 위나라가 조나라를 치도록 계책을 꾸몄다. 이에 속은 제·위 나라가 정말로 조나라를 공격하자 침범을 당한 조왕은 소진을 불러 따져 물었다.

"동맹국끼리 전쟁을 하다니, 이게 무슨 꼴이요?"

소진은 조왕에게 연왕을 설득하겠다며 연나라로 향했다. 이때 연나라는 국상 중 제나라 선왕의 침공으로 10개성을 빼앗긴 상태였다. 따라서 연왕도 소진에게 제나라가 조나라를 친 뒤에 연나라까지 쳐서 땅을 빼앗아 갔으니, 이게 어떻게 된 거냐고 꾸짖었다. 소진은 곧 제나라로 달려가 연왕에게서 빼앗은 10개성을 즉시 돌려주지 않으면 화를 입을 것이라며 설득했다.

"연왕은 진나라 혜왕의 사위입니다. 장차 화를 입을까 두렵습니다."

진나라의 막강한 힘을 알고 있었던 제왕은 빼앗았던 성 10개를 돌려주었다. 연나라에 머물고 있던 소진은 연나라 이왕의 어머니와 정을 통한 것이 문제가 될까봐 제나라로 도망쳤다. 제의 선왕은 오히려 소진을 맞아 벼슬을 주었다. 선왕이 죽고, 민왕이 즉위하자 제나라의 대부 가운데 한 사람이 소진을 시기하여 암살하려고 자객을 보냈다. 소진이 죽자 제왕은 그를 후하게 장사지내어 주었다.

한편 장의는 진이 전국칠웅의 중심 국가가 되기 위해서는 중원의 각 제후국이 각각 진나라와 연맹을 맺어야 한다고 생각하고 추진에 들어갔다. 장의는 위나라 양왕을 설득하여 진과 위의 연맹 서약을 받아냈다. 이때 진나라는 제나라를 탐내고 있었으나 제나라와 초나라가 동맹 관계여서 여의치 않았다. 장의는 초나라를 찾아가 회왕을 만나 동맹을 깰 것을 설득했다.

초나라의 청동으로 만든 신령스런 짐승

"귀국이 제나라와의 맹약을 깬다면, 상어의 땅 6백 리를 바치고 양국이 형제의 의를 맺도록 하겠습니다."

이때 진진陳軫이 반대하였으나 회왕은 땅이 탐이 나 장의의 말에 따르기로 하였다. 회왕은 동맹국이던 제나라와 단교하고, 사신에게 장의와 함께 가서 6백 리의 땅 문서를 받아오라고 하였다. 장의에게는 많은 예물을 안겨 주었다. 진나라로 돌아온 장의는 이런 저런 핑계를 대고 땅 문서를 내주지 않았다. 얼마나 시간을 끈 장의는 사신에게 자신이 주겠다고 한 땅은 6백 리가 아니라 6리라고 엉뚱한 소리를 했다. 어이가 없는 초나라의 사자는 빈손으로 돌아가 이를 초왕에게 그대로 보고하였다. 초 회왕은 화가 머리끝까지 나서 펄펄 뛰었다.

"군대를 동원하라! 진나라를 치느니라!"

그러나 사실은 장의의 계략이었다. 장의는 초왕이 땅을 받지 못한 분풀이로 군대를 일으킬 것을 예상하고 대비하고 있었다. 초나라는 8만 군사를 동원했으나 단양丹陽 전투에서 진나라에 대패하였고, 한중漢中마저 진나라에 내주고 말았다. 진나라의 대승에는 제나라의 지원이 크게 도움이 되었다.

장의에게 속고, 싸움마저 크게 패하자 초 회왕은 더 이상 참을 수가 없었다. 군사를 총동원하여 진나라를 섬멸하라고 진격 명령을 내렸다. 그러나 화를 화로 다스리면 더 큰 화를 입게 되는 법이다. 회왕은 진격하다 진나라 군사들에게 연패를 당했다. 이때, 전장에 있는 회왕에게 급보가 날아들었다. 한나라와 위나라가 연맹하여 초나라를 공격했다는 것이었다. 회왕은 이를 갈며 군대를 철수했다.

이듬해 진나라에서는 초나라에 사신을 보내 화친을 제의했다. 진나라가 제시한 화친 내용은 차지한 한중의 땅 일부를 초나라에 돌려주겠다는 것이었다.

초나라에서는 땅은 필요 없으니 대신 장의를 넘겨달라고 요구하였다.

장의에게 속은 것이 분해서 죽여 없앨 생각이었다. 장의가 오자마자 초의 회왕은 그를 투옥시키고 죽일 기회를 노렸다. 장의는 초나라의 상관대부上官大夫 근상과 잘 아는 사이였다. 근상은 친진파였다.

장의의 목숨이 경각에 달린 것을 안 근상이 구명운동을 벌여 장의는 풀려났다. 감옥에서 풀려난 장의는 바로 출국하지 않고 또 한 차례 초 회왕에게 진나라와의 친교를 설득하였다.

초왕이 장의의 말에 설득 당하여 진나라와 친교를 맺으려 하자 삼려대부三閭大夫 굴원屈原이 반대하고 나섰다.

"너무 걱정하지 마시오. 이번만은 그가 나를 농락하지 못할 것이오."

초왕은 반대를 뿌리치고 진나라와 화친하기로 하였다. 장의는 한·제·조·연도 차례로 왕들을 설득하여 진나라와의 맹약을 이뤄냈다. 소진의 합종론은 장의의 연횡론에 의해 무너지기 시작했다. 장의는 연횡론을 마무리짓고 진나라로 향했다. 그러나 그가 함양에 도착하기도 전에 혜왕이 죽고 무왕武王이 즉위했다. 장의는 무왕의 환심을 사지 못한 상태였다. 전부터 장의를 밉게 보았던 대신들은 한 목소리로 장의를 추방하려 했다.

진나라 악기인 청동 종

 장의는 자신의 목숨이 위태롭다고 느끼고 무왕에게 위나라로 보내 달라고 청하였다. 진 무왕은 병거 30승을 장의에게 딸려 위나라로 가도록 하였다. 장의는 위나라에서 제나라를 공격해 공을 세우고 정승이 되었으며 1년 만에 죽었다.

 한편 장의의 설득으로 맹약을 맺었던 6국의 제후들도 진나라의 내부 사정을 알고는 진나라에 등을 돌리고 다시 합종 상태로 돌아갔다.

 가는 길은 달랐으나 우정만은 돈독했던 두 친구 중 소진은 말로가 비참했으나, 장의는 그보다 지략이 뛰어나서 부귀와 천수를 누렸다.

아비를 사지로 몰아 넣은 자란 子蘭

초나라의 멸망

　진나라가 강대국이 되어 전국칠웅 가운데 패자로 군림하자 제나라와 초나라는 다시 맹약을 맺었다.

　4년 후인 기원전 305년 진나라 무왕의 뒤를 이어 왕위에 오른 소왕昭王은 수단이 뛰어난 사람이었다. 소왕은 제나라를 꺾기 위해 초왕을 회유했다. 욕심이 많았던 초 회왕은 진나라의 뇌물과 미인 공세에 녹아 제나라와의 맹약을 깨고 진나라를 우방으로 삼아 초나라와 진나라의 밀월시대가 열렸다.

　제나라는 초나라가 의리 없이 눈앞의 이익에만 급급한 것을 보고 초나라를 공격하기 위해 한·위나라와 손을 잡았다. 다급해진 초의 회왕은 진나라에 원병을 요청했다. 그러나 진나라로서는 진나라와 제나라 사이에 양다리를 걸치고 기회를 노리는 초나라를 믿을 수가 없었다.

　"귀국의 태자를 인질로 보내면, 원병을 파견하겠소."

진나라는 초나라 태자를 볼모로 잡고 원군을 파견했다. 이에 제, 한, 위나라의 3국 군대는 진나라의 기세에 눌려 군대를 철수하였다.

기원전 302년인 회왕 27년, 초나라 태자의 경거망동으로 초나라와의 친교가 끊어지자 진나라는 초나라를 쳐들어갔다. 여기에는 제, 한, 위 3국이 연합하여 가세했다. 초나라는 고립무원이 되었다. 이 싸움에서 진나라는 초나

초나라의 굴원

라를 대파하고 중구를 차지하였으며 다음해에는 단독으로 공격하여 역시 대승을 거두었다. 기댈 데가 없는 초나라는 궁여지책으로 다시 제나라에 태자를 인질로 보내어 친제 정책을 폈다. 하지만 기원전 299년, 진나라는 다시 초나라를 유린하고 초 회왕에게 회담을 요청했다. 진나라의 제의에 초나라의 회왕은 진퇴양난에 빠졌다. 갈피를 잡지 못하고 우왕좌왕하고 있을 때 좌도左徒 굴원屈原이 가지 않는 것이 좋다고 극구 만류하였다.

굴원은 원래 초나라 귀족 출신으로, 견문이 넓고 기억력이 좋으며 나랏일을 잘 처리해 회왕은 그를 매우 신임하였다. 그러나 상관 대부 근상은 왕의 신임을 받는 굴원을 매우 시기하였다. 굴원은 굴욕적인 외교를 하지말고 능력 있는 인재를 널리 등용하여 국력을 기르고, 제나라와 연합하여 진나라에 대항하자는 강경론을 내놓았다. 그러나 회왕의 아들 자란子蘭은 이에 반대했다.

"지금은 때가 아니옵니다. 진나라가 힘이 강하니 진나라의 요청에 따라야 하옵니다!"

자란은 친진파親秦派이고, 굴원은 친제파親齊派였다. 머리를 싸매고 고민하던 회왕은 자란의 말을 듣기로 하고 진나라의 회담에 응해 무관으로 갔다. 그러나 그것은 함정이었다. 진나라는 복병을 동원해 회왕을 감금하고 협박을 하였다.

"검중黔中과 무巫 땅을 진나라에 바치시오!"

검중과 무는 초나라의 군사 요충지여서 회왕은 두 곳만은 절대로 내줄 수 없다며 끝까지 버티었다. 그래서 회왕은 돌아갈 기약 없이 진나라에 붙잡혀있게 되었고, 태자는 인질로 제나라에 가 있어서 초나라 조정은 텅 비어 있는 상태였다. 이에 초나라는 제나라에 볼모로 가 있는 태자를 데려다 경양왕頃襄王으로 즉위시켰다.

경양왕이 즉위하니 진나라에 연금돼 있는 회왕은 인질로서의 가치가 없게 되어 버렸다. 진나라는 초나라를 다시 공격하여 15성을 빼앗았다. 회왕은 이제 나라가 없는 왕이 되었다.

초나라는 기원전 223년 사실상 막을 내렸다.

천하를 사들인 장사꾼 여불위

진흙에서 보석을 캐다

모순矛盾이라는 말이 있다. 사리의 앞뒤가 맞지 않는 경우를 말하는데 초나라 시대 무기를 파는 상인에게서 유래되었다고 한다. 무기를 파는 장사꾼이 있었다. 그 상인은 창을 들고 '어떤 방패도 뚫을 수 있는 창'이라고 선전했다. 이어 방패를 들어 보이고는 '어떤 창도 막아낼 수 있는 방패'라고 선전했다. 그러자 구경하던 사람 중 하나가 상인에게 이렇게 물었다.

"당신이 어떤 방패도 뚫을 수 있다고 말하는 그 창으로 어떤 창도 막아낼 수 있다고 선전하는 방패를 찌르면 어떻게 됩니까?"

이것이 모순이지만 장사꾼은 말로 먹고산다는 의미도 담겨 있다. 사실 장사꾼은 말도 잘 해야 하지만 무엇보다도 물건 고르는 눈이 좋아야 한다. 물건을 잘 못 사면 팔리지가 않아 손해를 보게 된다. 또 좋은 물건을 싸게 사면 많은 이익을 얻게 된다.

진나라 양책 사람 여불위呂不韋는 뛰어난 장사꾼이었다. 그가 창

여불위

과 방패를 팔았다면 모순에 빠지지 않고 슬기롭게 빠져나왔을 것이다. 그는 수완이 뛰어나 중국의 여러 나라와 고장을 돌아다니며 재산을 모아 큰 부자가 된 대상인이었다. 그는 남다른 식별안을 지니고 있었고 장사차 이곳저곳을 떠돌다보니 견문이 풍부했고 이것이 학식이 되었다. 이러한 식별안은 후일 천하를 사서 품에 안는 막대한 이득을 보게 해준다.

진나라는 위나라를 쳐서 18년 만에 멸망시켰다. 나머지 나라들도 쇠약해져 진나라의 상대가 되지 못했다.

중국을 처음으로 통일한 진나라 시황제는 성골聖骨이 아니다. 진골眞骨로 보기도 어렵다. 그는 장사꾼 여불위呂不韋의 씨를 받은 그의 애첩에게서 태어난 몸이다. 그러한 몸이 어떻게 중국의 최초의 황제가 되었는가에는 재미있는 얘기가 얽혀 있다.

진나라에서는 소왕 40년에 태자가 죽고 42년에 차남인 안국군이 태자가 되었는데 그는 20여 명의 아들을 두었다. 그러나 왕의 정실부인인 화양부인華陽夫人에게는 아들이 없었다. 안국군의 아들 가운데 이인異人(후일 자초子楚)이 있었는데 그의 생모인 하희夏姬는 안국군의 사랑을 받지 못했다. 그래서 이인은 조나라에 볼모로 보내져 있었다. 당시 강국에서 약국에 보내는 인질은 별로 중요하지 않은 인물을 보냈기 때문에 이인이 대상이 되었던 것이다.

이인은 조나라에서 냉대를 받았다. 그것은 진나라가 조나라를 자주 공격한 데다 이인이 왕손이라고는 하지만 서열이 뒤에 있었기 때문이다. 따라서 조나라에서의 볼모 생활도 윤택하지 못하였다. 여불위는 장사차 조나라의 한단에 왔다가 이인의 이야기를 들고는 생각했다.

'진나라 공자라고? 그렇다면 보물이군. 사 두면 큰 이익을 얻겠군.'

여불위는 곧장 이인을 찾아갔다.

"내게 맡겨주시면 당신을 아주 귀한 몸으로 만들어 드리겠습니다."

이인은 여불위의 말뜻을 알아채고는 그를 안방으로 안내해 밀담을 나누었다. 여불위가 말했다.

"진나라 왕은 늙었고 안국군은 태자입니다. 안국군은 화양부인을 총애하지만 그 부인에게는 불행하게도 아들이 없습니다. 공자께서는 서열이 뒤여서 왕이 될 가능성은 희박합니다. 더구나 볼모의 몸이며 경제적으로도 여유가 없습니다. 이제부터 내가 공자에게 많은 돈을 투자하고 안국군과 화양부인을 설득하여 당신을 후계자로 삼도록 일을 꾸미겠습니다."

이 말을 듣고 이인은 깊이 머리를 숙였다.

"그 일이 성공하면 진나라의 반을 그대에게 주겠소."

이렇게 하여 여불위는 전재산 중에서 5백금은 이인에게 교제비로 주고 나머지 5백금으로는 진귀한 물건들을 사 가지고 진나라로 향했다. 여불위는 먼저 화양부인의 언니에게 가지고 간 진귀한 물건을 몽땅 바쳤다.

"제가 직접 뵙기 어려우니 이 물건을 태자비께 전해 주십시오."

어리둥절해 하는 화양부인 언니에게 여불위는 예물을 전하면서 이 말을 잊지 않았다.

"이인의 소식도 전해주시오. 그는 똑똑해서 좋은 사람들과 사귀어, 그 수가 헤아릴 수 없이 많습니다. 또, 태자와 부인을 하늘처

진나라의 규문와당

럼 생각하고 날마다 눈물을 흘리고 있습니다. 아들이 없는 태자비께서 효도하는 자를 후계자로 삼으시면 늙어서 임금이 되신 태자의 사랑을 독차지하실 것입니다."

여불위에게 호감을 가지게 된 언니는 동생 화양부인을 찾아가 여불위가 한 말을 그대로 전했다. 언니의 말이 옳다고 생각한 화양부인은 곧 태자에게 달려가 눈물을 흘리며 이인을 후계자로 삼으라고 졸랐다.

"저는 태자님의 사랑을 한 몸에 받고 있지만 아들이 없습니다. 이인이 총명하고 사교적이라니 그를 후계자로 정하여 저의 장래를 의지하게 하여 주소서."

총애하는 화양부인의 간청에 안국군은 이인의 이름을 자초子楚로 바꾸어 후계자로 삼기로 결정하고 비밀에 붙이기로 하였다. 안국군은 여불위를 통해 거금을 자초에게 보내 빈객들과의 교제비에 쓰게 하였고 이후 자초는 차츰 제후들의 눈길을 끌게 되었다. 막대한 재산을 갖고 있는 부호였던 여불위에게는 미녀가 많았다. 그 중에서도 아름답고 춤에 능한 미녀 조희를 집에 두고 총애하고 있었는데, 어느 날 여불위가 마련한 주연에서 자초가 그녀를 보고는 한눈에 반해버렸다.

"저 여자를 내 아내로 삼고 싶소."

여불위는 순간 당황하고 몹시 불쾌했으나, 내색을 하지 않고 총애하는 여자를 자초에게 바쳤다. 큰일을 앞두고 있는 만큼 이러한 작은 일은 눈감아야 한다고 생각했다.

'자초가 임금이 된다면 까짓 것 여자쯤이야……. 참아야지."

당시 여불위의 애첩은 임신 중이었지만 그 사실을 자초에게 말할 수는 없었다. 그 여자는 달이 차 아들을 낳았고 자초는 그 아이가 제 자식인 줄만 알고 키우고 그 여인을 정부인으로 삼았다. 이 아이 정政이 뒷날 천하를 통일한 진秦의 시황제始皇帝가 된다. 정은 12개월만에 태어났기 때문에 자초가 제 자식인줄 알고 있었다고 역사는 기록하고 있다.

정은 진 소왕 48년인 기원전 259년 정월에 태어났다. 정은 두 살 때인 소왕 50년에 죽을 고비를 넘기고 살아났는데 여불위의 힘이 컸다. 6년이 지났다. 진 소왕이 죽자 태자 안국군이 왕위에 올라 효문왕孝文王이 되었고 자초는 태자가 되었다. 그리고 효문왕에 이어 자초가 진나라 왕이 되니 그가 바로 장양왕莊襄王이다.

장양왕(자초)은 약속대로 여불위에게 승상 벼슬을 내리고 문신후文信侯로 봉했다. 진나라의 반을 주겠다는 약속은 하남과 낙양의 10만 호를 식읍으로 내주는 것으로 지켰다. 그러나 장양왕은 임금이 된 지 3년 만에 여불위가 바친 이름 모를 약을 먹고 죽었다. 여불위는 못내 섭섭한 체하면서 태자 정政을 왕위에 올리고 자신을 상부尙父라 칭했다. 상부는 태공망 여상이 받았던 벼슬이었다.

환관과 왕태후의 불륜

왕위를 계승한 정(후일 시황제)은 13세로 어렸으므로 정치는 모친인 왕태후(조희)와 여불위가 섭정을 하게 되었다. 왕태후는 바로 여불위의 애첩이었으니 옛사랑이 다시 싹트지 않을 수 없게 되었다. 정의 생모 왕태후는 남자 없이는 하룻밤도 지낼 수 없는 색녀였다. 진나라 권세는 여불위가 손에 쥐고 흔들었다. 진나라에서는 여불위를 내려다 볼 사람은 아무도 없게 되었다.

　진왕 9년 왕실에서는 불미스러운 일이 일어났다. 정이 성장하자 여불위는 왕태후와의 관계에 불안을 느끼고 남근이 크기로 소문난 노애(원래 이름은 노대라고 한다)라는 시정잡배를 환관으로 위장하여 왕태후의 궁에 머물게 했다. 노애는 간통죄로 재판을 받고 있던 중이었다. 환관 노애가 왕태후와 사귀고 있다는 상소를 받고, 진왕 정이 조사해 보니 그는 고자가 아니었을 뿐만 아니라 태후와의 사이에 두 아들을 낳아 숨겨두고 있었다. 여불위가 노애를 태후에게 소개하였다는 사실까지도 밝혀졌다.

　정은 노애의 삼족을 멸하고 상부인 여불위도 죽이려고 마음먹었다. 그러나 아무래도 여불위는 선왕을 많이 도왔고 또 빈객과 유세가들이 그를 변호했기 때문에 그를 처벌할 것을 단념했다. 다음해 진왕 10년 10월에 정은 여불위를 상부의 지위에서 해임하고 영지인 하남의 집에 있도록 명령했다. 그러나 여불위의 이름은 여전했고, 제후들의 빈객이나 사자들이 그를 만나기 위하여 줄을 잇는 형편이었다.

　여불위는 장사 수완만 뛰어난 것이 아니라 인재를 아끼고 저서를 남기려 애쓴 인물이다. 위나라의 신릉군, 초나라의 춘신군, 조나라의 평원군, 그리고 제나라의 맹상군 등은 서로 다투어 유능한 사람을 초청하여 세력을 겨루고 있었다. 여불위도 가만히 있지않았다. 강국인 진나라의 상국이란 자리에 있는 자가 약소국의 공자들에게 진다는 것은 수치라고 생각한 그는 인재를 초청해서 우대했기 때문에 그의 식객은 무려 3천 명에 이르렀다.

　여불위는 식객들에게 명하여 제각기 자기가 듣고 본 것을 기록케 했다. 그리고 이를 모아 『팔람』·『육론』·『십이기』 등 20여만

자나 되는 책을 편찬했다. 그는 이 책이 천지·만물·고금의 사적을 망라하고 있다고 자부하여 『여씨춘추呂氏春秋』라고 이름지었다.

여불위의 모반을 두려워한 정은 그에게 다음과 같은 친서를 보냈다.

진나라의 청동으로 만든 솥

> 귀공에게 어떤 공이 있어서 진나라는 문신후에 봉하고 십만 호를 주었는가? 진나라와 무슨 혈연관계가 있어서 상부라고 불리고 있는가? 즉시 일가를 이끌고 촉으로 옮겨가서 사는 것이 좋겠다.

여불위는 이제 모든 것이 끝났다고 생각했다. 차츰 권세를 빼앗기고 끝내는 죽음을 당할 것이라고 생각한 여불위는 독약을 삼켰다. 진왕 12년이었으며, 왕태후는 진왕 19년에 죽었다.

중국 최초의 황제
진시황의 천하 통일

이사李斯의 모함으로 자살한 한비韓比

한 나라의 왕이나 황제, 지도자가 되려면 '틀'이 좋아야 한다. 체구가 당당하고 용모가 준수하면 그렇지 않은 사람보다 위엄이 있어 보이고 통솔력도 뛰어나 보인다. 일테면 카리스마가 풍기는 것이다.

중국 역사상 최초로 황제가 된 진왕 정政도 외모가 출중했다고 기록되어 있다. 진왕 정은 성장하자 키가 여덟 자 반의 우람한 체구에 총명하고 탁월한 지도력을 갖고 있었다. 그는 모든 일을 자기 주장대로 처리하여 왕태후도 여불위도 꼼짝을 못했다고 한다.

진왕 정이 성골이 아님은 앞에서도 기술한 바 있지만 그로 해서 진나라는 사실상 성씨가 바뀌고 말았다. 진왕 정의 성씨는 영이지만 사실은 여불위의 아들이기 때문에 여呂씨가 되는 셈이다.

기원전 246년 왕위에 오른 진왕 정政은 막강한 권력을 흔들고

114 중국사

있는 여불위를 숙청하고 이사李斯를 재상으로 임명했다.

이사는 초나라의 상채 출신이다. 젊었을 때는 고향에서 하급관리를 지냈다. 그 무렵 그는 관청의 변소에서 쥐가 인분을 빨아먹고 있는 것을 자주 보았다. 그 변소에 있는 쥐는 언제나 사람이나 개의 기척에 놀랐다. 그리고 식량 창고에 들어갔을 때도 그는 쥐를 보았다. 이곳의 쥐는 곡식을 먹고 있었다. 더구나 인간이나 개에도 별로 놀라지 않고 유유히 먹이를 먹고 있었다. 이사는 이 두 가지 모습을 비교하여 생각해 보고, 자기도 모르게 탄식했다.

이사

'인간은 결국 어디에다 자기 몸을 의탁하느냐에 따라 가치가 결정되는 것이다.'

이렇게 생각한 이사는 순경荀卿(순자)의 문을 두드리고 정치학을 배웠다. 공부를 끝내자 이사는 어느 나라에 가서 일해야 할까 곰곰이 생각했다.

'초나라 왕은 쓸모 없는 인물이다. 아무리 생각해도 그를 찾아가고 싶지 않다. 그렇다고 국력이 약한 나라에서 일하면 공명을 얻을 기회가 쉽지 않을 것이다. 서쪽으로 가서 진나라에서 일하는 것이 좋겠다.'

자신의 결심이 서자 스승인 순경에게 작별하러 갔다. 이사가 진나라에 도착한 것은 장양왕이 죽은 뒤였다. 그는 진나라 최고의 실력자인 승상인 문신후 여불위의 식객이 되었다. 여불위는 그의 재능을 인정하고 왕의 시종으로 추천했다. 이제 이사는 왕을 설득할 수 있는 신분이 되었다. 이사는 어느 날 진나라 왕에게 이렇게 말했다.

"진나라의 국력은 몹시 강대하고 왕께서는 매우 현명하십니다. 이 두 가지 조건을 갖추었기 때문에 6개국 왕들을 멸망시키고 천하를 통일하는 것은 쉬운 일입니다. 지금이 좋은 기회입니다. 망설이고 있을 때가 아닙니다. 6개국 왕들은 틀림없이 다시 세력을 모아 합종을 이루고 대항해 올 것입니다. 그렇게 되면 어떤 방책을 강구하더라도 천하의 통일은 불가능할 것입니다."

이 말을 듣고 진왕은 이사를 장사대신 부관으로 발탁하고, 그의 의견을 따라 비밀리에 모사에게 금은보화를 주어 6개국에 공작원을 보냈다. 그들은 중신 가운데 뇌물을 좋아하는 사람을 골라 금은보화를 주었다. 협력을 거부하는 자는 죽였다. 이렇게 하여 임금과 신하를 이간시킨 뒤, 용감한 장군을 보내서 무력으로 치도록 했다. 이러한 공으로 진나라 왕은 이사를 왕의 고문으로 임명했다.

진나라가 기원전 230년 한나라를 칠 때의 이이다. 한왕은 공자 한비韓非를 사신으로 보내 화의를 청했다. 한비는 『한비자韓非子』를 지은 인물이다. 진왕 정은 한비가 사신으로 오기 전 이미 『한비자』를 읽어보고 나서 마음이 움직여 한나라를 먼저 공격했다고 한다. 정의 마음을 움직인 것은 『한비자』 중 다음과 같은 대목 때문이었다.

신하가 아무리 임금과 절친하더라도 법도를 어기면 가차없이 처벌해야 하며 가장이 법을 어겼을 때도 아들은 감싸주어서는 안 된다.

진왕 정은 한비가 마음에 들어 그를 옆에 두고 정치를 하고 싶었다. 그러자 측근들이 자신의 입지가 좁아질 것을 염려하여 한비를 모함했다.

"한비는 한나라의 공자입니다. 때문에 겉으로는 진나라를 섬기는 체하면서 속으로는 한나라를 위하는 정치를 펼 것입니다. 죽여 없애는 것이 후환이 없을 것입니다."

한비

진왕 정은 한비의 재능이 아까워 일단 옥에 가두어 두었다가 풀어 주려고 하였으나 이사李斯가 독약을 주어 한비를 옥안에서 자살시켰다.

지략에 뛰어난 왕전의 업적

진왕 정이 중국을 통일한 데는 이사 외에도 왕전이라는 장수의 도움이 컸다. 왕전은 아들 왕분과 함께 진나라를 강대국으로 만들었다.

연나라가 형가를 자객으로 보내 진왕을 살해하려는 사건이 일어났다. 이에 화가 난 진왕은 왕전에게 명령하여 연나라를 공격케 했다. 왕전은 연나라 수도 계를 점령하고 연나라 왕인 희를 요동쪽으로 내쫓은 뒤 돌아왔다. 왕전의 아들 왕분은 위나라를 쳐서 항복을 받아낸 명장이었다. 진왕은 이어 연나라를 공격하여 태자 단을 연수까지 추격하여 격파했다. 진왕 정은 하나 남은 초나라를 치기로 했다. 초나라는 진나라가 천하 통일을 하기 위해서는 반드시 넘어야 할 산이었다. 출전에 앞서 진왕이 장군들에게 물었다.

"진은 초나라를 반드시 멸하여야 하오. 이기려면 군사가 얼마나 필요하겠소?"

왕전이 앞에 나서 이렇게 대답하였다.

"적어도 60만 명은 있어야 될 듯합니다."

그러자 젊은 장군 이신李信이 가로막았다.

"60만 명까지 뭐가 필요하겠소? 20만 명이면 충분하다고 생각합니다."

진왕 정은 이신에게 장수 몽염을 딸려 20만의 군사로 초나라를 치도록 하였다. 이신은 용맹하였으나 전투 경험이 없어 초군에게 패하고 말았다. 정은 왕전의 말을 듣지 않은 것을 후회하였다.

"내가 왕장군의 의견을 따르지 않은 결과 우리 진나라군이 대패하고 수치를 당했소. 지금 초나라는 여세를 몰아 우리나라에 쳐들어온다고 합니다. 장군이 아니고는 사태를 수습할 사람이 없소."

"저는 이제 병들고 늙어 쓸모가 없습니다. 이번 일을 맡을 사람이 있을 것입니다."

왕전이 고사했으나 진왕은 뜻을 거두지 않았다. 그래서 왕전은 태도를 고치고 이렇게 말했다.

"대왕께서 저에게 꼭 이번 일을 맡기시겠다면 60만의 군사를 딸려 주십시오"

"모든 것을 장군에게 맡기겠소."

이렇게 하여 왕전은 60만 명의 대군을 거느리는 장군으로 돌아왔다. 드디어 출전의 날이 왔다. 진왕 정은 친히 왕전을 파수 근처까지 전송했다. 그곳까지 오는 도중 왕전은 왕에게 진나라에서 가장 좋은 밭과 집을 달라고 간청했다.

"안심하고 출전하시오. 뒷일은 나에게 맡기시오."

진왕은 이기고 돌아오면 토지를 내리겠다고 굳게 약속했다. 그러나 왕전은 진왕을 졸랐다.

"아닙니다. 대왕 밑에서 일한 장군은 지금껏 그 공의 대가로 큰 봉후의 영예를 받은 일이 없습니다. 저는 대왕의 은혜를 입고 있을 때에 받아서 자손에게 남겨 주고 싶습니다."

그러자 진왕은 껄껄 웃었다.

"알았소. 염려 놓으시오."

초나라군은 진나라가 장군을 왕전으로 바꾸고 병력을 늘여서 반격해 온다는 소식을 듣고 전군을 총동원하여 이에 대항했다. 초나라의 장수는 항연項燕이었다. 그러나 왕전은 초나라군과 마주쳤지만 튼튼한 보루를 쌓고 싸우러 나가지 않았다. 초나라군이 자주 싸움을 걸어 왔지만 왕전은 조금도 움직이지 않았다.

"우리 군사들은 만전을 기하고 있다."

왕전이 이렇게 생각하고 있을 때 초나라군은 상대가 움직이지 않자 동쪽으로 군사를 철수시키기 시작했다. 왕전은 그제야 때가 왔다는 듯이 전군을 풀어 추격전을 펼쳐 손쉽게 초나라군을 대파할 수 있었다. 그리고 기수 남쪽에서 초나라 장군 항연項燕을 사로잡았다. 초나라군은 완전히 무너졌다. 진나라군은 승세를 몰아 각지의 도읍을 차지했다. 진왕 24년이었다.

1년 뒤에는 초나라 왕 부추를 사로잡고 초나라의 전 국토를 평정하여 진나라 영토로 편입시켰다. 그리고 그 여세를 몰아 남쪽의 백월의 왕도 항복시켰다. 다음해인 진왕 25년에는 연나라도 멸망시켰다. 왕전의 아들 왕분도 이신과 함께 연나라와 제나라를 평정했다. 이렇게 하여 진왕 26년(기원전 221년), 진나라는 드디어 천하를 통일했다. 그리고 전국 시대도 막을 내리게 되었다. 진왕 정의 나이 39세 때였다. 왕전 부자는 몽염과 함께 신하들 가운데서도 공이 가장 높았으며, 그들의 이름은 후세에까지 전해졌다.

통일국가 진나라의 흥망성쇠

[주요 인물]

시황제 _ 본명 정政. 여불위가 후원한 자초의 아들로 사실은 여불위의 씨이다. 중국을 통일한 후 자신을 황제라 칭하고 개혁을 단행하지만 여산릉 등 무리한 공사를 벌여 국력을 낭비한다.

이사 _ 시황제의 일등 참모. 초나라 상채 출신으로 젊었을 때 고향에서 하급관리를 지내다 여불위의 추천으로 시황제의 시종으로 들어가 재상을 지내다 조고에 밀려 죽는다.

조고 _ 시황제의 최 측근 환관. 시황제의 유서를 위조하여 장남 부소를 죽이고 차남 호해를 황제에 올린다. 나중에는 호해마저 몰아내고 자영을 3세 황제로 올린다.

호해 _ 시황제의 차남으로 2세 황제. 자신의 뜻을 반대한다는 명목으로 22명이나 되는 형제 자매와 그 일족을 모조리 살해한다.

왕전 _ 진나라의 통일에 크게 기여한 장수. 초나라의 장수 항연項燕과 초나라 왕 부추를 사로잡고 초나라의 전 국토를 평정하고 연나라도 멸망시킨다.

부소 _ 시황제의 장남으로 자살. 장군 몽염과 함께 만리장성을 쌓는 일을 맡고 있던 중 시황제가 순행길에 사망, 제위를 물려받게 되어 있었으나 환관 조고의 농락으로 죽음을 당한다.

진승과 오광 _ 농민 반란군. 머슴 출신인 진승은 하남 양성 출신으로 자는 섭涉. 왕위에 올라 국호를 '장초張楚'라 했지만 6개월만에 망한다.

유방 _ 진을 멸한 후 초패왕 항우를 꺾고 한漢을 세워 고조가 된다. 강고성 패현의 풍읍 중양리 출신으로 함양에서 하급관리로 부역에 종사했으며 중국 최초의 농민 출신 황제로 기록된다.

항우 _ 유방과 천하를 겨룬 장수. 이름은 적籍, 자는 우羽. 역발산기개세力拔山氣蓋世라 할 만큼 힘이 세었고 무예도 출중하다. 오강 전투에서 유방에게 패해 죽는다.

장량 _ 유방의 명장. 시황제에게 사람 몸보다 큰돌을 던져 살해하려 했던 장수로 유방을 도와 항우를 꺾는데 큰 힘이 된다.

범증 _ 항우의 참모. 항우에게 홍문의 연회에 사과하러 온 유방을 죽이라고 간하였으나 뜻을 이루지 못하고, 항우에게 버림을 받자 홀연히 떠난다.

삼황·오제를 뛰어넘는 시황제

삼황오제보다 높은 진시황제

앞에서 기술하였듯이 중국 신화시대의 삼황과 오제는 신비에 싸인 인물들이었다. 반인반수의 몸에 신통력을 발휘했고 인간들이 생활하는데 필요한 물건들을 발명하였으며 평화로운 세상을 만들려고 노력했다. 그로부터 2천여 년이 흐른 후 중국에 새로운 황제가 등장한다. 진왕 정이 대신들을 모아놓고 자신의 호칭에 대해 물었다.

"내가 여섯 나라를 평정하고 태평 천하를 이룩하게 된 것은 모두가 조상의 도움에 의한 것이오. 이 일을 후세에 전하기 위해서는 이제 왕이라는 호칭을 바꿀 필요가 있소. 이 문제에 대해서 그대들의 생각을 밝혀 보시오."

승상 왕관, 어사대부 풍겁, 승상 이사 등이 입을 맞추어 이렇게 대답했다.

"옛날에 오제五帝는 천하의 주인이라고는 하지만 그 영토는 사방천 리에 지나지 않았고 주위는 제후나 야만족의 나라였습니다. 박사들에 의하면 오제 이전에 천황·지황·태황의 3황이 지상에 군림했고 그들 가운데서 태황이 가장 존엄한 존재였다고 합니다."

그들은 진왕이 덕은 삼황보다 낫고 공로는 오제보다 높다고 입을 모아 말했다.

"그렇다면 태황의 황皇을 따

진시황제

고 상고의 제帝와 합하여 황제皇帝라고 칭하기로 한다!"

대신들은 진왕의 칭호를 '황제皇帝'로 부르기로 하고 처음을 뜻하는 '시始'자를 위에 붙여 '시황제始皇帝'라 하였다. 시황제란 그의 아들은 2세 황제, 손자는 3세 황제로 세습하는 왕조임을 의미한다.

시황제는 국경을 넘보는 북쪽의 오랑캐족을 물리쳤으며, 남쪽을 비롯해 사방으로도 광활한 영토를 개척하는 등 통일 중국의 면모를 일신했다. 진시황은 도시국가적인 민주주의를 표방한 유교적인 정치를 배제하고 한비가 주창했던 법가의 이론을 접목시킨 정치를 구상했다. 시황제의 이러한 정치철학은 《한비자》의 영향이 컸던 것이다. 이 무렵 새로 통일된 국가에 대한 통치 방법이 논란이 되었다. 시황제는 이사李斯에게 물었다.

"옛 시대에는 천하가 흩어져 있어 제후들이 난립했으나 이제 폐하께서 천하를 통일하시고 황제의 자리에 오르셨으니 폐하께서 모든 영토를 직접 통치해야 하는 것이 옳은 줄 압니다."

이사의 주장은 절대적인 전제군주제로서의 중앙집권적인 관료국가를 세우자는 것이었다.

"전국을 36군郡으로 분할하고 군 밑에는 현縣을 두도록 한다!"

시황제는 이사의 말에 따라 봉건제도를 없애고 군·현 제도를 채택하고 군·현의 장관은 모두 황제가 임명키로 했다. 중앙에는 구경九卿을 두어 전국을 관장하고 그 위에 3공公(승상·태위·어사대부)을 두었다. 시황제의 개혁정치는 일사천리로 진행되었다. 물류의 운송을 쉽게 하기 위해 수도인 함양咸陽을 중심으로 남쪽으로는 강소·호남, 북쪽으로는 내몽골 자치구의 음산, 동쪽으로는 하북·산동에 이르는 간선도로를 만들었다

시황제는 이어 영남 지방의 개발에 나섰는데 육로로의 물자 수송에 시간이 많이 걸리고 어렵게 되자 이를 해결하려고 운하를 만들도록 하였다. 길이가 33킬로미터나 되는, 배가 산을 넘어 산기슭 저쪽에 있는 강에 닿도록 계단식으로 설계된 영거 운하였다. 기원전 214년의 일이다.

책을 불사르고 선비를 땅에 묻다

시황제 34년(기원전 213년), 함양궁에서 주연이 열렸다. 그 자리에서 박사복사인 주청신 등이 시황제의 위대한 덕을 찬양하자, 제나라 사람인 순우월淳于越이 앞으로 나아가 이렇게 건의했다.

"은·주 왕조가 천여 년이나 번영한 것은 왕자나 공신을 제후로 봉하고 왕실의 방패로 했기 때문입니다. 그런데 폐하께서는 천하

를 장악하고서도 왕자들께서는 모두 일개 평민으로 있습니다. 무슨 일이든 옛일을 교훈으로 삼지 않고 잘 된 일이 없습니다. 그런데 주청신 등은 폐하의 비위를 맞추며 폐하께서 잘못을 저지르게 하고 있습니다. 정말 불충한 신하들입니다."

시황제는 이 문제를 이사에게 명령했다. 이사는 순우월의 의견이 잘못이라고 말하고 다음과 같이 아뢰었다.

"옛 시대에는 천하가 몹시 흩어졌는데도 이를 통일하는 자가 없어 제후들의 난립을 초래했던 것입니다. 당시의 상황을 살펴보면 모두가 옛날의 세상을 이상으로 생각하고 현세를 비판했고 저마다 황당무계한 주장을 하여 현실을 혼란시키며 자기주장이 옳다고 하여 위정자를 비난하는 것을 일삼았습니다.

그러나 오늘날은 폐하께서 천하를 통일하고 사물의 가치 기준을 분명히 했으며, 또 황제라는 유일한 지위에 올라 계시는데도 불구하고 저마다 자기주장이 옳다고 하는 자가 여전히 자취를 감추지 않고 있습니다.

그들은 폐하께서 정하신 법을 비난하고 포고를 내려도 비난하며, 나아가서는 그 불만을 거리에 나가서 제멋대로 떠듭니다. 또 그들은 폐하의 명에 이의를 나타냄으로써 그것을 기화로 헛된 명예를 얻으려고 무리를 이루어 비방으로 날을 보내고 있습니다.

이와 같은 무리를 방치한다면 머지않아 폐하의 권위를 손상시킬 것입니다. 즉시 조처를 취해야 한다고 생각합니다. 그 방법으로는 학술·시서·백가의 저서를 거두어들여 불태워야 합니다. 가져도 좋은 것은 의약과 복서卜書, 농사에 관한 서적에 국한해야 합니다. 그리고 학문을 좇는 자의 스승은 관리가 대행하게 합니다. 이것이 저의 생각입니다."

진나라의 분서갱유도

 시황제는 이사의 의견에 따랐다. 시서·백가의 저서를 몰수하여 불태우고 우민정책을 추진하면서 비판하는 자들은 구덩이를 파고 묻어 버렸다. 그리하여 의약·농사 등에 관한 책 외에는 많은 책을 불살라 없애는 정책이 감행되었다. 유생들이 들고일어나자 시황제는 유생 460명을 땅에 생매장해 죽이는 끔찍한 일을 자행했다. 이것이 시황제 35년에 일어난 분서갱유焚書坑儒 사건이다.
 "불로초를 구해오너라!"
 미신을 좋아해 점을 치는 복서만은 분서에서 제외했던 시황제는 불로장생不老長生을 꿈꾸었다. 시황제는 사람을 동원해 불사약을 구해 오라고 명령하였지만 그런 약이 있을 리 없었다. 이 불사약이 유생들을 자극했고 갱유에도 영향을 미쳤다.

진秦을 묻은 여산릉과 미완의 아방궁

36년에 걸쳐 완성된 대형 묘지

시황제는 사치를 좋아했다. 장사꾼의 피를 타고나서인지 화려하고 큰 것을 좋아했다. 천하가 통일되기 전, 13살에 즉위한 시황제 정은 그 해 이런 명령을 내렸다.
"여산에 내가 죽어서 들어갈 능묘를 만들라!"
능묘는 규모가 엄청나게 컸다. '여산릉'이라고 하는 이 능묘는 1974년 여산 북쪽에서 한 농부에 의해 발견되었는데 땅속에는 어마어마한 숫자의 병사들 흙인형과, 군마, 전차 등이 들어 있었다. 높이

진시황릉에서 발굴된 병마용

116미터, 사방이 각 6백 미터가 되는 이 대규모 능묘는 장장 36년에 걸쳐 시황제가 죽은 다음 해에야 완성되었다. 이 공사에 75만 명의 죄수가 동원되었다.

시황제는 여산릉의 대공사가 한창일 무렵에 신궁新宮인 아방궁阿房宮을 짓기 시작했다. 역대로 써오던 함양궁이 협소하여 황제의 궁전으로는 위엄이 서지 않는다 하여 대규모의 궁전을 새로 짓기로 한 것이다. 아방궁이란 공사 시작 당시 임시로 붙인 이름이고 궁궐이 완성되면 새 이름을 붙이기로 하였으나 아방궁 공사는 진나라가 멸망했을 때에도 완성되지 않았다. 이 건축 공사에도 70만 명의 인부가 강제로 동원되었다. 아방궁은 1만 명이 거주할 수 있는 대규모였다.

"흉노족 호胡가 국경에서 백성들을 괴롭히고 있습니다."

대신들의 보고를 받은 시황제는 만리장성을 쌓기로 했다.

"여산릉과 아방궁 공사로 백성들이 다 죽어 가는데 또 큰 공사를 벌인단 말인가?"

통일 후의 진왕조 백성들은 과중한 조세와 부역, 가혹한 법과 형벌 등으로 굶주리다 죽어갔다. 만리장성의 축조는 여산릉과 아방궁의 건축으로 피폐해진 백성들에게 더욱 큰 부담을 지워 주었다. 만리장성은 임조에서 요동에 이르는 1만여 리의 성으로 엄청난 대공사였다. 만리장성 축조의 책임은 장군 몽염蒙恬이 맡았다. 시황제는 큰아들 부소扶蘇를 몽염에게 딸려보냈다. 표면상으로는 도우라는 것이었지만 사실은 몽염이 반기를 들까봐 감시를 맡긴 것이다. 진나라는 여산릉의 공사, 아방궁 공사, 만리장성 축조, 영남 개발, 도로공사 등 잇단 대형공사로 국력이 휘청거렸다. 백성들도 품삯도 없는 노역에 동원돼 생활이 말이 아니었다.

만리장성

환관에 의해 위조된 시황제의 유서

"천하를 통일했으니 내 발로 내 땅을 돌아보고 싶구나!"

기원전 210년 10월, 시황제는 백성들의 생활상을 살펴보기 위해 잠행에 올랐다. 시황제의 행차를 위해 회계會稽에서 북쪽 낭야로 가는 1천 8백 리 길을 몽염이 지휘하는 죄수와 군사들이 닦았다. 순시에는 천하통일에 지대한 공로가 있는 승상 이사와 왕명을 기록하는 임무를 맡은 환관 조고趙高가 수행하였다. 시황제의 차남 호해胡亥도 아버지를 수행했는데 이 여정은 그가 황제의 옥새를 물려받는 꿈길이 되었다. 낭야로 향하던 중 시황제가 갑자기 병이 났고 이것이 호해에게 호재가 된 것이다.

자신의 병세가 심상치 않음을 느낀 시황제는 따르던 환관 조고를 시켜 만리장성을 쌓고 있는 큰아들 부소에게 후사를 맡기는 유서를 만들게 했다. 유서의 내용은 그쪽 일은 장군 몽염에게 맡기고 부소는 함양으로 가서 시황제의 시신을 맞으라는 것이었다. 조고는 순간 스치는 생각이 있었다.

'부소가 몽염과 함께 돌아와 황제가 된다면 나는 몽염에게 살아남지 못할 것이다.'

조고는 조나라 왕족의 먼 일가였다. 그의 형제들은 모두 환관으로 끌려갔고 어머니는 사형을 당하였다. 본디 비천한 집안의 출신이었으나 시황제는 그가 형법에 밝다는 소문을 듣고 중거부령으로 등용한 것이다. 그는 등용되자 곧 왕자 호해에게 소송 및 재판의 진행 방법을 가르쳤다.

조고가 중죄의 혐의를 받은 일이 있었다. 황제는 몽의(장군 몽염의 동생)에게 명하여 법에 따라 판결하도록 했다. 몽의는 조고에게 사형판결을 내리고 관직을 빼앗았다. 그러나 황제는 조고의 부지런함과 성실성을 참작하여 죄를 용서하고 관직과 직위를 돌려주었다.

진시황은 숨을 거두었다. 그때 유서와 옥새는 조고가 갖고 있었다. 시황제의 죽음을 알고 있는 사람은 차남 호해와 승상 이사, 그리고 자신뿐이었다. 이사는 진시황의 시체를 빨리 함양궁으로 운구하자고 조고에게 재촉했으나 조고는 평소 총애했던 호해를 태자로 옹립하고 싶어 미적미적 미루었다. 조고는 또한 몽의에 대해서는, 자기가 신문을 받을 당시 혹독하게 당했던 일에 앙심을 품고 기회만 있으면 없애 버리려고 마음먹고 있었다. 조고는 호해에게 다음과 같이 말하였다.

"폐하께서는 승하하셨습니다만 큰아들인 부소에게 편지를 내리셨을 뿐이고 어떤 왕자를 황제로 봉한다는 조칙은 없었습니다. 이제 부소가 돌아와서 황제가 되실 겁니다. 그렇게 되면 공자님에게는 한 치의 땅도 주어지지 아니할 텐데 그래도 괜찮으시겠습니까?"

"어진 임금은 신하를 알고, 어진 아비는 아들을 안다고 하지 않았소. 부왕께서는 돌아가실 때까지 왕자들에 대해 아무런 조치도 취하시지 않으셨으니 그에 대해 따질 까닭은 없을 것이오."

"아닙니다. 그렇게 할 수는 없습니다. 지금 천하의 권력을 얻느냐 잃느냐는 공자님과 나 그리고 승상, 이렇게 세 사람이 하기에 달려 있습니다. 황제가 되느냐, 신하가 되느냐, 어느 쪽을 택하느냐에 따라 엄청난 차이가 생기는 겁니다."

"형을 폐하고 아우가 그 자리에 올라가다니, 부왕의 조직을 무시하고 황제에 오른다면 죽음을 면치 못할 것입니다. 재능도 없는 주제에 남의 농간에 좌우되어 높은 자리를 넘보는 일, 이런 불의와 분에 넘치는 악덕으로 천하가 굴복하리라 생각한다면 큰 오해일 것이오. 머지않아 이 몸은 위기에 처하게 되고 진나라의 사직도 끊어질 것이오."

조고가 다시 호해에게 간하였다.

"큰일을 도모하려는 자는 작은 일에 구애되지 않아야 하며, 큰 덕을 갖춘 자는 사소한 일 따위에 속박되지 말아야 합니다. 어물어물하다가는 나중에 뉘우칠 일이 생깁니다. 어려운 일에 결단을 내려 행하면 귀신도 피해 갑니다. 그렇게 함으로써만 성공이 약속됩니다. 아무쪼록 결단을 내리십시오."

호해가 한숨을 내쉬자 조고는 즉시 이렇게 말했다.

"승상과의 의논이 없이는 이 일은 성공하기 어렵겠습니다. 공자님을 대신하여 제가 승상과 얘기하겠습니다."

조고는 곧장 이사를 만나 설득하기 시작했다.

"황제께서 돌아가신 일은 아무도 모릅니다. 그리고 유서와 옥새는 제가 가지고 있습니다. 그렇다면 승상과 제가 어떻게 행동하는

가에 따라 태자가 결정된다는 얘기가 되겠는데, 승상께서는 어찌 생각하시는지요?"

"어찌 그런 엄청난 이야기를 꺼내는 것이오? 나는 폐하의 조칙을 받들어 거행할 생각이오. 결정은 내가 내릴 일이 아니오."

"아닙니다. 세상을 변하게 하는 것은 사람입니다. 태평천하도, 난세를 초래하는 것도 모두 인간이 할 탓입니다. 태평성세를 이룩하는 자가 비로소 만인의 존경을 받게 되는 것입니다."

"나는 본디 상채의 시골구석에 태어난 일개 서민에 지나지 않았었소. 더구나 폐하는 진나라를 내게 맡기고 돌아가셨소. 그런데 그 신뢰를 저버리는 짓을 내가 어찌 생각이나 하겠소. 그대는 나를 음모에 끌어들이려고 하는 모양인데 이 이야기는 그만둡시다."

조고의 설득은 계속되었다.

"호해의 마음을 저는 이 손에 쥐고 있습니다. 어떠십니까? 변방에 있던 신하가 돌아와 궁중을 제압하고 또한 신하가 군왕을 제압하는 것이 불손임을 모르시진 않겠죠. 이미 대세는 결정되었습니다."

이사는 하늘을 우러러보며 한숨을 쉬었다. 눈물이 뺨을 적셨다.

"난세에 태어나 이런 치욕을 겪어야 한단 말인가. 도대체 나는 어찌 해야 좋을 것인가?"

이사는 끝내 조고의 뜻에 동의하고 말았다. 호해·조고·이사 등은 시황제가 부소한테 보내는 유서를 찢어버린 후, 시황제의 조칙을 받았노라며 승상의 이름으로 공자 호해를 태자로 받들 것을 발표했다. 그리고 변방에 있는 큰아들 부소에게는 다음과 같은 허위 유서가 전달되었다.

"부소는 몽염과 더불어 수십 만의 대군을 이끌고 변경에 머물기

10여 년, 한 발자국도 나아가지 못한 채 수많은 병사들을 잃었을 뿐 털끝 만한 공조차 세운 일이 없다. 그럼에도 불구하고 빈번히 글을 보내어 짐이 하는 일에 비방을 일삼아 왔다. 너는 아비의 자식으로서 불효 막심하다. 이에 하사하는 칼로써 자결하여라. 또한 장군 몽염은 부소와 함께 지내면서도 부소를 바로 보필하지 못했다. 따라서 자결을 명한다."

"아버님께서 아들에게 죽음을 명령하셨소."

몽염에게 이 말을 남기고 부소는 자결하였다. 그러나 몽염은 자결하기를 거절했다. 사자는 그를 관리에게 인계하여 양주의 감옥에 가두고 돌아와 사건의 경위를 호해·이사·조고에게 보고했다. 세 사람은 함양으로 돌아와서 비로소 시황제의 죽음을 널리 알렸다. 시황제의 시체가 함양에 이르자 전국에 시황제의 죽음이 발표되었으며 작은아들 호해는 위조한 유서대로 2세 황제가 되었다. 몽염은 요참형(허리를 베어 죽이는 형벌)을 당했다. 시황제의 유해는 여산릉에 안장되었다. 진시황제의 유해가 매장된 후, 묘도의 중간 문을 닫을 때 바깥문도 닫아 버려 노동자들이 모두 그 속에 갇혀 생매장을 당했다. 묘지에는 초목을 심어 겉으로는 보통 산과 다름없이 보이도록 위장했다.

형제 자매 22명을 죽이다

2세 황제 호해는 덕망이 없어 정사를 잘 하지 못하고 학정으로 일관했다. 호해 황제는 비밀리에 조고를 불러 상의했다.

"대신들은 나를 우습게 보는 모양이고 관리들도 내 뜻대로 움직

진나라때의 청동전차

여 주지 않는 것 같소. 내 형들도 제각기 제위를 넘보고 있을 것이오. 적당한 방법이 없겠소?"

"저도 진작부터 그걸 생각하고 있었지만, 송구스러워서 말씀드릴 수가 없었습니다."

"대신들은 누구나 명문의 출신으로 여러 대에 걸쳐 공을 쌓아온 사람들입니다. 그런데 저는 비천한 출신입니다. 그런 제가 폐하의 부름을 받자와서 조정의 대신들의 위에 앉아 궁중의 모든 일을 맡고 있습니다. 대신들의 입장에서 보면 이건 정말 재미없는 일이겠죠. 그들은 마음속으로는 결코 복종하지 않습니다. 지금 폐하께서 각지를 돌아다니고 계십니다만, 지금이 좋은 기회가 아닐까 생각합니다. 이때에 각 군·현의 수·위들을 엄격히 다스려서 죄 있는 자는 처벌하십시오. 그렇게 함으로써 폐하의 권위를 천하에 미치도록 할 수 있을 것이며, 평소에 폐하의 마음을 상하게 한 자들도 없앨 수가 있습니다."

호해는 즉시 이 건의를 실천에 옮겼다. 죄를 뒤집어씌워서 대신이나 왕자(2세의 형제)들을 차례 차례로 죽였다. 더구나 이에 연좌시켜 선왕의 측근 신하인 삼랑관까지도 모두 체포하였기 때문에 조정에는 죄를 모면할 자가 한 사람도 남아 있지 않게 되었다. 두 땅에 가 있던 6명의 왕자는 죽임을 당했으나 왕자 장려와 다른 두 형제는 내궁에서 잡혔다. 그 때문에 그들에 대해서는 조사가 좀처럼 결론이 나지 않았다. 감질이 난 호해는 사자를 보내 장려에게 말했다.

"그대는 신하로서의 신분을 잃었으니, 그 죄는 사형에 해당한다. 이에 형리를 보내 형을 집행한다."

그러나 장려는 승복하지 않았다.

"나는 조정의 의식이 있을 때에는 언제나 의례관을 따라 행동하였고, 종묘의 의식에 있어서도 순위를 다툰 적이 없었소. 또한 황제의 명령에 의하여 빈객을 접대하는 자리에서도 명령을 위반한 일이 한 번도 없었소. 명령을 따른 것이 어째서 분수를 망각한 일이란 말이오? 그 이유를 알기 전에는 절대로 죽을 수 없소."

그러나 사자는 굽히지 않았다.

"저는 조정의 회의에 참석하지 않았습니다. 다만 황제의 명령을 받들어 집행할 따름입니다."

장려는 하늘을 우러러 세 번 외쳤다.

"이런 것이 천명이라고 하는 것이냐? 하지만 나에게는 아무 죄가 없다!"

삼 형제는 눈물을 흘리며 함께 칼을 뽑아 자결했다. 이 사건은 왕족들의 간담을 서늘하게 했다.

이사가 모반을 꾀한다는 소문이 나돌았다. 호해는 조고에게 명령하여 이사의 죄를 조사하게 했다. 조고는 이사와 아들 이유와 함께 일족과 식객들을 모조리 잡아들였다. 조고는 이사를 가혹하게 고문했다.

태장 천여 회를 맞고 이사는 없는 죄를 자백했다. 심한 고문에도 이사가 자살하지 않는 것은 자신의 공을 믿었던 탓이며 또한 모반의 뜻이 전혀 없었기 때문이었다. 사실이 밝혀지면 황제도 뉘우치고 자신을 풀어 주려니 했던 것이다. 그는 그렇게 믿어 의심치 않았기 때문에 감옥에서 상소를 올렸다. 그러나 상소가 올라가자 조고는,

"죄인이 감히 무슨 상소냐!"

하고 계원으로 하여금 찢어 없애게 하였다. 그뿐 아니라, 자신의 식객 10여 명을 어사·알자·시중 등의 관리로 등용하여 계속 감옥에 들여보내서 이사를 심문하도록 했다. 그래도 이사가 범죄 사실을 털어놓지 않자 무시무시한 태장으로 닦달토록 했다. 마침내 호해 황제가 사자를 보내 최종적으로 심문하는 자리에서 희망을 버린 이사는 모든 것을 체념하고 황제가 부르는 대로 죄를 인정하고 말았다. 이사는 투옥된 뒤 5형(몸에 문신을 새기는 형, 코를 자르는 형, 다리를 끊는 형, 머리를 잘라 저잣거리에 매달은 형, 시체를 소금에 절이는 형을 차례로 행하는 형벌)에 처해지게 되었다. 호해 황제 2년 7월, 이사는 함양의 장터에서 둘째아들과 함께 5형을 당하는 형장으로 끌려갔다. 도중에 그는 둘째아들을 돌아다보며 푸념을 했다.

"상채(이사의 고향)에 살 때, 너와 함께 사냥개를 데리고 나가 동문 교외에서 곧잘 토끼 사냥을 했었지. 이젠 그것도 옛 이야기구나."

호해가 2세 황제로 등극한 후 나라는 더욱 말이 아니었다. 짓다

만 아방궁의 건립을 계속 진행시키는 바람에 착취와 노력 동원이 심해져 백성들은 도탄에 빠지고 원성은 날이 갈수록 높아갔다.

6개월 간 왕이 된 머슴 진승

시황제가 죽은 이듬해였다. 진승陳勝과 오광吳廣 등 9백 명이 어양의 성 쌓는 일과 수비 임무를 맡고 어양으로 떠났다. 어양까지는 정해진 날짜 안에 가지 못하면 벌을 받아야 했다. 길은 먼데 설상가상으로 큰 장마가 져 길이 막혔다. 기다리는 것은 허리를 자르는 요참형뿐이었다.

진승은 하남 양성 출신으로 자를 섭涉이라 했다. 오광 역시 하남 양하 출신으로 자는 숙이었다. 진승은 젊었을 때 남의 집에서 머슴을 살았다.

"우리가 어양에 간다 해도 기일 안에 도착하지 못한다. 도망쳐 봤자 머지않아 잡혀서 죽게 된다. 이왕에 죽을 바에야 온 나라가 뒤집힐 만한 짓을 저질러 보고 죽는 게 어떻겠나? 진나라 타도를 외치면 공사에 시달렸던 백성들이 호응하지 않겠는가."

진승과 오광은 반란을 일으키기로 하였다. 시황제가 죽은 다음 해인 기원전 209년 마침내 백성들의 원성은 폭발하기 시작했다. 최초의 농민 반란이라 불리는 '진승과 오광의 난'이 일어난 것이다.

"이 나라의 폭정은 누구나 원망하고 있다. 호해 황제는 막내로 제위에 오를 자격이 없는 사람이었다. 맏아들인 부소야말로 선제의 뒤를 이을 사람이다. 세상 사람들은 그가 아주 훌륭한 사람이었다는 것을 알고 있었지만 억울하게 죽었다는 사실은 잘 모르는 모양이다. 우리가 부소와 초나라 장수 항연을 사칭하여 봉기하면 천하의 백성들이 따라서 호응할 것 아닌가?"

진승과 오광은 민중의 기대를 더욱 북돋을 겸 부소와 항연으로 자칭했다. 초나라의 풍습을 따라 오른쪽 어깻죽지를 드러내고, 제단을 마련하여 장교의 목을 올려놓고 그 앞에서 맹세 의식을 치른 뒤, 국호를 '대초大楚'라 정했다. 진승은 스스로 장군이 되었고, 오광은 도위가 되었다.

그들은 우선 대택향을 점령하여 무기와 병력을 확보하고 이어서 기현을 공격했다. 진승은 부리의 갈영에게 명하여 기현으로부터 동쪽의 질·찬·고·자·초 등 여러 고을을 차례로 공략케 하여 이를 손에 넣었다. 진승의 군사는 전진함에 따라 점점 병력이 늘어 진나라 땅에 이를 무렵에는 병거 7백, 기병 1천여, 병졸 수만 명의 큰 세력으로 불어났다.

"진성을 공격한다!"

진승과 오광은 수만 명의 군사를 이끌고 쉽게 진성을 공격하여 차지했다. 무신武臣과 장이張耳, 진여陳餘가 합세했다. 진나라를 공격했을 때 그곳의 군수와 현령은 벌써 도망쳐 버리고 겨우 부관만이 남아 성을 지키고 싸우다가 패하여 전사했다. 진승의 반란군은 이곳을 점령하여 근거지로 삼았다. 며칠 뒤 진승은 그 지방의 삼로와 유지들을 한곳에 모아놓고 그들의 의견을 들었다.

"장군께서는 몸소 칼을 잡고 나서서 진나라의 무도함을 내쫓고 폭정을 벌하고 초나라를 부흥하셨습니다. 그런 공으로 보더라도 왕위에 오르시는 것이 마땅합니다."

진승은 유지들의 의견에 따라 왕위에 올라 국호를 '장초張楚'로 고쳤다. 이 무렵, 오광의 부하 전장을 비롯한 장수들은 음모를 꾸미고 있었다.

"주장의 군사가 패배했다. 진나라군은 내일 이리로 쳐들어올 것이다. 지금 우리가 포위하고 있는 형양이 좀처럼 함락되지 않는데 여기에 진나라군이 나타난다면 우리의 패배는 뻔한 거다. 우선은 형양을 포위할 병력만을 여기에 남기고 나머지 정병은 모두 진나라군을 맞아 싸우는 데로 돌리자. 그런데 문제는 임시 왕인 오광이다. 그는 욕심만 태산 같을 뿐, 우리의 이야기가 통하지 않을 것이다. 그러므로 우선 오광부터 없애 버리지 않으면 우리의 계획도 수포로 돌아가고 말 것이다."

진나라의 간담을 서늘하게 한 진승·오광의 난

그들은 합의가 이루어지자 왕의 명령이라 사칭하여 오광을 죽이고 그 머리를 진왕에게 바쳤다. 진왕도 하는 수 없이 사신을 보내 전장에게 초나라 영윤의 인수를 주고 상장군으로 임명했다. 전장은 이귀 등의 여러 장수에게 형양성의 포위를 맡기고 자신은 정병을 거느리고 나가 오창에서 진나라군을 맞아 싸웠다. 그러나 결과는 패배했고, 전장도 전사했다. 진나라 장수 장한이 공격하자 진승은 후퇴하다가 부하인 장가에게 죽음을 당했다. 진승이 왕위에 있었던 것은 겨우 6개월 정도에 불과했다.

영원한 맞수 유방과 항우의 등장

유방, 부역을 하며 황제를 꿈꾸다

한나라의 황제가 된다는 것은 무력만으로 되지 않는다. 덕을 쌓아야 황제가 될 수 있고, 황제가 된 후에도 덕치德治를 해야 나라가 무궁하고 발전한다. 그런 면에서 보면 중국 최초의 황제 시황제는 덕을 쌓지 못한 군주로 보인다. 통일국가 진나라는 출발과는 달리 급격히 세력을 잃고 3대만에 망했기 때문이다.

진나라를 타도하려는 반란은 잠시 가라앉았다가 반 년 뒤에 다시 불타올랐다. 그리고 그 지도 세력도 농민 지도자에서 지주계급과 귀족 세력으로 넘어갔다. 진나라를 쓰러트린 것은 '힘'의 상징으로 불리는 항우項羽와 유방劉邦이었고 최후의 승자는 역사가 기록하고 있듯이 유방이다.

유방은 중국 역사상 평민 출신으로 처음으로 황제의 자리에 오른 기록을 보유한 인물이다. 유방은 강고성 패현의 풍읍 중양리 출신으로 일찍이 함양에서 하급관리로 부역에 종사한 일이 있었다. 이때, 시황제의 위풍당당한 거마 행렬을 본 그는 한숨을 쉬며 탄식하였다.

"대장부로 태어나서 저렇게 되어야 하는데……."

이때 관상 잘 보기로 소문난 여공呂公은 유방을 보고 이렇게 말했다.

유방

"많은 사람의 관상을 봤지만 당신은 참으로 귀상이오."

여공은 유방의 관상이 너무 좋은 나머지 그를 사위로 삼았다. 이 여자가 바로 나중에 여후呂后가 되어 권력을 휘두르게 된다. 유방은 곧 진승의 난에 영향을 받아서 민중 봉기에 나서게 되고 천하를 통일한다.

유방은 코가 높고 얼굴은 용의 모습을 지녔으며, 왼쪽 다리에 72개의 사마귀가 있었다고 한다. 유방의 출생에 관해서는 이런 이야기가 전해 내려오고 있다. 어느 날 유오가 큰 호숫가에 앉아 쉬고 있다가 깜빡 잠이 들어 용신을 만난 꿈을 꾸었다. 이때 호수 주위에는 천둥 번개가 치고 한때는 어둠에 둘러싸이기조차 했다. 유오는 곧장 달려갔다. 그는 마누라가 앉아 있는 근처의 하늘에서 용이 꿈틀거리는 것을 보았다. 그렇게 하여 잉태된 것이 유방이었다.

유방은 도량이 크고 활달한 성격이었다. 유방은 서른 살 때 관리로 임명되어 사수의 정장으로 일했다. 진나라가 대규모의 여산릉 공사를 벌이자, 현령의 명령으로 유방은 죄수들을 여산까지 인솔하게 되었다. 그런데 죄수들은 가는 도중에 기회만 있으면 도망쳤다.

'이대로 가다가는 여산에 도착하기 전에 한 놈도 남아 있지 않겠군.'

그렇게 판단한 유방은 풍서의 늪지대에 이르렀을 때 그 자리에 주저앉아 술을 마시기 시작했다. 그러다가 주위가 어두워지자 죄수 모두를 풀어 주고 자신도 도망치기로 했다. 그러자 젊은 청년 10여 명이 그 자리에 남아 유방과 행동을 함께 하겠노라고 나섰다. 여기저기서 반란에 가담했던 사람들이 합세하여 3천여 명이 모였다. 유방은 이들을 이끌고 진승이 봉기한 두 달 뒤, 패현의 망탕산에 자리를 잡았다.

유방의 소식을 들은 패현의 현령은 성문을 굳게 닫고 유방의 무리가 성안으로 들어오지 못하게 하라고 엄명을 내렸다. 대세가 기울었음을 감지한 패현의 서기 소하와 옥리 조참이 탈출하여 유방의 무리에 합류했다. 유방의 지시로 소하가 패현 현령에게 보낼 항복권유문을 만들었다. 유방이 이를 수정해 화살에 매어 성안으로 쏘아 보냈다.

우리는 오랫동안 진나라의 학정에 시달려 왔습니다. 여러분께서 아무리 성문의 수비를 단단히 하신다 해도 제후들이 일제히 들고일어난 이때에 패현의 운명은 결정된 것이나 다름없습니다. 이제 패현을 구하는 일이라면, 그것은 여러분이 단결하여 현령을 죽이고 우리 젊은이들 가운데서 유능한 자를 지도자로 뽑아 제후에게 대항하는 길뿐입니다. 이에 반대하면 오직 여러분과 여러분 가족의 죽음이 있을 따름입니다.

문서를 본 장로들은 젊은이들과 합세하여 현령을 죽이고 성문을 열어 유방의 일행을 맞아들였다. 당연히 새로운 현령에는 유방이 추대되었으나 유방은 이 제의를 거절했다.

"지금 천하는 각지에서 제후들이 들고일어났습니다. 우리도 일어나기는 하였으나, 우리를 지도할 자가 똑똑치 않으면 실패합니다. 나는 결코 내 목숨이 아까워서 사양하는 것은 아닙니다. 다만, 제가 여러분의 장래를 책임질 자신이 없기 때문입니다. 일은 매우 중대합니다. 다시 한 번 의논하셔서 보다 훌륭한 인물을 지도자로 내세우십시오."

그러나 지도자로 선출될 만한 소하나 조삼은 둘 다 문관이었고 제 몸만 아끼는 사람들이었다. 그들은 이 거사가 실패할 경우 진나라의 토벌군에 의하여 자기들의 가족이 몰살당할 것을 두려워했다. 그들은 어떤 구실을 대서라도 유방에게 그 일을 떠맡기려고 했다. 결국 유방은 패공沛公(패현의 지사)의 자리를 떠맡을 수밖에 없었다.

황제를 꿈꾸는 또 다른 청년

유방의 등장과 함께 항우項羽가 반란군으로 모습을 드러냄으로써 통일국가 진나라는 두 장수의 말발굽에 짓밟히게 된다. 항우의 이름은 적籍, 자는 우羽이다.

유방과 항우는 여러 면에서 비교가 된다.

우선 출생부터가 다르다. 항우는 초나라에서 장군을 지낸 귀족 집안 출신이지만, 유방은 아버지의 이름을 찾아볼 수 없는 농민

항우

출신이다. 나이는 유방이 10여 살 위이다. 유방은 군주로서의 출발도 늦었다. 유방은 선비 같은 기질을 타고났고, 항우는 천하 장수의 기질을 타고났다. 항우는 역발산기개세 力拔山氣蓋世라 할 만큼 힘이 세었고 무예도 출중했다. 그는 양귀비에 버금가는 중국 역사상 대표적 미인으로 회자되는 우희를 사랑하고 관우의 적토마에 견줄 만한 천하의 명마 오추마를 타는 장수였다. 항우와 우희의 러브스토리는 후일 경극 〈패왕별희 覇王別姬〉로 만들어져 세인들의 심금을 울려준다.

유방이 패현에 자리를 잡고 세력을 키우고 있을 때 회계에서는 또 다른 세력이 등장했다. 항량項梁이 군사를 일으켜 진나라 장수 왕전에게 잃은 아버지의 원수를 갚겠다는 생각을 하고 있었던 것이다. 항량은 초나라의 명장인 항연의 아들이다. 초나라 백성들은 나라가 망했지만, 항연은 살아 있다고 생각하고 있었다.

'이곳저곳에서 봉기가 일어나니, 이곳에서도 민란이 일어나 내 목숨을 위협할 것이다.'

회계 군수 은통殷通은 세상이 어수선해지자 불안감에 몸둘 바를 모르고 항량을 찾아갔다. 은통을 죽이고 봉기하려고 마음먹고 있었던 항량은 은통이 제 발로 걸어서 항복해오자 좋은 기회라 생각하고 조카인 항우項羽를 시켜 그의 목을 쳐버렸다. 은통을 제거하고 봉기의 깃발을 올리자 장정 8천여 명이 뒤를 따랐다.

항우는 숙부 항량項梁에게 더부살이를 하고 있었다. 항우는 키가 8척 장신이었으며 체력과 재능을 겸비하고 있었다. 어렸을 때부터 학문을 싫어해 항량은 그에게 검술과 병법을 가르쳤다. 천하를 순찰하던 진시황이 절강성의 회계를 지날 때, 항량과 항우는 황제의 행차를 구경하고 있었다. 이때 천자의 행렬을 응시하던 항우는 언젠가는 저 자리를 자신이 차지하겠다고 다짐했다. 당시 항우의 나이는 22세였다. 항우는 진승과 오광이 봉기하였다는 소식을 듣고 숙부와 함께 봉기에 나섰던 것이다.

진왕조 타도를 기치로 내걸고 일어난 유방과 항우는 차츰 병사를 모으며 성장해 갔다.

관중을 향해 달리는
유방과 항우

한나라의 명장 장량

유방, 천하 같은 장량을 얻다

 패공 유방은 세력을 모으기 위해 유 땅에 있는 초왕 경구景駒를 찾아가던 중 장량張良이라는 장수를 만났다. 장량은 병술에 뛰어난 전략가일 뿐만 아니라 혁명가적인 기질을 갖고 있었다. 장량은 박랑사에서 시황제가 지나가는 행렬에 큰돌을 던져 암살하려다가 실패한 뒤 하비에 숨어 지낸 일이 있었다. 이때 황석黃石이라는 노인이 책 한 권을 주면서 이런 예언을 했다.

 "그 책을 잘 읽으면 10년 후 천자의 사부가 될 거야."

 노인이 준 책은 태공망 여상이 지은 『태공병서』였다. 장량은 그 병서를 열심히 읽고 전술을 공부하였다.

두 사람의 만남은 하늘이 패공 유방을 위해 마련한 우연이었다. 패공은 장량을 만남으로 해서 농민 신분에서 일약 황제의 자리에 오르고 천하를 얻게 되었던 것이다. 두 사람은 곧 친해졌다. 수백 명의 군사를 끌고 패공의 수하로 들어온 장량은 패공의 일급참모가 되었다.

이 무렵에 각지에서 일어난 봉기군 가운데 세력이 큰 것은 항량과 진가였다. 진가는 경구를 초왕으로 옹립하고 세력을 뻗치던 장수였다. 항량은 진가가 경구를 초왕으로 받든다는 이유로 8천의 군사를 거느리고 공격하여 섬멸하였다. 이때 진영, 경포, 포장군이 항량 밑으로 들어가 합세하였다. 이로써 항량의 군사는 10만으로 불어났다. 불과 9천명에 불과한 패공 유방으로서는 기가 막혔다.

진승과 오광의 난이 평정되었다는 소식이 전해지자 이제는 항량이 봉기군의 주체가 되었다. 이 시대에 범증范增이라는 병법에 능한 노인이 있었다. 거소 출신으로 이미 나이 70세, 단 한 번도 벼슬하지 않았던 사람으로 남의 허점을 찌르는 책략이 특기였다. 범증이 항량을 찾아와 이렇게 설득했다.

"진나라에게 패망한 여섯 나라 중에서 가장 동정을 받는 왕은 초나라의 왕입니다. 장군이 강동에서 군사를 일으키자 초나라의 각지에서 일어난 부장들이 다투어 몰려 왔습니다. 그것은 당신이 귀족의 집안에 태어났고 초나라의 왕가를 재건시켜 주리라고 사람들이 기대하기 때문입니다. 장군께서 이 점을 부디 잊지 않으셔야 합니다."

항량은 그의 말을 받아들였다. 시골의 양치기로 있는 회왕의 손자 심心을 내세워 초 회왕懷王이라 하였다. 그리고 진영을 재상에 임명하면서 영지로 5개 현을 주어, 회왕과 함께 우이에 도읍을 정하도록 하였다. 항량 자신은 이때부터 무신군武信君이라 불렀다.

관중을 선점하라!

항량이 거느린 초나라군은 정도에서 진나라군을 대파했다. 항우의 군사는 진나라의 군수 이유를 죽였다. 잇단 승리에 항량이 진나라를 얕잡아보게 되자 부장 송의宋義가 항량에게 충고했다.

"처음에 이겼다고 우쭐해서 긴장이 풀린 상태로 나가다가는 반드시 화가 찾아옵니다."

그러나 항량은 그의 의견을 무시하고 진나라 공격에 나섰다. 진나라는 장군 장한의 지휘 아래에 전 병력을 동원하여 정도에서 초나라군과 싸워 큰 타격을 주었다. 이 싸움에서 항량이 전사했다. 장한은 항량의 군사를 무찌르자 여세를 몰아 황하를 건너 조나라를 치기로 했다. 그때 조나라는 조헐이 왕이었고 진여가 장군, 장이가 재상으로 나라를 다스리고 있었는데, 진나라군의 공격에 밀려 거록으로 피해 갔다. 장한은 부하인 왕이와 섭간에게 거록을 포위케 하고 자신은 남쪽에 포진하여 보급로를 만들고 보급선을 확보했다. 조나라 장군 진여는 수만 명을 동원하여 거록 북쪽에 포진했다.

회왕은 초나라군이 정도에서 참패했다는 보고를 받자 큰 충격을 받았다. 회왕은 송의宋義를 상장으로 임명했다. 항우는 차장, 범증은 말장으로 삼자 항우는 자신이 상장이 못 된 것에 화가 났다. 송의는 군사를 일으켜 안양에 진을 쳤다. 때는 엄동설한이었다.

송의가 제나라에 사신으로 가는 자기 아들 송양을 위해 성대한 환송 잔치를 벌이자 항우는 화가 났다.

'군량이 바닥이 났는데도 상장이 배고픈 군졸을 생각하지 않고 제 자식을 위해 잔치를 벌여?'

항우는 송의의 목을 베고 군사들을 이끌고 거록에 포위되어 있는 조왕 헐을 구하러 나아갔다. 이 전투에서 항우는 진나라 군사와 아홉 번을 싸워 크게 이겼다. 진나라 장수 왕리는 항우에게 사로잡혔고 항우는 상장군 자리에 올랐다.

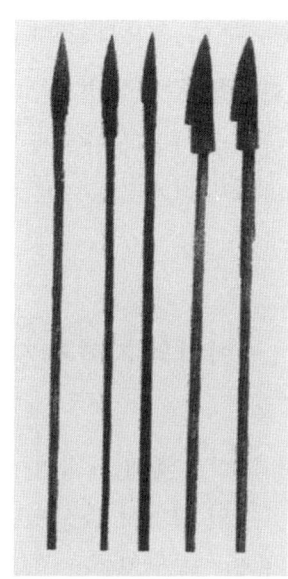

진나라의 화살촉

그 무렵 초나라에서는 진나라의 수도 함양을 중심으로 한 관중을 함락시켜 진나라 땅을 차지하는 데에 누가 좋은가 하는 논의가 일고 있었다. 항우가 맨 먼저 손을 들었다. 유방도 관중을 공격하겠다고 나섰다. 대신들은 패기는 있지만 힘만 앞세우는 항우보다는 나이가 열 살이나 위이고 성품이 좋은 유방이 적임자라는 의견을 내놓았다. 관중을 공격하라는 명령을 패공 유방에게 내리자 항우는 자기도 관중으로 가고 싶다는 뜻을 여러 번 회왕에게 호소했다. 그러나 회왕의 밑에 있는 노장들은 한사코 반대했다.

"항우는 잔인한 사람입니다. 그가 지나온 땅은 모조리 폐허로 변했습니다. 이번에는 유능한 사람을 보내 진나라군을 눌러 버리면 모두 귀순할 것입니다. 항우보다는 차라리 패공과 같은 도량이 넓은 사람이 적임자라고 생각합니다."

하지만 처음부터 항우를 완전히 제쳐놓을 수는 없었으므로 초회왕은 유방을 정서군의 장군으로 임명하고 항우는 거록에서 진나라 군사들과 싸우게 했다. 그리고 회왕은 여러 장수들에게 먼저 관중을 평정하는 자를 관중의 왕으로 삼겠다고 공언했다.

역이기의 지략과 장량의 전술

유방에게는 역이기라는 유능한 부하가 있었다. 역이기는 진유현의 고양향 출신으로 글을 많이 읽었으나 뜻을 이루지 못하여 생계조차 어려웠다. 그래서 그는 시골 어느 마을의 관문지기로 있었다. 현 안의 유력자들은 그를 '미치광이 학자'로 취급하여 채용하기를 한결같이 거절했던 것이다. 역이기는 패공을 만난 자리에서 예전에 여섯 나라가 합종연횡하였던 일을 얘기했다. 흥미를 느낀 패공 유방이 그에게 물었다.

"그렇다면 지금은 어떤 방법을 쓰는 것이 좋겠소?"

"이곳 진유는 천하의 요새이며 모든 길은 이곳을 지나고 있습니다. 진나라를 공격하기 위해서는 우선 이곳부터 손에 넣지 않으면 안 됩니다. 전부터 저는 이곳 현령과 가까이 지내고 있습니다. 허락하신다면 제가 사자로서 현령을 찾아가 귀순을 권해 보겠습니다."

패공 유방은 흔쾌히 승낙했다. 역이기가 사자의 임무를 띠고 성 안으로 들어갔고 얼마 뒤 패공은 군사를 이끌고 성문에 다다랐다. 결국 진유의 현령은 투항하고 말았다. 역이기는 이 공으로 광야군에 임명되었다. 그 아우 역상도 그의 추천으로 장수가 되어 수천 명을 거느리고 패공을 도와 서남쪽의 공격에 임했다. 역이기는 유세객이 되어 제후들을 찾아 유세하고 다녔다.

패공 유방은 남쪽으로 내려가 영양을 공격하여 함락시키고 장량張良의 도움을 받아 한나라의 요새인 한원을 공격했다.

"황하를 건너는 무리들이 있사옵니다. 조나라 군사들인 듯합니다."

이 무렵에 조나라 사마앙이 이끄는 군사들이 관중에 쳐들어오기 위해서 황하를 건너려고 하였다. 패공은 급히 군사를 북쪽으로 돌려 평읍을 공격하고 황하의 도선장을 파괴해 버렸다. 그 뒤 다시 남쪽으로 내려가 낙양 동쪽에서 진나라군과 마주쳤는데 상황이 나빠졌다. 그는 군사를 남쪽의 양성으로 옮긴 다음 군의 재편성을 마쳤다. 그런 뒤에 주의 동쪽에서 남양의 군수 기가 이끄는 진나라군과 싸워 이를 무너뜨리고 남양군을 공격하여 남양군수의 항복을 받아냈다. 유방은 승승장구했다.

"절대로 민간인을 괴롭히거나 재물을 약탈하지 말라!"

유방은 가는 곳마다 군사들에게 엄명을 내렸다. 백성들은 이러한 유방의 군사들에게 호의적으로 대하고 환영했다.

한편, 거록으로 향한 항우는 전투에서 대승을 거두고 진나라 군대와 맞섰다. 2세 황제 호해는 초나라에 패한 장한에게 사람을 보내어 함양에 가서 원군을 받아오라고 다그쳤다. 장한은 장사흔張史欣을 보냈지만 막강한 권력을 쥐고 있는 승상 조고는 만나 주지 않고, 오히려 장사흔을 죽이려 하였다. 도망쳐 온 장사흔은 장한에게 조고가 질투를 하여 장한을 죽일 것이라고 보고했다. 장한은 반란군과 싸워 이겨 공을 세운다 해도 죽고 져도 죽는다면 차라리 항우와 손을 잡는 게 현명한 일이라고 판단했다. 항우는 항복해온 장한을 옹왕으로 세우고 초군 진영을 맡겼다. 그리고 장사흔을 상장군으로 삼아 항복한 진나라 군사를 거느리도록 하였다. 항우의 군사는 70만으로 불어났다.

'어떤 일이 있어도 유방보다 먼저 관중을 평정해야지. 유방에게 빼앗겨서는 안 된다!'

원래 성미가 급한 항우는 관중을 향해 군사를 동원했다.

자결하는 2세 황제 호해

간신에 의해 세워진 권력은 오래가지 못한다. 간신은 간신들과 내통하기 때문에 항상 음모가 도사리고 있다. 또한 덕치德治가 되지 못하니 민심의 이반이 일어난다. 진나라는 천하통일이라는 위업을 달성하고도 간신에 의해 황제 자리가 물려지면서 망국亡國의 위기를 맞고 있었다. 시황제의 유서를 위조하여 호해를 2세 황제로 삼은 조고가 무능한 황제를 몰아내기 위해 쿠데타를 기도하고 있을 때 민중의 봉기군은 진나라를 압박해왔다.

"이 일을 어찌하면 좋겠소?"

호해는 조고를 불러 대책을 물었다. 조고는 관동의 도적 따위는 두려워할 필요가 없다고 큰소리쳤다. 그러나 항우가 거록 밖에서 왕이를 사로잡고 다시 쳐들어오자 정세는 급변했다. 장한 등의 주력 부대는 퇴각을 거듭하며 조정에 증원군을 요청해 왔다. 연·조·제·초·한·위의 제후들은 제각기 독립하여 왕을 자칭했다. 함곡관 동쪽 백성들은 곳곳에서 이들 제후들에게 호응하여 진나라에 반기를 들고 일어섰다.

패공 유방은 수만 명의 군사를 몰아 함양에 다다르자 조고에게 밀사를 보내어 협상을 제의했다. 사태가 이렇게 되자 조고는 황제의 책임 추궁이 무서워지지 않을 수 없었다. 사태가 심상치 않다고 생각한 조고는 사위인 함양령(수도의 장관) 염악과 그 아우 조성을 불러 상의했다.

"폐하는 우리의 충성된 간언을 묵살해 오다가 사태가 위급해지자 그것을 우리 일족의 책임으로 돌리려 하는 모양이다. 이때에 황제를 공자 자영으로 갈아치우면 어떨까?"

거사의 날, 염악은 천여 명의 군사를 이끌고 망이궁의 위령(수문장)과 복야(근위대장)를 묶어 버렸다. 염악은 위령을 죽이고 곧장 병사를 몰아 궁전으로 쳐들어와서 활을 쏘면서 안으로 들어갔다. 낭중령은 염악과 결탁하여 내전에 침입, 호해의 침실에 활을 쏘아 댔다. 호해는 놀라 측근을 불렀으나 겁에 질린 그들은 아무도 나서 싸우려고 하지 않았다.

마침내 호해는 자결했다. 조고는 왕자와 대신들을 모두 불러 호해의 죽음을 알린 다음 호해 황제의 형의 아들인 공자 자영을 세워 진왕이라 칭하게 했다. 호해 황제는 일반 서민의 격식에 따라 두남의 의춘원에 장사지냈다. 자영은 재궁에 들어앉아 닷새 뒤 두 아들을 불러 조고에 대해 의논했다.

"들리는 말로는 그놈이 초나라와 내통하여 진나라를 없애고 스스로가 관중의 왕으로 들어앉을 것이라고 한다. 내가 회의에 나가지 않으면 그놈이 나를 찾아올 것이다. 그때 그놈을 처치해 버리자."

자영이 재궁에서 버티자 조고가 직접 찾아왔다. 자영은 그 자리에서 조고를 찔러 죽이고, 그의 부모와 형제, 처자식을 모두 처형

유방이 관중에
입성하는 모습

하여 함양 저잣거리에 머리를 매달았다. 이 무렵 유방의 군대는 함양 부근까지 진격한 상태였다.

유방, 함양성을 손에 넣다

한편, 남양을 점령한 유방은 여세를 몰아 무관을 함락시키기 위해 군사들을 독려했다. 이때 또 장량이 막아섰다.

"무관은 관중으로 들어가는 요충지라서 공격이 쉽지 않습니다. 하오니 소수의 군사들에게 많은 깃발을 주어서 산 위에 올라가 휘날리게 하는 계략이 필요합니다."

유방은 장량의 전술에 따라 깃발을 든 군사들을 산 위로 올려보내는 한편 역이기와 육가陸賈를 보내어 진나라 장수와 담판하도록 했다. 진나라 장수들은 유방의 군사가 굉장히 많은 것으로 잘못 알고 사신을 보내 화친을 제의했다. 장량이 이때를 노려 총공격을 개시하여 진나라 군사들은 대파했다.

"이젠 최종 목적지인 함양성으로 가자!"

유방의 명령에 군사들은 밀물처럼 북쪽으로 치고 올라갔다. 함양의 성벽이 보이자 10만의 군사를 거느린 유방은 말을 멈추고 함양성을 올려다보았다. 유방의 눈에 눈물이 맺혔다. 감개가 무량했다.

'내가 시황제의 노예가 되어 부역을 했던 곳이 저기지. 그때 나는 사나이 대장부로서 시황제처럼 되겠다고 다짐을 했었는데……'

유방의 군사들이 패상에 진을 치고 쌓인 피로를 풀고 있을 때였다. 흰말이 끄는 수레가 다가오고 있는 것이 보였다. 진왕 자영이 탄 수레였다. 진의 황제 자영은 억울하게 죽은 시황제의 맏아들 부소의 아들이었다. 유방의 군대가 함양을 함락했다는 소식을 들은 자영은 진나라의 최후가 온 것을 알고 제 발로 걸어나와 유방에게 항복하였다. 왕이 된지 46일 만이었다.

유방은 자영을 죽이자는 장수들의 말을 뿌리치고 자영을 관리에게 넘기고 함양성에 입성했다. 성안을 둘러본 유방은 호화찬란한 궁중과 재물을 보고 놀랐다. 시황제가 천하를 통일한 후 모아놓은 천하의 모든 재물은 농민 출신인 유방에게는 그림에서도 볼 수 없는 호화찬란한 것들이었다. 눈에 띄는 것은 모두 금은보화였고 궁 안에는 수천 명의 궁녀가 황제를 받들고 있었음을 알 수 있었다.

유방은 호화찬란한 함양궁에 머물고 싶었으나 장수 장량과 번

쾌가 한사코 반대해 궁을 나와 파상에 머물렀다. 번쾌는 후일 유방과 항우가 홍문의 연회에서 마주 앉았을 때 유방을 위해 큰 역할을 한 인물이다. 유방은 약법삼장約法三章을 선포하고 백성들에게 마음을 놓고 각자 맡은 일을 열심히 할 것을 당부했다.

살인한 자는 사형에 처하고, 남을 다치게 한 자는 징역을 살게 하고, 도둑질한 자는 그 죄의 무거움에 따라 벌을 준다.

이로써 진나라의 악법은 폐지되었다.
진나라 백성들은 유방이 관중의 왕이 되기를 바랐다. 이로써 기원전 221년에 시작된 진 왕조는 기원전 206년, 시황제가 천하를 통일한 후 불과 3대 15년 만에 막을 내렸다.

항우와 범증의 홍문연鴻門宴 갈등

유방, 항우에게 무릎을 꿇다

관중을 선점하기 위해 하루도 쉬지 않고 달려온 항우의 대군이 함곡관에 이른 것은 유방이 관중을 차지한 지 1개월 후였다. 유방이 함양을 함락시키고 진나라가 손을 들었다는 보고를 받은 항우는 분을 삭이지 못하고 이를 갈았다. 항우는 함곡관을 부수기 위하여 전군을 동원했다.

패상을 주둔지로 정한 유방은 관중의 왕을 추대하기 위해 여러 제후들이 도착하기를 기다리고 있었다. 관중의 백성들은 유방이 관중의 왕이 되기를 바랐으나 스스로가 왕이 될 수는 없는 일이었다. 이때 항우가 백만 대군을 이끌고 쳐들어온다는 소식이 들려왔다.

유방을 관중의 왕으로 섬기려 했던 백성들은 항우가 대군을 이끌고 쳐들어온다고 하자 유방을 위해 자진해서 일어섰다. 군비를 튼튼히 하고 군자금도 서슴없이 내놓았다. 이로써 함곡관의 방어가 물샐틈없이 튼튼해져 항우의 공략은 쉽지가 않았다. 항우의 군사는 40만이었다. 원래 60만 대군이었으나 진나라에서 항복한 20만 명을 관중에 들어가면 반란을 일으킬지 모른다고 생각하고 생매장하여 없앴던 것이다. 이에 비해 유방의 군사는 10만 명밖에 안 되었다.

"함곡관을 격파하고 유방의 무릎을 꿇려라!"

항우의 명을 받아 경포가 총공격을 개시하자 함곡관은 여러 번의 진퇴 끝에 마침내 함락되어 항우의 손에 들어갔다. 항우는 여세를 몰아 회수의 서쪽까지 진격하여 홍문鴻門에 자리를 잡았다. 항량에 이어 항우의 참모가 된 범증은 유방을 죽여 없애야 항우가 천하를 얻을 수 있다고 간했다. 전세는 역전되어 유방은 이제 쫓기는 몸이 되었다.

"유방을 물리치지 않고는 한 발도 물러설 수 없다."

항우가 결전을 준비하고 있을 때 항백項伯이 몰래 말을 타고 적진인 유방의 진영으로 장량을 찾아왔다. 항백은 항우의 숙부로서 망명생활을 할 때 장량의 신세를 진 적이 있었다.

"내일 항우가 총공격을 한다고 하니 오늘 밤 안으로 나와 함께 이곳을 떠나세."

항백의 말에 장량은 남아서 끝까지 싸우겠다고 말하고는 항백을 유방에게 데리고 갔다. 유방은 항우에게 신하의 입장이 되어 사죄할 생각이 있음을 전해달라고 항백에게 말했다.

"장군의 뜻이 그러하시다면 내일 아침 항 장군(항우)을 찾아뵙고 무릎을 꿇는 것이 좋을 듯합니다."

유방은 최후의 승자가 되기 위해서는 지금 항우와 싸우는 것이 불리하다고 생각하고 회유책을 택했다. 오랜 전쟁에 군사들이 지쳐 있는 데다 항우의 군사력이 막강했기 때문이었다. 돌아간 항백은 항우에게 유방의 뜻을 전했다.

"유방은 신하가 되어 항 장군을 섬긴다고 했소. 많은 보물도 장군에게 바치기 위해 손대지 않고 그대로 갖고 있다고 했소. 유방의 사죄를 받아들이는 게 좋을 것 같소."

항백의 말을 들은 항우는 그것도 괜찮은 방법이라는 생각이 들어 유방을 받아들이기로 했다. 이튿날 아침, 유방은 홍문으로 항우를 찾아가 신하로서 사죄를 하였다. 이것이 바로 유방과 항우 사이에 있었던 '홍문연鴻門宴'이다. 패공 유방은 항우에게 이렇게 말했다.

"항왕과 신은 진나라를 무찌르는 일에 협력하여, 항왕께서는 황하의 북쪽을, 저는 남쪽을 공격하면서 싸웠습니다. 그러나 뜻하지 않게도 제가 먼저 관중에 도착하여 진나라군을 무너뜨렸고, 또한 이렇게 항왕을 뵙게 되니 기쁘기 이를 데가 없습니다. 그런데 일부 경솔한 자들의 비방으로 항왕과 저와의 사이에 틈이 생긴 모양입니다. 참으로 안타까운 일입니다."

항우는 고개를 끄덕이며 말했다.

"그 일은 귀공의 좌사마로 있는 조무상이 저질렀소. 그런 소리만 들려 오지 않았더라면 내가 어찌 귀공을 의심했겠소."

36계 줄행랑이 최고의 작전

기분이 좋아진 항우는 패공을 위해 주연을 마련했다. 항우와 항백이 동쪽을 바라보고 윗자리에 앉았고, 범증이 남쪽을 바라보고 주인 자리에 앉았다. 그리고 패공은 북쪽을 향하여 아랫자리에 앉았고, 장량이 서쪽을 향하여 앉았다.

주연이 무르익었을 때 범증이 항우에게 눈짓하며 허리에 찬 옥륜을 쳐들어 '죽이라'고 신호를 보냈다. 이 신호는 세 번이나 되풀이되었으나 항우는 잠자코 바라보기만 했다. 범증은 항우가 눈치를 채지 못하자 자리를 빠져나가 항우의 사촌동생인 항장項莊을 불렀다.

"우리 왕께서는 인정이 많으셔서 손수 처치하실 수 없을 것 같으니 당신이 대신 해 주어야겠소. 먼저 유방의 장수를 비는 건배를 하고, 그 다음에는 검무를 비는 건배를 하고, 그 다음에는 검무를 추면서 유방의 자리로 다가가서 죽여 버리는 거요. 알겠소? 오늘 유방을 죽이지 못하면 훗날 우리는 모두 유방의 손에 죽을 것이오."

항장은 연회석에 들어와 우선 유방에게 술을 올리고는 이어 항우에게 말했다.

"모처럼 왕께서 패공과 만난 뜻깊은 자리인데 진중이고 보니 여흥을 돋울 준비가 없습니다. 그래서 제가 나서서 검무를 출까합니다."

"어서 해보게."

항우의 허락을 받은 항장은 칼을 뽑아 들고 연회석에서 춤을 추기 시작했다. 그러자 위험을 알아차린 항백 또한 칼을 들고 마주 춤을 추기 시작했다. 항백은 칼춤을 추면서 몸으로 패공을 감싸고 끝내 틈을 주지 않았다. 그래서 항장은 기회를 얻지 못하였다. 사태를 파악한 장량은 자리에서 빠져 나와 군문 밖에 있는 번쾌를 찾았다. 번쾌도 몹시 궁금해하던 참이라 대뜸 물었다.

"어찌 되어 가오?"

"큰일났소. 지금 항장이 칼춤을 추며 패공(유방)을 노리고 있소."

"그래요? 그럼 나도 함께 들어갑시다. 목숨을 걸고 한번 싸워 봅시다."

번쾌는 곧 칼과 방패를 준비하여 군막 안으로 들어갔다. 연회석의 휘장을 젖히고 들어선 번쾌는 항우를 노려보았다.

한나라 군사의 복장

"웬놈이냐?"

항우가 몸을 일으키며 물었다. 장량이 대신 대답했다.

"패공을 따라온 장수 번쾌라고 합니다."

장량의 말에 항우는 말없이 그를 노려보았다. 일촉즉발의 순간이었다. 험악한 분위기를 깬 것은 유방이었다. 유방이 변소에 다녀오겠다며 자리에서 일어서자 번쾌도 그를 따라 자리를 떴다. 유방은 뒷일을 장량에게 부탁하고는 그 길로 본진으로 말을 달렸다. 항우가 도위 진평에게 유방을 불러오라고 명하자 장량이 항우에게 말했다.

"패공(유방)은 술이 약한데다 장군이 무서워서 슬그머니 도망쳤습니다."

항우는 유방이 자기를 무서워한다는 말을 듣고 기분이 우쭐해졌다. 이를 보고 범증은 혼자 탄식했다.

"이렇게 세상을 모르는 사람(항우를 가리킴)과 무슨 큰일을 논한담. 항우는 힘들게 차지한 천하를 반드시 패공에게 빼앗기게 되리라."

패공은 군영에 도착하는 즉시 좌사무 조무상을 죽여 없앴다.

그가 항우에게 자신을 모함했다는 말을 항우로부터 들었기 때문이다.

서초패왕西楚覇王 항우의 금의환향

홍문의 연회는 천하를 누가 차지하느냐 하는 중요한 술자리였다. 유방은 항우에게 무릎을 꿇음으로 해서 위기에서 벗어나 후일 천하를 차지하는 기회를 만들었다. 반면 항우는 범증의 심중을 이해하지 못한 아둔함으로 손에 들어온 천하를 놓치고 끝내는 유방에게 패하는 결과를 가져왔다.

유방이 홍문에서 달아난 며칠 뒤, 항우는 군사를 이끌고 함양에 들어가 대학살을 저질렀다. 뿐만 아니라 항복한 진나라 왕 자영을 죽이고, 아방궁과 거리에 불을 질렀다. 거리의 불은 석 달 동안이나 계속돼 함양은 폐허가 되었다. 항우는 여산릉을 파헤쳐 값진 보물을 캐내고 궁중의 여자들을 데리고 동쪽으로 돌아가기로 했다.

'인간은 아무리 위대해질지라도 고향에 돌아가지 않으면 헛수고야. 금의錦衣를 걸쳤으면 환향還鄕을 해야지. 금의를 걸치고 깜깜한 어둠 속을 거닌들 무슨 소용인가.'

이윽고 항우는 회왕에게 사자를 보내어 관중을 평정했다고 보고하고 지시를 기다렸다. 그러자 회왕은,

"처음 약속한 대로 먼저 관중으로 들어간 자를 관중의 왕으로 삼는다."

고 명령했다. 회왕의 말대로라면 유방이 관중의 왕이 되어야 했다. 유방에게 관중을 빼앗기게 된 항우는 머리를 짰으나 묘안이

나오지 않았다. 항우는 범증과 대책을 논의했다. 범증이 계략을 말했다.

"파와 촉은 길이 험하여 교통이 불편하고, 게다가 촉蜀나라에서는 진나라의 유배자들이 많이 들끓고 있지 않습니까? 패공에게 그 땅을 주시죠."

"좋소, 파巴나 촉蜀도 관중 땅임에는 틀림없으니 회왕과의 약속을 위반하는 것이 아니지."

항우는 유방에게 파·촉 땅에 한중漢中의 땅까지 주어 남정에 도읍을 정하도록 했다. 유방은 한왕漢王으로 불렸다. 유방이 산간오지로 내몰렸지만 그래도 항우는 장차 유방이 천하를 차지하지 않을까 하는 걱정이 들었다. 항우는 자신이 관중의 왕이 되면 제후들의 비난이 쏟아질 것이라고 생각하고 관중을 셋으로 분할하여 진나라의 장군이나 대신들을 왕으로 임명했다.

장한에게는 함양 서쪽을 주어 옹왕이라 하고, 장사혼은 함양 동쪽을 맡겨 새왕이라 하였다. 동예는 상군 지방을 주어 책왕이라 불렀다. 이로써 유방은 이들 3국에 둘러싸인 변방의 나라가 되었다. 또한, 항우는 진을 토벌하는 데 공을 세운 장수 18명에게 영지를 나누어주고 왕으로 봉했다. 항우는 금의환향하여 나라 이름을 서초西楚라하고 자신을 서초패왕이라 칭했다.

천하에 황제가
둘이 있을 수 없다

하급군인 출신 장수 한신

유방은 항우의 편파적인 처사에 분을 삭일 수가 없었다.
'항우의 목을 치고 말리라!'
유방은 당장에 항우를 치고 싶었으나 부하 소하가 말렸다.
"지금은 때가 아니니 참으소서. 나라의 힘을 길러 관중을 평정하면, 자연히 천하를 차지할 수 있습니다."
한왕 유방과 승상 소하는 군사를 이끌고 힘없이 한중으로 향했다. 땅이 거친 만큼 길도 험난했다. 행렬 중에는 도망치는 자들도 있었다. 한왕은 서울로 정해진 남정으로 들어갔다. 그때 승상 소하가 도망쳤다는 믿을 수 없는 보고가 들어왔다. 그런데 얼마 후 도망쳤다던 소하가 한신韓信을 데리고 나타났다.
"한신을 요긴하게 쓰십시오."
한신은 보잘 것 없는 낮은 직급의 군인이었다. 한왕은 한신을 대장으로 삼았다. 한신은 원래 항우의 부하였으나 뜻을 펴지 못하고 한나라로 도망쳐온 인물이었다. 한신이 한왕에게 건의했다.

"항우는 공을 세운 여러 장수를 각지의 왕으로 봉하였습니다만, 우리 왕에 대해서만은 이런 벽지에 유배와 다름없는 대접을 하고 있습니다. 장교나 병사들이 모두 동쪽 지방 출신들이기 때문에 밤낮으로 고향 생각뿐입니다. 이들의 절박한 망향심을 잘 이용하면 어떤 큰일이라도 성취할 수 있을 것입니다. 그러나 천하의 대세가 결정되고 인심이 안정된 뒤에는 때가 이미 늦습니다. 이 기회를 놓치지 말고 군사를 동쪽으로 돌려 천하의 패권을 놓고 다투어야 합니다."

'한신을 쫓는 소하'를 표현한 쟁반과 베개

한왕은 한신의 계책대로 움직이기 시작했다. 한왕 유방의 무력 앞에 새왕 사마흔, 책왕 동예, 하남왕 신양이 차례로 항복했다. 다만, 한왕 정창은 항복하기를 거절했기 때문에 한신을 보내 굴복시켰다. 한왕은 각지를 공격한 후, 관내에는 농서·북지·상군·위남·하상·중지 등에 현을 두고, 밖으로 하남군을 두어 행정 구역을 정비했다.

적의 장군으로서 병력 1만 명을 거느리고 항복한 자에게는 만호후로 봉했다. 또한 북쪽 하상의 요새를 수복하는 한편, 진나라 황실의 광대한 방목지·이궁·원지 등을 모두 농토로 개방했다. 유방은 순식간에 관중 3국을 쳐부수고 드넓은 땅을 차지했다. 이 소식을 들은 항우가 분통을 터트렸다.

"유방이 또 관중의 땅을 차지했다고? 내 이번에는 그놈을 용서치 않으리라."

항우가 제나라를 치려고 준비하고 있을 때였다. 항우 앞으로 한 통의 편지가 날아들었다. 장량이 보낸 편지로 편지 속에 다른 한 통의 밀서가 별도로 들어 있었다. 그 밀서에는

'제나라와 조나라가 동맹하여 초나라의 항우를 치기로 했다'

는 내용이 적혀 있었다.

또 유방은 관중만 차지하면 더 이상 동쪽을 넘보지 않을 것이라는 장량의 편지도 들어 있었다. 항우는 눈엣가시 같은 유방을 당장 치고 싶었으나 제나라가 마음에 걸렸다.

"먼저 제나라부터 치고 다음에 유방을 꺾자!"

장량의 편지를 본 항우는 제나라를 치기로 하고 구강왕 경포에게 출전을 명령했으나 경포는 신병을 핑계로 출병하지 않았다. 항우는 경포가 괘씸했으나 그에 대한 토벌은 다음으로 미루고 손수 군사를 이끌고 북쪽으로 나아가 제나라를 치고 전영을 죽였다. 그러자 전영의 동생 전횡이 형의 원수를 갚기 위해 흩어진 제나라 군사를 모아 반란을 일으켰다.

항우는 할 수 없이 수도 팽성으로 귀환하지 못하고 제나라 잔당과 싸움을 계속하게 되었는데 이때 유방이 팽성을 공격한다는 보고가 들어왔다. 한나라 2년 봄이었다.

서북풍이 유방을 구하다

항우는 장량의 편지에 속아넘어갔던 것이다. 한왕은 56만 명의 군사를 이끌고 초나라 공격에 나섰다. 한나라군은 초나라의 팽성을 점령하고 재물과 미녀들을 빼앗은 뒤에 매일같이 축하연을 베풀며 승리감에 도취되어 있었다. 이것이 문제였다. 적의 허점을 파악한 항우는 정예군 3만을 이끌고 팽성으로 쳐들어가 승리감에 도취되어 있는 한나라군을 새벽에 기습 공격했다.

이 작전은 성공했다. 성 안에서의 싸움은 오후에 이미 승세가 결정되어 한나라군은 단숨에 무너지고 말았다. 한나라군은 도망가다 곡수와 사수에 빠져 죽은 자가 10여만 명이 넘었다.

나머지 한나라군은 남쪽의 산 속으로 도망쳐 들어갔는데, 이들도 초나라군의 추격을 받아 영벽의 동쪽 수수 부근에서 갇힌 꼴이 되었다. 이때 수수의 절벽에서 떨어져 죽은 한나라 군사가 10만이나 되었다.

한나라 군사들은 초나라군에게 삼중으로 포위를 당했다. 유방의 패망은 이제 시간 문제였다. 이때 서북쪽에서 갑자기 돌풍이 불어와 나무와 집들이 쓰러지고 흙과 모래가 하늘을 가리는 괴변이 일어났다. 돌풍을 정면으로 받은 초나라군은 혼란 상태에 빠졌다. 한왕은 이 틈을 타 부하 수십 명과 함께 가까스로 포위망을 뚫고 도망칠 수가 있었다. 유방이 위기에 처하자 그를 따르던 제후들이 등을 돌리고 항우에게 붙어버렸다. 장사흔, 동예가 항우에게로 가고 제·조나라도 유방을 외면했다.

"장군, 앞으로 어찌하면 좋단 말이오?"

유방이 힘없이 장량에게 물었다. 장량은 구강왕 경포를 끌어들여 재기를 꾀하자고 건의했다. 당시 경포는 항우의 출전 명령을 거역하여 보복을 당할까봐 두려워하고 있었다.

"회남에는 누굴 보낸단 말이오. 누가 구강왕을 설득해서 초나라에 반기를 들도록 할 수 있단 말이오. 경포가 도와 준다면 나는 틀림없이 다시 한 번 천하를 손에 넣을 기회를 잡을 수 있을 텐데."

이때 경포를 찾아갈 사신으로 알자(접대관) 수하가 나섰다. 수하는 수행원 20명을 거느리고 회남에 도착한 뒤 궁중의 태재에게 손을 써 왕을 만나게 해 달라고 부탁했는데, 사흘이 지나도록 허락을 받지 못했다.

수하는 매일 태재에게 찾아가 초나라가 곧 무너질 것이라고 설득했다. 태재의 말을 전해들은 구강왕은 마침내 수하를 만나주었다. 오랫동안 수하의 말을 들은 구강왕은 드디어 초나라에 반기를 들 것을 선언했다. 다만 이것은 밀약이어서 외부에 누설할 일이 못되었다. 더구나 영빈관에는 초나라의 사신이 머물고 있으면서 왕에게 원군을 독촉하고 있는 상황이었다.

그런데 수하는 왕의 승낙을 얻자 그 자리에서 곧장 영빈관으로 달려가 초나라의 사신이 앉는 자리를 점령하고는 이렇게 말했다.

"구강왕(경포)께서는 우리 한나라에 귀순하셨다. 이미 초나라의 명령은 통하지 않는다."

경포는 깜짝 놀랐으나 수하는 곧장 경포에게 말했다.

"일은 결정되었습니다. 이대로 사신을 돌려보내시면 안 됩니다. 즉시 한나라에 항복하시고 협력하십시오."

일이 이렇게 되자 경포는 초나라의 사신을 죽이고 드디어 초나라를 공격하는 군사를 일으켰다. 경포가 찾아왔을 때 한왕은 걸상에 걸터앉아 여자들에게 발을 씻기고 있었다. 그는 그 자세로 경포를 맞이했다. 경포는 몹시 화가 났다. 귀순한 것을 후회하고, 이렇게 된 바에야 자살하는 길밖에 없다고 생각했다. 그런데 숙소에 돌아가 보니, 그곳의 시설이나 장식, 타고 다닐 수레, 식사와 심부름하는 하인, 이런 모든 것들이 한왕의 그것과 똑같은 대우였다. 경포는 이 융숭한 대접에 금세 마음이 풀어졌다.

경포를 무례하게 대하는 유방

그곳에 자리를 잡자 경포는 곧 부하를 구강에 보냈다. 그러나 초나라는 이미 항백에게 명령하여 구강의 경포군을 초나라군에 편입시켰을 뿐만 아니라 경포의 아내와 자식까지도 죽인 뒤였다. 경포가 보낸 사자는 경포의 친족과 그를 따르려는 신하들을 모아 수천 명의 부대를 만들어 가지고 돌아왔다. 다시 한나라의 군사가 정비되었다. 소하가 천거한 한신은 명성에 걸맞게 장수의 몫을 해냈다. 그는 흩어진 군사를 모아 싸우면서 유방과 형양에서 만났다.

형양성을 공격했으나, 한신의 군사에게 대패한 항우는 새로운 작전을 짰다. 항우는 오창의 보급로를 끊어 유방의 군사들의 목줄을 죄었다.

"군량이 떨어졌으니 더 이상 싸울 수가 없구나. 항우에게 화친을 제의해 다음 날을 기약해야지."

유방은 강화를 제의하였으나 항우의 참모 범증이 이를 받아들이지 않았다. 범증은 형양성을 공격하여 이번 기회에 유방을 물리쳐야 한다고 생각하고 항우에게 강공을 권유하였다.

자신을 불살라 왕을 구한 기신

한왕 유방은 이제 항우의 공격을 앉아서 당하는 수밖에 없게 되었다. 군량이 바닥이 나자 군의 사기는 땅에 떨어졌다. 근심을 하고 있는 유방에게 진평陳平이 계략을 말했다.

"제게 항우와 범증의 사이를 이간시킬 묘안이 있습니다."

진평은 항우의 사신이 형양성을 찾아오자 초라한 음식상으로 대접하고는 이렇게 말했다.

"범증께서 보내신 사신인 줄 알았는데 항왕이 보낸 사신이군!"

기분이 상한 사신은 돌아가자마자 항우에게 진평이 한 행위를 낱낱이 그대로 보고했다. 전부터 범증을 의심하고 있었던 항우는 기분이 몹시 나빴다. 항우는 범증이 유방과 내통하고 있다는 의심을 갖고는 범증에게 중요한 일은 맡기지 않고 자신이 직접 처리했다.

범증 또한 항우에 대해 불만이 많았다. 홍문에서 유방을 죽이라는 자신의 말을 듣지 않은 항우에 대해 소인배라고 깔보고 있었던 범증은 더 이상 항우를 섬길 수 없다고 생각하고 초나라를 떠났다. 범증이 떠났지만 항우는 더욱 포위망을 좁혔다. 보급망이 끊긴 유방은 애가 탔다. 더 이상 형양성에서 버틸 수가 없다고 판단하고 투항을 고려할 때 장수 기신紀信이 나섰다.

"마지막 수단을 쓰는 수밖에 없습니다. 신이 진평과 의논하여 위장 투항을 하겠사오니 그 틈을 이용하여 탈출하십시오"

밤이 되자 기신은 병사 2천명과 여자들을 데리고 왕의 수레를 타고 동문을 빠져나왔다.

"한왕이 항복하러 나간다!"

기신이 이렇게 외치자 초나라 군사들이 우르르 수레에 몰려들었다. 이때 포위망이 뚫린 틈을 타서 유방은 쉽게 탈출할 수가 있었다. 항우가 급히 동문으로 달려왔다.

"한왕 유방을 끌어내 무릎을 꿇려라!"

그러나 황옥거에서 나온 것은 유방이 아니라 기신이었다. 항우는 화가 머리끝까지 나서 기신을 불태워 죽이라고 명령했다. 기신은 왕을 위해 화염에 싸여 장렬하게 죽었다. 항우의 추격은 끈질겼다. 유방은 탈출하여 수무로 도주해 장이·한신의 군사들과 합류했다. 남쪽으로 패주하다 구강왕 경포를 만난 유방은 그와 함께 군사를 모으기 시작했다. 성고성을 탈출한 다른 장수들도 유방에게로 모여들어 대열을 정비했다.

유방은 장이에게 조나라 땅 수비를 맡기고, 한신은 제나라를 공격하라고 명령했다. 이 무렵, 역시 초나라에 반기를 들었던 팽월의 군사가 수수를 건너, 팽성 동쪽의 하비에 거점을 둔 항성(항우의 아들)과 설공의 초나라군을 공격하여 큰 타격을 입혔다.

유방을 쫓던 항우는 급히 완宛에서 철수하여 팽월을 치기 위해 동쪽으로 나아갔다. 팽월의 부대는 사방에서 치고 빠지는 게릴라 전법으로 항우를 괴롭혔다. 모두 물리친 줄 알고 방향을 틀어 군사를 다른 데로 돌리려 하면 어디선지 팽월의 부대가 불쑥 나타나 항우를 짜증나게 했다. 그래서 유방과는 제대로 싸울 수가 없었다. 한편, 한신은 제나라 정벌에 나서서 제왕과 초나라 군사들을 사로잡고 제나라를 평정했다.

'역발산 기개세' 항우의 최후

기원전 202년, 이제 초왕 항우의 운명을 결정지을 한판 승부가 벌어진다. 산을 뽑을 힘을 자랑하는 항우도 사면초가에 몰려 더 이상 힘을 쓰지 못하고 통일 중국의 황제의 꿈을 접은 채 서른 살의 젊은 나이로 삶을 마감하게 된다.

장수 한신, 장량, 팽월 등의 활약에 힘입어 군영을 보강한 유방은 광무에서 항우와 만나 일전을 겨루게 되었다. 양군의 대치는 수개월을 끌었지만 유방은 공격을 하지 않고 관망하는 자세로 일관했다. 이 무렵 팽월군이 양나라 지역에서 맹렬한 게릴라 작전을 펼쳐 초나라의 보급로를 차단했다. 식량이 떨어져 위기에 처한 항우는 유방에게 화의를 제의했다.

"이 몇 해 동안 천하가 시끄러웠던 것은 모두 우리 두 사람 때문이오. 아예 우리 둘이서 승부를 결정지어 버리는 것이 어떻겠소? 우리 때문에 죄 없는 백성들을 괴롭힐 수는 없는 일이오."

그러나 한왕 유방은 신중했다. 항우가 힘센 장사를 내세워 싸움을 걸면 유방은 궁사들을 내세워 항우 군사가 나타나는 대로 모조리 활을 쏘아 죽일 뿐 앞으로 나오지 않았다. 화가 난 항우는 창을 들고 진두에 서서 유방을 불렀다. 항우가 1대 1의 대결을 요구하는 데 반하여 유방은 약을 올릴 뿐 나서지 않았다. 양군이 대치한 지 수개월이 지나면서 전세는 한나라의 유방이 유리한 고지 위에 섰다. 항우는 숫자적으로 우세했지만, 오랜 행군으로 지쳤고 또 군량이 부족하여 큰 고생을 하고 있었다.

이때 후방의 한신이 군사를 이끌고 쳐들어온다는 소식이 들려오자 항우는 걱정에 싸였다. 이를 안 유방은 이 기회에 인질로 붙잡혀 있는 아버지와 아내를 구하기로 계획을 세웠다. 유방은 후공 侯公을 항우에게 보내어 강화를 추진했다. 인질로 잡혀 있는 유방의 가족을 돌려보내 주면, 홍구강을 경계로 서쪽은 한나라가 차지하고 동쪽은 초나라에게 준다는 것이었다. 식량난으로 어려움을 겪고 있는 항우는 이 조건을 환영했다. 강화가 맺어져 항우는 무장을 풀고 홍구강 동쪽으로 갔다. 유방도 협약에 따라 서쪽으로 가려고 하자 장량과 진평이 막아섰다.

"이 기회에 초를 쳐야 합니다. 항우가 강화에 응한다는 것은 초나라의 사정이 나쁨을 의미합니다. 멸망 직전에 있다고 보아야 합니다."

유방은 장수들의 의견에 따라 항우를 추격하는 한편 다른 곳에 있는 군사까지 불러 전력을 보강했다. 항우의 군사는 해하에 모였으나 이미 전력은 약해질 대로 약해졌고 식량도 바닥이 나 있었다. 항우는 사방으로 포위를 당해 헤어날 길이 없었다. 군사들도 하나 둘 도망쳐 겨우 10만이 남아 있었다.

유방의 군사들은 사방에서 초나라 군사들을 압박하였다. 지략이 뛰어난 한신은 군사들 가운데서 초나라 출신들을 골라 초가楚歌를 부르게 하고 다른 병사들에게도 가르치게 했다. 밤마다 적의 군영지에서 흘러나오는 귀에 익은 초나라의 노래를 들은 항우는 자신을 따르던 군사들이 도망쳐 한군에 투항한 것으로 여겼다. 이러한 생각은 초나라 군사들도 마찬가지였다.

'큰일났구나! 한나라군에 항복한 초나라군이 저렇게 많단 말인가. 저놈의 노랫소리가 또 초나라군을 유혹하고 있구나.'

'사면초가四面楚歌'란 고사성어는 여기에서 비롯된 말이다. 초가를 듣고 전세가 기울었다고 판단한 항우는 침실에서 뛰쳐나와 애

우미인초

첩 우희를 무릎에 앉히고 술을 마시며 치밀어 오르는 비분을 '역발산기개세'로 시작하는 시로 읊었다.

노래를 부르는 항우의 뺨 위에는 주먹 같은 눈물이 흘렀다. 애첩 우희도 눈물을 흘리며 따라서 불렀다. 신하들도 그 앞에 엎드려 울었다.

항우는 오강에서 한나라 군사들과 최후까지 싸우다가 자결했다. 우희도 죽었다. 이때 항우의 시체는 기병들에 의해 다섯 토막으로 처참하게 잘려졌다. 기원전 202년, 역발산의 장수 항우는 그렇게 죽고 이로써 4년여에 걸친 한漢과 초楚 나라의 전쟁은 유방의 승리로 끝났다. 유방은 남은 노나라마저 무혈 평정하고 새로운 패자覇者로 우뚝 섰다.

사마천은 후일 자신의 저서 『사기』에서 모든 면에서 유방보다 앞서는 항우가 멸망한 이유를 이렇게 적었다.

자신의 공을 뽐내고, 자신의 사사로운 지혜만을 앞세우며, 옛 가르침을 스승으로 삼지 않고, 힘으로 천하를 경영하려 했다.

제2장

한漢에서 몽골까지

최초의 농민출신 황제가 연 한나라 시대

【주요 인물】

여태후 _ 유방의 부인으로 혜제를 섭정. 유방의 후궁인 척부인이 아들 여의를 태자로 세우려고 한 것에 대해 분노하여 척부인을 잔인하게 죽이고 여의도 짐독으로 살해한다.

문제 _ '농자천하지대본'을 일군 성군. 백성들이 농사에 전념하도록 지도하고 농지세를 12년 동안이나 면제해 주고 15분의 1세稅를 30분의 1세로 고친다.

경제 _ 선정을 베푼 임금. 여민휴식 정책으로 백성들의 삶의 질을 높여 문제와 함께 이 시대를 문경지치文景之治라고 한다.

무제 _ 경제 정책에 힘쓴 성군. 전매제도를 신설해 경제를 활성화하고 중앙집권체제를 강화한다. 균수법均輸法과 평준법平準法의 시행으로 경제와 사회를 안정시키고 백성들의 생활을 윤택하게 한다.

장건 _ 실크로드의 개척자. 서역의 흉노를 토벌하고 중앙아시아 각국의 사정과 문물을 유입한다. 이로 인해 서아시아, 로마와도 길이 열리게 된다.

왕망 _ 원제의 외척으로 한나라를 멸함. 스스로 섭정하는 황제라는 뜻의 '섭황제攝皇帝'라 하고 연호를 거섭으로 바꾼다. 기원전 8년 자영을 폐하고 황제에 즉위해 신나라를 세우지만 15년만에 망한다.

광무제 _ 한왕조를 부흥시킨 유수. 호족 집단의 지도자로 자는 문숙文叔이다. 한 고조 유방의 9대 손으로, 한왕조 부흥의 깃발을 높이 들고 하북 일대를 장악해 세력을 구축한다.

반초 _ 장건에 이어 제2의 실크로드를 개척. 흉노의 침입과 만행에 분노하여 책과 붓을 집어 던지고 원정군에 자원해서 가담, '투필종군投筆從軍'이란 말을 만들어낸다.

양기 _ 누이의 백으로 횡포를 일삼은 외척. 낙양 거리의 건달로 무소불위의 권력을 휘두르다 환제의 지시를 받은 당형, 단초, 좌관, 서황, 구원 등 5명의 환관에게 제거된다.

당형 _ 황실을 주무른 대표적 환관. 외척 양기를 없앤 것을 계기로 환관의 세력을 결집하여 전횡을 일삼다 유생들의 반발에 부딪쳐 '제1차 당고黨錮의 화禍'를 불러온다.

장각 _ 반란을 일으킨 태평도 교주. 대현양사大賢良師라 자칭하고 전국에서 동시다발적으로 난을 일으켜 관청을 습격하고 방화와 살인, 약탈을 거침없이 자행한다.

패현에서 일어난 한漢 왕조

토사구팽이 된 명장 한신

통일된 중국은 이제 농부의 아들로 태어나 진秦의 하급관리인 사수泗水 지방의 정장亭長으로 출발한 유방에게 맡겨졌다.

항우를 꺾고 초나라를 멸한 유방이 제위에 올라 한漢왕조를 세우니 그가 바로 한漢의 고조高祖이다. 유방

한나라 기병상

은 이미 기원전 206년에 한왕이 되었으나, 황제의 자리에 오른 것은 항우가 죽은 4년 뒤의 일이다.

한 고조는 진시황제에 이어 두 번째의 황제가 되었다. 낙양으로 돌아온 고조는 군대를 해산하고 한나라를 세우는 데 공로가 많은 신하 143명에게 제후, 왕의 봉직을 주었다. 한신은 초왕, 팽월은 양왕, 한왕 신은 한왕, 형산왕 오예는 장사왕에 봉하고 회남왕 경

포, 연왕 장도, 조왕 조오 등은 왕의 자리를 그대로 지키게 했다. 한 고조는 수도를 장안長安에 정했다. 고조(유방)는 낙양을 수도로 삼으려 했으나 농토가 비옥하고 적을 방어하는데 적지인 관중이 좋다는 장량의 충언을 받아들여 장안을 수도로 정하고 자신이 머물 궁전 미앙궁未央宮을 짓게 했다.

한 고조(유방)는 유학자들을 싫어하여 그들의 관에 오줌을 누기도 했으나, '마상馬上에서 천하를 얻을 수는 있어도 마상에서 천하를 다스릴 수 없다'는 신하의 간언을 받아들여 유교의 예를 채택했다. 그는 농촌경제를 부흥시키고 농민들의 세금 부담을 덜어주는 데 각별한 관심을 보였다.

어느 시대 어느 나라에서나 볼 수 있는 개국 후의 피의 숙청이 한나라에서도 어김없이 일어났다. 고조 6년, 그토록 믿었던 초왕 한신이 반역의 깃발을 들었다는 보고가 고조의 귀에 들어왔다. 한신은 잡혀 낙양으로 끌려 왔다.

"경이 나에게 역모를 꾀하였느냐?"

고조는 여러 날에 걸쳐 한신을 엄밀히 심문해 보았으나 이렇다 할 죄상이 드러나지 않았다. 그래도 뒷날이 염려된 고조는 한신을 왕에서 회음후로 강등시켜 권력을 약화시켰다.

그로부터 10년이 지났다. 진희가 배반하였다 하여 고조가 친히 그를 치러 나섰다. 한신은 진희와 반역을 도모하였으나 이 사실이 고조의 부인인 여태후의 귀에 들어가는 바람에 죽음을 당했다. 고조

한나라의 청동으로 만든 부차 모형

는 연왕 장도를 숙청한데 이어 조왕趙王 장오張敖는 선평후宣平侯로 격하시키고 항우를 꺾는데 지대한 공을 세운 팽월과 경포도 차례로 제거하였다.

유방도 저승으로 가다

한바탕 피바람이 불고 난 후 고조 7년 무렵에는 흉노족이 서서히 세력을 확장해 30만 대군을 거느리는 막강한 군사력을 길렀다. 고조는 한왕 신이 자주 흉노에게 사자를 파견했다는 보고를 받고 반역을 꾀하지 않을까 하고 신에게 경고를 주었다. 고조의 눈밖에 난 한왕 신은 칼을 거꾸로 들이대기로 작정하고 비밀리에 흉노와 접촉하여 한나라를 쳐들어갔다. 그러나 이내 고조가 이끄는 군사에게 패하고 신은 흉노 진영으로 몸을 숨겼다.

고조는 조나라의 왕 장오張敖(한 고조의 맏딸 노원공주의 남편)가 모반을 꾀한다는 이유로 죽이고 새 왕에 여의如意를 올렸다. 여의는 고조가 제일 아끼는 후궁인 척부인戚夫人의 아들로, 그때 겨우 9살이었다. 고조는 황족만 왕으로 세우는 족벌정책을 고수했다. 고조는 제왕에는 맏아들 유비劉肥를 임명하고 초왕에는 동생인 유교劉交를 세웠다. 양왕은 다섯째 아들 유회劉恢가 들어섰다.

소하가 새 궁전 미앙궁未央宮을 호화롭게 지었지만 고조는 계속 장락궁에서 지냈다. 고조가 반란을 일으킨 경포를 토벌하러 나갔다가 입은 부상이 악화되자 조정에서는 자연스럽게 태자 책립 문제가 의논되었다. 척부인은 자기가 낳은 아들 여의如意를 태자로 책봉해 달라고 고조를 졸랐다.

미앙궁 터

'영盈이 태자로 책봉되기는 하였지만 황제가 되기에는 모자라.'
고조는 태자 영盈이 마음에 들지 않았지만 쉽게 바꾸지 못하고 전전긍긍했다. 고조의 정실 여후는 동생 건성후 여택을 시켜서 장량에게 계책을 물었다. 장량은 네 사람의 현자를 궁으로 불러 고조에게 영盈의 인품이 뛰어나다고 천거토록 꾸몄으나 고조는 태자 문제를 확정지기도 전에 세상을 떠나고 말았다. 항우를 멸망시키고 황제가 된 지 8년 만에 유방은 재위 12년 4월 장락궁에서 저 세상으로 떠났다. 그의 향수 62세였다. 기원전 195년이다.

고조가 승하하자 대신들은 태자를 바꾸지 않고 그대로 영을 추대하기로 하니 영이 바로 후일 황제 혜제惠帝의 자리에 오르게 된다. 이로써 한나라의 궁중에는 또 한 번 피바람이 일게 된다.

관상쟁이의 딸 여태후의 시대

여자의 한恨이 서리가 되다

오늘의 중국 지도를 보면 통통하게 살찐 암탉을 연상케 한다. 흑룡강성과 길림성은 머리이고 상해는 닭의 가슴 부위라 할 수 있다. 내몽골자치구는 닭의 목덜미가 되고 신강위구르자치구는 꼬리 부위가 된다. 대만과 해남도는 먹이를 찾아 헤치는 두 발로 보면 닭과 많이 닮았

중국최초의 여황제 여 태후

다. 땅 모양이 암탉을 닮아서인지 중국의 역사에는 여후女后들이 많이 등장해 섭정을 했음을 자주 보게 된다.

한 고조 유방의 아내이자 관상에 일가견이 있는 여공呂公의 딸인 여태후呂太后(여치)는 중국 역사에서 처음으로 섭정을 한 여후로 기록된다. 유방이 항우와 대결할 때 항우에게 붙잡혀 2년 넘게 고생한 여태후는 고조가 죽고 나이가 어리고 유약한 혜제惠帝가 즉위하

자 아들을 대신하여 정사를 돌보게 되었다.

여의(조왕趙王)를 황제의 후임으로 마음에 두고 있었던 척부인은 여태후의 소생 영이 제위를 이어받자 통곡을 하며 슬퍼했다. 중전 여태후가 이를 보고 마음이 좋을 리가 없었다. 여후태는 혜제와 노원 공주를 낳았다. 고조는 한왕이 된 뒤에는 여태후를 멀리하고 정도의 척부인과 척부인에게서 낳은 여의를 몹시 사랑하였다.

여태후는 항상 궁중에만 있었으니 고조와 얼굴을 맞댈 기회도 별로 없었고 소외당하기가 일쑤였다. 여태후는 남자를 능가하는 성품으로 고조의 천하 통일을 도왔다. 고조가 나라를 세우는 데 이바지하는 공신들을 차례로 죽이고 한나라의 왕실을 태평하게 하는 데에도 여태후의 도움이 컸었다.

'폐하의 사랑을 독차지하고 살면서 내 가슴에 대못을 박았던 작자가 태자까지 바꾸려고 해! 척부인과 그 아들을 가만 둘 수는 없다!'

여태후는 척부인을 잡아들였다.

'쉽게 죽여서는 안 돼. 많은 고통을 겪다가 죽도록 해야지.'

여태후는 척부인을 단칼에 죽이지 않고 온갖 고통을 주어 서서히 죽이자고 독한 마음을 품었다. 여태후는 척부인을 영항永巷에 가두었다. 영항은 후궁들이 거처하는 곳인데, 여러 개의 방이 죽 줄지어 있었고 후궁이 죄를 지으면 가두어 놓기도 했던 곳이었다. 여태후는 척부인의 아들 조왕 여의도 장안으로 불렀다. 그러나 몇 차례씩 사신을 보내도 조왕은 입궐하지 않았다. 조나라의 재상 건평후 주창周昌의 사신이 들어와 이렇게 말하였다.

"고조께서는 생전에 '조왕은 아직 어리니 네가 지켜 주어라' 하고 분부하시었소. 들리는 바에 의하면, 태후께서는 척부인을 미워하여 조왕까지 끌어내서 함께 죽일 생각이시라니 어떻게 왕을 보내 드리겠습니까?"

화가 난 여태후는 이번에는 주창에게 조정에 들어오라고 명령했다. 주창은 장안으로 올라왔다. 그 사이에 여태후는 또다시 사신을 보내어 조왕을 불렀다. 조왕은 마침내 출발했다.

한나라 때의 화폐 저장 용기

'여후가 조왕을 죽일 셈이구나.'

형제간의 우애가 깊은 혜제는 여태후의 속셈을 눈치 채고는 조왕이 도착하기 전에 패상까지 마중을 나가 함께 궁중으로 돌아왔다. 그리고는 조왕과 행동을 같이하면서 잠시도 그의 곁을 떠나지 않았다. 그 때문에 여태후는 좀처럼 조왕을 죽일 기회를 잡지 못했다.

혜제 원년(기원전 194년) 12월에 혜제는 사냥을 나섰다. 여태후는 그것을 알고 곧장 사람을 보내 조왕에게 짐독(독약을 탄 술)을 먹였다. 혜제가 사냥에서 돌아오니 조왕은 이미 죽어 있었다. 조왕의 후임으로는 회양왕 우(혜제의 이복동생)를 앉혔다.

여의를 살해한 여태후는 다음에는 척부인을 죽이기로 했는데 그 방법이 여자로서는 상상도 할 수 없을 정도로 잔인했다. 여태후는 척부인의 손과 발을 잘라 버린 다음 눈을 도려내고, 귀를 불에 지져서 오려내고, 약을 먹여 목을 태워 버렸다. 여태후는 시체가 다 된 척부인을 돼지우리를 겸한 변소에다 버리고는 돼지인간이라고 불렀다.

여태후는 혜제에게 척부인의 모습을 보여 주었다. 혜제는 허수아비나 다름이 없었다. 혜제는 생질녀를 황후로 삼았는데 그녀와의 사이에 자식을 낳지 못했다. 여태후는 후궁이 낳은 아들을 혜제 부부가 낳은 것처럼 위장하고 입을 막으려고 후궁을 죽여 버렸다.

여呂씨가 한나라를 주무르다

혜제 2년(기원전 193년), 초나라의 원왕 교(혜제의 숙부)와 제왕 유비(혜제의 이복형)가 조정에 들어왔다. 혜제는 여태후를 모시고 제왕과 주연을 베풀었다. 혜제는 제왕이 자기의 형이었으므로 그를 윗자리에 앉혔다. 그런데 이 일이 여태후의 비위를 건드렸다. 여태후는 제왕 유비를 죽이기 위해 몰래 짐독을 탄 술잔을 놓고 제왕에게 마시라고 했다. 이 사실을 눈치챈 혜제는 짐독이 든 술잔을 얼른 들고는 제왕에게 건배하려 했다.

이때 여태후가 갑자기 일어나 혜제의 술잔을 엎어 버렸다. 수상쩍게 생각한 제왕은 술잔을 도로 놓고 취한 척하면서 도망쳐 나왔다. 나중에 알아보니 역시 짐독이었다. 제왕은 섬뜩했다. 제나라의 내사인 사가 꾀를 내어 아뢰었다.

"태후의 친자식은 혜제와 노원 공주뿐입니다. 그런데 주상이 가지고 있는 영토는 70여 성이나 되는데, 외딸인 노원 공주는 불과 몇 개의 성에 불과합니다. 주상께서 공주가 쓰시라고 한 고을을 태후에게 바치신다면 태후는 마음을 풀 것이며, 따라서 주상께서도 평안하심을 얻으실 겁니다."

제왕은 그의 건의를 받아들여 상양 땅을 바치고 공주를 받들어 왕태후라 불렀다. 그제야 여태후는 마음을 풀었다. 혜제 7년(기원

처단되는 여씨 일족

전 188년) 8월 무인 날 허수아비 황제 혜제가 24살로 세상을 떠났다. 혜제가 죽자 대상大喪이 포고되었다. 여태후는 예법에 따라 눈물을 흘리지 않았다.

 황제 자리는 여태후의 뜻에 따라 공恭을 거쳐 소제少帝 홍弘에게로 넘어갔다. 소제도 나이가 어렸다. 소제는 여태후의 친정 조카 여록呂祿의 딸을 황후로 맞았다. 여태후는 북군은 조왕인 여록에게, 남군은 양왕인 여산에게 맡겨 사실상 군사권을 장악했다. 여태후는 이름만 태후일 뿐 실질적으로 여황제가 되었고 한나라는 여씨 세상이 된 것이다. 조고는 생전에 유씨 이외에는 왕을 세우지 말라고 유언했으나 여태후는 여씨 일족을 왕으로 임명했다.

 기원전 180년 여태후는 61세로 장락궁에서 세상을 떠났다. 여태후가 죽은 뒤, 얼마 지나지 않아 여씨 일족은 제왕 유양 일당에 의해 모두 죽음을 당하고 여씨 일족의 시대도 종말을 고했다.

번영의 상징 '문경지치' 시대

백성이 나라의 주인이 되다

여태후가 죽자 유씨 일가들은 한왕조를 다시 일으키기 위해 무능한 소제 홍弘을 폐하고 고조 유방의 넷째 아들 유항劉恒을 새 황제로 옹립하였다. 이가 바로 성군으로 칭송 받았던 한의 5대 문제文帝이다.

"농자천하지대본이라! 농사를 국가 산업의 근간으로 삼나니 백성들은 농사에 힘쓰고 누에를 쳐서 비단을 만들라!"

문제는 봄이면 밭에 나가 손수 씨를 뿌리고 여름이면 김을 맸다. 옷은 손수 누에를 쳐서 만들어 입을 정도로 검소했으며 궁중에서 사치하는 것을 금했다. 백성들을 위한 농정을 우선했던 문제는 관리들에게 농사를 지도하도록 하고 농지의 세금을 대폭 줄였다. 농지세를 12년 동안이나 면제해 주고 15분의 1세稅를 30분의 1세로 고쳤다. 이 결과 국가 재정이 튼튼해졌으며 사회는 안정되었다. 문제는 재위 23년인 46살에 죽고 경제景帝가 그 뒤를 이어

한나라 때 농부들이 씨앗을 뿌리는 모습

즉위했다. 경제 역시 선정을 베풀어 한나라는 더욱 융성한 국가가 되었다.

"전쟁이 없고 농사는 대풍이다. 이제 백성들은 휴식을 취하고 취미로 편안한 생활을 누리도록 하라!"

문제와 경제의 시대에는 각 군·현의 양곡 창고에 식량과 주화가 꽉 차 있었지만 이를 노리는 도적의 무리가 없었다고 한다. 문제·경제는 이와 같은 정책을 40년 가까이 펴서 백성들을 잘 살게 했는데 이 시대를 문경지치文景之治라고 부른다. 문경지치는 후일 당대唐代의 '정관지치貞觀之治'와 함께 봉건 왕조의 번영을 상징하는 말로 쓰인다.

한 나라에 두 황제가 서다

경제 3년, 즉 기원전 154년에 '오초吳楚·칠국七國의 난'이 일어났다.

"예장군을 돌려 받겠노라!"

오왕吳王 유비(주: 〈삼국지연의〉에 나오는 유비劉備가 아님)는 중앙 정부로부터 회계군과 예장군을 정부에 내 놓으라는 통보를 받자 그동안 쌓인 불만과 억울함이 터져 나왔다. 몇 년 전 유비의 아들이 오태자의 신분으로 장안에서 황태자인 경제와 바둑을 둔 일이 있었는데 이때 시비가 벌어져 경제가 바둑판을 던졌다. 그것을 맞고 오태자가 죽고 말았다.

'바둑판으로 내 아들을 때려죽여도 참고 있었는데 이제는 내 땅을 내놓으라고?

원한이 사무쳤던 유비는 기름진 땅까지 빼앗기게 되자 반기를 들기로 결심하였다. 회계군은 소금의 생산지이고, 예장군은 동광銅鑛이 많아 두 곳에서 나오는 소금과 구리로 징세를 하지 않고 나라 살림을 해 백성들로부터 성군이라는 칭송을 받는 터였다. 유비는 그런 땅을 빼앗기고 싶지 않았다.

유비는 초왕 유무, 조왕 유수, 교서왕 유앙, 교동왕 유웅거, 치천왕 유현, 제남왕 유벽광 등을 끌어들여 중앙정부에 대항했다. 태평성대를 구가하던 경제는 위기를 맞았다.

"원앙이 찾아왔사옵니다."

이때 원앙이라는 사람이 황제를 뵙자고 청했다. 황제를 만난 원앙은 이렇게 말했다.

"유비를 비롯한 7국이 모반한 것은 폐하에게 대항하려는 것이 아니라 간신 조조를 참하시면 그들은 돌아설 것이옵니다."

조조(주: 〈삼국지연의〉에 나오는 조조가 아님)는 어사대부로 등용되자 유무, 유앙, 유수 등 제후들의 땅을 빼앗는데 앞장선 인물이다. 원앙의 간으로 조조는 수레를 타고 출근하다가 그 길로 체포돼 목이 달아났다. 그러나 유비의 반란의 물결은 좀처럼 수그러들

지 않았다. 그가 조조를 없앤다는 것은 구실에 지나
지 않았고 내심은 제후들과 연대해서 경제에게 맞서
겠다는 야심을 키우고 있었다.

유비는 자신을 동제東帝라 칭했다. 자
신을 동쪽의 황제라 칭한 것은 장안의
황제인 경제를 서쪽의 황제西帝로 평가
절하하고 자신과 동등한 위치에 놓았던
것이다. 유비는 먼저 양나라를 격파하

한나라의 봉황 모양의 등잔

기로 하고 오·초의 연합군을 회수에 진을 치게 했다. 양군을 무
찔렀으나 수도 수양은 함락시키지 못하고 주춤거릴 때 장안에서
는 주아부周亞夫가 군사를 이끌고 창읍으로 나아가 반란군의 보급
로를 차단했다.

"군량미가 바닥이 났습니다."

식량이 떨어지자 오·초 연합군은 더 이상 버티지 못하고 철군
을 단행해야 했다. 이때를 놓치지 않고 주아부의 군사들이 그 뒤
를 추격하였다. 유비는 친위병의 도움으로 동월군의 진영으로 도
망쳤으나 곧 동월군에게 목이 날아갔다. 초왕 유무와 교서·교
동·지천왕 등은 한나라 군사들의 추격을 이기지 못하고 모두 자
결하였다. 이로써 경제의 간담을 서늘하게 했던 '오초·칠국의
난'은 평정되었다.

경제가 죽고 무제武帝가 등극했다(기원전 141년). 무제는 진의 시
황제처럼 많은 업적을 남겨 전한前漢의 황금시대를 열었다. 이를
역사는 '진황한무秦皇漢武'라고 기록하고 있다.

무제는 왕권을 튼튼히 하기 위해 체제를 정비하고 중앙집권을
강화하였다. 무제가 어려서 궐위에 올랐기 때문에 정사는 승상 전

분이 도맡아서 단독으로 처리하였다. 중요 관직의 임명도 마찬가지였다. 6년의 세월이 흘러 성인이 된 무제는 전분의 독주와 전횡을 막아야겠다고 생각하고 인사권부터 장악했다. 어느 날 전분이 중요관직에 임명할 사람을 천거하자 무제는 이를 부결시켜버렸다. 이후 제후들이 쥐고 있는 많은 권력을 빼앗아 황제의 권력을 강화했다.

"화폐의 주조를 정부가 관장하고 전매제도를 실시한다!"

무제는 전매제도를 신설해 경제를 활성화하고 균수법均輸法과 평준법平準法의 경제정책 시행으로 백성들의 생활을 돕는 한편 정부의 수입도 증대시켰다. 경제와 사회를 안정시킨 무제는 유교를 전파하는 등 유가儒家의 사상을 심는 개혁을 실시했다

중국을 개방한 장건의 비단길

"흉노를 징벌한다!"

정치·경제·사회·문화적으로 개혁의 안정을 이룩한 무제는 흉노에 대해 강경책을 쓰기 시작했다. 흉노에 대한 조정의 의견은 두 갈래로 갈라져 있었다. 왕회王恢가 흉노를 쳐야 한다고 강경책을 주장했고, 한안국韓安國은 화친을 건의했다. 무제는 왕회의 의견을 따라 강경책을 택했다.

무제는 흉노족의 항복한 사람들로부터 여러 가지 정보를 캐내고 있었다. 흉노족을 쓰러뜨릴 기회를 엿보고 있던 한나라 조정에서는 이 정보를 바탕으로 월씨月氏와 손을 잡기 위해 사자를 보내기로 했다.

이때 장건張騫이 낭의 신분으로 월씨月
氏로 가는 사자로 뽑혔다. 사자가 된 장
건은 당읍현의 노예였던 흉노족인 감
보를 앞세워 1백 여명을 이끌고 농서를
출발했다. 그러나 그의 일행은 흉노족
땅을 지나다가 잡혀서 선우에게 압송
되었다. 선우는 장건을 구속하고 이렇
게 꾸짖었다.

한무제

"월씨국이라면 우리나라보다도 북쪽
에 있지 않은가. 네가 월씨에 갈 길은 없다. 가령, 내가 월나라로
사자를 보냈다면 한나라에서 잠자코 보내주겠는가?"

장건은 흉노에 의해 구속되기를 10여 년, 그곳에서 결혼해서 아
이도 얻었다. 그는 흉노를 안심시키기 위해 흉노족 행세를 했지만
한나라 사자임을 나타내는 부적을 항상 몸에 감추고 있었다.

흉노에서 오래 살게 됨에 따라 장건은 서서히 행동의 자유를 얻
었다. 그리고 감시가 느슨한 틈을 타서 일행을 데리고 월씨로 도
망쳤다. 일행은 계속 서쪽으로 걸어 수십 일 뒤에 대원에 도착했
다. 그런데 대원은 한나라의 산물이 풍부함을 듣고 전부터 한나라
와 통상을 바라고 있었다. 그 때문에 대원에서는 장건 일행을 환
영했다.

대원의 왕은 그를 환대하고 일행에게 안내와 통역을 붙여서 보
내 주었다. 일행은 강거康居에 도착했고, 이어서 강건의 도움으로
대월지에 무사히 갈 수 있었다. 장건은 월씨에서 대하로 가서 자
신의 뜻을 도모했으나 월씨의 생각을 바꿀 수는 없었다. 일행은
이 나라에서 1년 남짓 머물다가 귀로에 올랐다.

산 줄기를 따라 걷다가 강족의 땅을 지날 무렵 또 다시 흉노에게 잡혔다. 그런데 이곳에서 1년 동안 머무는 동안에 선우가 죽고 좌곡려왕이 태자를 무찌르고 스스로 왕이 되었다. 이 혼란을 틈타서 장건과 흉노인 아내, 그리고 당읍보는 한나라로 도망칠 수가 있었다.

한나라를 출발할 때, 장건 일행은 백 명 이상이었으나 13년(기원전 126년)이 지나서 돌아온 것은 단 두 사람뿐이었다. 장건이 실제로 발을 들여놓은 나라는 대원·대월씨·대하·강거의 네 나라이고, 정보를 가져온 주변국들만도 5, 6개가 된다. 그들은 이런 나라에 대해서 천자에게 상세한 보고서를 올렸다.

무제는 장건의 보고를 듣고 고개를 끄덕였다. 그리하여 장건에게 새로운 명령을 내려 촉의 건위군으로부터 4개의 길로 대하를 향해 밀사를 보내었다. 그들의 길은 방·염·사 및 공과 북이 출발점이었다. 밀사는 모두가 천 리에서 2천 리쯤 나아갔으나 그 가운데서 북쪽으로 간 자는 저족·작족에게 길이 막히고, 남쪽으로 간 자는 서주·곤명 일대에서 길이 막혔다. 곤명의 원주민들에게는 족장이 없고, 약탈 행위를 생활 수단으로 삼고 있었다. 그 때문에 한나라 사자들은 무조건 죽임을 당하여 이 길의 개발은 성공하지 못했다.

그러나 이곳에서 서쪽으로 1천 리 남짓 떨어진 곳에 코끼리를 이용하는 전월국이라는 나라가 있는데, 이곳에 촉나라 밀무역상들이 왕래한다는 정보를 얻을 수 있었다. 한나라는 이렇게 대하국과의 길을 탐색하는 동안 처음으로 전월국과 마침내 통상하게 되었다.

장건의 서역 여행으로 중앙아시아 각 국의 사정과 문물이 전해지고 차츰 이들을 통해 서아시아, 로마와도 길을 열게 되었다. 비단길(실크로드)은 이렇게 장건에 의해서 열렸고 이후 인도로부터 상아, 진주, 산호, 후추와 같은 물품이 중국에 들어왔고 중국의 비단과 칠기 등이 서역에 수출되었다.

한 무제의 흉노 토벌에는 위청衛淸이 대장군이 되어 7차례나 공을 세웠고 그의 생질인 곽거병도 흉노 정벌에 큰공을 세웠다. 무제는 그 뒤 남월을 평정하여 9군을 두었고 서남이를 평정하여 5군을 설치하고 낙랑 · 현도 · 진번 · 임둔 조선을 평정하여 4군을 설치했다.

무제는 재위 54년, 71살로 죽었다.

한漢나라를 찬탈한 외척 왕망

처갓집과 화장실을 멀리 하라!

'처갓집과 변소는 멀수록 좋다'는 우리나라 속담이 있다. 처갓집이 뭘 뜯어가면 뜯어갔지 별로 도움이 되지 않는다고 해서 냄새나는 화장실에까지 비유한 속담이다. 이 속담의 실상은 우리나라의 정치권에서도 쉽게 찾아볼 수 있지만 중국 역사에는 처가에 의한 폐단이 많이 등장한다. 황제나 왕의 사랑을 받는 여자를 등에 업고 외척들이 정사에 개입하고 심지어는 나라를 독차지하기도 한다. 왕망王莽과 뒤에 나오는 양기梁冀가 대표적인 인물이다.

"불릉을 황제에 봉하노라!"

한나라는 무제가 죽자, 권부인이 낳은 아들 불릉이 황제 소제昭帝(재위 기원전 87~74)에 올랐다. 그의 나이 겨우 8살이었다. 황제가 어리자 조정은 권력 투쟁으로 하루도 잠잠할 날이 없었다. 무제는 죽기 전에 곽광과 김일제·상관걸에게 어린 소제를 잘 보살펴 달라고 유언을 했다. 그러나 소제 즉위 1년에 김일제가 죽자 사돈 사이인 곽광과 상관걸이 정치의 주도권을 잡기 위해 싸움을 벌였다. 이 싸움으로 상관걸 일가는 황후만 빼놓고 모두 처형되었다.

상관걸의 죽음으로 곽광은 한나라의 정권을 완전 장악했다. 그가 무소불위의 권력을 휘두르고 있을 때 소제가 21살의 나이로 요절했다.

소제가 후사가 없자 곽광은 행실이 좋지 않은 창읍왕 유하劉賀를 황제로 옹립하였다. 품위가 문제가 되어 곧 폐위되고 창읍왕의 많은 가신들도 왕을 제대로

전한시대의 칠기

보필하지 못했다는 이유로 모두 처형을 당했다. 유하의 뒤를 이어 유거의 손자 병이가 황제의 제위를 받으니 그가 명군 선제宣齊이다. 정치는 여전히 곽광이 좌지우지하였으나 선제는 그의 전횡을 막기 위해 모든 일은 자신이 다시 검토하여 처리하는 꼼꼼한 정치를 하였다.

선제는 어려서 평민의 젖을 먹고 자랐는데 이것이 인연이 되어 평민 부인 허씨를 황후로 맞아들였다. 곽광이 자기 딸을 황후로 삼으려고 하였으나 선제는 이를 거부했다. 그러자 곽광의 부인이 나섰다. 그녀는 허씨 황후를 독살하고 끝내 막내딸 성균을 황후로 세웠다. 그 뒤 곽광이 병으로 죽자 선제가 친정을 폈다. 이때 황태자를 누구로 세우느냐는 문제가 대두되었다.

"다음의 황태자는 허황후가 낳은 석奭으로 하노라!"

선제가 석을 태자에 봉하자 곽광의 부인은 자신의 딸인 황후와

짜고 황태자의 독살을 기도하였다. 하지만 음식을 먼저 먹어본 환관이 죽는 바람에 독살 계획은 실패로 돌아가고 곽광 일족은 쿠데타를 기도했다가 발각되어 모두 처형됐다. 곽광의 부인도 죽음을 당했다.

선제가 죽자 원래 책봉대로 태자 석이 즉위했다. 이가 바로 27세로 즉위한 원제元帝이다. 원제가 재위 26년 만에 죽자 그의 어린 아들 성제成帝가 제위를 물려받았다. 성제가 나이가 어려 원제의 황후였던 왕씨가 섭정을 하게 되었다. 황태후의 오빠 왕봉은 대사마장군에 임명되었고 왕망王莽이라는 인물도 등장하여 왕씨 일가가 정권을 장악하게 되었다.

이 무렵 한나라의 농촌에서는 소위 농지겸병제로 인해 농민들의 땅은 호족의 수하에 들어가 궁핍해진 농민들은 자주 반란을 일으켰다. 이러한 빈부의 격차는 계급간에 불화가 깊어져 나라는 혼란에 빠졌다.

유연 · 유수 형제에게 무너진 신新왕조

원제元帝의 황후 왕씨의 동생인 왕만王曼에게 왕망이란 아들이 있었다. 왕망은 젊은 시절 매우 불우했지만 가난한 가운데도 공부를 열심히 하였고, 효성이 깊어 사람들의 칭송을 받았다. 무척 검소했으며 아주 겸손한 태도를 보여 평판이 좋았다. 그러나 딸이 황후가 되면서 그에 대한 호평은 악평으로 바뀌기 시작한다.

원제의 아들 성제에 이어 애제가 죽자 원태후는 9살의 평제平帝를 황제로 세웠다. 권력의 2인자인 대사마에 오른 왕망은 재빨리 자신의 딸을 황후로 책봉하여 정치적 기반을 튼튼히 하고 평제 대신 실정을 쥐고 정치를 해나갔다. 그러나 초기의 왕망 정치는 자신의 욕심을 채우는 섭정이 아니라 농민을 중심으로 한 백성들을 위한 선정이었다. 이에 따라 왕망에 대한 백성들의 신망이 높아가자 왕망의 정치 기반은 더욱 공고해졌고 평제의 신하들을 내쫓고 자신의 사람들을 요직에 기용하여 나라의 전권을 혼자 거머쥐게 되었다. 평제가 나이가 들어가면서 이러한 사정을 알게 되자 왕망은 음모를 꾸미기 시작했다.

'내가 한나라의 왕이 되어야지!'

어느 날 14살의 평제가 급사했다. 왕망이 왕위에 오르기 위해 독살해 제거한 것이었다. 왕망은 평제의 후계자로 자영을 옹립했다. 자영은 겨우 두 살이었다. 왕망은 스스로 안한공安漢公이란 칭호를 내렸다. 왕망은 황제와 똑같은 차림을 하고 자신을 섭정하는 황제라는 뜻의 '섭황제攝皇帝'라 하고 연호를 거섭으로 바꾸었다. 왕망은 드디어 기원전 8년 자영을 폐하고 황제에 즉위했다. 왕망의 등장으로 전한은 외척에 의해 멸망하고 전한 시대는 막을 내렸다.

황제가 된 왕망은 국호를 신新이라 했다. 신나라는 겨우 15년 동안 이어지다가 왕망의 죽음으로 없어지게 되지만 이 기간은 극히 혼란기였다. 왕망에게는 특이한 국가관이 있었다. 토지개혁을 단행해 지주를 없애고 노비매매법도 폐지했다. 그밖에 부정거래와 고리대금 등에 대해서도 개혁을 단행했으나 성공을 거두지 못했다. 또 흉노와의 전쟁을 벌이기 위해 새로운 징병제도를 실시한데 이어 매년 흉년이 들어 백성들은 도탄에 빠졌다. 결국 농민들의 부담을 무겁게 하여 농민의 반항이 심화되었다. 왕망의 개혁 정책은 시대에 역행하는 것이었다.

"왕망이 나라를 망치고 있다. 왕망을 죽이자!"

전국에서 농민반란과 봉기군이 들고일어났다. 눈썹을 빨갛게 물들인 적미병赤眉兵이란 반란군이 등장했고 호북의 녹림산에서 녹림병綠林兵이라는 반란군도 일어났다. 이에 호응하여 지방의 호족과 귀족들도 무장 궐기했다. 남양의 유연劉縯, 유수劉秀 형제가 일으킨 병사는 힘도 강했지만 한왕조의 핏줄을 이은 사람들이라는 점에서 호응 세력이 많았다. 한왕조 부흥을 외치는 이들의 뒤를 녹림병이 따랐다. 왕망은 녹림병에게 살해되었다.

유연 형제는 왕망을 타도하고 황족인 유현劉玄을 황제로 내세우니 그가 경시제更始帝이다. 경시제는 완성에 수도를 정하고 나라를 정비했다. 그러나 실질적인 실력자는 호족 집단의 지도자인 유수劉秀였고 그가 바로 후일 후한 왕조를 건국한 광무제光武帝이다.

후한後漢과 광무제의 덕치

세금도 줄이고 군대도 줄여라!

"한왕조를 부흥시키자!"

왕망을 물리친 유수劉秀가 잃어버린 나라를 되찾고자 부르짖었다. 유수는 남양 호족 출신으로 자는 문숙文叔이다. 한 고조 유방의 9대 손으로 알려진 유수는 한왕조 부흥의 깃발을 높이 들고 하북 일대를 완전히 진압해 강대한 세력을 구축하고 있었다.

왕망이 정권을 잡고 있을 때 유수는 경시제 유현의 부장으로 출전하여 곤양 대전에서 5천 군사로 왕읍의 정부군 40만을 무찔렀다. 유씨들이 왕망을 타도하기 전에 유수와 유연·유현 사이에 갈등이 있었다. 경시제 유현이 유수의 형 유연을 죽이는 일이 일어나자 유수가 유현에 대한 복수심을 불태우고 있었으나 먼 날을 위해 참았다. 한편 무능한 경시제 유현은 정치를 잘 못해 백성들 중에는 왕망을 그리워하는 자까지 생기게 되었다. 이에 적미군이 경시제를 살해하고 유분자를 천자로 옹립했으나 유수에 의해 세력

후한을 창시한 광무제

을 잃었다.

이로써 광무제 유수에 의해 후한後漢 왕조가 열린 것이다. 광무제가 세운 한漢나라를 고조가 세운 한나라와 구별하기 위하여 후한後漢 또는 동한東漢이라고 부른다. 서기 25년 황제에 즉위한 광무제는 연호를 건무建武라고 하였다.

유수가 후한을 열었으나 나라는 말이 아니었다. 전한 말기 농민들의 반란과 계급간의 갈등의 골이 깊어 혼란이 있은 데다 왕망이 정치를 잘 못하여 백성은 도탄에 빠졌다. 오래 계속된 전쟁에서 많은 백성이 죽었고 살아남은 백성들도 굶주리고 병에 시달렸다. 광무제는 우선 백성들의 민생고를 해결하는 정치를 폈다. 첫 번째 실시한 것이 조세租稅를 대폭 경감한 정책이었다.

'백성들이 먹고 살 수가 없는데 세금을 그대로 거두는 일은 그들은 죽음으로 내모는 길밖에 안 된다.'

광무제는 30분의 1세稅 제도로 세금을 경감하여 백성들이 중과세에서 벗어나게 해 주었다.

"군사는 국방에 필수적이지만 수가 너무 많으면 백성들의 부담이 늘어난다. 양보다는 질의 군대를 만들자!"

광무제는 사회의 제도도 크게 뜯어고치고 가난한 사람들에 대한 구제 사업을 펼쳐 굶는 백성이 없게 하고 외교 정책으로 인근

우방과의 무역을 활성화했다.

후한은 광무제 혼자서 세운 나라가 아니다. 많은 공신들과 장군들의 힘이 크게 도움이 됐다. 그러나 광무제는 역사의 어리석음을 되풀이하지 않았다. 개국 공신과 외척에게 서열에 합당하도록 토지를 나누어주어 각자 봉지로 돌아가서 풍족한 생활을 하게 하였다. 이는 이들이 중앙의 정치에 참여하지 못하도록 하는 사탕발림의 조치였다.

혼란을 안정으로 끌고 가려는 광무제의 온건주의 개혁 정책으로 후한의 경제는 급속도로 발전해 국력이 신장되었고 정치적 사회적으로 안정된 나라가 되었다. 광무제는 사회의 안정을 위해 법질서의 준수를 강력하게 추진했다.

"관리든 학자든 뇌물을 받은 자는 중형으로 다스린다!"

구양흡이라는 저명한 학자가 있었다. 그가 뇌물을 받은 죄로 투옥되었다. 많은 제자들이 구명 운동을 벌였으나, 광무제는 수뢰죄는 절대로 용서할 수 없다며 그를 풀어주지 않았다. 구양흡은 결국 옥사했다.

광무제에게는 젊어서 과부가 된 누이 호양공주가 있었는데 유부남인 송홍宋弘 대감과 결혼을 하고 싶어했다. 이를 안 광무제는 성대한 주안상을 마련하고 넌지시 송홍의 의중을 떠보았다.

"사람이 살아가는데 권력과 돈이 중요하지. 그것만 있다면 친구나 여인은 쉽게 구할 수 있지 않겠는가?"

이에 송홍이 광무제를 반박했다.

"빈천지교 불가망貧賤之交不可忘이고 조강지처 불하당糟糠之妻不下堂이옵니다."

가난할 때 사귄 친구는 잊어선 안되고, 고생을 같이 한 아내는 버려서는 안 된다는 뜻이었다. 광무제는 호양공주에게 송홍을 단념하라고 말했다. 이때부터 조강지처糟糠之妻라는 말이 생겼다고 한다.

황제가 되기 전부터 문덕文德 정치를 생각했던 광무제는 황제가 되자 먼저 대학을 세웠다.

저명한 학자들을 발굴해 전쟁으로 문란해진 예의와 아악을 체계 있게 정리하고, 고전을 강의케 하였다. 광무제는 말년에는 명당(천자가 상제에게 제사지내는 곳)·영대(천문을 관찰하는 누대)·벽옹(천자가 공부하는 곳) 등을 지어 후한의 영화를 과시했다.

광무제는 중원中元 2년 63세를 일기로 영면했다. 광무제는 28세에 군사를 일으켜 31세 때 황제가 되었으니 재위 32년이다.

투필종군投筆從軍의 애국자 반초班超

중국의 비단길(실크로드)은 장건에 이어 제2의 장건을 꿈꾸는 반초班超에 의해 완성된다. 소년시절부터 그는 제 2의 장건(주: 실크로드 개척자)을 꿈꾸며 야망을 키우고 있었다. 반초는 난대蘭臺(황제의 도서관)에서 영사令史(난대에서 서적을 취급하는 사람. 도서관장)라는 관직으로 일한 적이 있었다.

서기 73년 어느 날 집에서 글씨를 쓰고 있던 반초는 가곡관嘉谷關의 성문을 폐쇄하고 있다는 소식이 들려왔다. 흉노가 국경 지대에 자주 침입하여 성문을 열어 놓을 수 없다는 것이었다. 반초는 분노를 누르지 못하고 책과 붓을 집어 던지고 원정군에 자원해서 가담하였다. 이를 두고 '투필종군投筆從軍(붓을 던지고 칼을 잡아 싸움터로 나간다는 뜻'이라 한다.

후한은 광무제가 죽고 황태자가 뒤를 이으니 곧 2대 효명 황제(혹은 명제明帝라고도 함)이다. 효명 황제의 아명은 양陽이고 어머니는 음씨陰氏이다. 효명 황제가 즉위하고 나서 '왕망의 난' 이래 65년 동안이나 묻혀 있었던 흉노와 서역 제국에 대한 정벌이 본격적으로 펼쳐지기 시작했다. 효명 황제 16년, 반초班超는 서역 출정에 나섰다. 흉노 토벌의 사령관은 두고寶固라는 장수였다. 두고가 반초에게 명령을 내렸다.

"반초는 글을 많이 읽어 학식이 풍부하고 지략이 있으니 가사마로 삼아 서역의 사자로 보낸다."

반초는 두고의 명령을 받아 수행원 36명을 이끌고 선선국에 다다랐다. 당시 선선국은 흉노족에게 딸려있었다. 선선국은 흉노의 사자가 왕에게 반초 일행을 체포하라고 압력을 넣자 음모를 꾸미고 있었다. 이를 알게 된 반초는 수행원을 모아 놓고 작전을 지시했다.

"흉노가 우리를 죽이려고 선선국에 압력을 넣고 있소. 우리가 먼저 흉노의 사신을 죽여 없애지 않으면 우리의 목숨이 위태롭소."

반초는 수행원 36명을 이끌고 야음을 이용하여 흉노의 사자들의 숙소를 기습 공격하여 사자와 수행원들을 죽여버렸다. 반초는 우전과 소륵疏勒을 비롯하여 서역 남쪽의 여러 나라를 장악하고 차사국을 차지하였다. 이로써 서역과의 문물 교류가 다시 열렸다.

목숨을 건 제2의 비단길 개척

효명 황제가 재위 18년 만에 죽자 태자 훤煊이 그 뒤를 이어 3대 효장孝章 황제(혹은 장제章帝)가 되었다. 서역 정책에 대해 소극적이었던 효장 황제는 북흉노가 변방을 괴롭히자 소륵에 있는 반초에게 귀국 명령을 내렸다.

반초의 귀환 사실이 알려지자 한나라의 힘에 의지하여 흉노로부터 안전했던 서역의 국가들은 반초가 돌아가면 한나라에 협조한 사람들은 모두 죽음을 당하고 나라도 다시 흉노의 손에 들어갈 것이 뻔했기 때문에 걱정이 태산 같았다.

반초는 왕명을 거역할 수 없어 소륵을 떠났다. 그 사이 소륵은 흉노 구자龜玆국의 손에 들어가 있었다. 반초는 발길을 돌려 서역에 머물기로 하고 조정에 탄원서를 올리자 조정에서도 이를 허락했다. 반초가 구자를 숙청하자 구자는 반초가 원정에 나선 지 18년째 되는 해에 한나라에 항복했다. 반초는 사차莎車도 평정했다. 구자에는 도호부가 설치되었고 반초는 서기 91년 서역도호西域都護에 임명되었다.

"언기왕을 죽여 진목의 원수를 갚자!"

반초는 94년 구자국·선선국 등 8개국의 군사 7만여 명을 이끌고 16년 전 서역 도호 진목이 언기군에게 피살된 데 대한 복수전에 나섰다. 반초는 언기왕을 죽이고 전쟁을 승리로 이끌었다. 이 무렵 서역에서 막강한 힘을 구사했던 북흉노는 남흉노와 선비족鮮卑族·정령족丁零族 등의 세력에 의해 무너지기 시작했다.

이를 놓치지 않고 후한군은 서기 91년, 4대 황제 화제和帝 때에 서역 제국의 내분을 틈타 북흉노 섬멸 작전에 나섰다. 이에 앞서

흉노족의 사슴형 금괴수와
허리띠의 장식

89년과 90년 두 차례에 걸쳐 북흉노를 공격했던 화제는 북흉노를 유럽의 게르만 지역으로 몰아내었다. 이로써 3백 년 가까운 흉노 정권은 완전히 궤멸했고 서역 50여 나라는 후한과 다시 우호 관계를 회복했다.

반초는 장건 이후 중국과 서역 간의 문물교류에 지대한 공을 세웠다. 서기 97년, 조정은 반초에게 정원후定遠侯라는 작위를 내렸다. 제2의 장건을 꿈꿨던 반초는 71살의 나이로 영면했다.

나라 망치는
외척과 환관의 횡포

두竇씨 일가의 권력 장악

외척의 문제는 어느 나라 어느 시대에나 있게 마련이다. 현대에서도 마찬가지이다. 앞에서 기술했듯이 전한은 황후의 아버지 왕망에 의해 망했고 이에 앞서 한왕조는 고조의 부인인 여태후에 의해 여씨의 나라가 되었다가 간신히 유씨의 나라로 돌아왔다.

반초가 흉노 정벌을 마무리지으며 제2의 비단길을 열 때였다. 후한의 3대 효장 황제에 이어 4대 황제 화제和帝가 10살의 어린 나이로 제위에 오르자 외척이 또 다시 섭정을 하며 나라를 휘어잡기 시작했다.

화제의 어머니 두태후竇太后가 섭정을 하게 되자 태후의 오빠 두헌竇憲이 막강한 권력을 행사했다. 두태후는 화제의 친모가 아니었지만, 효장 황제의 정실이었으므로 정사에 직접 관여한 것이다. 두헌은 시중, 그의 동생 두독은 호분중랑장에 올라 두씨 일족이 권력을 장악하게 되었다.

전한은 외척인 왕망에 의해 망했기 때문에 후한은 외척의 정치 참여를 철저히 막으려했다. 화제는 전한의 전철을 밟지 않기 위해 외척의 세력을 견제하는 방법으로 환관 정중鄭衆을 정책 고문으로 삼았다. 환관이란 정치와는 별로 관계가 없었지만 황제가 필요로 하는 후궁을 관리하기 때문에 황제의 최 측근에 있는 존재이기도 했다. 화제는 어려서부터 환관들과 가까이 지냈기 때문에 환관의 힘을 빌어 외척의 전횡을 막으려 했던 것이다.

두헌은 대장군이 되어 횡포를 일삼았다. 두헌의 동생 두경은 형보다 더한 악질이었다. 백성들의 재물을 약탈하고 여자들을 괴롭혔다. 이 같은 외척의 횡포를 목격한 화제는 환관을 이용하여 두씨 일족을 없앨 계획을 세웠다. 정중은 두씨 일가에게 원한이 있는 유경을 이용하자고 간했다.

"두씨 일당을 한 놈도 남기지 말고 체포하라!"

화제의 명에 따라 성안에 있던 두씨 일당이 모두 체포돼 투옥됐다. 두헌은 대장군의 지위를 박탈하여 관군후로 강등하고 나머지 동생들인 두독, 두경의 벼슬도 파했다. 두헌 삼형제는 봉지로 돌아갔으나 얼마지 않아 자결해야 했다.

화제는 27살에 죽었다. 등황후는 궁 밖에서 생활하고 있던 생후 백일 된 황자 유융을 데려다가 즉위시켰으나 다음해에 죽자 청하왕 유경의 아들 유고가 황제로 즉위했다. 이가 안제安帝이다. 안제는 재위 18년이었는데 그 가운데 친정親政을 편 것은 4년에 불과했다. 14년은 등태후가 권력을 잡아 나라를 좌지우지했다. 등태후는 사리에 어긋나지 않아서 양진楊震 같은 인재를 널리 등용하는 등 비교적 선정을 폈다.

외척 양기와 환관 당형의 대결

안제에 이어 순제가 즉위했다. 황후는 양梁씨로 그녀에게는 양기梁冀라는 오빠가 있었다.

"나도 이제 한 자리 해야지."

양기梁冀는 원래 낙양 거리의 건달로 독하기로 소문이 나 있었다. 그는 공처가였는데 그의 처 손수孫壽 또한 양기 못지 않은 성질을 가지고 있었다. 황후의 아버지 양상梁商은 대장군에 임명되었으나 신병을 핑계로 조정에 나오지 않았다. 그러나 그의 아들 양기는 하남윤河南尹이 되어 횡포를 일삼았다. 그리고는 아버지 양상이 죽자 대장군 자리에 올랐다. 순제가 승하하자 2살짜리 태자 유병劉炳이 충제沖帝가 되어 뒤를 이었다.

"충제가 어리니 내가 보살피지 않을 수가 없구나!"

동한시대의 도기누각, 정교하다.

양태후가 어린 황제를 대신하여 정치를 맡았다. 양기의 힘이 작용한 것이다. 충제가 즉위 다음해 3살로 죽자 양기는 8살인 유찬劉纘을 황제로 세웠다. 그가 질제質帝이다. 질제는 어렸지만 총명해 양기가 권력을 휘두르고 횡포를 일삼고 있다는 것을 잘 알고 있었다. 질제는 중신회의에서 양기를 질타했다. 본분을 잃고 정사에 깊이 관여해 나라를 어지럽히고 있으니 자중을 명한다고 일갈을 했다.

양기는 중신들이 있는 자리에서 8살밖에 안 된 황제로부터 공개 경고를 받고는 가슴이 철렁 내려앉았다. 양기는 어린 황제가 자라면 자신의 목이 온전하지 못할 것이라고 생각하고 음모를 꾸미기 시작했다. 그 결과는 어린 황제를 독살하는 것으로 나타났다.

질제가 죽자 조정에서는 성인인 유산을 새 황제로 내 세웠으나, 양기는 다루기 쉬운 15살의 유지劉志를 황제로 옹립했다. 그가 환제桓帝이다. 양기가 무소불위의 권력을 휘두르자 그의 아내 손수도 뒤질세라 횡포를 일삼았다. 대가 세고 성질이 난폭한 손수는 양기의 호화로운 저택 건너편에 자신도 큰집을 짓는 등 호화로운 생활을 했다. 양씨와 손씨들은 황실보다 더 화려하게 꾸미고 사는 등 사치를 일삼았다.

양기는 별것도 아닌 이유로 죄 없는 사람들을 무수히 죽였다. 요동 태수 후맹侯猛은 임지로 부임할 때 인사를 하지 않았다는 이유로 죽음을 당했다. 괘씸죄가 씌워진 것이다. 한꺼번에 일족 60여 명을 몰살한 일도 있었다.

양기의 친·인척에게서 7인의 제후, 3인의 황후, 6인의 귀인, 2인의 대장군, 57인의 경卿, 장將, 윤尹이 배출되었다. 양기가 오랫동안 권력의 핵심에 있었던 것은 환관을 포섭하여 연합정권을 형성하였기 때문이다. 그러나 양기도 환관에 의해 망하고 만다. 환제는 28살이 되자 양기의 세력을 물리쳐야겠다고 생각하고 비밀리에 환관인 당형唐衡을 불렀다.

"너희들 환관 중에서 힘이 있고 지략이 뛰어난 인물을 다섯 명 구해오너라!"

환제는 당형을 비롯하여 단초單超, 좌관, 서황徐璜, 구원具瑗, 등 5명에게 양씨 일족을 없애라고 밀령을 내렸다. 경계가 느슨해진 틈을 탄 장표가 지휘하는 친위대 군사들과 궁궐을 호위하는 군사들이 양기의 저택을 포위했다. 구체적인 작전은 환관 5명이 짰다. 더 이상 달아날 구멍이 없음을 알게 된 양기 부부는 자살하고, 양씨와 손씨 일족은 모조리 붙잡혀 죽음을 당했다.

환관들은 양기의 집을 수색해 재산을 몰수했는데 그 액수가 1년간 국가 세금의 반이나 되었다. 이 사건으로 양황후도 목숨을 잃었다.

환관이 일으킨 당고黨錮의 화禍

"양가들이 모두 죽었다! 이제는 발뻗고 잘 수 있겠다."

전횡을 일삼던 양씨 일족이 환관들의 지략으로 모두 제거된 기쁨을 누리기도 전에 이번에는 환관들의 막무가내 식 정치가 열렸다. 환제는 당형 등 다섯 환관들의 공로를 높이 칭찬하고 열후의 자리를 내주었다. 환관들은 무리를 모아 세력을 키우는 한편 친·인척들을 중요한 관직에 앉혀 환관정치로 나라를 어지럽혔다. 이에 유생들이 들고일어났다.

"나라를 망치는 고자 놈들을 몰아내자!"

"다섯 마리의 늑대를 죽이자!"

다섯 마리의 늑대란 당형 등 5명의 환관을 가리키는 말이었다. 당시 낙양의 태학에서는 유생들이 공부를 하고 있었는데 그 수는 3만을 헤아렸다. 환관 타도의 선두에는 이응李膺, 진번陳蕃, 진식陳寔 등이 있었다.

이응은 임신부를 살해한 장삭을 체포하여 재판에 넘긴 일이 있었고, 진번은 삼공의 하나인 태위까지 오른 인물이다. 진식은 지방에 살고 있었으나 학식과 덕망이 세상에 알려져 존경을 받았다. 유학생들이 들고일어나자 환관들이 당인黨人을 탄핵하는 상소를 올렸다. 이응 등 유생들이 조정을 어지럽히고 백성들의 생활을 어렵게 하고 있다는 내용이었다.

환제는 그들을 잡아 가두라는 칙서를 내리고 이응 등을 잡아 옥에 가두었다. 심문이 시작됐다. 화가 두려워 누구도 당인을 변호하려하지 않았으나 영천 사람 가표가 황후의 부친 두무에게 당인들의 무죄를 역설했다. 이에 두무는 당인들의 무죄를 주장하는 상소문을 환제에게 올렸다. 이와 함께 당인들을 심문하는 과정에서 환관들의 많은 죄가 불거져 나오자 환제는 당인들을 용서하여 고향으로 돌아가게 하였다. 이것을 '제1차 당고黨錮의 화禍'라고 한다. 서기 166년의 일이다.

그 해 12월에 환제가 죽고 장제의 아들 하간왕의 증손인 유굉劉宏이 제위에 올라 영제靈帝기 되었다. 영제가 12살로 어리자 두태후가 섭정을 하였다. 두태후는 전국에 방을 부치는 등 인재들을 널리 등용했다.

"두무를 대장군으로 삼고 태위였던 진번을 태부에 명하노라."

두태후는 이응·두밀에게도 관직을 내려 유생들을 기용했다. 두태후의 선정으로 실력 있는 인재들이 입궐했으니 태평성대가 올 것이라고 백성들은 기대했으나 정사에 깊이 관여하고 있는 환관들의 횡포가 더욱 심해져 섭정을 하는 태후조차도 어쩔 수가 없었다. 이에 따라 정치는 더욱 부패되어 나라꼴이 말이 아니었다.

이에 '제2차 당고의 화'가 일어났다. 진번과 두무는 환관 일당을 토멸할 계획을 세웠으나 환관들에게 역습을 당하여 진번은 살해되고 두무는 자결했다. 이로 인해 이응 등 1백여 명이 죽음을 당했고 태학생 1천여 명이 투옥되는 등 잔혹한 결과를 가져왔다.
환관들이 정치를 주무르자 매관매직도 일상적인 일이 되었다. 조정에서는 벼슬을 파는 부서를 설치했고 벼슬 값은 부르는 게 값이었다. 벼슬을 산 사람들은 투자비를 뽑고 제 몫을 챙겨야 했기 때문에 가렴주구 식 횡포가 판을 쳤다. 백성들은 탐관오리들의 횡포를 견디지 못해 집을 떠났고 많은 백성이 도적의 무리가 되었다. 이들이 들고일어나니 바로 황건黃巾의 난이다.

황건黃巾을 두른 무리들의 반란

태평도太平道라는 신앙 단체가 있었다. 이들은 병자가 자신의 잘못을 회개하고 부적을 몸에 지니면 만병통치라고 꾀어 신도를 끌어 모았다.

"우리는 노자의 〈도덕경〉을 바탕으로 도를 숭상하노라!"

태평도는 하북 거록현의 장각張角이 도道를 가르친다며 만든 종교단체였다. 이들의 그럴듯한 선전에 속아 전국에서 10년 동안에 수십만 명의 신도가 모였다. 조직은 전체를 36방方으로 편성하고 1방에 8천 명 안팎의 신도를 두었다. 태평도의 교조 장각은 자신을 대현양사大賢良師라 자칭했다. 이 태평도의 무리가 바로 황건적이다.

"썩은 나라를 무너트리고 도덕경에 바탕을 둔 새 나라를 건설하자!"

황건적은 나라를 뒤집어엎고 새로운 나라를 세우기로 계획을

세웠다. 이들은 184년에 봉기하기로
했으나 사전에 비밀이 탄로나 예정보
다 일찍 일어나기로 방침을 바꾸었다.
봉기에 앞서 교조 장각은 '천공장군'
이라 칭했다. 태평도 신도들은 모두 머
리에 누런 수건을 동여매어 황건적으
로 불렸다. 군사를 일으킨 황건적은 36
방에 지령을 내려 각지에서 관청을 습
격하고 방화와 살인, 약탈을 거침없이
자행하며 조정을 괴롭혔다.

전한시대의 나무인형

조정에서는 황보숭黃甫嵩·노식盧植
등에게 황건적의 토벌을 명하였으나 황
보숭은 장사에서 파재波才가 거느리는 황건적에게 포위되어 위기
에 몰렸다. 이때 기도위騎都尉 벼슬에 있던 조조曹操(《삼국지연의三國志
演義》에 나오는 유명한 인물)가 원병을 이끌고 달려 왔다.

노식이 감찰 관리의 모함을 받아 해임되자 후임에는 동중랑장東
中郎將 동탁董卓이 임명되었다. 동탁 역시 《삼국지연의》에 나오는 인
물로 포악하기로 이름이 나 있었다.

동탁은 군사를 동원해 황건적을 공격하였으나 섬멸하지 못하고
소환 당했다. 토벌군은 장각을 잡지 못하고 그의 동생인 장량을
광종현에서 격파했다. 이때 장각은 이미 병사한 상태였다. 장각은
부관참시를 당했다. 황건적의 난은 황보숭 등의 활약으로 진압되
었다.

군웅할거의 삼국시대

[주요 인물]

유비 _ 제갈공명을 영입해 촉한을 세움. 자는 현덕玄德. 남다르게 귀가 큰 귀상이고 팔이 긴 것이 특징. 제갈공명을 얻어 통일을 꿈꾸다 재위 3년 만에 63살로 죽는다.

조조 _ 삼국중 하나인 위나라 건국. 궁지에 몰린 헌제를 허창許昌으로 데리고 가 허수아비 천자를 앞세워 실력자로 떠오르기 시작한다. 적벽대전에서 패해 통일의 꿈을 접는다.

동탁 _ 왕을 능멸한 포악한 장수. 농서의 호족으로 무술이 뛰어났으나 욕심이 많다. 강제로 상국에 올랐으며 낙양을 불태워 폐허로 만들고 결국 왕윤과 여포에 의해 죽는다.

제갈공명 _ 유비의 군사로 조조를 침. 초야에 살며 농사를 짓고 경전經典·사서史書를 공부한 지략가로 때가 되면 하늘로 오를 것이라 하여 '와룡臥龍 선생'으로 불렸다. 유비가 세 번 찾아간 '삼고초려'의 주인공.

손권 _ 삼국 중 하나인 오나라의 왕. 아버지 손견과 형 손책의 기반과 노숙魯肅 등 막강한 옛 신하들의 힘으로 강동 지방에 자리를 잡고 유비와 연합하여 조조를 친다.

주유 _ 적벽대전에서 화공으로 조조군을 전멸시킨 손권의 오른팔이라고 할 수 있는 명장. 이 전투는 제갈공명이 날씨를 잘 관측하는 지략에 힘입어 대승을 거두게 된다. 일부 기록에는 공명이 동남풍을 불러왔다고 하지만 기류의 흐름을 잘 파악했을 뿐이다.

관우와 장비 _ 유비와 의형제를 맺은 장수들. 무예에 뛰어나 유비를 크게 도왔으나 손권의 군사에게 패해 목숨을 잃는다.

사마의 _ 조조의 군사로 제갈공명과 대결. 제갈공명이 죽고 촉한이 후퇴한 후 조曹씨 일가를 몰아내고 나라를 차지한다. 사마의가 죽자 2의 아들 사마사司馬師·사마소司馬昭 형제가 정권을 장악한다.

초선 _ 서시, 양귀비, 왕소군과 함께 중국 4대 미인의 한 사람. 사도司徒 왕윤王允의 가기家妓, 혹은 양녀라고 하는데 동탁과 여포 사이를 왔다갔다하다가 후일 비구니가 되었다고 전한다. 관우를 사모했다는 기록도 있다.

패권을 노리는 세 사람

초선과 여포·동탁의 삼각관계

이제 역사는 소설 《삼국지연의》의 무대인 삼국 시대에 접어들었다. 이 시대에는 유비, 조조, 손권, 제갈량, 관우, 장비, 여포, 원소, 원술, 동탁, 사마의, 조자룡, 주유, 황개 등 많은 인물들이 등장하여 힘과 지략을 겨뤄 중국 천하를 차지하려고 싸우게 된다. 그런데 이 중에서 비록 단명하기는 했지만 동탁이라는 포악한 장군이 후한의 헌제를 등에 업고 가장 먼저 막강한 실력자로 떠오르게 된다.

동탁의 출세를 얘기하기 전에 그의 애첩 초선貂蟬의 스토리를 들어보기로 하자. 초선은 앞에서 기술했듯이 서시, 양귀비, 왕소군과 함께 중국 4대 미인의 한 사람이다.

그녀의 이름은 《삼국지연의》와 원나라 때의 잡극인 《연환계》, 소설 《삼국지평화》에 등장한다. 《삼국지연의》에는 초선은 사도司徒 왕윤王允의 가기家妓, 혹은 양녀라고 되어 있다. 초선은 동탁과 여포

呂布 사이를 왔다갔다하는 여자로 묘사되는데 누가 먼저 차지하였는가는 정확한 기록이 없다. 여포가 동탁의 몸종 겸 애첩이었던 초선을 탐내어 취하였다는 기록이 있는가 하면 애당초 여포의 아내였는데 왕윤의 간계로 동탁이 차지하였다는 기록도 보인다. 후일 동탁이 여포의 칼에 죽는 것도 이러한 관계와 무관하지 않다는 해석도 있다.

원나라 때의 잡극인 《연환계》에서 초선은 흔주 목이촌 임앙의 딸로 영제 때 궁녀로 선발되었다가 장건양에게 하사되었다고 나온다. 그때 여포를 만나 그 아내가 되었고, 황건적의 난이 일어나 헤어졌다가 나중에 왕윤을 만나 여포와 재회한다.

원나라 때의 소설 《삼국지평화》에서는 초선은 본래 임씨이고, 어릴 때의 이름이 초선이며, 남편은 여포라고 하였다. 임조부에 있을 때부터 여포와 떨어지게 되었다고 나온다. 이 소설에서는 왕윤이 동탁을 청해 초선을 바치겠다고 한 뒤 여포를 초대하여 부부가 갈등을 일으킨다.

《삼국지연의》에서는 동탁童卓이 헌제를 업고 폭정을 휘두르자 왕윤은 조조曹操에게 칠성검을 주며 동탁 암살을 꾀하지만 실패한다. 이에 초선의 제의로 동탁과 여포를 이간질시키는 연환계를 펼쳐 동탁을 죽인다.

초선은 동탁이 죽은 후 곧바로 자살했다고도 하고 비구니가 되었다가 이전부터 흠모했던 관우를 모셨다는 기록도 있는데 어느 것이 맞는지는 알 수 없다. 더구나 초선이 가공인물이라는 주장도 만만찮다.

동탁에 의해 불타는 낙양성

후한 말, 황건적의 난을 평정하기 위해 각지에서 장수들이 나타남으로써 군웅이 서로 겨루는 시대가 열리게 되었다. 영제가 34살(189년)로 죽자 뒤를 이어 14살의 황태자 변辯이 황제에 올랐는데 나이가 어려 어머니 하태후何太后가 수렴청정을 하게 되었다. 이에 따라 하태후의 오빠인 대장군 하진何進이 권력을 장악하게 되었다. 하진은 백정으로 전해진다.

조정에는 시어머니 동태후와 며느리 하태후의 치열한 권력다툼이 벌어졌다. 하진은 거기장군 동중을 포위하여 죽이고 동태후를 궁에서 쫓아냈다. 당시 환관 중 최고의 실력자인 건석을 참한 하진은 원소袁紹의 건의에 따라 하태후에게 환관들을 모조리 없애 버려야 나라가 올바로 선다고 말했다. 그러나 하태후는 이에 반대했다.

"정치를 하려면 남자들과 부딪쳐야 하는데 어찌 환관 없이 정치를 할 수 있단 말입니까?"

하태후의 이 같은 방침에도 불구하고 원소는 환관들을 치기 위해 은밀히 장수들을 모으는 한편 하진에게 수도에 병력을 집결시킬 것을 건의하였다. 그 무렵 동탁은 군사를 하동에 주둔시키고 때를 기다리고 있었다. 하진은 동탁의 군사로 환관을 치려고 그를 낙양으로 불렀다. 그러나 이 비밀이 사전에 새어나가 역습을 당하고 말았다. 환관들은 하태후의 명령이라며 쿠데타를 일으켜 하진을 입궐토록 하였다가 문밖에서 그를 목베어 죽이고 하진 일족을 멸하였다.

하진이 살해되었다는 소식을 들은 원소는 병력을 동원하여 남

후한시대의 어차도

궁 청쇄문에 불을 지르고 환관을 모두 죽여 버렸다. 원소 일당은 누가 환관인지 알 수 없자 수염이 없는 사람은 무조건 환관으로 보고 잡아다가 모두 죽였다. 따라서 환관이 아닌 사람도 죽음을 당해 무려 2천여 명이 목숨을 잃었다고 한다.

원술과 환관들이 혈전을 벌이고 있을 때 하동에서 주둔하고 기회를 보고 있던 서쪽의 동탁은 재빨리 군대를 동원해 낙양을 손에 넣어버렸다. 황제와 그의 동생 협은 난리를 피해 궁궐을 탈출했다가 다시 낙양으로 돌아오던 중 동탁과 마주쳤다. 이를 계기로 동탁은 황제를 허수아비로 만들고 자신이 권력을 잡았다.

동탁은 본래 농서의 호족이었다. 그는 무술이 뛰어나고 포악해 농서 일대에서 세력을 뻗치다가 황건적의 난이 일어나자 큰 활약을 보여 병주목幷州牧에 올랐다. 동탁은 14살의 어린 황제 소제를 폐하고 더 어린 9살의 진류왕 협協을 황제로 세웠다. 이가 헌제獻帝이다. 후한은 헌제로 막을 내린다.

동탁은 어린 황제로부터 승상 자리를 얻어내 무소불위의 권력을 휘둘렀다. 동탁은 여기에 만족하지 않고 최고벼슬인 상국相國이 되었다. 상국은 칼을 차고 어전에 출입했고 황제 앞에서 허리를 굽히지 않아도 된다는 특전이 주어졌다. 황제에 버금가는 막강한 권력을 쥔 동탁은 계층에 관계없이 재물을 약탈하고 마음에 들지 않는 사람들의 집에는 불을 질렀다.

"포악한 동탁의 만행이 너무 심하다. 여기서는 살 수가 없다."

이를 본 원소와 사촌동생 원술은 낙양을 떠났다. 백성들은 동탁의 포악한 정치에 치를 떨었다.

"동탁의 학정을 더 이상 받아들일 수 없다. 동탁을 치자!"

지방의 제후들은 원소를 앞세워 관동군關東軍을 결성했다. 이들은 함곡관 동쪽에서 일어나 낙양을 칠 기회를 노렸다. 이때 조조는 진류 땅에서 군사 5천 명을 모으고 있었다. 관동군이 활동을 개시하자 동탁은 헌제를 인질로 삼아 낙양을 떠나 장안으로 향했다. 장안은 견고한 요새였다. 낙양을 떠날 때, 동탁은 낙양성 내외를 샅샅이 뒤져 약탈하고 부호들의 재산을 몰수한 다음 백성들을 성밖으로 내쫓았다. 뿐만 아니라 관동군이 발을 못 붙이게 궁전과 민가를 모두 불지르고는 일부 백성들을 인질로 끌고 갔다. 200년 문화의 도성 낙양은 닭과 개의 울음소리도 들리지 않는 폐허가 되어 버렸다.

조조 중원을 선점하다

관동군에서는 손견孫堅이 먼저 낙양에 입성했으나 동탁은 도망갔고 성은 폐허여서 각기 이해타산에 따라 흩어지고 말았다. 관동군이 해산하자 동탁은 자신의 힘을 과신하기 시작했다. 스스로 태사太師가 된데 이어 황제로부터 '상부尙父'라는 높은 호칭으로 불렸다. 동탁은 전국에서 긁어모은 재물과 양곡을 창고에 가득 쌓아두고 흐뭇해했다.

하지만 동탁은 과욕으로 모은 재산을 써보지도 못하고 사도 왕윤王允과 부하 여포呂布에게 목이 잘리고 말았다. 서기 192년의 일

조조

이다. 동탁이 제거되자 그의 부하 이각·곽사 등이 원수를 갚는다며 장안을 공격하여 왕윤 등 1만여 명을 학살했다. 그러나 곧 이들 둘 사이에 세력 다툼이 벌어져 대학살이 자행되고 장안은 다시 쑥대밭이 되었다. 이로써 낙양과 장안은 동서의 두 한왕조가 4백 년 동안 이룩한 찬란한 문화를 찾을 수 없게 되었다.

"이 작은 몸 하나 거처할 누옥 조차 없구나."

동탁에게 끌려 다니던 헌제는 동탁이 죽은 지 4년 후 다시 낙양으로 도망치다시피 돌아왔으나 궁전은 거처할 만한 건물이 없었다. 이름만 황제인 헌제는 허름한 초가에 몸을 의탁하고 생명을 부지하고 있었는데, 곤경에 빠진 헌제를 가장 먼저 구해준 사람은 조조였다. 일찍이 황건적 토벌에 나섰던 조조는 전세를 관망하고 있던 중 헌제가 궁지에 몰리자 그를 데리고 허창許昌으로 갔다. 이로써 조조는 허수아비 천자를 앞세워 실력자로 떠오르기 시작하였다.

"조조가 선수를 쳤구나. 그대로 둘 수 없지."

원소는 조조를 견제할 마음을 먹었다. 원소는 황하의 중·하류 지역을 장악하여 10만의 군사를 가진 막강한 세력이 되어 있었다. 공손찬을 멸하고 힘을 얻은 원소는 200년 드디어 황하의 관도官渡에서 조조군과 대결하였다. 이때 조조의 군사는 2만여 명에 지나지 않았다. 양군은 대치한 지 반 년이 지났으나 승부가 나지 않았다. 식량이 바닥난 조조는 군대를 철수하기로 하고 군사 순욱에게 의향을 물었다. 순욱은 물러서지 말고 끝까지 싸워야 한다고 대답했다.

"식량 사정이 나쁘기는 저쪽도 마찬가지입니다. 먼저 군사를 철수시키는 쪽이 패할 것입니다."

이때, 원소의 군사 허유가 쫓겨나 조조 진영으로 망명해왔다. 조조는 허유에게서 중요한 정보를 얻게 됐다.

"원소는 오소에 군량미를 쌓아 놓고 있습니다."

조조군은 원소의 식량이 쌓여있는 오소를 급습하여 모두 불태워 버렸다. 이어 조조는 총공격을 벌여 원소의 군사를 대파했다. 원소의 10만 군사 중 7만 이상이 이 싸움에서 죽었고 원소는 간신히 도주했다. 이 전투에서 원소의 명장 안량과 문추는 관운장에 의해 목이 달아났다. 용맹스러운 관운장의 등장을 알리는 전투였다. 이것이 '관도의 대전'이다. 원소는 2년 뒤에 죽었다.

조조는 원소를 물리침으로써 중국 천하의 통일을 한 걸음 앞당겼다. 조조는 중국의 13주 가운데 5주를 차지했다. 조조가 헌제를 업고 세력을 키우고 있을 때 유비劉備와 손권孫權 역시 천하통일의 꿈을 키우고 있었다. 유비는 도원결의한 두 동생 관우關羽·장비張飛와 함께 황건적을 토벌했으나 안희현의 현위라는 낮은 직급을 받았을 뿐이었다.

세 번 방문 끝에 복룡을 얻다

유비의 자는 현덕玄德이다. 용모는 남다르게 귀가 큰 귀상이고 팔이 긴 것이 특이했다. 동탁의 토벌 때 공손찬에 가담한 적이 있었고, 한때 도겸에 의탁하다가 그가 죽자 서주를 차지했다. 그

유비

손권

후 유비는 여포에게 서주를 빼앗기고 한때 조조에게 몸을 의지하기도 했다.

"유공이 조조를 멸하는데 앞장을 서 주시오."

황건적의 난이 진압된 후 황제 헌제는 유비에게 조조를 치라는 밀서를 내린 일이 있었는데 이것이 조조에게 발각돼 유비는 역공을 당했다. 유비는 패하여 원소에게로 도망쳤고 관우는 조조의 포로가 되었다. 장비는 산 속으로 도망쳤다. 관도 대전에서 원소가 대패하자 유비는 형주荊州의 유표劉表에게 갔다. 유표는 유비에게 병력을 조금 주어 신야新野를 맡겼다. 관우는 원소 토벌전에서 안량 등을 격파한 공로로 조조에게서 풀려나 유비를 찾아가던 중 장비를 만나 세 의형제의 해후가 이루어졌다.

한편 손견孫堅이 황조黃祖와의 전투에서 패해 죽자 그의 아들 손책孫策이 17살의 나이로 아버지의 뒤를 이었다. 강동 지방을 평정한 손책은 조조를 치려고 벼렀으나, 뜻을 이루지 못하고 동생 손권孫權에게 맡기고 죽었다. 19살의 손권은 아버지 손견과 형 손책이 기반을 다져 놓은 강남을 본거지로 삼아 때를 기다리고 있었다. 손권은 노숙魯肅 등 막강한 옛 신하들의 활약에 힘입어 여강·회계·오·단양 등의 여러 군을 쳐서 차례로 접수하고 강동 지방에 자리를 잡았다.

어느 날, 유비는 양양 땅에서 사마휘司馬徽를 만나 누구를 영웅호걸로 꼽는가하고 물었다.

"복룡伏龍(승천을 기다리는 용)과 봉추鳳雛(날갯짓을 막 시작한 봉황)라 불리는 두 재사才士가 있습니다."

복룡은 제갈공명諸葛孔明이고, 봉추는 방사원이라고 사마휘가 가르쳐 주었다. 제갈양諸葛亮의 자는 공명孔明이어서 제갈공명으로 더 잘 알려져 있었다. 제갈공명은 유비보다 20살이 아래였다. 초가에 살며 농사를 짓고 경전經典·사서史書를 공부한 제갈공명은 지략이 뛰어났다. 사람들은 그가 때가 되면 하늘로 오를 것이라 하여 '와룡臥龍 선생'으로 불렀다. 이때 유비는 47살이었다. 유비는 관우·장비를 대동하고 융중으로 제갈공명을 찾아가 허리를 굽혀 참모가 되어줄 것을 청하였다. 제갈공명은 정중하게 유비의 청을 거절하며 이렇게 말했다.

장비

제갈량

"조조는 1백만 대군이라는 막강한 힘을 지니고 있습니다. 따라서 지금은 때가 아닙니다. 먼저 손권과 연합하십시오. 그래서 서쪽의 형주와 익주를 차지해야 합니다. 그 다음 상장군으로 하여금 완성과 낙양을 치고 유장군은 진천을 공격하십시오."

"가르침 고맙습니다. 선생님께서 저를 도와 주신다면 천하 통일은 쉽게 이뤄질 것으로 생각됩니다."

그러나 제갈공명은 움직이지 않았다. 유비가 세 번이나 예를 갖춰 찾아가는 성의를 보이자 그때서야 제갈공명은 출사표를 던졌다. '삼고초려三顧草廬'라는 고사성어가 여기서 유래한다. 제갈공명이라는 뛰어난 인재를 얻은 유비는 이때부터 천하를 차지하기 위한 준비를 다져나갔다. 유비는 그를 스승의 예로 대접하였고 제갈공명은 유비를 보좌함으로 해서 삼국 시대에 이름을 떨치게 되었다.

불타는 적벽 강의 밤

갈 길이 바쁜 유비

양자강 남안에 있는 적벽赤壁은 깎아지른 듯한 절벽이 강변에 웅장하게 솟아 있으며, 지세가 험준하다. 강변 바위에는 해서楷書로 '적벽赤壁'이라 새겨져 있는데, 세로 150㎝, 가로 104㎝에 힘이 넘치는 필세筆勢로 씌어진 이 글자는 적벽대전의 주역이었던 주유周瑜가 직접 쓴 것이라고 전해진다. 부근 바위에는 역대 명인들의 간단한 글들이 보인다.

적벽은 손권이 차지하고 있는 오나라 땅이다. 조조의 위나라와의 경계에서 멀지 않으며 장강과 접해 있는 군사적인 요충지이다. 유비가 있는 촉한의 동쪽에 자리하고 있다. 이 적벽에서 삼국 시대 최대의 결전이 벌어진다.《삼국지 연의》에서 '적벽대전'이라고 적고 있는 이 전투는 촉한·오나라 연합군의 화공火攻에 의해 조조의 대패로 끝나고 그에게 치명적인 상처를 주게 된다.

"남쪽과 중원으로 진격하여 천하를 통일한다!"

208년, 조조는 천하 통일을 향한 발걸음을 재촉했다. 중국을 솥의 다리처럼 삼분하여 북부의 넓은 땅과 중원 일부를 장악한 조조는 남쪽으로 밀고 내려왔다. 전국이 소용돌이에 휘말렸을 때 유비에게 급보가 들어왔다.

"유종이 싸워보지도 못하고 조조에게 항복했고 조조군은 이미 가까이 다가와 있다 하옵니다!"

유종劉琮(형주 유표의 막내아들)이 조조의 백만 대군에게 겁을 먹고 싸워보지도 않고 항복했다는 보고를 받은 유비는 어찌할 바를 몰라 제갈공명을 찾았으나 보이지 않았다. 조조군은 바짝 다가와 있는 상태였다. 유비는 신야를 버리고 군사의 요지인 강릉으로 후퇴했다. 그러나 장판파에서 기동성이 뛰어난 조조의 5천 기병에게 패하여 하구로 도망쳐야 하는 신세가 되었다.

"아니, 장군께서 이게 꼴입니까?"

하구에 주둔하고 있던 유표의 장남 유기劉琦가 눈이 휘둥그레져 물었다.

"유종이 항복하는 바람에 쫓기다가 장판파의 싸움에서 조조의 기마군에게 패했소."

유비는 하구에서 군대를 정비했다. 유기의 군사와 합해도 겨우 2만 명이었다.

한편 강동 시상의 손권은 전세를 알아보기 위해 노숙을 조조군의 진영에 보내 정탐을 하게 했다. 노숙은 조조 진영을 향하여 가던 중 당양에서 유비를 만났다.

"조조의 군사는 백만을 자랑합니다. 따라서 어느 나라든 단독으로는 치기가 어렵습니다. 유예주(유비)께서는 손권의 군사와 연합하여 조조와 싸우는 게 어떻습니까?"

노숙이 유비에게 손권과 합세하여 조조를 칠 것을 제의하자 유비는 제갈공명을 손권에게 전권대사로 보내 의논을 하게 하였다.

동남풍이 원망스러운 조조

제갈공명은 손권에게 적과 아군의 형세를 상세히 분석해 설명하고 조조군의 치명적인 약점이 어디에 있는가도 들려주었다. 그리고 조조에 맞서 싸울 용기가 없으면 차라리 항복하라고 은근히 부아를 돋구었다. 제갈공명의 설명에 손권이 유비는 힘이 약한데 어째서 조조에게 항복하지 않느냐고 반문했다. 제갈공명이 손권을 지긋이 보다가 이렇게 대답했다.

"유예주(유비)는 덕을 많이 쌓은 사람입니다. 세상에 그의 덕을 뛰어넘을 사람이 없고, 그래서 많은 인재가 찾아오고 있습니다. 그러하건대 어찌 지금 조금 어렵다 하여 조조에게 쉽게 항복하겠습니까?"

제갈공명이 유비의 인품에 대해 장황하게 말하자 손권은 그의 손을 잡고 결의에 찬 목소리로 대답했다.

"유비가 그런 인물이라면 나도 항복하지 않고 힘을 합해 끝까지 싸우겠소!"

손권은 당시 10만의 군사를 가지고 있었는데 일당백의 정예군이었다. 손권이 유비와 손을 잡기로 하였다는 소식을 접한 조조는 손권에게 협박 편지를 보냈다. 이에 오나라 조정에서는 손권에게 항복을 권했으나, 주유周瑜가 반대하고 나섰다.

"조조의 군사는 별것이 아닙니다. 겉으로는 80만이라고 하지만

주유

실제로는 30만밖에 안 되고 그나마 8만은 형주에서 항복해온 유종의 군사들로 그들은 전의가 없는 오합지졸에 불과합니다. 뿐만 아니라 조조군은 수전水戰에는 약합니다."

주유는 자신에게 군사 3만 명을 준다면, 하구로 나아가 조조군을 격파하겠다고 장담하였다. 손권은 주유를 대도독에 임명하고 정보와 노숙을 딸려 군사 3만을 내주었다. 유비의 2만 군사는 육로를 공격하고 주유는 해상전을 펴 협공하기로 했다. 이렇게 해서 손권·유비의 연합군 5만 명은 조조군과 적벽赤壁에서 대치하게 되었다.

강 언덕에 진을 치고 있는 조조군은 전선戰船을 하나하나 모두 밧줄로 연결하여 배들이 따로 놀지 못하게 연환선을 만들었다. 그것은 군사들이 대부분 북방 출신이어서 물에 익숙지 못하고 심한 배멀미로 고통을 받기 때문에 이를 막기 위한 방편이었다. 조조는 서북풍을 이용하여 화공火攻을 편다면 틀림없이 승리할 수 있을 것이라고 믿었다.

한편 주유도 제갈공명의 지략에 따라 화공으로 맞서기로 작전을 세웠다. 제갈공명은 바람이 서북풍에서 동남풍으로 이동하는 시간을 공격시간으로 정하고 때를 기다렸다. 주유는 황개에게 전함 10척에 마른 갈대를 가득 싣고 기름을 부은 다음 포장을 덮어서 평범한 전함처럼 위장하라고 지시했다.

"황개가 주유에게 얻어맞고 망명을 요청한다!"

모든 준비를 끝낸 황개는 조조에게 사신을 보내 항복 문서를 전달했다. 물론 거짓 항복문서였다. 황개는 전함을 이끌고 조조 진영으로 나아갔다. 조조의 진영에서는 황개가 항복하러 오는 줄만 알고 아무런 방비 없이 그를 맞았다. 황개는 함대가 조조의 수군 진영 가까이 이르자 배에 실은 갈대에 불을 붙여 조조의 연환선으로 돌진케 했다. 때마침 동남풍이 강하게 불었다. 주유의 전함들은 바람을 받아 활활 타는 불꽃과 함께 빠르게 조조의 연환선으로 돌진해 나아갔다. 밧줄로 서로 연결한 조조의 배들은 한 척도 도망가지 못하고 불길에 휩싸여 주위는 불바다가 되었다. 조조의 군사들은 물에 빠져 죽거나 불에 타 죽어 갔다.

"총공격하여 적을 섬멸하라! 달아나는 적군을 사살하라!"

주유가 이 틈을 놓치지 않고 총공격을 명령했다. 조조의 군사는 지리멸렬했고 조조는 간신히 목숨을 건져 허창으로 도주했다. 조조의 군사는 반도 남지 않았다. 이것이 삼국시대의 유명한 '적벽대전赤壁大戰'이다.

관운장 영원히 잠들다

제갈공명이 예언한 대로 중국 천하는 삼분三分되었다. 촉한은 익주와 형주, 손권의 오나라는 강동에 자리 잡아 북부의 위나라와 함께 삼국이 솥 모양으로 정립鼎立하고 삼파전을 벌이게 되었다.

적벽대전을 승리로 이끈 손권이 유비에게 형주 영유권을 주장하고 나왔다. 그러나 유비는 형주를 내주지 않고 봉추로 불리는 방통의 계략에 따라 제갈공명과 관우에게 형주를 맡겼다. 형주를 차지한 유비는 강남의 여러 곳을 공격하여 그때마다 대승을 거두

관우

고 이어 유장을 공격하였으며, 익주를 점령했다.

유비가 형주를 내놓지 않자 마침내 손권과 유비 사이에 형주 쟁탈전이 벌어졌다. 그러나 조조를 치기 위해 손을 잡았던 만큼 싸울 필요 없이 형주를 나누어 갖기로 합의를 보았다. 적벽대전이 끝난 후 유비는 한중으로 들어가서 한중왕漢中王이 되었고 손권은 건업을 중심으로 오나라를 부흥시켰다.

조조가 허창에 있는 도읍을 다른 곳으로 옮기자 관우가 위협을 가해왔다. 관우의 무예와 용맹함을 익히 알고 있는 조조는 관우의 사정거리에서 벗어나려고 참모들과 의논을 하였다.

"관우가 우리를 넘보며 양양을 짓밟고 있소. 도읍을 다른 곳으로 옮기는 것이 어떻겠소?"

이에 사마의가 말했다.

"유비와 손권이 연맹하여 친한 것처럼 하고 있지만 손권은 형주 땅을 뺏긴데 대해 분개하고 있습니다. 손권을 회유하여 관우를 치는 게 좋을 듯합니다."

"그거 좋은 생각이오."

조조와 손권은 전에는 가까운 사이였다. 2년 전인 217년 그들은 관우의 기세에 위협을 느끼고 군사 동맹을 맺은 적이 있었다. 이를 이용하자는 것이 사마의의 계략이었다. 번성을 공략하고 있던 관우는 함락을 눈앞에 두고 있었다. 이때, 오나라의 사령관 여몽이 강릉을 점령했다는 소식이 날아들었다.

"꾀돌이 조조에게 속았다!"

관우는 군사를 당양의 맥성으로 돌렸다. 이제 관우는 공격을 하는 쪽이 아니라 당하는 쪽이 되었다. 관우는 오나라의 사령관 여몽과 부사령관 손호의 공격을 받고 있었다. 관우는 맥성을 벗어나지 못하고 손권의 군사에게 붙잡혀 죽음을 당했다. 219년 12월 용맹스러운 관운장의 무운武運이 다했다. 이로써 손권의 군사는 형주를 어렵지 않게 차지했다. 후세 사람들은 관우의 넋을 달래는 관제묘關帝廟를 여러 곳에 세웠다.

제갈공명과 삼국의 멸망

유비, 백제성에 잠들다

적벽대전 이후 3국의 세력은 위나라가 제일 강했고 유비의 촉한이 가장 약했다. 따라서 국경은 항상 불안한 상태였다. 221년 성도에서 황제가 된 유비는 제갈공명을 승상으로 삼고 손권에게 죽은 아우 관우의 복수를 갚아야겠다고 결심하였다.

'내 아우의 원수를 갚아 넋을 위로하리라!'

제갈공명은 오나라와 화친하고 위나라를 쳐서 천하를 통일해야 한다고 간하였으나 유비는 듣지 않았다. 유비는 장비에게 출병을 명하였다. 성미가 급한 장비는 이를 갈며 일어섰으나, 싸움터에 나가기도 전에 부하에게 비운의 죽음을 당했다.

장비마저 죽자 유비는 실의에 빠졌으나 전열을 가다듬어 그 해 7월, 오나라 공격에 나섰다. 유비는 여러 달을 대치했으나 결국은 오나라 장수 육손陸遜에게 크게 패하고 백제성으로 퇴각했다. 유비는 병이 들어서 재위 3년 만에 63살로 일생을 마쳤다. 태자 유선劉

백제성

禪이 그 뒤를 이어 촉한의 왕이 되었다. 이 무렵 손권도 왕위에 올라 나라 이름을 정식으로 오吳라 하였다.

한편 위나라 황제 조조는 중앙에 권력을 집중시키지 못하고 불안한 나날을 보내고 있었다. 220년 정월 조조가 66살로 세상을 떠나고 아들 조비曹丕가 천자가 된 뒤에는 나라는 귀족들의 세상이 되었다. 이때 위나라를 흔드는 인물이 사마의司馬懿였다. 사마의는 조조를 도와 통일의 기틀을 마련하고 여러 가지 정치적인 도움을 주었던 인물이다. 촉한의 제갈공명과 대결했을 때 끝까지 막아내 태자중서자라는 직위에까지 지위가 올라갔다. 이 사마의와 제갈공명이 오장원에서 맞붙게 된다.

유비가 죽은 촉한은 제갈공명에 의해 움직이고 있었다. 제갈공명은 유선을 설득해 오나라와 화친을 맺고 위나라를 칠 계획을 세웠다. 그러나 운남 지방에 있는 만족의 추장 맹획이 반란을 일으키는 바람에, 북벌 계획을 뒤로 미루고 225년 맹획을 쫓아 남쪽 원정길에 올랐다.

공명의 읍참마속

맹획을 멸한 다음해인 226년, 제갈공명은 전군을 이끌고 위나라 토벌에 나섰다. 이에 앞서 제갈공명은 후주(後主)인 유선에게 출사표를 올렸다. 이것이 '전출사표'이다.

일벌백계의 '읍참마속'

제갈공명의 출병 소식을 들은 위왕 조예는 장안으로 달려와서 이를 막을 장수로 장합을 뽑아 군사 5만 명을 주었다. 제갈공명은 마속에게 산밑에 진지를 구축하여 장합과 대결하라고 지시하고 자신은 가정에서 위나라 군사와 대결했다. 그러나 마속은 제갈공명의 지시를 어기고 산꼭대기에 진지를 구축하였다가 장합에게 크게 패했다. 제갈공명은 유선에게 마속의 목을 베게 했다. 이것이 일벌백계를 뜻하는 '읍참마속'이라는 고사이다.

위나라 군사에게 패한 제갈공명은 군사를 정비하여 유선에게 '후출사표'를 올리고 다시 북벌에 나섰다. 그러나 진창을 포위하여 20여 일 동안 싸우다가 군량이 떨어져 한중으로 철수해야만 했다.

이때, 위나라의 총사령관은 지략이 뛰어난 사마의였다. 사마의는 공명이 아무리 공격해도 나와서 싸우지를 않았다. 사마의는 공명이 지치기를 기다리고 있었던 것이다. 공명은 장합의 군사를 격파하였으나, 곧 군량이 바닥나서 후퇴 명령을 내렸다.

사마의

"힘을 길렀으니 다시 위나라를 친다!"

3년 뒤, 촉한의 정예병이 10만으로 불어나자 공명은 다시 위나라 정벌 명령을 내렸다. 위수 남쪽에 진지를 구축한 공명은, 군대를 재편하여 둔전제屯田制를 실시했다. 둔전제란 장정들이 전쟁을 하지 않는 평시에는 농사를 짓고, 전쟁이 일어나면 나아가 싸우도록 하는 제도이다. 공명은 둔전제로 군량미를 아낄 수 있었다.

"사마의는 나와서 당당하게 일전을 겨루자!"

공명이 싸움을 걸었으나 사마의가 성문을 굳게 닫고 지킬 뿐, 나와서 싸우지 않자 공명은 계략을 짰다. 사신을 파견하여 사마의에게 여자 옷을 비롯하여 목걸이 등을 선물로 보낸 것이다. 사마의를 여자에 빗대어 남자답지 못하다고 화를 돋구어 나와 싸우게 하자는 잔꾀였다. 하지만 사마의는 선물을 거들떠보지도 않고 사신을 돌려보냈다.

전쟁이 끝나기도 전에 제갈공명은 병이 들어 세상을 떠났다. 그

이 나이 54세였다. 공명의 죽음으로 촉한군은 지휘관을 잃게 되었다. 이에 촉한군은 양의楊儀와 강유姜維의 지휘 아래 철수 작전을 폈다. 전술에 뛰어난 사마의가 가만히 있을 리가 없었다.

"후퇴하는 적을 추격해 섬멸하라!"

사마의가 명령을 내렸다. 그러나 촉한군도 힘없이 당하지 않았다. 촉한군이 돌아서서 위나라군의 추격을 맞받아 치자 사마의는 군사를 돌려 진지로 돌아와 버렸다. 이를 두고 '죽은 공명이 산 사마의를 쫓았다'고 말한다. 제갈공명이 창안한 진법을 '팔진도법'이라 하여 병서에 기록하고 있다. 사마의는 촉한군이 물러간 후 제갈공명이 주둔한 진지를 둘러보고 비상한 전술에 혀를 내둘렀다고 한다.

사마씨司馬氏에게 꺾인 조曹씨

위나라 조예는 사마의를 태부太傅로, 조상曹爽을 대장군으로 임명하고 죽었다. 이를 계기로 조상은 자신이 천자의 친족임을 내세워 사마의가 쥐고 있는 군사권을 뺏고는 권력을 장악했다. 이때부터 조씨와 사마씨의 갈등이 시작됐다.

'이럴 때는 복지부동이 최상의 방법이다. 병을 핑계대고 집안에 있어야지.'

군사권을 비롯해 실질적인 권력을 조상에게 빼앗긴 사마의는 와병을 위장해 집에서 나오지 않았다. 사마의가 조정에 나오지 않자 조상은 이상한 생각이 들어 심복 이승李勝을 그의 집으로 보내 염탐을 하게 했다. 이승이 오자 사마의는 자리에서 간신히 일어나

앉으며 이승의 인사말도 알아듣지 못하는 척하였다. 이승은 돌아가서 조상에게 사마의는 곧 죽을 것 같다고 보고했다. 조상은 사마의가 중병에 걸렸다고 생각하고 경계심을 풀었다.

249년 겨울이었다. 조상은 위왕 조방曹芳을 따라 고평황릉으로 갈 일이 있었다. 조방은 조예가 죽기 전 조상에게 잘 돌보라고 부탁한 나이 어린 왕이었다.

"기회는 이때다. 조상의 일당과 가족을 모두 없애야지!"

기회를 엿보고 있던 사마의는 자신이 조직해놓은 비밀결사대 3천 명을 동원하여 반란을 일으켰다. 사마의는 낙양과 요충지를 장악하고 조상과 가족, 그리고 일당들은 모조리 처형했다. 이를 '고평릉高平陵 사변'이라 한다. 이로써 위나라의 조씨 정권은 사마씨에게 넘어갔다. 2년 뒤, 사마의가 죽자 그의 아들 사마사司馬師·사마소司馬昭 형제가 정권을 쥐었다.

위나라 왕 조방은 사마사 형제에 의해 214년 22살의 나이로 폐위되고 14살의 조모가 왕이 되었으나 이름만 왕인 허수아비였다. 사마사가 죽자 사마소가 승상이 되어 권력을 휘둘렀다. 조모가 사마소를 치려했으나 오히려 죽음을 당하고 말았다. 권력을 잡은 사마소는 15살의 조조 손자 조환曹奐을 위나라 왕으로 세웠으나 역시 허수아비 왕에 지나지 않았다. 위나라의 조씨 정권은 사실상 유명무실해졌고 사실상 사마씨의 나라가 되었다.

제갈공명이 죽은 후 촉한은 장완과 동윤을 거쳐 강유姜維가 비위와 함께 정사를 돕고 있었다. 위나라 중신들은 몇 차례 군사를 일으켜 위나라 토벌을 시도했으나 번번이 실패하고 말았다.

"촉한의 버르장머리를 고쳐주마!"

막강한 권력을 잡은 사마소는 강유가 위나라를 괴롭히자 등애鄧

艾와 종회鍾會를 내세워 촉한 정벌에 나섰다. 위나라군의 속공에 싸울 준비가 되어 있지 않았던 강유는 등애의 군사에게 대패하고 검각의 요새로 퇴각했다. 등애는 촉한의 대장 제갈첨(공명의 아들)에게 사신을 보내 항복을 권했으나 제갈첨은 이에 불응하고 등애가 보낸 사신의 목을 베고는 항전을 외쳤다. 그러나 이내 패하여 전사하고 그의 아들 제갈상도 적진으로 뛰어들어가 분투하다가 전사했다.

"여세를 몰아 촉군을 토멸하라!"

등애의 군사는 평토平土까지 진격했다. 이 소식을 들은 촉한은 비통에 빠졌다. 유비의 후임 왕인 유선劉禪은 더 이상 버틸 수가 없다고 판단하고 위나라에 항복하였다. 서기 263년, 삼국지의 주인공 유비가 세운 촉한은 43년 만에 막을 내렸다. 항복한 유선은 위나라로 갔다.

위나라에서는 사씨들이 여전히 정권을 장악한 가운데 사마소에게서 사마염司馬炎에게로 권력의 핵이 넘어갔다. 위나라의 임금 조환은 사씨들의 전횡과 압력에 견디다못해 사마염司馬炎에게 제위를 양위했다. 왕위를 물려받은 사마염은 국호를 진晉으로 바꾸고, 낙양으로 천도했다. 이로써 위나라는 조조가 건국한 지 46년 만에 망했다.

한편, 손권이 죽은 후 내란에 시달려온 오나라는 4대째인 손호孫皓(손권의 손자)대에 이르러 나라가 기울기 시작했다. 포악하기로 소문이 났던 손호는 국력이 쇠약해진 것은 생각하지 않고 사마염이 차지한 진나라를 욕심내고 있었다. 이것이 진나라에는 좋은 기회가 되었다.

"이제 천하가 내 손안에 들어오는구나!"

그렇지 않아도 오나라를 탐내고 있었던 사마염은 오나라가 쳐들어 온다는 소식에 양고羊祜에게 형주의 군사를 주는 한편 두예와 왕준을 출진케 하여 석두성에서 오나라 군사를 전멸하였다. 이로써 손권의 오나라는 4대 52년만인 280년 막을 내렸다. 또한 삼국 시대도 종말을 고했다.

대나무에 쓴 죽간

혼란의 서동진西東晉시대

[주요 인물]

사마염 _ 중국 서진西晉의 제1대 황제. 자는 안세安世. 시호는 무제武帝. 위魏나라 원제元帝에게 선양 형식으로 제위를 빼앗아 진晉을 세우고 낙양에 도읍하였다. 사치를 일삼고 여색을 즐겨 후궁이 1만 명이나 되었다고 한다.

유연 _ 팔왕의 난을 기회로 황제에 오르다. 성도왕의 삭녕장군으로 있었는데 흉노의 여러 부족들은 유연을 대선우에 추대했다. 유연은 한왕漢王이 되어 평양平陽에 수도를 정하고 4년 후 황제라 칭한다.

사마예 _ 동진 왕조를 건립한 원제. 왕도王導의 도움을 받아 건업으로 남하하고 주위의 천거로 원제元帝 황제의 자리에 올라 연호를 태흥太興이라 한다. 왕돈이 군사권을 쥐고 전횡을 일삼자 울화병으로 죽는다.

왕돈 _ 황제를 꿈꾸었던 야심가. 간신을 없앤다는 구실로 무창에서 군사를 일으켜 건강을 쳤으나 병사하고 만다.

석륵 _ 후조를 설립한 갈족. 군자영을 만들어서 한족 출신 학자들을 대접하는 등 선정을 베풀려 노력. 석륵이 죽고 태자 석홍이 즉위하자 친족 석호가 곧 실권을 빼앗는다.

척발규 _ 북위를 세운 선비족. 오호십륙국 말기에 각 부족을 통일하여 평성에 도읍하고, 북위의 기틀을 다졌으나 아들 소紹에게 살해된다.

부견 _ 전진을 세운 부족의 인물. 문옥文玉이라고도 한다. 자는 영고永固. 다재다능하고 박학다식했으며, 한족 문화에 대한 교양이 풍부했다. 한족 정치가 왕맹을 등용하여 관리제도를 정비하고 인재를 중용.

모용수 _ 전진의 장수로 후연을 세움. 전연의 장군이었으나 전진前秦으로 망명하여 부견의 총애를 받았다. 비수 전투에서 전진이 패하자 중산中山으로 나가 나라를 세운다.

왕공 _ 동진의 북부군 총수. 전쟁 후 흐트러진 국가의 기강을 바로잡아야겠다고 생각하고 조정에 개혁을 단행하라고 압력을 가했으나 부하 유뢰지의 배반으로 뜻을 이루지 못한다.

환현 _ 단명의 초나라를 세운 인물. 동진 서부군의 총수로 사마원현 일당들을 숙청하고 정권을 장악, 초楚나라를 세웠으나 석 달밖에 가지 못한다.

사람 젖을 먹여 기른 돼지

서진西晉왕조의 사치와 방탕

진晉나라는 오나라를 멸망시키고 중국을 재통일하였다. 서진西晉을 세운 황제 무제武帝(사마염)는 처음에는 검소한 생활로 백성들의 모범이 되었으나 차츰 사치를 일삼고 여색을 즐겨 후궁이 1만 명이나 되었다. 황제는 정사보다는 후궁들을 찾아다니는 일에 열중했다. 매일 수레를 타고 가다가 말의 발걸음이 멈추는 곳의 후궁 처소에 들어가 쉬었다.

황제가 사치를 일삼으니 조정의 대신들이나 황족들도 따라 해서 부패가 만연했다. 특히 무제의 사위인 왕제王濟의 사치는 말로 표현할 수 없을 정도였다. 그는 돼지에게 사람의 젖을 먹여서 길러 그 고기를 먹었다고 한다. 당시 중신과 황제 일족들의 사치와 부패상을 극명하게 보여주는 일화다.

황족들이 매관매직으로 사리사욕을 채우는 일도 비일비재했다. 사도 왕융王戎은 관리들의 뇌물을 받아 거부가 된 사람으로 유명하

죽림칠현의 악기

다. 석숭石崇과 왕개王愷는 서로 비단장막으로 사치를 겨루었다. 서로 돈이 많다는 것을 과시하기 위해 한 사람이 고급 비단으로 20리를 둘러 칠 수 있는 장막을 만들면 다른 한 사람은 30리를 둘러 칠 수 있는 장막을 만들었다.

무제의 아들 사마충司馬衷은 사치의 표본이었다. 그는 신하들이 흉년이 들어 백성이 굶어 죽었다고 충언을 하면 쌀이 없으면 고기를 먹지 왜 굶어죽느냐고 했다고 한다.

이처럼 조정과 대신, 관리들의 부정부패와 사치가 만연하는 가운데에도 죽림에서 청담淸談을 나누고 시를 읊으며 조용히 즐기는 지식인들이 있었다. 이들 가운데 대표적인 일곱 사람을 죽림칠현竹林七賢이라고 불렀다. 혜강, 산도, 향수, 완함, 완적, 왕융(사도 왕륭과 동명 이인), 유령이 꼽힌다.

이들 죽림칠현은 국정이 문란한 것에 불만을 품고 일탈과 반항을 일삼았고, 도덕을 파괴하려했다. 이들 중 대부분은 죽림에서 나와 일상으로 돌아갔으나 혜강과 완적은 여전히 세상을 등지고 은둔생활을 하면서 정권을 비판했다.

혜강은 문학과 그림에 뛰어나고 음악에도 조예가 깊어 거문고를 잘 탔다. 혜강은 화가 날 때면 거문고를 타거나 놋그릇을 마구 두들겨 울분을 풀었다. 조정에서는 그를 끌어들이려고 회유했으나 혜강은 독설로 일관할 뿐 응하지 않았다. 결국 사마씨 일파들은 혜강에게 없는 죄를 뒤집어씌워 처형하였다.

완적은 이상한 눈을 갖고 있었다고 전한다. 마음이 맞는 사람은 보통 눈(청안)으로 대하고, 그렇지 않은 사람은 노려보는 눈(백안)으로 대했다고 한다. 상대방을 업신여기고 냉정히 대하는 것을 백안시白眼視한다는 말이 완적에게서 나왔다고 한다.

사마씨가 일으킨 '8왕의 난'

'태자가 아무래도 좀 모자란단 말이야.'

진 무제는 황태자 사마충司馬衷이 욕심만 많을 뿐 머리가 명석하지 못해 동생인 사마유司馬攸에게 황제의 자리를 물려주려고 했다. 그런데 사마유가 이유 없이 급사했다.

무제는 황후의 아버지 양준과 원로 황족 사마량司馬亮에게 나랏일을 맡기고 290년 4월, 55살에 승하했다. 이어 황태자 사마충이 혜제惠帝가 되어 즉위했다. 양준이 자연스럽게 권력을 잡게 되자 질투심이 많은 혜제의 황후 가남풍은 불만이 많았다. 이것이 '8왕의 난'의 불씨가 되었다. 서진西晉의 제위 계승 문제를 둘러싸고 8명의 왕족이 16년 동안이나 분쟁을 일으킨 '8왕의 난'은 제각기 싸움에서 이기기 위해 외부세력을 불러들이게 되었고 이것이 외침의 발판이 됐다.

혜제의 황후였던 가남풍은 양준 일파를 조정에서 추방하고 자신이 실권을 잡기 위해 음모를 꾸몄다. 그녀는 거대한 무력을 가지고 있던 혜제의 동생 초왕楚王 사마위와 협력해 낙양에 있던 양씨를 모두 죽였다. 양씨를 조정에서 추방한 가황후는 정권을 혜제의 대숙부였던 여남왕 사마량에게 맡겼으나, 사마량은 가황후의 의도대로 나라를 운영하지 않았다. 실망한 가황후는 혜제의 밀서를 이용해 사마위가 사마량을 공격하게 만들고, 사마량을 자살로 이끌었다. 가황후는 그 후 이용가치가 없어진 사마위에게 사마량을 살해한 죄를 뒤집어 씌워 죽여서 자신의 입지를 튼튼히 했다.

'도무지 남자 구실을 해야 말이지.'

가황후는 남자로써 만족스럽지 못한 혜제와는 사이를 멀리하고, 낙양의 미소년을 모아 밤마다 자신을 시중들게 하고, 이용가치가 없으면 살해했다.

'양자를 황태자로 세워야지.'

가황후의 야심을 알아챈 사마휼(혜제의 후궁 자식)은 자신을 지키기 위해 일부러 바보짓을 하며 가황후의 사정거리로부터 벗어나려 노력했으나, 가씨에게 모반 의혹을 받고 황태자 자리에서 폐위되었다. 300년, 사마휼은 가황후에 의해 살해당했다. 혜제의 대숙부(사마량의 동생)였던 조왕 사마윤은 혜제의 종제從弟인 제왕 사마경과 협력하여 혜제의 칙서를 위조해 궐기했다. 황태자를 살해한 죄를 물어 가황후는 일족과 함께 처형을 당했다.

301년, 사마윤은 혜제를 유폐하고 스스로 황제에 즉위했다. 그러나 사마윤과 측근 손수孫秀에게 권력이 집중되는 것에 불만을 품은 사마경은 혜제의 동생인 장사왕 사마애와 성도왕 사마영 그리고 사마의 조카의 아들이었던 하간왕 사마옹을 낙양에 모이게 해 사마윤을 죽이고 혜제를 황제로 복위시켰다. 정권은 사마경이 장악했다.

이에 사마애, 사마영, 사마옹은 다시 궐기하여 사마경을 살해했고 사마영이 황태자이자 승상으로서 정치를 맡게 되었다. 사마영은 사마옹의 부하 장방張方에게 낙양을 통치하게 하였다. 사마영이 실권을 쥐고 전횡을 일삼자 사마씨 일족인 동해왕 사마월과 혜제의 막내동생 예장왕預章王 사마치가 반기를 들었다. 한때 사마영에게 패했던 사마월이었으나 흉노와 선비 등의 이민족을 용병으로 고용하여 사마영을 황태자의 자리에서 끌어내렸다.

'사마영이 마음에 걸려!'

기어코 사마영을 살해한 동해왕 사마월은 306년 48살로 죽은 혜제의 뒤를 이어 사마치를 회제로 즉위시키고, 자신이 황제를 보좌하였다. 가황후의 양씨 추방이 발단이 되어 일어난 '팔왕의 난'은 이로써 종결되었다. 팔왕의 난 때 각 왕들은 자신의 군사력을 강화하기 위해 주변의 이민족을 용병으로 고용하여 전장에 투입했다. 이민족들은 강력하다고 생각했던 서진의 내부의 무력함과 약세를 느끼고, 제각기 독립에 대한 야심을 갖게 되었다.

'기회는 두 번 오지 않는다. 지금이 적기다!'

8왕의 난으로 진晉에 진출한 흉노족은 이때야말로 자신들의 나라를 일으킬 좋은 기회라고 보고 자신들의 강력한 지도자로 유연劉淵을 추대하기로 하고 그에게 밀사를 보냈다. 유연은 성도왕의 삭녕장군으로 있었는데 성도왕에게 흉노의 군대를 이끌고 온다는 핑계를 대고 귀국했다. 흉노의 여러 부족들은 유연을 대선우에 추대했다. 이것이 오호십육국 시대의 개막을 알리는 신호탄이다.

304년 10월, 유연은 한왕漢王이 되어 평양平陽에 수도를 정했다. 그리고 4년 후에는 자신을 황제라 칭했다. 310년 유연이 죽자 태자 유화劉和가 그 뒤를 이었으나, 곧 동생 유총劉聰이 형을 죽이고 즉위했다. 황제에 오른 유총은 낙양을 향해 공격하기 시작했다.

한편 서진의 황제인 회제는 동해왕 사마월의 세력이 커지자 파면시키고 말았다. 사마월은 화병이 나서 왕연王衍에게 뒷일을 부탁하고 죽었다. 이에 갈족 출신의 장군 석륵石勒은 왕연을 친 다음 낙양을 공격했다. 회제는 석륵에게 붙잡혀 죽음을 당했다. 이것이 '영가永嘉의 난'이다. 회제 다음에 사마안이 민제愍帝로 즉위했으나, 서진 왕조의 마지막 황제였다. 서진의 수명은 52년이었다.

5호 16국과 동진東晉의 흥망

도토리 키 재기 식의 왕조

동진東晉 왕조가 낭야왕琅耶王 사마예司馬睿에 의해 세워졌다. 사마예는 왕도王導의 도움을 받아 건업으로 남하하고 건업을 건강이라 했다. 주위의 천거로 원제元帝 황제의 자리에 오른 사마예는 연호를 태흥太興으로 정하고 정치는 왕도, 군사는 그의 사촌 형 왕돈王敦의 보좌를 받아 나라를 다

사마예

스렸다. 왕돈은 무제 사마염의 딸을 아내로 맞아 젊어서부터 권력의 대열에 섰던 명문 출신이다. 원제는 왕돈에게 군사를 맡겼지만 불안했다. 걱정했던 것처럼 왕돈은 권력을 휘두르고 오만한 행동을 서슴지 않았다.

'왕돈은 야심이 많은 인물이야. 조심해야 돼.'

원제가 왕돈의 세력을 견제하기 위해 유외·조협 등을 심복으로 끌어들이자 왕돈은 간신을 없앤다는 구실로 무창에서 군사를 일으켜 건강을 쳤다.

원제는 유외와 조협에게 건강의 방어를 명했으나 그들은 오히려 왕돈군에게 패하고 조협은 체포돼 죽음을 당하고 말았다. 수도 건강을 장악한 왕돈이 스스로 승상의 자리에 앉아 정치를 마음대로 주무르자 원제는 울화병이 생겨 병사하고 태자 소紹가 그 뒤를 이어 명제明帝가 되었다. 명제는 태자 시절에 공부를 게을리 하지 않았고 지혜와 덕을 쌓고 있었다. 무예 또한 출중했다. 황제가 바뀌자 권력을 쥐고 있는 왕돈이 제위를 탐내기 시작했다.

'나도 한 번 황제가 돼 봐야지.'

왕돈이 고숙으로 병영을 옮기고 스스로 양주목이 되자 명제는 왕도에게 왕돈을 토벌하라고 명령하였다. 그 소식을 들은 왕돈은 군사를 일으켰으나 이미 병들어 있는 상태였다. 왕돈은 명제가 자신의 친형 왕함王含의 군대를 습격해 대승을 거두었다는 소식을 듣고 숨을 거두었다.

서진이 멸망할 무렵, 중원지역에 흉노·갈·저·강·선비 등 5호胡의 신생 국가가 탄생하고 장강 상류에는 후조·전연·후연·남연·서진·전진·후량·후진·북연 등 16개의 작은 나라들이 우후죽순처럼 나타나 세를 겨루고 있었다. 이른바 '5호16국' 시대의 개막으로, 장강 이북은 5호16국, 이남은 동진이 차지한 양분의 양상을 보였다.

흉노의 한국漢國 창시자는 '8왕의 난' 때 등장한 한족 출신의 유연이다. 한국은 유요의 전조前趙와 석륵의 후조後趙로 갈라졌고 이후 하북성과 산동성을 영토로 한 후조의 석륵은 서쪽의 유씨 전조를 쳐서 유요를 사로잡아 죽임으로써 전조는 37년만인 329년에 멸망했다.

후조는 갈족인 석륵이 세웠다 하여 석조石趙라고도 부른다. 석륵은 군자영을 만들어서 한족 출신 학자들을 대접하는 등 선정을 베풀어 노력했다. 석륵의 후조는 석홍을 거쳐 석호에게 왕위가 넘어갔는데 석호는 폭군이었다. 석호는 아들 석선이 후계자 문제로 석도를 죽인데 분개하여 석호를 온갖 고문을 한 끝에 잔혹하게 죽였으며 백성들을 착취하고 사람의 목을 파리 죽이 듯했다.

"내가 왕이 되어야 마땅하지."

석호가 죽자, 형제간에 왕위 계승을 둘러싸고 피바람이 불어 13형제 중 8형제는 서로 싸우다 죽었다. 이에 형제는 석호의 양손자인 염민이 남은 5형제를 살해하고 황제의 자리에 올라 국호를 위魏라고 하였다. 그러나 위나라는 선비족 모용씨에 의해 3년만에 멸망하고 모용씨가 세운 전연前燕은 10년 후 저족의 전진前秦에게 망했다.

동진시대의 여자인형(도기)

토끼가 호랑이를 물다

전진은 저족의 부씨符氏가 세운 정권으로 '부진符秦' 이라고도 하였다. 전진은 부견의 탁월한 통치력에 힘입어 막강한 세력을 갖게 되었다. 여러 민족의 지도자를 고루 등용하였고 특히 한족 출

왕맹

신의 왕맹王猛을 제갈공명에 비유하여 우대했다. 왕맹은 법질서부터 바로잡는 등 부견을 도와 국가를 강하게 하는 데 많은 힘을 쏟았다.

"부국강병이 우선이다!"

왕맹은 공정한 정치를 선언하고 군대를 개혁해 국방을 튼튼히 했다. 교육과 농업의 진흥에 힘을 기울여서 전진을 부강한 나라로 만들었다. 전진은 중국 북부의 대부분을 장악했고 수십 개의 제후들이 사신을 보내어 조공을 바칠 정도로 강대국이 되었다. 왕맹은 죽기 전 부견에게 이민족을 말살하는 정치를 하지 말라고 유언했다.

"특히 동진을 절대로 정벌해서는 안 되고 선비족과 강족은 제거해야 후환이 없습니다."

'비수의 대전'이 벌어졌다. 부견은 세력이 강성해지자 왕맹의 말을 무시하고 동진東晉을 토벌하기로 마음먹었다. 사실 군사력으로는 전진이 동진보다 훨씬 강했다. 대신들과 황태자 부굉符宏이 동진 정벌을 반대했고 부견의 동생 부융符融도 강족과 선비족을 먼저 치자고 말했으나 모용수慕容垂가 부융의 말에 반대하고 나섰다.

"약육강식이라 했습니다. 하늘이 동진을 주시는데 어찌 받지 않으오리까!"

383년 8월, 부견은 마침내 동진을 치기로 결단을 내렸다. 선발대와 본대를 합해 90만이 넘는 군사가 수로와 육로로 나누어 동진으로 진격했다.

"전진군이 쳐들어온다 하옵니다! 그들의 군사는 백만을 헤아린다 합니다."

동진의 조정은 어찌 할 바를 모르고 대신들은 우왕좌왕했다. 동진의 재상 사안謝安은 동생 사석謝石을 토벌 대장군, 조카 사현謝玄은 선봉장에 임명하는 한편 전 국민에 동원령을 내려 전진의 침략에 대비했다. 동진은 정예 부대를 모았으나 고작 8만이었다.

"사수! 죽음으로써 나라를 지키자!"

숫자적으로 형편없이 열세인 동진군은 일치 단결하여 전진의 대군에 맞서기로 결의를 다졌다. 수는 적었지만 사기는 높았다. 양국 군사는 비수강을 사이에 두고 대결을 펼쳤다. 첫 전투는 전진군이 승리했다. 10월, 전진군의 선봉 부대가 수양을 공격하여 승리로 이끈 것이다. 그러자 11월에는 동진군의 반격이 감행되었다. 유뢰지가 거느린 군사들이 낙간에 주둔하고 있는 전진군 1만 5천 명을 수장시킨 것이다.

동진군의 재공격이 실시되었다. 사석은 부견에게 동진군이 비수를 건너도록 조금 후퇴하였다가, 반격을 가해 승패를 가르자고 전술을 말했다. 전진의 부견은 장수들의 반대를 물리치고 이를 승낙했다. 그러나 전진군의 반격에 동진군은 조금도 물러서지 않고 전진군을 물귀신으로 만들어버렸다. 이 싸움에서 부견은 화살을 맞고는 10만 군사를 끌고 간신히 장안으로 돌아왔다. 부융은 전사했다. 90만 대군을 거느렸던 전진은 쓰라린 패배를 맛보아야 했다.

패전으로 전진의 국력이 약해지자, 부견을 따르던 다민족의 장수들은 나라를 떠나고 동진 침략을 주장했던 모용수도 북방 민족을 달랜다는 구실로 군사를 거느리고 떠나서 연燕나라를 일으켜 후연後燕을 세웠다. 부견은 선비족이 일으킨 난을 피해 있다가, 강족의 요장이 보낸 자객에게 목이 달아났다. 부견을 죽이고 왕이 된 요장은 나라 이름을 그대로 진秦이라고 칭하였다.

역사의 기록은 요장의 진을 전진前秦과 구별하기 위해 후진後秦이라고 부른다. 이로써 모용수의 후연과 요장의 후진이 동서로 대치하는 양상이 되었으며 비수 대전 후에 할거했던 작은 10개 나라를 선비족의 척발규가 세운 북위北魏가 통일함으로써 130년 간 이어온 5호 16국 시대가 막을 내린다.

전승 잔치가 너무 화려했다

전진을 꺾고 5호 16국 중 가장 강력한 국가가 된 동진은 주위의 약소국들을 거느리며 태평성대를 구가했다. 하지만 한때 전 백성이 단합된 의지를 보였던 동진은 승리감에 도취돼 정치가 문란해지고 대신들의 사치와 횡포가 만연하였다.

"황제가 되니 부러울 게 없구나! 미희와 술이나 마셔야지."

동진의 무제는 자만에 빠져 정사는 뒷전이고 술과 여자로 세월을 보내었다. 북쪽의 선비족이 국력을 키우고 있었으나 무제는 불교만 감싸며 정사를 소홀히 했다. 그 동안 국력 신장에 크게 힘썼던 재상 사안이 죽자 사마도자司馬道子가 정권을 쥐고 흔들면서 국력이 기울기 시작했다. 사마도자는 무제의 동생이었다. 이 무렵 무제가 이불에 질식해 죽는 희한한 사건이 일어났다.

어느 날 무제는 청서전에서 총애하는 장귀인과 나란히 누워 농담으로 이런 말을 하였다.

"세월은 머물지 않는 것, 너보다 더 젊고 예쁜 여자와 함께 있고 싶구나."

동진시대의
묘실벽화

이 말을 진실로 알아들은 장귀인은 시기심에 이불로 무제를 덮어 씌워 죽인 것이다. 무제의 뒤는 맏아들 사마덕종司馬德宗이 이어받았다. 그가 안제安帝이다. 안제는 15살인데도 말도 잘 못하는 반편이었다. 따라서 모든 정치는 숙부인 사마도자가 맡아 하였다. 동진의 북부군 총수 왕공王恭은 나라꼴이 한심스러웠다. 전진과의 대전에서 북부군을 이끌고 동진에 승리를 안겨준 주역인 왕공은 전쟁 후 흐트러진 국가의 기강을 바로잡아야겠다고 생각했다. 특히 일국의 황제가 일개 후궁에게 죽음을 당한 것이 참으로 못마땅했다.

"조정을 개혁하여 나라를 바로 잡으시오!"

막강한 북부군을 장악하고 있는 왕공은 조정에 개혁을 단행하라고 압력을 가했다. 왕공의 요구가 거세지자 사마도자는 아들 사마원현司馬元顯에게 모든 정사를 넘겨주고 발을 빼었다.

'왕공은 무례한 자다. 군사를 동원해 황제에게 겁을 주었다.'

사마원현은 왕공을 모반죄로 몰아 위장군 왕순王恂과 우장군 사염謝琰에게 체포하라고 명령을 내리는 한편 왕공 편인 유뢰지를 끌어들였다. 가뜩이나 왕공이 못마땅했던 유뢰지는 왕공을 배반하고 북부군의 총수가 되었다. 왕공은 유뢰지의 아들 유경선劉敬宣에게 쫓겨 도주하다가 체포돼 사마원현 앞에서 목이 잘렸다. 왕공이 살해된 다음해(399년) 손은孫恩이 난을 일으켰다. 10일도 안 되어 군사가 수십만으로 불어난 손은은 회계군을 치고 건강으로 진격했다.

"반란군 손은을 사로잡고 그 일당을 토멸하라!"

사마원현의 명령에 북부군은 손은의 군사들을 대파했다. 이때 환현桓玄의 서부군이 수도 방위를 구실로 장강을 따라 수도 건강으로 내려왔다가 북부군이 손은군을 진압하는 것과 때를 같이하여 무창으로 회군하는 일이 일어났다.

사마원현은 환현이 일단 물러갔지만 언제 다시 반란을 일으킬지 몰라 유뢰지와 함께 환현 토벌에 나섰다. 401년이었다. 이에 환현의 서부군도 장강을 내려가기 시작했다. 이로써 북부군과 서부군이 격돌할 위기에 처했다. 그러나 환현은 유뢰지에게 원현과 결별하고 자기편이 되어 줄 것을 설득했다. 환현이 유뢰지와 비밀리에 손을 잡자 원현은 환현을 칠 수 없게 되었다. 이로써 북부군과 서부군이 피를 흘리는 것을 피했다.

수도 건강에 쳐들어간 환현의 서부군은 사마원현 일당들을 숙청하고 정권을 장악했다. 환현은 유뢰지를 회계내사會稽內史에 임명하였으나 유뢰지는 환현이 자신을 북부군에서 떼어놓으려 한다고 생각하고 회계 땅으로 가지 않았다. 환현의 처사에 불만을 품은 유뢰지는 부하들을 규합하여 환현을 칠 계획을 세웠으나 응하는 사람이 없었다.

"유뢰지가 왕공과 사마원현을 배반하고, 이제는 환현에게 마저 등을 돌리려고 한다!"

참모들은 유뢰지의 처신이 마음에 들지 않아 하나 둘 그의 곁을 떠나기 시작했다. 수하를 잃은 유뢰지는 북쪽으로 도주하다가 자살했다. 환현은 북부군 대장에 사촌동생 환수桓修를 임명하고 자신은 태위·대장군·상국을 거쳐 벼락치기로 초왕楚王이 되었다. 403년 12월, 환현은 안제를 폐위시키고 자신이 황제의 자리에 올랐다. 환현은 국호를 초楚라 하였으나 초 왕조는 석 달밖에 가지 못했다. 환현은 정치적으로 기반이 약했다. 그래서 황제에 오르자 신하들 사이에 불평불만자가 늘기 시작하였고 급기야는 404년 2월, 유유劉裕가 군사를 일으켜 북부군 대장 환수의 목을 베었다. 경구성도 빼앗겼다.

"초왕 환현을 친다! 건강으로 가자!"

유유는 군사를 이끌고 노도처럼 수도 건강을 공격해 들어갔다. 초왕 환현은 친위병의 도움을 받아 도망치다가 유유의 군사들에게 목이 잘렸다. 유유는 심양에 유폐돼 있는 안제를 모셔다가 다시 황제로 복위시켰다. 하지만 안제는 이름뿐인 황제였고 유유가 전권을 장악했다. 안제는 몇 달 후 유유가 보낸 자객 왕기지에게 죽음을 당했다. 동진의 마지막 황제는 안제의 뒤를 이은 공제恭帝이다. 유유는 남연南燕과 후진後秦을 차례로 멸망시키고 송왕조의 건국 기초를 다졌다.

육조문화를 일으킨 남북조南北朝 시대

[주요 인물]

유유 _ 남연 후진을 멸하고 남조를 건국. 아명은 기노寄奴, 자는 덕여德輿, 시호는 무제武帝이다. 동진의 마지막 황제인 공제에게서 강제로 제위를 물려받아 송宋 왕조를 세워 남조南朝의 시작을 알린다. 농업생산을 발전시켜 '원가元嘉의 치治'의 기초를 놓는다.

소도성 _ 난릉蘭陵의 하급병사 출신으로 유송 왕실의 유휴범의 반란을 진압하여 권력자가 된다. 폐제 유욱을 제거하고 순제를 옹립한 후 선양을 받아 제나라를 건국한다. 자는 소백紹伯, 묘호는 태조太祖, 시호는 고제高帝이다.

소연 _ 양나라를 세운 무제. 불교를 신봉해 황제보살로 불린다. 불교에 빠져 정사를 돌보지 않고 백성들이 도탄에 빠져 허덕이자 후경侯景이 반란을 일으킨다. 재위 중 네 번이나 제위에서 물러나 절에 들어가 불도를 닦았는데 그때마다 신하들은 엄청난 돈으로 무제를 사서 다시 황제의 자리에 앉힌다.

후경 _ 불교에 미친 무제를 굶겨 죽이고 한나라 건국. 난을 일으켜 130일 만에 성을 함락하고 무제의 3남 소강蕭綱을 간문제로 옹립했으나 곧 황제를 폐하고 자신이 황제에 올라 국호를 한漢이라 부른다. 폭군으로 광릉을 침공했을 때는 백성들을 잡아다가 허리까지 파묻고 활을 쏘게 해 즐겼다고 한다.

진패선 _ 후경을 꺾고 진陳나라 세운 인물. 군인 출신으로 자는 흥국興國, 묘호는 고조高祖, 시호는 무제武帝.

효문제 _ 효성이 깊은 북위의 임금. 척발족과 한족을 융화시키려고 많은 노력을 했다. 호족과 한족의 혼인 장려, 선비어의 폐지, 변발 풍습 금지, 선비족의 옷을 버리고 한족 옷 입기, 한족의 성姓으로 바꾸기 등 적극적으로 한족의 문화를 본받으려 한다.

풍윤 _ 효문제의 후궁으로 좌소의左昭儀에 오른 요부. 피부병에 걸려 궁밖에서 요양하는 동안에도 남자시종과 사랑에 빠지는가 하면 가짜환관인 내조관원 고보살과 통정한 것이 효문제의 귀에 들어가 사약을 받는다.

우문각 _ 서위의 보거를 폐하고 주나라(북주) 건립. 그의 아들 우문옹이 제위를 이어받아 무제가 되어 억불 정책을 실시한다.

유유劉裕, 남조(송) 시대를 열다

고모 장공주를 후궁으로 들인 효무제

전진前秦과의 전쟁에서 승리를 거둔 동진東晉은 차차 그동안 쌓였던 호족과 농민간의 갈등, 권신과 황제와의 모순이 표면화하면서 결국은 멸망의 길로 들어서게 되었다. 유유劉裕는 동진의 마지막 황제인 공제에게서 강제로 제위를 물려받아 송宋 왕조를 세우니 이것이 남조南朝의 시작이다. 유씨가 세웠다 해서 유송劉宋(남조南朝)이라고도 한다.

송의 무제 유유

유유가 재위 2년 만에 죽자 유의융劉義隆이 즉위하여 문제文帝가 되었다. 문제는 명군으로 선정을 베풀어 재위 30년 동안 태평성대를 이루었다. 이때를 역사는 '원가元嘉의 치治'라고 기록하고 있다. 그러나 문제의 뒤를 이은 황제는 모두 폭군들이었다. 송나라 4대 황제 효무제孝武帝 유준劉駿은 네로 황제도 부끄럽게 할 만한 문

제의 고제 소도성

란한 행동을 일삼다 신하들에게 무참히 살해됐다. 그는 자기에게는 고모인 신채新蔡 장공주長公主를 후궁으로 받아들였는가 하면, 임신 중인 신하의 첩을 궁중으로 불러들였다. 조정에다 자기의 비妃와 공주들을 불러내 한 줄로 세워 놓고는 주변에 있던 남자들에게 강제로 욕을 보이도록 하는 기행을 저지르기도 했다.

송나라는 479년에 멸망하고 소도성蕭道成의 제齊나라가 들어섰다. 이 제나라를 남제南齊라고도 부르고, 소도성이 세웠다 하여 '소제蕭齊'라고도 한다.

조카를 죽이고 제위에 오른 송나라의 폭군 유욱은 어느 날 낮잠을 자고 있는 소도성의 배꼽에 작은 원을 그려 놓고 멀리서 화살을 날리려고 했다.

'저놈이 언젠가는 나를 죽이려고 할거야.'

이상한 꿈을 꾸다가 깬 소도성은 부하인 왕경칙王敬則에게 유욱을 암살하도록 지령을 내렸다. 유욱을 제거한 소도성은 2년 뒤에 송나라의 마지막 황제 순제順帝로부터 제위를 물려받아 제나라를 세웠다. 소도성은 고제高帝가 되었다. 소도성은 즉위 후 선정을 베풀었으나 이후는 폭군들의 학정이 이어졌다. 소도성이 재위 3년 만에 죽자 제왕조는 태자 소적이 무제가 되었고 명제明帝로 이어졌다.

시대는 더욱 암울해져 명제 시대의 살육은 송나라 때보다 더 참혹했다. 명제는 자신의 정적이 될 만한 친족들을 닥치는 대로 죽였다. 명제가 죽고 그의 뒤를 소보권이 이었다. 소보권 역시 핏줄은 못 속인다는 듯이 포악한 정치로 나라를 다스렸다.

502년, 보다못한 옹주자사 소연이 군사를 일으켜 황제를 폐하고 소보융을 황제로 세웠다가 자신이 그 자리를 물려받았다. 소연은 나라 이름은 양梁이라 일컫고 자신을 무제武帝라 하였다. 소연은 어려서부터 책을 많이 읽었고 서예에도 능했다. 말년에는 《통사》, 《군경강소》 등의 책을 지었다. 양 무제는 정치를 잘해 성군으로 추앙을 받았다.

황제보살 양 무제의 최후

검소한 생활로 백성들의 신망을 얻었던 무제에게도 결점이 있었다. 그는 말년에 불교에 심취했는데 재위 중 4번이나 제위에서 물러나 건강에서 제일 큰 절인 동태사同泰寺에 들어가 불도를 닦았다. 그때마다 신하들은 황제 자리가 비어서는 안 된다고 생각하고 엄청난 돈으로 무제를 사서 다시 황제의 자리에 앉혔다고 한다. 그래서 양 무제를 '황제보살'이라고도 부른다. 당시 수도 건강에만 세워진 절이 5백여 개나 되고 승려가 10만을 넘었다고 기록돼 있다.

"황제는 부처님만 찾고 나라꼴이 말이 아니구나."

무제가 불교에 빠져 정사를 돌보지 않고 백성들이 도탄에서 허덕일 때 후경侯景이 반란을 일으켰다. 548년의 일이다. 불교로 인해 국가 재정이 파탄이 나고 무제의 동생 소굉이 엄청난 부정축재를 하며 백성들을 괴롭히자 후경이 난을 일으킨 것이다. 후경은 무제를 붙잡아 굶겨 죽였다. 이것이 '후경의 난'이다. 성을 함락한 후경은 무제가 유폐 상태에서 병사하자 무제의 3남 소강蕭綱을 간문제로 옹립했으나 551년 황제를 폐하고 자신이 황제에 올라

진의 무제 진패선

국호를 한漢이라 불렀다.

후경은 원래 북조의 동위東魏의 장군이었으나 547년 양나라에 투항해온 인물이다. 후경 역시 폭군이었다. 백성들을 잔혹하게 죽였고 광릉을 침공했을 때는 백성들을 잡아다가 허리까지 흙으로 묻고는 병사들에게 활을 쏘게 해 구경하며 즐겼다고 한다.

"후경의 학정을 더 이상 참고 견딜 수가 없다!"

견디다못한 백성들이 힘을 모아 여기저기서 반란군이 일어났다. 후경은 내란군에게 패해 배를 타고 도주하다가 진패선陳霸先이 이끄는 병사들에게 죽음을 당했다. 이때 왕승변이 진패선을 도왔다. 이 무렵, 양나라는 후경에게 죽음을 당한 간문제의 뒤를 이어 원제元帝가 즉위했다. 원제가 죽고, 13살의 소방지가 그 뒤를 이어 경제敬帝가 되자 왕승변과 진패선이 경제를 보좌했다.

진패선은 557년 경제敬帝로부터 강제로 제위를 물려받아 자신을 무제라 칭하고 국호를 진陳이라 하였다. 아주 소국이었던 진왕조는 무제·문제·선제를 이어 진숙보가 진왕조의 마지막 황제로 즉위했다. 마지막 황제 후주後主는 술과 사치에 빠져 살았을 뿐 정사에는 뜻이 없었다.

"술만큼 재미있는 인생이 어디 있으랴!"

태자 시절부터 술을 좋아한 후주는 사치와 향락을 일삼다 북조의 북주北周를 멸망시킨 수隋 문제文帝 양견楊堅의 침략을 받아 화살 한 번 날리지 못하고 맥없이 쓰러지고 말았다. 이로써 진왕조는 건국 22년 만에 막을 내렸다.

효자황제 효문제의 북조 시대

전쟁을 앞세워 천도를 하다

북위北魏는 6대째에 접어들어 효문제文帝가 즉위했다. 문제는 효성이 지극하고 총명한 황태자였다. 효문제文帝가 5살 때 황제가 되자 할머니 문명황후文明皇后가 섭정을 하였다. 젊어서 과부가 된 문명황후는 어린 문제를 독살하려고 별렀다. 헌문제를 23살 되던 해에 독살한 바 있는 문명태황태후는 성질은 포악했지만 수렴청정을 하면서 봉록제封祿制, 삼장제三長制, 균전제均田制 등의 제도를 실시하여 중앙집권화와 한족화를 추진했다.

490년 문명태황태후가 죽자 효문제의 친정親政이 시작되었다. 효문제는 균전제를 고수했다. 균전제는 국민은 15세가 되면 남자는 밭 40무, 여자는 20무를 받으며, 받은 사람이 죽거나 70세가 넘으면 나라에 반납하는 제도이다. 효문제는 척발족과 한족을 융화시키려고 많은 노력을 했다. 호족과 한족의 혼인을 장려하는 한편 선비어를 폐지하고 머리를 땋아 내리는 변발 풍습을 금지하였다. 선비족의 옷을 버리고 한족의 옷을 입게 하고, 성姓도 한족의 성으로 바꾸는 법을 만들어 공포하는 등 효문제는 적극적으로 한족의 문화를 본받으려 하였다.
"수도를 낙양으로 옮기겠다."
효문제는 이러한 정책의 일환으로 천도를 추진했다. 그러나 모두들 때가 아니라며 반대했다. 천도가 대신들의 반대에 부딪히자 이번엔 남방 원정 카드를 꺼냈다. 신하들은 전쟁은 더욱 안 된다며 한사코 반대했다. 대신들은 전쟁보다는 도읍을 옮기는 게 낫다고 생각하고 천도를 막지 않았다. 효문제는 이렇게 지혜를 발휘하여 낙양으로 도읍을 옮겼다.

황제의 사랑을 배신한 황후

여기서 효문제와 황후에 얽힌 얘기 한 토막을 기술한다. 중국에는 황제가 3백 명이 넘는다고 한다. 황제가 많다보니 죽은 이유도 각양각색이다. 굶어죽은 사람도 있고, 마누라에게 이불로 질식당해 죽은 경우도 있다. 그런가하면 효문제처럼 바람난 부인 때문에 화가 나서 죽은 경우도 있다.
효문제는 여러 명의 부인을 두었는데 모두 문성제의 황후인 풍태후의 조카딸들이다. 첫 번째 황후는 풍원馮媛이었는데 한어漢語를 하지 못해 폐서인되어 요광사瑤光寺로 쫓겨났다. 효문제의 한족화 정책에 위배되었기 때문이다.
"풍윤馮潤이 아름답다는데 보았으면 하노라!"
효문제는 이어 풍윤馮潤을 궁으로 들인다. 풍윤은 풍태후의 오빠인 풍희馮熙의 딸로 아주 미인이었다. 그녀는 효문제의 총애를 받았다. 그런데, 얼마 되지 않아 풍윤이 피부병을 앓게 되었다. 문명태후는 황제에게 전염될 것이 우려되어, 풍윤을 집으로 돌려보내서 여승이 되게 한다. 효문제는 그래도 풍윤을 잊을 수 없었다. 그렇지만 태후의 명을 거역할 수도 없었다.

그녀가 출궁한 후, 효문제는 문명태후의 뜻에 따라 풍윤의 여동생인 풍청馮清을 황후로 삼는다. 그래도 효문제는 풍윤을 잊지 못했다. 1년여가 지난 후 문명태후가 병사하자, 효문제는 풍윤의 피부병이 모두 나았다는 말을 듣고는 바로 낙양의 궁중으로 데려온다. 풍윤에 대한 사랑은 식지 않아서, 그녀를 좌소의左昭儀에 봉한다. 그 후 그녀는 수단방법을 가리지 않고, 여동생 풍청도 내쫓아 버리고 스스로 황후가 된다.

그러나 풍윤은 요부였다. 효문제는 사랑하는 풍윤이, 요양기간 동안에 남자시종과 사랑에 빠졌다는 것을 알지 못했다. 풍윤이 황후가 된 후의 몇 년 동안 효문제는 자주 군사를 이끌고 남으로 제나라를 정벌하러 나서 궁중에 머무는 시간이 많지 않았다. 풍윤은 옛 버릇이 다시 도져서, 내조관원인 고보살과 정을 통하기 시작한다. 고보살은 용모도 당당하고 신체도 건강한 자로, 거세를 하지 않은 채 후궁에 들어온 가짜환관이었다. 효문제가 여남에서 병이 들었는데, 풍윤은 공공연히 고보살과 궁중에서 놀아났다.

"황후의 행실이 좋지 않다는 소문이 파다하옵니다."

풍윤과 고보살의 통정이 효문제의 귀에 들어가자 이를 알게 된 풍윤은 용하다는 무당을 불러 효문제가 병석에서 일어나지 못하도록 굿을 했다. 이 일은 다시 소황문·소흥수에 의하여 효문제에게 보고되고 효문제는 낙양으로 돌아온 후, 고보살, 쌍몽 등 6명을 체포하여 심문하고 사실을 알게 된다. 그는 크게 상심한 데다가 과로가 겹쳐서 바로 병석에 눕는다. 그날 밤, 효문제는 함온실에 누워서 대신들이 지켜보는 가운데 풍윤을 불렀다. 풍윤은 죄를 인정하고 통곡을 하며 살려달라고 매달렸다. 효문제는 풍윤을 돌려보내며 이렇게 말했다.

"황후가 이미 황후로서의 덕을 잃었으나, 그녀를 폐할 수는 없다. 풍태후가 구천에서 실망할까 두렵다. 풍씨 혼자 궁중에 남아 있게 하라."

이 사건으로 충격을 받은 효문제는 몸이 계속 나빠져서 결국 남정 도중에 병사한다. 임종 전에 그는 팽성왕에게 자신이 죽은 후 황후를 참하라고 유언한다. 풍윤은 사약을 받고 죽었다.

노비 석방을 단행한 효무제

효문제는 황실의 성씨를 원씨元氏로 고치고, 구품관인법九品官人法을 부분 채용하여 남조를 모방한 북조 귀족제도를 만들었다. 이에 반발한 일부 세력이 반란을 일으켰지만 효문제의 시기에 모두 진압되었다. 하지만 효문제의 사후에 반발이 더 거세져 523년 육진의 난이 일어나 전국적인 규모로 확대되어 북위 멸망의 원인 중 하나가 되었다.

6진은 예전 수도 평성 주변을 방위하던 6곳의 군사주둔지였는데, 이곳은 예로부터 선비족의 유력자가 배치되어 있었다. 그 때문에 매우 중요시되어 좋은 대우를 받았지만, 수도를 천도한 뒤 대우가 나빠지면서 주둔 군인의 불만이 쌓인 것이 직접적인 원인이었다.

반란이 일어나던 시기 조정에서는 8대 효명제孝明帝와 생모 영태후靈太后 사이의 주도권 다툼이 일어나 528년 영태후가 효명제를 살해하여 혼란은 극에 달했다. 이를 진압한 것이 이주영爾朱榮이었다.

이주영은 6진을 진압하고 효장제孝莊帝를 옹립한 뒤 권력을 휘둘렀으나 효장제에 의해 살해되고, 효장제 또한 이주영 일족에게 살해당했다. 이 틈을 노려 이주영의 부하였던 고환高歡이 이주영 일족을 척살하고 정권을 장악했다. 고환에 의해 옹립된 북위 최후의 황제 효무제孝武帝는 고환의 전횡을 싫어해서 관중 일대에서 세력을 키운 군벌의 우두머리였던 우문태宇文泰에게로 도망쳤다.

고환은 534년 효정제孝靜帝를 옹립하였고, 우문태도 효무제를 살해하고 535년 문제文帝를 옹립했다. 534년을 기점으로 북위는 사실상 멸망했고, 북위는 동위와 서위로 분열하였다.

동위는 고환이 전권을 장악한 후 서위를 여러 번 공격했으나 만족할 만한 성과는 거두지 못했다. 고환은 547년 사망하고, 그의 아들 고징高澄이 계승했다. 이후 북위 왕조는 반란 등으로 점점 쇠약해갔다.

고환은 청하왕의 세자 선견善見을 황제로 삼았다. 이것이 동위東魏의 등장이다. 이로써 북위는 12대 149년 동안 이어오다가 이제 동위와 서위西魏로 갈라지게 되었다. 고징의 사후 550년 고징의 동생 고양高洋이 황제로부터 선양을 받아 제나라를 건국하고 남조의 제나라와 구별하기 위해 북제北齊라고

동위때의 낙타상(도기)

불렀다.

고양의 치세 초기엔 여러 개혁을 추진하고, 북쪽의 돌궐과 거란을 격파하는 등의 치적을 쌓았으나 후반기에는 북위의 황족이었던 원씨를 무수히 많이 살해하는 등의 폭거를 저질렀다.

한편, 우문태는 무제를 독살하고 남양왕 보거寶炬를 황제로 세우니 이것이 서위西魏이다. 이어 우문태의 아들 우문각宇文覺이 556년 보거를 폐하고 황제의 자리에 올라 국호를 북주北周라 하였다. 560년, 우문각의 아들 우문옹이 황제의 자리에 올라 주의 무제가 되었다.

"노비제도를 철폐하고 신분의 차이를 없애노라!"

무제는 전쟁 포로로 잡혀 노비가 된 자들을 자유의 몸이 되게 하는 노비 석방을 단행했다. 또한 노비보다 약간 높은 신분인 잡호도 석방해 주었다. 무제의 선정으로 나라는 부강해졌다. 무제는 북쪽의 돌궐과 남조의 진을 쳐 평정했다. 578년, 무제는 돌궐 정벌에 나섰다가 도중에 병으로 36살의 나이로 죽었다.

무제의 뒤를 계승한 선제宣帝는 기괴한 인물로 5명의 황후를 가졌다. 그중 한 명이 양견의 장녀였던 여화麗華였고, 여화는 우문천을 낳았다. 이 아이가 바로 후에 정제였다. 정제의 뒤를 보살피던 양견은 섭정으로 전권을 장악하게 되었고 북주를 멸망시키고 수나라를 세웠다. 588년 수의 문제 양견은 50만 대군을 출동시켜 진을 토벌했다. 이로써 남북으로 분열되어 있던 중국은 수隋 왕조에 의해 하나로 통일하였다.

39년 만에 막을 내린 수나라 시대

【 주요 인물 】

양견 _ 진을 멸하고 수나라를 세운 문제. 서위의 수국공이자, 대사공인 양충의 아들. 황제로 즉위한 후에는 세금을 적게 걷어 백성들의 고통을 덜어주고 대운하 공사도 백성들의 불만이 많자 중단시킨다. 과거제를 실시하여 중앙집권제를 강화하고 귀족세력을 억제했으며, 궁정의 소비를 줄이고 근검절약했다. 차남 양광의 심복이자 자신의 근위장인 장형에게 암살된다.

양제 _ 아버지와 형을 살해하고 황위에 오른다. 아버지의 후궁인 선화부인 진씨를 범하기도 한 그는 3차에 걸쳐 고구려를 침공하나 실패한다. 대대적인 토목 공사를 일으키고 장안에서 낙양으로 천도하기 위해 어마어마한 궁전을 짓는다. 각지에서 희귀한 석재와 목재를 수집하여 낙양의 서쪽에 서원西苑이라는 큰 정원을 건설하고, 그 안에 3개의 인공 섬을 지었으며, 여러 정자와 누각을 짓는다.

내호아 _ 수나라 장수로 고구려 침공에 앞장 섬. 양제의 명령을 어기고 단독으로 평양성을 함락시킬 욕심으로 개별적으로 군사를 진군시켰으나 외곽에 잠복해 있던 고구려 군사들에게 대패한다.

우문술 _ 살수대첩에서 고구려군에게 크게 패한 수나라 장수. 고구려의 화의 제의를 믿고 철군하다가 을지문덕의 반격으로 살수에서 전멸한다. 폐서인되었다가 복권돼 다시 고구려 원정에 나섰으나 또 실패한다.

양현감 _ 양제가 고구려를 침공할 때 내란을 일으키나 실패함. 수나라의 고구려 원정 당시 군량의 수송을 맡은 예부상서였으나 양제가 아버지 양소를 헐뜯고 일족을 멸할 것을 암시하는 말을 몰래 듣고는 친구 이밀李密을 끌어들여 내란의 음모를 꾸민다.

이연 _ 수나라를 무너뜨리고 당나라를 건설한 당 고조. 홍화군弘化郡의 유수를 맡아 다스리고 있을 때 수하의 고군아가 관할 지역을 침범하는 돌궐족에게 패하자 양제의 추궁을 받게 된다. 이에 차남 세민世民이 반란을 일으킬 것을 권한다. 수나라는 이연에게 망한다.

아버지와 형을 죽이고
황제가 된 수 양제

아버지의 후궁을 범하다

수문제

수나라가 중국 남북조 시대의 혼란을 진정시키고, 서진이 멸망한 후 분열되었던 중국을 약 3백년 만에 재통일한 왕조이지만 2대 황제 양제 때 폭정으로 인해 40년을 채우지 못하고 멸망하고 만다. 멸망의 원인은 전쟁광인 양제(양광)의 실정에 있다. 양제는 진시황제보다도 성격이 더 포악하고 무자비하여 중국의 황제 중 가장 폭군으로 손꼽힌다.

양제는 문제의 차남으로 어린 시절부터 뛰어난 재능과 용맹으로 양친의 사랑을 독차지했다. 하지만 그는 욕심이 많고 포악했다. 600년에 강남에서 일어난 고지혜의 난을 물리친 양광은 평소

행실에 문제가 있던 형 태자 양용을 폐위시키고, 수의 황태자에 올랐다. 이때의 양광은 청렴하게 살고, 의관도 누추하게 입는 모범적인 생활을 했으나 차츰 야심을 드러내기 시작하고 행실이 나빠졌다.

"양광이 계모를 넘보고 있다 하옵니다."

양광은 평소 사모했던 부황의 후궁인 선화부인 진씨를 범하려 했고, 이 소식을 들은 양견은 당시 병이 악화되었다. 문제가 자신의 후궁을 범하려 한 아들을 문책하려 했으나, 그것을 안 양광은 상서우복야 월국공 양소와 결탁하고, 시종무관장 장형, 장군 우문술 등을 대동하여 그날 밤에 장안 인수궁 대보전에서 아버지를 시해하였다. 뒤이어, 형인 양용에게 조작된 아버지의 유언장을 보내어 자결하라 일렀으나 자결하지 않자, 자신의 근위장 우문지급을 보내 죽여 버렸다. 뒤이어 양광은 그토록 사모하던 선화부인 진씨를 강제로 범하였다.

수나라를 세운 문제文帝는 개혁과 개방정치로 나라의 기틀을 다지면서 통일을 향해 신중하게 움직였다. 문제는 관리 등용에 있어 천거보다는 시험을 통해 뽑는 방법을 썼다. 또 나라의 안정을 위해 중앙집권체제를 확립하고, '병농 일치'의 제도를 도입했다.

"세금을 대폭 줄이고 부역을 줄여 백성들이 생업에 전념하도록 하라!"

문제는 백성들의 부담을 덜어주기 위해 부역과 세금을 줄이고 농사를 장려하는 등 국력을 강화하는 정치를 실현했다. 문제는 자신이 검소한 생활을 솔선수범하고 사치를 금하였다. 황제가 사치를 하지 않자 귀족들과 관리들도 이를 따랐다.

이 같은 문제의 선정으로 국력은 크게 신장했고 사회는 안정되었으며 경제는 탄탄한 기반 위에 섰다. 592년, 나라 창고를 조사했더니 조정에서 세금을 걷지 않아도 50여 년을 쓸 수 있을 정도로 곡식과 피륙이 쌓였다고 한다. 문제는 재물을 백성에게 돌려주고 그 해 세금을 일체 걷지 않았다.

이렇듯 선정으로 국력을 크게 키우고 백성들의 생활을 안정시킨 문제에게도 실정이 있었다. 문제는 자신의 정책에 반대하거나 조금만 의심이 들면 잡아다가 닦달을 했고 친구들까지 죽였다. 북주의 황조 우문씨는 종족이 없어질 정도로 학살했다.

나라 기둥을 흔든 대운하 공사

수 양제

604년, 수양제 양광은 즉위하자마자, 대대적인 토목 공사를 일으켰다. 605년 수도를 장안에서 낙양으로 옮기기로 하고 천도를 위해 낙양에서는 궁전을 짓는 공사가 벌어져 한 달에만 약 2백만 명의 백성이 동원되었다. 공사에 동원된 인부들은 거의 모두가 농민이었다. 각지에서 희귀한 석재와 목재를 수집하여 낙양으로 보냈으며, 이 과정에서 수십만 명의 사람들이 죽어갔다. 낙양의 서쪽에 서원西苑이라는 큰 정원을 건설하고, 그 안에 3개의 인공섬을 지었으며, 여러 정자와 누각을 지었는데 그 모습이 가히 장관이었다고 전해진다. 호수의 북쪽에는 용린거라는 수로를 만들어서 물이 그 바다로 흘러서 들어가게 만들었고, 그 물줄기를 따라 16개의 정원을 또 만들었다. 정원에는 각종 희귀 동물을 사육하여 즐겼고, 매일 밤마다 미녀들과 호화로운 연회를 베풀었다.

"물류의 원활한 유통을 위해 운하를 건설하노라!"

양제는 하천과 하천을 잇는 대운하 공사도 벌였다. 운하를 개통하여 남북 간의 문물교류를 활발히 함으로써 통합을 하고 통일을 실질적으로 완성하겠다는 것이 양제의 구상이었다. 당시 양자강 유역에서 생산된 곡식을 장안과 낙양 등의 도시로 보내는 일은 나라의 대사 가운데에서도 중요한 것이어서 대운하의 필요성은 설득력을 얻었다. 대운하 공사는 605년부터 6년 간에 걸쳐 실시했다.

양제는 대운하를 건설할 때, 40여 개의 별궁을 함께 지었으며, 운하 옆에는 대로를 건설해서 그 옆에 버드나무와 느릅나무를 심었다. 대운하 건설에는 자그마치 1억 5천만 명이나 동원되었고, 심지어는 운하에서 얕은 지대가 발견되자, 양제는 관리 책임자와 인부 5만 명을 강가에 생매장하는 극악무도함을 보였다고 한다.

"용머리를 얹은 유람선을 건조하라!"

대운하가 완공된 후 양제는 길이 2백 척에 높이가 4층이나 되는 용선龍船을 타고, 뒤에는 황후와 후궁, 대신, 승려, 도사 등이 탄 배들을 거느렸는데 그 길이가 무려 2백여 리에 달했다. 또한, 운하 5백 리 이내에서 사는 백성들은 양광에게 음식을 갖다 바쳐야 했는데, 배가 떠날 때가 되면, 이 음식들을 그냥 구덩이에 묻고 가버렸다. 이로 인해 많은 백성들이 도탄에 빠졌다. 배는 백성들이 끌고 다녔는데, 그 인부들이 무려 8만여 명이나 되었다고 한다.

궁전과 운하의 공사에 동원돼 지친 백성들은 스스로 팔다리를 자르는 자해극을 벌이면서까지 부역에 나가지 않으려 했다. 부역에 나가면 살아 돌아오지 못한다는 것을 잘 알기 때문이었다.
"만리장성을 더 쌓아라!"
한편 양제는 만리장성을 수축하는 공사도 병행했다. 공사장에는 열흘동안 1백만 명의 인부가 동원되었는데, 그 중 반 이상이 노동에 시달리다가 죽었다. 이 같은 공사는 국력을 약화시키는 결과를 가져왔지만 외교적인 면에서는 성과를 거두어 서역의 여러 나라에서도 대상大商들이 낙양을 찾아와서 상품을 사고 팔았다. 이로 인해 낙양은 성시를 이루었다.
양제는 사치와 허영에 빠져 있었다. 이 때문에 백성들은 굶주리고 헐벗었고 백성들의 원성은 하늘을 찔렀다. 양제는 문제와는 달리 백성의 노동력과 세금으로 자신의 욕망을 채우면서 서서히 나라를 구렁텅이로 몰아가고 있었다.

고구려를 깔보았던 수 양제

살수에 빠진 30만 수나라군

양제는 대운하의 건설과 만리장성의 수축, 천도에 따른 재정의 악화에도 불구하고 영토확장에 대한 욕심을 키워나갔다. 북방에서 중국을 넘보는 돌궐과 토욕혼을 공략하는데 성공하여 영토는 넓어졌다. 그러나 양광은 이것으로 만족하지 않고 동북부에서 세력이 커지고 있는 고구려에 113만 대군을 동원해 친히 원정에 나선다. 611년이었다.

"중국 영토만으로는 성에 차지 않는다. 고구려왕이 고분고분하지 않으니, 고구려를 쳐서 영토를 넓히겠노라!"

고구려 원정의 야망은 이에 앞서 문제 시대부터 있었으나 실현되지 못했다. 양제는 고구려 사신들이 조정에 참렬할 것을 요구하였으나 고구려의 영양왕은 이를 묵살했다.

수의 원정군은 1백 만이 넘는 군대가 12군단으로 나누어 순서에 따라 매일 1군단씩 출발했는데 그 길이가 1천 리가 넘었다고 한다. 양제는 백성들의 피땀으로 만든 용선을 타고 백성들이 판운하를 거슬러 올라가 탁군에 도착하였다.

"우리는 요동성으로 간다. 반드시 승리해서 돌아와야 한다!"

수나라 원정군은 요서에서 요하를 건너 요동성을 공격했으나 고구려 군사의 사수로 성은 쉽게 무너지지 않았다. 수로군의 총사령관 내호아來護兒는 단독으로 평양성을 함락시킬 욕심으로 양제의 명령을 어기고 개별적으로 군사를 진군시켰으나 외곽에 잠복해 있던 고구려 군사들에게 대패하고 말았다.

"내호아가 단독으로 평양성을 공격하다가 역습을 받아 전멸을 당하였다 하옵니다."

이 보고를 받은 양제는 화가 머리끝까지 솟아올랐다. 요동성이 함락되지 않아 몸이 달아올랐던 양제는 요동성 공략을 포기하고 평양으로 직행하라고 명령을 내렸다. 양제의 명령을 받아 우문술·우중문·유사룡 등이 압록강을 건넜을 때는 수나라 군사들은 싸우기도 전에 몹시 지쳐 있었다. 물론 고구려 군사들도 지쳐있었지만 게릴라 전법으로 수군은 더욱 지치게 만들었다. 수나라 군대가 살수를 건넜을 때는 군사들 거의가 전의를 상실한 상태였다. 이때 고구려의 장군 을지문덕이 수나라에 사자를 보내 철수의 뜻을 전달했다. 수나라가 먼저 군대를 철수하면, 고구려는 왕을 모시고 양제에게 나아가 조회하겠다고 그 동안 거절해온 입조를 제의한 것이다.

"고구려가 입조를 하겠다 하옵니다."

"고구려가 입조를 하겠다고? 그렇다면 전쟁을 계속할 필요가 없지!"

총사령관 우문술은 원정으로 수나라 군대가 극도로 피로한 상태였으므로 철군을 명령했다. 하지만 고구려의 입조 약속은 을지문덕이 거짓으로 항복한 술책이었다. 수나라 군대가 질서 없이 철수하기 시작하여 살수를 반쯤 건넜을 때 칼을 놓고 있던 고구려 군사들이 일제히 일어나 수나라 군사들을 추격하여 닥치는 대로 쓰러뜨렸다. 수나라 대군은 고구려군의 급습을 받아 전멸 상태에 이르렀다. 이를 우리나라에서는 을지문덕의 '살수대첩'이라 한다. 살수 싸움에서 수나라 군사는 완전히 무너져 살아서 돌아간 군사는 겨우 2천7백여 명에 불과했다. 이로써 수 양제의 제 1차 고구려 원정은 싸움 한 번 제대로 해보지 못하고 완전 실패로 끝났다.

반란군에 쫓겨가는 수 원정군

양제는 패전 책임을 물어 우문술을 서인으로 폐하고, 유사룡은 사형에 처했다. 이듬해인 613년, 양제는 제 2차 고구려 원정을 감행했다. 이번에도 양제는 원정군을 따라 나섰다.
"작전을 변경한다! 평양성은 단숨에 공격하기 어려우니 작은 성을 하나씩 함락해 나아간다!"
양제가 작전을 변경한 이유는 1차 원정 때 퇴각하는 과정에서 고구려군의 게릴라 전술에 큰 타격을 입었기 때문이다. 하지만 양제가 원정길에 올랐을 때 본국에서 반란이 일어났다는 소식이 날아들었다.
당시 군량의 수송 담당은 예부상서 양현감楊玄感이었다. 그는 군수물자 수송을 고의적으로 지연시키며 타격을 주다가 마침내는 반란을 일으켰다. 양제는 군대를 철수시키지 않을 수 없었다.

양현감은 양소의 아들이다. 양제는 황태자에 오를 때 양소의 도움을 받았고, 태자의 자리에서 쫓겨날 뻔했을 때도 양소가 구해주었다. 그런데도 양제는 양소 만년에 그에게 명예직만 주었다. 양소는 이것이 불만이었다.

양현감은 어느 날 양제가 아버지 양소를 헐뜯고 일족을 멸할 것을 암시하는 말을 몰래 듣게 되었다. 그래서 양현감은 친구 이밀李密을 끌어들여 내란의 음모를 꾸민 것이다. 때를 같이하여 하북, 산동, 하남 등지에서도 농민 반란이 불길처럼 타올랐다. 낙양의 공격에 실패한 양현감은 우문술, 내호아 등에게 크게 패하고 동생 양적선에게 자신의 목을 베게 했다.

2차 원정도 실패한 양제는 이듬해인 614년에 다시 고구려를 쳐들어갔다. 제 3차 원정에도 양제가 선두에 섰다. 양제가 평양을 향하고 있을 때 고구려에서 화친을 제의하는 사자가 왔다.

"귀국의 곡사정을 돌려보내겠으니 강화를 맺읍시다."

곡사정은 수나라의 병부시랑을 지낸 인물로 수나라의 군사기밀을 모두 갖고 고구려에 망명한 인물이다. 따라서 수나라로서는 어떻게 해서라도 붙잡아 죽여야할 인물이었다. 양제는 제2차 고구려 원정 때 내란을 일으킨 양현감과 내통하고 고구려로 망명한 곡사정을 돌려보내 준다는 말에 귀가 솔깃했다. 고구려 쪽에서도 벌써 3년이나 수나라 군대를 맞아 싸우다 보니 국력이 기울고 피폐해진 것은 마찬가지였다. 또 고구려로서는 남쪽에 있는 백제, 신라의 공격을 우려하지 않을 수 없었다. 그래서 양제가 3차 고구려 원정에 나서자 국력의 소모를 막기 위해 화친을 요청한 것이다.

양제는 고구려의 화친을 받아들였다. 양제가 고구려의 화친을 받

수나라때
적양군의 반란도

아들인 것은 2차 때 양현감이 일으켰듯 국내에서 또 반란이 일어날까 봐 두려웠기 때문이었다.

낙양으로 돌아온 양제는 반란 때 불타 없어진 용선을 다시 만들게 했다. 백성들의 원성이 자자했다. 양제가 용선을 다시 만들게 한 것은 유사시에 강도江都로 몸을 피하기 위해서였다. 하급관리인 임종이 강도로 가면 수 왕조가 멸망할 것이라는 상소를 올렸으나 양제는 듣지 않고 임종을 척살했다.

곳곳에서 반란이 일어나자 양제는 616년 일단 남쪽에 근거지를 확보해야 한다고 생각하고 강도로 갔다. 반란군의 규모와 지역이 커지자 양제는 강도에서 꼼짝할 수 없게 되었다. 반란군은 두건덕竇建德, 두복위杜伏威, 이밀 세력과 지방 관리들도 점차 자신들만의 세력을 구축하고 모반을 꾀했다. 그 가운데 막강한 힘을 기르고 있는 사람은 태원에서 군사를 일으켜 관중을 근거지로 삼고 있는 이연李淵이었다. 그는 후에 당왕조를 창업하게 된다.

수성守成에 실패한 수 양제

수왕조가 망해가고 있다는 것은 이제 삼척동자도 아는 뻔한 사실이 되었다. 당국공 이연李淵이 홍화군弘化郡의 유수를 맡아 다스리고 있을 때 돌궐족이 수나라의 내란을 틈타 관할 지역을 침범하는 일이 있었다. 이연은 고군아高君雅에게 군사를 주어 돌궐을 토벌하도록 하였으나 고군아는 제대로 싸워보지도 못하고 패하고 말았다. 보고를 받은 양제는 이연을 강도로 소환했으나 이연의 차남 세민世民은 처벌을 예상하고 가지 못하게 막았다. 그리고 아버지에게 이렇게 말했다.

"민심은 천심이라 했습니다. 백성들의 뜻에 따라 의병을 일으켜야만 우리 일족이 살아 남습니다."

세민은 어려서부터 총명하고 용기와 결단력이 뛰어났다. 야심도 만만찮아서 언젠가는 천하를 품을 꿈을 키우고 있었다. 아들의 말에 이연은 소스라치게 놀랐다.

"어찌 그런 반역의 말을 하느냐?"

그래도 이세민의 간언은 멈추지 않았다. 이튿날 세민은 또 이연에게 이런 말을 하였다.

"백성들 사이에 도참설이 나돌고 있습니다. 이씨가 천하를 차지한다고 생각하고 있는 것입니다. 아버지께서는 지금까지 많은 반란을 평정하여 그 공은 높으시지만 오히려 위로부터 질시를 받아 위험에 처해 있습니다. 때를 놓치면 화를 부르게 됩니다. 민의를 따라야 합니다."

617년 이연이 군사를 일으키자 이세민은 군사를 이끌고 서하군과 곽읍 등을 차례로 함락시키고, 한성과 풍익군도 빼앗아 아버지를 크게 도왔다. 이연은 연전연승을 거두었다. 가는 곳마다 군사들이 몰려들어 막강해진 이연의 군사는 장안성을 어렵지 않게 함락시키고 당왕唐王이 되었다. 이연은 양제의 손자 양유楊侑를 황제로 세우고 강도에 있는 양제를 태상황太上皇이라 하였다.

정국을 장악한 이연은 황제를 대신해 권력을 행사했다. 강도에서 태상황이 된 양제는 수나라도 이제는 끝장이라고 생각하고 짐독을 준비했다. 남에게 살해당하느니 스스로 목숨을 끊겠다는 생각이었다. 하지만 친위대가 짐독을 마시고 죽는 것마저도 허락하지 않았다. 양제는 결국 부하의 손에 목이 졸려 죽음을 당했다. 618년 3월의 일이었다.

"수의 양제가 강도에서 시해되었다 하옵니다."

이 소식이 장안에 전해지자 이연은 그 해 5월에 장안에서 양유를 폐하고 황제의 위에 올랐다. 선양의 형식을 취한 것이다. 이연은 나라 이름을 당唐, 연호는 무덕武德으로 하고 큰아들 건성을 태자로 삼았다. 수나라는 3대 39년 만에 막을 내렸다.

중국 역사상 가장 찬란한 황금시대 당唐

[주요 인물]

이세민 : 당나라 개국의 일등공신. 당 태종. 재위기간 중 돌궐족을 몰아냈고 중국을 통일한다. 20세도 되기 전에 아버지 이연에게 무너져 가는 수나라에 대해 반기를 들 것을 권유하고 다른 11명의 경쟁자들을 무찔러 천하를 장악하는 데 결정적인 역할을 한다. 형과 동생을 죽이고(현무문의 변) 태자에 책봉된다.

측천무후 : 당 태종의 후궁으로 황후에 오르고 후일 중국 최초의 여황제가 된다. 예종을 섭정하다가 자신을 신성황제神聖皇帝라 일컫고 예종에게 자신의 성인 무씨武氏를 내리고 황사皇嗣로 정한다(무주혁명武周革命). 남성편력이 다양해 거느린 남자가 무려 3천 명에 이른다고 전한다.

현종 : 양귀비와 사랑에 빠져 나라를 망침. 양귀비는 자신의 아들인 수왕壽王 이모李瑁의 부인이었는데 아들에게는 다른 여자를 얻어주고는 그녀를 데리고 지내면서 정사는 돌보지 않는다. 결국 안록산의 난을 불러와 양귀비는 친위대에 의해 액살형(목매 죽는 것)을 당하고 자신은 제위에서 물러난다.

안록산 : 양귀비의 양아들로 양귀비의 오빠 양국충을 토벌한다는 이유로 난을 일으킴. 안록산의 난은 안록산의 부장 사사명史思明이 이어 받아 낙양을 함락시킨 후 스스로 대연황제大燕皇帝라 칭하지만 곧 아들에게 살해된다.

황소 : 소금 밀매업자로 반란을 일으킴. 874년 복주 지방의 소금 밀매업자 왕선지王仙之가 농민을 모아 하남성에서 반란을 일으키자 여기에 호응한다. 부하들에게 추대되어 충천대장군衝天大將軍이 되고 881년 1월 8일 마침내 장안에 입성한다. 그는 국호를 대제大齊라 일컫고, 연호는 금통金統이라 한다.

주전충 : 처음에는 황소의 부장이었으나 칼을 거꾸로 들이대 황소의 난을 진압하고 후량을 건립. 본명은 주온朱溫. 904년 당의 소종을 시해하고 소종의 13살짜리 아들을 애종哀宗으로 옹립했다가 907년 폐위하고 스스로 후량의 초대 황제 자리에 오른다.

조광윤 : 부하들의 옹립으로 송왕조 건립. 요나라 군사와 싸우러 나갔는데 부하 장병들이 잠자고 있는 그를 깨워 황제로 옹립한다.

야심가 이세민의 천하통일

승리의 축배를 들다

이연이 당 고조高祖가 되었으나, 전국을 완전히 통일한 것은 아니었다. 수의 양제가 죽은 후 하남 지방에서는 왕세충王世充과 이밀이 대결 상태에 있었다. 이연은 설거·설인고 부자와 유주무를 격파하여 군사력을 강화한 다음 차차 천하통일의 기반을 다졌다.

621년, 이연은 이세민을 총사령으로 삼아 낙양을 거점으로 하고 있던 왕세충王世充의 공격에 나섰고 2년 뒤 왕세충이 성문을 열고 이세민에게 항복함으로써 완전히 천하를 통일했다. 유흑달이 반란을 일으켜 하북 땅을 차지하고, 돌궐과 연합하여 당나라를 괴롭혔으나 623년 역시 이세민에 의해 평정되었다. 이어 남은 반란 세력을 섬멸함으로써 승리의 축배를 들었다.

하지만 기쁨을 누릴 겨를도 없이 후계자 싸움에 휘말려 골치를 앓게 되었다. 세민이 반란군을 퇴치하는데 큰공을 세우자 형제들이 황제 자리를 노리고 암투를 벌이기 시작한 것이다.

원래 황태자는 고조의 큰아들 건성이었다. 진왕 세민의 세력도 강했지만 고조의 셋째 아들인 제왕 원길도 제위를 노리고 있었다. 태자 건성의 주장은 이랬다.

"나는 태자로 책봉된 사람이다. 따라서 당연히 황제가 되어야 한다."

하지만 세민의 주장도 만만찮았다.

"나는 목숨을 걸고 여러 반란군을 무찔렀다. 그때 건성은 무엇을 했는가? 내가 당연히 황제의 자리를 이어받아야 한다."

아들들의 제위 싸움에 고조는 확실한 결정을 내리지 못하고 수수방관하고 있었다. 이에 앞서 고조는 이세민이 두건덕과 왕세충을 격파한 공로로 '천책상장'이라는 새로운 칭호를 만들어 하사하고 그 포상으로 장안성 밖 서쪽에 홍의궁을 지어 주었다. 그러나 세민은 홍의궁보다는 황태자 자리를 원하고 있었고, 자신의 별궁이 없는 건성으로서는 세민이 홍의궁에 거처하는 것이 못마땅했다. 건성은 동궁에서 잘 훈련된 부하들을 거느리고 있었다. 그는 동생 세민에게 위기의식을 느끼고 있었다.

현무문에서 형과 아우를 베다

"아무래도 내가 황제 자리에 오르는데 세민이가 걸림돌이 될 것만 같아."

건성이 책사 위징에게 속내를 털어놓자 위징은 하루라도 빨리 세민을 제거해야 재앙을 막을 수 있다고 조언했다. 한편 원길도 그 세력이 태자 건성이나 진왕 세민 만은 못했지만 지략이 있고 용맹이 뛰어난 장수였다.

'세민 형만 없앤다면 내가 황제가 될 수 있을 텐데······.'

원길은 장형 건성은 감히 자기의 상대가 되지 못할 것이라고 자신을 과신하고 건성과 연대하여 세민을 없앨 음모를 꾸몄다.

"진왕 세민이 모반을 꾀하고 있다!"

원길과 건성이 퍼뜨린 헛소문이 고조의 귀에 들어가자 고조 이연은 이 말을 사실로 알고 세민을 죽이려고 하였다. 이에 진숙달陳叔達이 깜짝 놀라 고조에게 간했다.

"사실이 아니옵니다. 폐하를 도와 반란군을 평정하고 천하에 큰 공을 세운 진왕을 벌하시다니 아니 되옵니다."

진숙달의 간언에 고조는 생각을 바꾸었다. 이를 알게 된 세민은 역공을 노리고 사람들을 풀어서 건성과 원길의 움직임을 낱낱이 보고 받고 있었다. 세민은 급히 고조를 알현하고 형과 아우의 동향을 보고했다.

"형과 동생이 제가 반란군을 몰아낸 공을 시기한 나머지 죽이려고 음모를 꾸미고 있다 하옵니다!"

자신이 황제가 되는데 큰공을 세운 세민을 굳게 신임하고 있었던 고조는 두 아들을 불러서 꾸짖겠다고 말하고는 달래 보냈다. 세민은 마침내 거사할 뜻을 굳혔다. 세민은 현무문 수비대장 상하常何를 매수해 거사를 추진키로 하고 현무문 부근에 군사를 숨겨두기로 했다. 황제를 알현하려면 반드시 현무문을 통과하게 되어 있었다. 또, 현무문은 출입증이 없으면 누구도 들어갈 수 없었고 무장병은 절대로 통과시키지 않았다.

현무문의 수비대장 상하는 원래 건성의 심복이었다. 때문에 건성은 현무문을 전혀 의심치 않았다. 새벽이 되자 태자 건성과 원길은 거느리고 온 무장병들을 문밖에 기다리게 하고 무장 해제된 부하 몇 명만 데리고 현무문을 들어섰다. 건성과 원길은 현무문에 들어서자마자 세민이 숨겨 놓은 복병들에게 무참히 살해당했다. 이것을 '현무문의 변'이라 한다. 626년의 일이다.

세민은 태자 건성의 아들과 원길의 아들도 모두 죽여 씨를 끊어 버렸다. 이 사건이 있은 사흘 후 고조 이연은 진왕 이세민을 태자로 책봉했다.

2개월 뒤 고조는 퇴위했고 태자 이세민은 동궁인 현덕전에서 황제의 위에 오르니 그가 당 태종太宗이다.

중국 최고의 성군 당태종

문화가 꽃 피었던 정관지치貞觀之治

당 태종은 제위에 오른 다음해에 연호를 정관貞觀으로 고쳤다.

"정치에는 나름대로 도가 있고 구분이 있는 법이오. 난을 평정하는 데는 무武를, 세상을 다스리는 데는 문文을 써야 화평한 국가가 된다고 믿소."

당 태종

정관 원년인 627년 정월, 당 태종은 새해를 맞아 문무대신이 참석하는 성대한 연회를 열고 이 같이 말했다. 태종은 문무가 조화를 이루는 정치를 선언했다. 의견을 물어 신하들의 충언을 듣는가 하면 민심을 청취하여 어진 정사를 펼쳐 나갔다. 또 하나 부정 척결에 단호한 의지를 보였기 때문에 나라가 발전할 수 있었다. 태종은 또 인재 등용에 있어서도 신분보다는 실력을 중시하고 과거제도를 통해 새로운 인재를 등용했다.

태종은 비록 형제를 살해하고 아버지를 위압해 제위에 올랐지만 중국이 자랑하는 역대 군주 가운데 첫손에 꼽히는 뛰어난 인물이었다. 후세의 사가들이 묘사한 태종의 모습은 다음과 같다.

현명하고 능력 있는 사람을 선발해 어진 군주가 되려고 노력했고, 간언을 허심탄회하게 받아들여 자신의 잘못된 행실을 바로잡으려 했으며, 부역과 세금을 가볍게 하여 백성들을 아꼈고, 형법을 신중하게 사용해 법제를 보존시켰다. 또한 문화를 중시해 풍속을 아름답게 가꾸고, 백성들이 농사철을 놓치지 않게 했으며, 군주와 신하가 서로 거울이 되어 선행과 선정을 베풀도록 노력했다. 그리고 그 스스로 매우 근면하고 검소했다.

당태종의 언행과 사상을 기록한 《정관정요貞觀政要》에서는 당시의 사회상을 다음과 같이 적어놓았다.

관리들은 대부분 스스로 청렴한 생활을 했다. 왕공이나 후비, 공주의 집안, 세도가나 간사한 무리를 엄격히 통제했다. 이들은 국법의 위력을 두려워하여 감히 일반 백성들을 침범하거나 억누르지 못했다. 상인이나 여행객이 벽지에 투숙하더라도 강도를 만나지 않았고, 천하가 잘 다스려졌기 때문에 감옥은 항상 비어 있었다. 말과 소는 산과 들에 자유롭게 방목하고, 외출할 때는 몇 개월씩 문을 잠그지 않아도 아무 문제가 없었다. 해마다 농사가 풍작이었으므로 쌀 한 말이 3, 4전에 불과했으며, 여행객은 장안에서 영남까지, 산동에서 동해까지 모두 입을 것과 먹을 것을 길에서 공급받을 수 있었다.

어느 해에 관중과 관동 지방에 3년이나 흉년이 계속돼 백성들의 생활이 말이 아니었다. 굶주리다 못하여 아들과 딸을 팔아 생계를 유지하는 백성도 생겨났다.

"황실 금고를 열라! 그 돈으로 곡식을 사서 흉년으로 고생하는 백성들에게 나누어주어라!"

태종은 구휼품을 풀어 백성들을 구제하고 팔려간 아들 딸도 되사다가 부모 품에 안겨 주었다. 한편 태종은 백성들의 생활에 관심을 기울여 조용조법租庸調法을 시행했다. 태종의 정치는 나라를 부강하게 하고 이상적인 제도를 만들어냈다. 이때를 '정관지치貞觀之治'라 한다.

당 태종과 고구려 양만춘의 대결

고구려의 연개소문이 임금 영류왕을 시해한 뒤에 보장왕을 세우고, 백제와 협력하여 신라를 쳐들어갔다.

"신라가 어렵다니 연개소문을 쳐서 신라를 구하라!"

644년, 당 태종 이세민은 10만 군사를 일으켜 고구려 원정에 나섰다. 요하를 건넌 당나라 군사들은 요동성을 함락하고 백엄성을 빼앗았으며 안시성을 공격했다. 하지만 안시성은 의외로 견고했다. 1년 가까이 맹공을 퍼부어도 끄덕도 하지 않았다. 당시 안시성의 성주는 양만춘 장군이었다.

고립무원의 상태에서 양만춘을 중심으로 안시성 군민軍民의 항전이 시작되었다. 당군은 온갖 방법으로 성을 공격했으나 안시성의 군·민은 완강히 저항했다. 당군은 흙산을 쌓아 성을 공격하려

했으나 오히려 고구려군이 먼저 흙산을 점령함으로써 실패했다. 이렇게 공방전이 3개월 동안 계속돼도 성과가 없고, 추위가 닥치면서 군량까지 바닥이 나게 되자 당군은 철수할 수밖에 없었다.

　철수가 시작되자 당 태종은 안시성 앞에서 송별의 예禮를 행하고 비단 1백 필을 남겨 그 충성을 격려했다고 한다. 고려 후기의 학자 이색李穡이 지은 시 〈정관음貞觀吟〉에는 이 싸움에서 당 태종이 화살에 한쪽 눈을 잃었다고 전한다. 이로써 당 태종의 제1차 고구려 원정은 실패했다. 고구려 측의 피해도 컸다.

　태종의 고구려 원정은 이후에도 두 차례나 더 감행되었으나 뜻을 이루지 못했다. 고구려 원정을 위해 태종은 군수물자를 수송할 배를 건조케 했는데 이로 인해 백성들은 굶주리고 나라는 피폐해졌다. 당 태종은 불로장생을 위해 지방의 밀방을 궁에 들여다 정제하여 먹었는데 이것이 잘못돼 병을 얻어서 세상을 떠났다. 이때 그의 나이 51세였다.

중국 최초의 여황제 측천무후

아버지의 후궁을 비妃로 삼은 고종

세계의 역사를 들여다보면 왕을 비롯한 권력층에 숱한 근친상간의 불륜을 읽을 수 있다. 서양에서는 물론이요, 가까운 중국이나 일본(일본은 근친상간이 더 심했다), 우리나라에서도 간간 찾아볼 수 있다. 중국 최초로 황제의 자리에 오른 측천무후는 근친상간의 표본이라 할 수 있다. 재색과 용맹을 겸비했던 그녀는 당 태종과 그의 아들인 고종과 잇달아 살을 섞어 2대에 걸쳐 궁에 들었을 뿐만 아니라 화려한 남성 편력으로 인구에 회자된 여걸이다.

측천무후의 성은 무武, 이름은 조照로, 산서 문수文水에서 목재상을 하는 아버지에게서 태어났다. 무조의 아버지 무수확은 수 양제때의 토목공사 덕분에 거부가 되었는데 후일 이연(당 고조)이 수나라를 치는데 군수관을 담당하면서 당의 개국 공신이 되어 신흥귀족으로 군림하게 되었다. 무수확의 둘째딸인 무조는 커가면서 더욱 아름다워져 소문이 마침내 태종의 귀에까지 들어가게 되었다.

당나라 궁중의 여인들

"빼어난 미녀가 있다는데 궁으로 불러 짐이 얼굴 좀 보리라!"

이렇게 해서 무조는 궁중에 들어 태종의 사랑을 받으면서 미랑으로 불렸다. 당시 태종은 40살이 넘었고 미랑은 13살이었다. 이 때는 당나라가 태종의 노력으로 중국을 막 재통일한 시기였다. 미랑이 태종의 후궁으로 들어온 당시의 궁중 생활에 대해서는 별로 기록이 없다. 다만 649년 태종이 죽을 무렵 이미 태자(후의 고종)와 깊은 관계에 있었다고 전한다. 미랑은 성질이 매우 거칠었는데 그 일화가 하나 있다.

그녀가 황궁에 들어온 지 얼마 되지 않아서였다. 태종은 후궁들을 데리고 성질이 포악하여 '사자총'이란 이름이 붙은 말을 보러 갔다. 태종은 사자총을 보고 웃으면서 말하였다.

"그대들 중에서 저 말을 제압할 재주를 가진 사람이 있겠는가?"

후궁들은 아무도 감히 나서서 대답을 하지 못하였지만 미랑은 그것을 할 수 있다고 대답하였다. 태종은 의아한 시선으로 그녀를 바라보면서 그 방법을 물었다.

"저에게 채찍과 철퇴·비수만 주시면 됩니다. 먼저 저 말이 말을 순순히 듣지 않으면 채찍으로 치고, 그래도 듣지 않으면 철퇴로 머리를 후려치고, 그래도 계속 난동을 피우면 비수로 저놈의 목을 따 버리겠습니다."

　태종이 승하하자 후궁 미랑은 관습대로 비구니가 되어 감업사라는 절에 은거하고 있었는데 신임황제인 고종이 태종의 기일에 맞춰 그곳에 갔다가 미랑을 보고는 옛정에 사로잡혔다.

　한편 고종은 황후 왕씨 외에 소씨를 사랑하여 숙비라는 작위를 내렸는데 왕황후가 이를 질투했다.

　'소숙비가 황제의 사랑을 독차지하다가는 장차 무슨 일이 일어날지 몰라. 미랑을 불러들여 소숙비에게 향한 황제의 마음을 돌려놓자.'

　이렇게 생각한 왕황후는 절에 있는 미랑을 궁으로 불러들였다. 하지만 여우를 잡기 위해 범을 데리고 온 셈이 되었다. 태자 시절부터 미랑을 사랑했던 고종은 좋은 기회라 여기고 그녀에게 소의昭儀라는 비妃의 지위를 주었다. 미랑이 다시 황궁에 들어갔을 때는 이미 28세였다. 10대의 후궁들이 나대는 궁궐에서 무소의는 고종의 마음을 자기에게 잡아두기 위하여 갖은 방법을 동원했다. 고종에게는 모두 12명의 자녀가 있었는데 뒤의 6명이 무소의의 소생인 것을 보면 당시 그녀에 대한 고종의 총애가 어느 정도였던지 짐작하고도 남음이 있다. 소의가 된 무조는 황후와 짜고 소숙비를 모함하여 궁중에서 쫓아냈다.

　'왕황후를 제거해야지.'

　소의는 이어 궁중 내의 비빈들을 제거하고 마침내는 자신이 낳은 공주를 죽여 그 죄를 왕황후에게 뒤집어씌웠다. 믿는 도끼에 발등 찍힌 꼴이 되었다. 무소의는 마침내 황후를 폐위시키고 655년에는 자신이 꿈에도 그리던 황후의 자리를 차지하고 측천무후則天武后로 불렸다. 그녀의 나이 32세 때의 일이었다.

당나라 측천무후

그녀는 정치에도 손을 뻗쳐 수렴청정을 하게 되었고 그 권력은 날이 갈수록 강대해져 고종도 그 기세에 눌릴 지경이 되었다. 무후는 자신의 세력을 이용하여, 태종 때부터 봉직해 온 중신들을 차례로 숙청했다. 이들은 무후가 황후에 봉해지는 것을 반대했던 대신들이었다. 그들이 반대한 주된 이유는 무후가 선제先帝인 태종의 후궁이었다는 점을 들어 무후와 고종의 관계는 근친상간이 되므로 그 관계를 청산해야 한다고 주장했다.

그러는 가운데 무후는 자기를 지지해주는 무리를 얻었다. 이의부·허경종 등은 무후의 편에 붙어 출세를 하려고 했다. 그들은 무소의를 황후로 세워야 한다고 주장했다. 660년이 되어 무후는 반대파를 파직·추방·처형시킴으로써 모두 제거했다. 황족인 고종의 숙부마저 주살했고 그의 일가도 모두 유배당하거나 몰락했다.

국호를 바꾼 측천무후의 무주혁명

"황제가 몸이 좋지 않으니 내가 나설 수밖에 없구나!"
고종이 오랫동안 중병이 들어 정사를 돌볼 수 없게 되자 무후가 전권을 장악하여 고종의 병약함을 핑계로 통치를 해나갔다. 천성이 나약했던 고종은 무후에게 전적으로 의지하게 되었고, 고종이 죽기까지 23년 동안 무후가 중국의 실질적인 통치자 역할을 했다. 무후는 모반의 가능성이 있는 정적들을 계속 제거해나갔고 그 정적이 자신의 피붙이일 때도 숙청을 주저하지 않았다. 그녀는 자신에게 도전세력이 있을 때 자신을 지원한 사람들 중 인재들을 중용하여 제국의 행정을 효율적으로 운영해나갔다. 무후는 뛰어난 행정수완, 용기, 과단성 및 지위고하를 막론하고 반대파를 무자비하게 숙청하는 태도 등으로 인하여 궁중 내의 사람들로부터 사랑을 받지 못했으나 많은 사람이 그녀의 정치력을 인정했다.

고종이 죽자 태자인 철哲이 즉위하여 중종中宗이 되었고 위韋씨가 황후가 되었다.

'나도 언젠가는 무후처럼 되어야지.'

위황후는 중종이 선제인 고종만큼이나 나약하고 무능하다는 것을 알고 자신을 무후와 같은 지위로 격상시키려 했다. 위황후가 친정 아버지를 문하시중에 앉히려고 하자 측천무후는 노발대발하여 중종을 황제의 자리에서 쫓아내 버리고 둘째 아들인 예왕 단豫 王旦을 즉위시키니 이가 곧 예종睿宗이다.

예종은 이름만 황제일 뿐 실권은 모두 무후의 손에 있었다. 그녀는 자신을 신성황제神聖皇帝라 일컫고 예종에게 자신의 성인 무씨 武氏를 내리고 황사皇嗣로 정했다. 이것을 '무주혁명武周革命'이라 부른다. 690년, 67세의 측천무후는 황제의 자리에 올랐다. 중국 최초의 여황제가 탄생한 것이다. 국호는 주周로 개명했다.

중국 남부지역에서 당조 지지세력과 야심만만한 젊은 관리들이 반란을 일으켰으나 몇 주 지나지 않아 관군에 의해 진압되었다. 무후가 관군을 동원하여 손쉽게 반란을 진압하고, 그 과정에서 자신을 지지하는 세력의 규모를 과시하자 무후의 정치적 기반은 요지부동인 것처럼 보였다. 황위를 찬탈한 측천무후는 15년 동안 황제로서 통치했다.

이 시기에 황위 계승이 심각한 문제로 떠올랐다. 무후의 친정인 무가武家의 조카들은 무후가 이미 국호를 주周로 바꾸었으니 이가李家의 당조 후계자들을 제치고 무씨의 조카들 중 한 사람에게 황위를 물려주리라고 기대했다. 그러나 무씨 조카들이나 그 아들 중에는 대중적 인기가 있거나 탁월한 재능을 가진 인물이 없었다. 무후의 친아들인 전 황제 중종과 예종은 지지세력이 없었고, 능력은 더욱 형편없었다. 그러나 무후의 충성스런 측근들 사이에서도 당조를 세운 이가를 무시하지는 않을 것이라는 희망이 점점 커져갔다.

"중종을 다시 태자로 봉하노라!"

698년 무후는 측근들의 충언에 따라 유배된 중종을 궁중으로 불러들여 태자로 책봉했다. 위황후도 복권되었고 당이라는 국호도 되찾았다.

705년 2월 대신들과 장수들이 모반을 일으켜 궁중을 장악하고 장씨 형제를 처형한 뒤, 늙고 병든 무후에게 양위를 강요했다. 재상 장간지張柬之는 무후를 협박해 퇴위시키고 그녀를 상양궁上陽宮으로 옮겼다. 측천무후는 705년 12월에 82세를 일기로 세상을 떠났다.

측천무후는 많은 남자들과 관계를 가졌다. 태종과 고조는 물론이고 감업사 시절의 풍소보(설회의), 궁으로 끌어들인 장역지·장창종 형제 등이 대표적인 인물인데, 그녀가 거느린 남자는 무려 3천 명에 이른다고 전한다.

일개 궁녀로 들어가서 황후·황제까지 된 무후는 사회적 지위와 관계없이 유능한 사람들을 직접 골라서 쓴 탁월한 통치자였다. 무후는 확고한 기반 위에 새로운 통일제국을 확립했고 필요한 사회개혁을 단행했다.

한편 중종은 제2의 측천무후를 꿈꾸는 위황후 일당에게 시해되고 위황후가 어린 아들 이중무를 황제로 세워 섭정을 하지만 이융기가 반란을 일으켜 현종玄宗이 된다.

천하일색 양귀비에 빠진 당 현종

며느리를 첩으로 빼앗다

당 현종

당나라 시대에 얼굴을 붉힐 근친상간은 계속된다. 이번에는 아버지가 아들의 비妃를 빼앗은 것이다. 당의 고종이 아버지 태종의 애첩인 무조(측천무후)를 취한 다음의 일이다. 주인공 현종은 측천무후의 아들인 예종의 셋째 아들이니 고종의 손자가 된다. 시호는 명황明皇 · 무황武皇. 치세 중 당에 최대의 번영과 영화를 가져왔지만 천하일색 양귀비에 빠져 내란의 원인을 제공하고 나라를 망친다.

당 현종은 즉위하자 연호를 개원開元으로 바꾸고 742년에는 연호를 천보天寶로 바꾸었다.

"관료조직을 개편하여 필요 없는 직책을 줄이겠다!"

현종의 치세는 순탄하였다. 그는 우선 관료조직을 대폭 개혁했다. 당시의 관료조직은 명목적·형식적인 관리들의 수가 지나치게 많아 크게 팽창되어 있었고, 그 중에는 인정이나 공공연한 매관매직에 의해 임명된 자리도 상당수 되었다.

현종은 요숭姚崇 같은 현명한 신하들을 연이어 재상으로 임용하였다. 매관매직은 금지되었고 황실의 부패는 찾아볼 수 없게 되었다. 효율적인 관료제도의 운영과 국가재정의 풍족으로 나라가 번성하였다. 현종은 측천무후가 낙양에 거처하는 동안 황폐해졌던 대운하를 개수하여 가동시켰다. 사실 수도인 장안은 이 운하에 크게 의존하고 있었다.

대명궁에 있는 인덕전은 초대되었거나 찾아온 외국 귀빈들로 붐볐다. 대명궁은 태극궁·홍경궁과 함께 당 왕조의 3대 궁전이다. 이곳에는 비단길을 따라 들어온 외교 사절과 상인들이 모여들어 연회가 끊이지 않았다. 장안에는 동시東市와 서시西市라는 두 개의 큰 시장이 있어서 상점이 즐비했다. 따라서 외국 상인들이 이 시장에서 교역을 하고 서양의 문물을 전파했다. 현종 재위기간에는 이처럼 국가가 정치적으로 안정되었고 경제 사회에서도 융성했다.

721년까지 지속된 초기 재임기간에 현종은 측천무후 때 과거로 선발된 고관들의 파당, 황족, 궁중관리, 황후의 인척들 등 세력 있는 집단들 사이에 절묘한 세력균형을 이루는 데 성공했다.

"세금을 낮추되 호구조사를 실시하여 탈세자가 없도록 하라!"

귀족세력들은 초기에 상당한 성과를 거두었던 폭넓은 재정개혁 조치들을 시행하는 과정에서 그들의 영향력을 증대시킬 수 있었다. 호구戶口 조사도 효율적으로 실시되어 상당한 숫자의 납세인구가 장부상에 등재되었고 세수稅收가 크게 증가했다. 화폐 주조도 개선되었고 운송시설도 효율적으로 개선되어, 황제는 더 이상 기근을 피하기 위해 주기적으로 장안과 낙양 사이를 왕래하며 거처를 옮길 필요가 없어졌다. 황실의 수입도 증가하여 황제는 백성에게 금전적 부담을 주지 않고 북쪽의 변경지역에 상비군을 설치할 수 있었고, 치세 말기에는 그 군대의 규모가 60만에 달했다.

시인 이백李白도 극찬한 양귀비

736년, 황후 무혜비武惠妃가 갑자기 세상을 떠났다. 무혜비는 720년대 초반에서부터 죽을 때까지 현종에게 큰 영향을 미친 여자였다. 궁에는 수천 명의 미녀 후궁이 있었지만 현종에게는 무혜비만한 여자가 없었다. 이럴 즈음 환관이 현종의 아들인 수왕壽王 이모李瑁의 부인이 절세의 미녀라는 소식을 주었다.

며느리가 되는 이 여인의 이름은 양귀비楊貴妃였다. 양귀비는 미모가 빼어났을 뿐만 아니라 이지적인 여성으로 음악과 무용 등에도 뛰어났다. 당대의 최고 시인이었던 이백李白이 활짝 핀 모란에 비유했을 정도로 절세의 미인이었던 양귀비는 비파 연주솜씨가 뛰어나 현종의 딸인 함의공주 결혼식에 연주자로 참석했다가 현종의 아들인 수왕의 눈에 띄어 나이 17세에 수왕의 비에 오르게 된다. 양귀비는 평소 수왕에 대한 사랑보다는 현실의 권세에 더 관심을 두고 있었다.

'서시가 살아서 돌아왔나?'

그녀의 자태를 본 현종은 마음을 완전히 빼앗기게 된다. 중국의

4대미인 중 한 사람으로 꼽히는 양귀비의 이름은 양옥환楊玉環이다. 현종은 양귀비를 화산의 도사로 출가시켜 수왕에게서 빼내고, 궁 안에 도교사원 태진궁太眞宮을 짓고 이곳을 관리하는 여관女冠으로 불러들인다. 현종은 양귀비에게 태진太眞이라는 호까지 내렸다. 태진궁이라 한 것은 양귀비의 호를 딴 것이다. 이때 양

양귀비

귀비의 나이 22세, 현종은 57세였다. 그녀가 27세 때인 745년 귀비가 되면서, 당나라는 서서히 끝자락을 달리게 된다. 현종은 아들 수왕에게는 위씨의 딸을 아내로 삼도록 하였다.

"밤이면 어떻고 낮이면 어떠냐?"

현종은 양귀비와 해가 뜨는지 지는 지도 모르고 사랑에 빠져 모든 정사는 간신 이임보李林甫에게 일임했다. 양귀비는 현종의 사랑을 한 몸에 받아서 황후나 다름없었다. 궁중에서 귀비의 지위는 황후 다음이었으나 양귀비는 사실상 황후 이상의 권세를 떨쳤다.

양귀비는 원래 고아 출신이었다. 양씨 가문에 양녀로 들어가 양씨가 되었을 뿐 진짜 성은 알 수 없다. 현종은 양귀비의 6촌 오빠 양소에게 국충國忠이라는 이름을 하사하고 양씨 가문의 인물들을 높은 자리에 앉혀 양귀비의 마음을 사로잡으려 애썼다.

양귀비는 질투가 심해서 한때 궁에서 쫓겨난 일이 있었다. 양귀비의 언니들도 빼어난 미인이었는데 어느 한 날 현종이 양귀비의 언니인 괴국 부인과 동침을 하게 되었다. 이 사실을 알게 된 양귀

당 현종의 기태산명비

비의 마음은 질투로 타올랐으며 현종이 다시 괵국 부인을 입궐시키려고 하자 강짜를 부리다가 잠깐 쫓겨났던 것이다.

양귀비로 인해 당나라는 기울고 있었다. 현종에게는 오로지 양귀비 밖에 없었다. 755년, 마침내 안록산安祿山이 양국충을 치기 위해 반란을 일으켰다.

안사의 난과 황소의 난

배은망덕한 안록산

안록산은 이란계 아버지와 돌궐계 어머니의 혼혈로 태어난 오랑캐 출신으로 알려져 있다. 그는 양귀비보다 나이가 많으면서도 양귀비의 양아들이 되어 현종과 그녀의 총애를 받았다. 그는 밤마다 궁궐에 들어가 양귀비와 현종에게 재미있는 이야기를 들려주어 두 사람을 즐겁게 해주었다고 하는데 야사에는 양귀비와 뜨거운 사이였다는 기록도 보인다. 현종이 양귀비보다 35세나 위라는 점을 상기하면 그럴듯한 사실로 받아들여진다.

현종의 치세 후반에는 재정전문 귀족관료들의 정치적 영향력이 점점 커졌다. 당나라의 조정은 간신이 설치고 현종은 양귀비에게서 헤어나지 못하고 있었다. 그토록 번영하던 당나라도 기울어가고 있었다. 737년 이후에는 귀족계급을 대표하는 인물인 이임보李林甫가 사실상의 실권자가 되었고 귀족계급은 권력기반을 확고하게 잡았다.

740년 이후 현종은 정사를 돌보지 않아 실제적 관리능력이 떨어지기 시작했다. 그때까지 행정적 효율성을 더욱 크게 하기 위해 시행되었던 개혁조치들은 점점 더 정치적 균형을 파괴하는 경향을 띠게 되었다. 현종은 점점 더 현실로부터 멀어지기 시작했다. 예술 애호가였던 그는 궁중 아악원雅樂院을 설치했고 시인·화가·작가들을 후원했다. 더 나아가 도교 연구에 심취하여 당 황실의 시조가 도교의 창시자였다고 주장하기도 했다.

대신들은 정부의 수반으로서 전례 없는 권력과 권위를 공식적으로 획득했다. 재정전문 관료들도 궁중의 호사스런 행사나 황제의 사사로운 낭비를 재정적으로 지원하기 위해 백성들을 더욱 착취할 수밖에 없었다. 더욱이 737년 이후에는 북쪽의 변경지역을 지키기 위해 설치된 대규모의 지역군 사령부 진鎭들이 군사 부문 이외의 다른 분야에서도 폭넓은 권력을 행사하기 시작했고 또 지역 정부의 기능을 갖게 되었다.

740년대 후반에는 일부 절도사들이 엄청난 권력을 얻게 되었고 궁중 내의 정치에 관여하게 되었다. 이들 중에 가장 중요한 인물이 이임보의 후원을 받고 있던 안록산安祿山이었는데 그는 동북지역에 18만의 군대를 거느리고 있었다. 이임보가 죽자 천보 14년인 755년, 안록산은 양국충을 토벌한다는 이유를 들어 반란을 일으켰다. 중앙정부는 이 같이 강대한 군대에 대항할 수 있는 직할부대를 가지고 있지 않았다. 755년 11월, 안록산은 거란·철륵 등 이민족의 정예 8천여 기를 중심으로 한병·번병 20만의 대군을 이끌고 범양에서 거병하여 동도 낙양으로 진격하였다.

"안록산이 난을 이르켰사옵니다. 낙양으로 진격하고 있다 하옵니다."

보고를 받은 현종은 처음에는 이를 믿으려 하지 않았다. 그러나 안록산의 군대는 동북의 여러 성城들을 신속하게 침공했고 756년 여름에는 장안을 향해 진격했다. 현종은 궁중 대신 몇 명과 양귀비, 그리고 친위대를 이끌고 양국충 가문의 세력 기반인 사천四川으로 피난을 떠났다.

평원 태수 안진경이 곡창 지대인 강남에서 남쪽으로 내려오는 반란군과 맞섰다. 절도사 곽자의와 그의 부장 이광필 등은 하북에 진을 치고 안록산 군대가 낙양·범양으로 진격해 오는 것을 차단했으나 역부족이었다.

"나라가 이렇게 된 것은 양귀비의 오빠 양국충 때문이다!"

현종을 수행하는 군사들은 추위와 굶주림에 지쳐 마침내 폭발했다. 현종의 친위대는 양국충의 목을 베고, 현종이 있는 곳을 포위했다. 그리고는 양귀비를 없애라고 외쳤다. 장안은 안록산에게 함락되었다. 현종은 촉 땅으로 피난길을 재촉하다가 항전을 요구하는 백성들에게 가로막히곤 하였다. 756년 안록산은 진격을 계속해 파죽지세로 낙양을 함락시키고 대연황제가 된다.

"양귀비를 없애시오. 아니면 우리가 죽이겠소."

병사들의 분노는 하늘을 찌르듯 터져 나왔다. 그러자 현종도 어찌할 도리가 없었다. 현종의 명에 따라 양귀비는 들보에 목을 매 액살형을 당했다. 현종은 피난길에서 태자 이형李亨에게 황제의 자리를 물려주겠다고 선언하였다. 태자는 사양을 했으나 두홍점의 다섯 차례에 걸친 간청을 받아들여 756년 제위에 올라 숙종肅宗이 되었다. 현종 황제는 상황천제라는 존호로 받들었다. 숙종은 군사를 모아 안록산에 대한 반격 작전을 개시했다.

안록산은 전쟁을 치르면서 눈이 나빠져 급기야 아무것도 보이지 않게 되자 후계자 문제가 대두되었다. 안록산이 첩의 아들 안경은을 후계자로 삼으려 하자, 장남 안경서安慶緒가 반기를 들었다. 757년 그는 사람을 시켜서 아버지 안록산을 죽이고 스스로 황제가 되었다. 반란의 우두머리는 아들에게 죽음을 당한 것이다.

"반란군을 토멸하라!"

숙종 황제는 15만 군사를 모아 안록산군의 반격에 나

안사의 난 이후 성양 지방을 둘러보고 있는 숙종

섰다. 당나라 대군이 장안에 이어 낙양을 탈환하자 안경서는 업으로 도주했다. 758년 안록산의 부장 사사명史思明은 안경서를 살해하고 반기를 들어 안경서의 군대를 합친 뒤 낙양을 함락시켰다. 사사명은 스스로 대연황제大燕皇帝라 칭하였다.

사사명은 돌궐계 혼혈아로 안록산과 같은 고향 출신이다. 사명이라는 이름은 현종이 내려준 것이라고 한다. 사사명은 안록산과 가까이 지내면서 함께 무술을 자랑했고, 여섯 가지 이민족 언어에 능해 안록산과 함께 호시랑互市郎이 되었다. 유주절도사幽州節度使 장수규張守珪 밑에서 절충折衝이 되어 자주 전공을 세웠다. 752년 안록산의 추천으로 평로절도도지병마사平盧節度都知兵馬使가 되었으며 755년 안록산이 반란을 일으키자 이에 가세했다.

사사명은 761년 아들인 사조의史朝義에게 살해되었고, 사조의의 군대는 763년 당군에 의해 격파 당했다. 이로써 '안사의 난'은 9년 만에 막을 내렸다. 현종은 죽은 양귀비를 그리다가 78세로 쓸쓸히 세상을 떠났다.

'안사의 난'으로 낙양, 장안은 황폐화하고 영화를 자랑하던 도시 건축물과 문화재는 대부분 훼손되어 구문화의 전통은 타격을 입게 되었다. 난의 평정을 위해 지방에 파견된 절도사가 병권을 장악하자 종래의 중앙집권적 지배체제는 무너져 군사적 지방분권화 현상이 강화되고, 특히 화북지방은 오랫동안 반독립적 상태가 지속되었다.

"수탈과 세금 때문에 못 살겠다!"

군비조달을 위해 백성에 대한 수탈은 더욱 심해졌고, 균전제 하의 조용조 세법은 양세법으로 전환되었다. 중앙집권체제의 약화로 귀족세력은 타격을 받고 토호와 상인들이 번진 무력세력과 결합하여 정치·경제적 성장을 달성하게 되자 중국 고대의 율령 지배 체제와 이에 수반되는 문화는 근본적으로 변질되지 않을 수 없었다.

소금장수 황소가 뿔났다

황소黃巢는 소금 밀매업자다. 우리나라도 한 때 소금을 전매업으로 규정하여 국가에서 매매를 전담하였듯이 당시 당나라도 소금 제조와 판매를 지정업자에게만 허가하고 있었다. 당시 일부 가난한 농민들은 먹고 살기 위해 세금을 내지 않고 소금을 밀매하였다. 일개 소금장수 황소가 난을 일으켰다는 것은 당시 당나라가

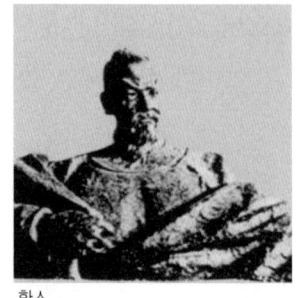
황소

얼마나 형편없었는가를 말해준다.
 황소는 재주가 출중했음에도 불구하고 진사시험에 낙방하자, 정부의 소금 전매제도를 무시한 채 소금 밀매업으로 직업을 바꾸었다. 소금 밀매는 단속이 심했으므로 동료들끼리 패를 이루어 서로 결합할 수밖에 없었는데, 시일이 지남에 따라 그 조직은 관에서도 섣불리 손을 댈 수 없을 정도로 커졌고 두목도 나오게 되었다.
 당나라는 '안사의 난'을 겪은 후 반란이 잇달았다. 과중한 세금과 황실의 착취에 가뭄 등 자연 재해까지 겹쳐 농민들의 생활은 말이 아니었다. 도둑이 되는 사람이 늘었고 이들이 힘을 합해서 반란을 일으키기 시작했다. 토호나 상인층도 반왕조의 경향으로 돌아서 절강浙江에서는 구보의 반란이 일어나고 서주徐州의 군인 방훈龐勛의 반란(868~869)이 발발하였다.
 당나라 제18대 황제 희종僖宗이 즉위한 후 875년 복주 지방의 소금 밀매업자 왕선지王仙之가 농민을 모아 하남성에서 반란을 일으키자 황소黃巢도 여기에 호응한 것이다.
 그들은 혈연으로 맺어진 자와 전부터 부하였던 자들을 핵심으로 하여 농민이나 유랑의 무리, 반사회적인 분자들도 끌어넣어 약탈활동을 하며 하남 · 산동 및 강서 · 복건 · 광동 · 광서 · 호남 · 호북으로 대이동을 하였다.
 관군은 왕선지 · 황소의 반란군을 토벌하려고 해도 만날 수가 없었다. 그들은 이리저리 움직이며 공격하고 자취를 감추는 게릴라 전법을 쓰고 있었다. 여주 자사 왕료가 반란군의 포로로 잡혀

왔다. 그는 왕선지에게 벼슬자리를 제의했다.

"제가 계주 자사 배악을 통해 조정에서 당신에게 벼슬을 내리도록 힘써 보겠습니다."

왕료에게는 왕탁이라는 형이 있었다. 왕탁은 포로로 잡힌 동생 왕료를 살리기 위해 조정의 신하들을 설득해서 왕선지에게 감찰어사라는 벼슬을 내리게 했다. 왕선지가 이에 응하려고 하자 함께 난을 일으킨 황소는 그야말로 황소처럼 화가 났다.

"그까짓 벼슬이 탐이 나면 내 곁에서 깨끗이 꺼지게나."

황소의 말에 왕선지는 벼슬을 거절하고 계속 공격하여 계주성을 함락시켰다. 왕선지와 황소는 양면 작전으로 정부군을 괴롭히며 이합집산 전법으로 싸움을 승리로 이끌었다. 이 무렵에는 각지에서 다른 반란군이 등장하여 나라는 소용돌이에 빠졌다.

황소는 부하들에게 추대되어 충천대장군衝天大將軍이 되었다. 황소도 벼슬에 대한 욕망이 컸다. 그는 천평절도사라는 벼슬을 주면 군대를 해산시키겠다고 정부에 제의했으나 거절당했다. 이번엔 광주절도사를 제의했지만 역시 거절당했다. 화가 난 황소는 가는 곳마다 마구 짓밟기 시작했다. 황소군은 마침내 낙양을 함락시키고 그 해 12월에는 동관을 돌파했으며 4일 뒤에는 장안 동쪽 패상에 자리를 잡았다. 880년의 일이다.

황소의 군사는 영토를 넓혀갈 때마다 늘어 이제는 60만의 대군을 자랑하게 되었다. 희종은 친위대의 호위를 받으며 몇몇의 신하들과 장안을 탈출하여 밤낮을 가리지 않고 서쪽으로 도망쳤다.

"장안을 차지했다! 우리가 승리했다!"

881년 1월 8일 황소는 마침내 장안에 입성한 것이다. 황소의 장안 입성에는 친위군의 대장군 장직방張直方이 패상으로 나아가 황

난을 일으킨 황소의 장안 입성

소를 정중히 맞이했다. 황소는 국호를 대제大齊라 일컫고, 연호는 금통金統이라 하였다. 황소가 승리의 기쁨에 취하여 있는 사이 당 왕조의 남은 세력들은 희종과 비밀리에 연락을 취하며 장안을 탈환할 계획을 세우고 있었다. 잠깐 몸을 피해 있던 조정의 중신들은 황소의 정권이 아직 기반을 잡지 못하고 있고 황소가 승리의 기쁨에 젖어 방심하고 있음을 간파하고 있었다.

"반란군의 부장이 항복을 하였사옵니다."

883년, 당나라 군사들이 장안의 남쪽과 서쪽과 북쪽을 당나라 군사들이 에워싸자 동쪽을 지키던 황소의 부장 주온朱溫은 당나라에 항복해 왔다. 그는 황소가 아무래도 나라를 이끌 수 없다고 판단한 것이다. 나라에서는 주온에게 전충全忠이라는 이름을 하사하고 요직에 기용했다. 후일 그는 주전충으로 불리게 된다.

당나라에 귀순한 이극용은 상양이 거느린 황소의 15만 대군을 격파했다. 이어 주전충과 이극용은 황소를 1년 동안이나 추격하여 무찔렀다. 대패한 황소는 겨우 1천여 명의 군사를 이끌고 태산

동남 낭호산으로 도망쳤다가 더 이상 싸워보지 못하고 자결해 버렸다. 때는 884년이었다.

'황소의 난'은 당나라를 근본적으로 붕괴시키는 계기가 되었다. 선무절도사 주전충朱全忠은 당의 황제 소종昭宗에게 수도를 자기가 주둔하고 있던 낙양洛陽으로 강제로 옮기게 하고는 이내 시해하고 소종의 13살짜리 아들을 제외한 나머지 아들을 모두 죽여버렸다. 살려둔 아들을 애종哀宗으로 옹립했다가 907년 폐위하고 스스로 후량後梁의 초대 황제 자리에 올랐다. 당 왕조의 수명은 20대 290년이었다.

잠자다가 황제가 된 조광윤

거란왕에게 허리 굽힌 석경당

당나라가 망한 뒤 송나라가 중국을 통일하기까지 약 50년 동안 중원지역에는 크고 작은 나라들이 흥망을 거듭했다. 황하 유역을 중심으로 화북을 통치했던 5개의 왕조(오대), 즉 후량·후당·후진·후한·후주의 다섯 왕조가 흥망을 겪었다.

이와 함께 중·화남과 화북의 일부를 지배했던 당나라 말기의 절도사들이 세운 지방행정권(십국)인 오·남당·오월·민·초·남한·전촉·후촉·형남·북한 등의 10왕조가 이어졌다. 이 시대를 5대 10국 시대라고 한다. 오대십국 시대가 시작된 해는 당나라가 완전히 멸망한 907년으로 보고 있다.

주전충의 숙적이었던 이극용은 908년에 사망했고, 뒤를 계승한 이존욱李存勖(후당의 장종)은 후량에 맹렬한 공격을 시작했다. 후량 측에서도 주전충의 실정과 추락이 심해 차례로 영토를 빼앗겼다. 거기에다 주전충이 후계자를 선택하는 것에도 실패해 내분을 초래했다.

"연왕 유인공을 토멸하라!"

이를 지켜본 이존욱은 연왕을 칭하던 유인공을 공격하여 그 나라를 병합했다. 자신감을 가진 이존욱은 923년 당 황제를 자칭하고 이후 후량의 수도를 함락시켜 후량을 멸망시켰다. 후량의 영토 70여 주 중 50주가 이존욱의 손에 들어갔다. 후량은 3대 17년 만에 멸망 당했다. 이존욱은 황제가 되어 나라 이름을 당이라 하였는데, 역사에서는 '후당'으로 부른다.

후당을 세운 장종

926년, 내란이 일어나자 이존욱의 휘하에 있었던 장종이 군사를 일으켰으나 군사들은 반란군과 싸우려고 하지 않았다. 사태가 불리하자 친위군은 장종을 죽이고, 그의 수양아들 이사원李嗣源을 황제로 옹립했다. 그가 명종明宗이다.

명종은 환관의 배제와 절약 등을 꾀하며 전국 토지의 검사를 실시해 불공평에 대한 시정에 노력하였고, 새로운 재무기관으로 삼사를 창설했다. 또한 자신 같은 군인에 의한 찬탈이 되풀이되지 않게 하기 위해 직속군인 시위친군을 창설했다.

이 삼사사는 후에 송나라에도 이어지게 된다. 명종은 오대의 나라들 중에 후주의 세종(시영)에 버금가는 명군이라 칭송받았다. 명종이 죽고 셋째아들 이종후李從厚가 황제에 오르니 바로 민제閔帝이다. 그러나 민제는 오래잖아 양자인 이종가李從珂에 의해 찬탈되었다. 이종가는 권력의 안정을 노려 명종의 사위이며, 실력자였던

석경당

석경당을 배제하기에 이른다.
"이종가를 가만 두지 않겠다!"
 석경당은 이에 대항했으나, 혼자 힘으로 대항할 수 없다는 것을 깨달아 북쪽의 거란에게 원조를 요청하고 그 대가로 연운십육주의 할양을 약속했다. 이에 응답해 거란의 태종 야율덕광은 대군을 이끌고 남하하여 후당군을 몰아냈다.
"이종가는 황제의 자격이 없다. 황제 자리를 명종의 아들 이종익에게 양위하라!"
 절도사 석경당이 압력을 가해 황제 자리에서 물러난 폐제 이종가는 부장 장경달張敬達에게 석경당을 치라고 지시했다. 이에 석경당은 거란왕에게 구원을 요청하게 된다. 거란왕 야율덕광이 5만의 기병으로 장경달군을 포위하자 이에 맞춰 폐제도 즉시 응원군을 보냈다. 장경달군은 오랫동안 포위 당해 사기가 말이 아니었다.
 장경달에게 항복을 권했다가 거절당한 부장이 장경달을 죽이고, 거란군에 항복했다. 936년 11월 폐제는 현무루에 올라가 불을 질러서 분신 자살을 했다. 석경당이 황제가 되어 나라 이름을 진이라 하였다. 이를 역사에서는 후진이라 한다. 후진의 황제가 된 석경당은 거란왕을 신하의 예로 대하고 연운 16주를 바쳤다. 연운 16주는 중원을 병풍처럼 에워싸고 있으므로, 그 뒤 4백년 동안 끊임없이 북쪽 오랑캐들의 침입을 받아야 했다.
 후진은 요나라의 위성국가였다. 중앙의 상황을 본 지방세력은 등을 돌려 남쪽의 오에게 넘어갔고, 반란을 일으키는 자들도 속출

했다. 이 진압에 나섰던 고조(석경당)는 942년 51세로 병사했다.

후에 조카 석중귀가 제위를 이었는데 그의 즉위는 거란에 대한 강경파가 주도한 것이라 거란의 분노를 사게 되었다. 946년 거란(다음해 국호를 요나라라고 하였다)의 태종은 다시 친정에 나서 대군을 이끌고 남하하여 후진을 멸망시켰다. 후진왕은 사로잡혀 요나라로 끌려갔다. 이로써 후진은 11년 만에 멸망했다. 947년 정월, 요왕은 개봉에서 스스로 황제라 칭하고 국호를 대요大遼라 고쳤다.

모래성 같은 나라들

석경당의 부장이었던 유지원은 후진이 멸망하자 진양에서 황제가 되고, 나라 이름을 한漢이라 하였다. 이것이 후한으로 불린다. 그러나 유지원은 다음해 사망하고, 차남 유승우가 뒤를 계승하고 은제隱帝가 되었다. 유찬의 아버지 유숭은 북쪽에서 자립하여 북한北漢을 건국하였다.

북한의 유숭이 요나라와 손잡고 개봉을 공격하자 진왕 세종은 고평에서 맞섰다. 세종은 노장 조광윤趙匡胤과 선두에 서서 대승을 거두었다. 이후 세종은 천하 통일의 꿈을 키웠으나 성공하지 못하고 39세로 병사했다. 그 뒤, 조광윤趙匡胤은 요나라 군사와 싸우러 나갔는데 부하 장병들이 술 취해 잠자고 있는 그를 깨워 황제로 옹립했다. 그리고 군대를 돌려 어린 공제의 양위讓位를 받아낼 것을 강요했다.

"나라 이름을 송宋이라 한다!"

조광윤은 개봉으로 돌아와 송왕조宋王朝를 세웠다. 이로써 5대

10국 시대 이후 중국을 하나의 나라로 통일하는 기틀이 송태조 조광윤에 의해 다져졌다. 후진은 겨우 4년밖에 유지하지 못하고 멸망했다. 5대 최후의 왕조인 후주는 3대 10년 만에 멸망했다.

10국 중 가장 강력한 국가는 중국에서도 가장 풍요로운 지대에 자리잡은 오吳라고 할 수 있다. 건국자인 양행밀은 양주일대를 장악하고, 북쪽의 후량과 호각지세를 이룰 정도로 세력을 자랑했다. 그러나 오나라는 서온의 양자 서지고徐知誥에게 찬탈 당한다. 서지고는 국호를 당이라고 하였다. 후세 역가사들에 의해 이 나라는 남당이라 불리게 되었다.

같은 시기 남쪽 절강 지역에는 오월吳越이 세력을 확장했다. 오월의 남쪽 복건성 지역에는 절도사 왕심지가 이 지역을 장악하고 민을 건국했다. 왕심지는 내정에 힘써 복건지역의 생산성을 비약적으로 발전시켰으나 그의 사후 내분이 일어나 남당에 의해 945년 멸망하였다.

호북성에선 형남(남평), 호남성에선 초, 광동성에서는 남한이 할거했다. 형남은 10국 중 가장 최소국으로 주변 여러 나라 전부에게 신종하여 교역의 중계점으로 번영을 누렸다. 초나라는 내분사태에 빠져 951년 남당에 의해 멸망당했다.

사천성에서 할거한 나라는 전촉, 후촉의 정권이었다. 전촉의 건국자 왕건은 원래 소금 밀매상이었으나 사천성에 들어와 이곳을 장악하고 이 땅의 풍부한 산물을 바탕으로 문인의 보호와 경서의 인쇄를 진행하는 등 문화적인 정책을 실시했다. 전촉은 925년 후당에 의해 멸당한다. 그 후 이 땅에 부임한 무장 맹지상이 자립하여 후촉을 건국했다.

송나라 시대 문치文治의 오류

【 주요 인물 】

송태조 _ 송의 태조. 문치주의로 나라를 운영. 군관이었던 조홍은趙弘殷의 둘째 아들. 중앙집권제를 강화하고 전국의 군사권을 장악하는 한편 권력이 재상에게 집중되는 것을 막기 위해 황제 밑에 추밀사樞密使를 둔다. 민심을 살펴 선정을 베풀고 뇌물을 금했으며 생활은 검소했다.

왕안석 _ 신종을 도와 급진적인 개혁을 시도한 인물. 중소상인들을 대지주·대상인의 횡포로부터 보호하고 나라를 부강케 하는 내용의 과감한 신법新法을 발표, 사회·경제 개혁을 단행한다. 구양수·소동파 등 구법당파에 밀려 실패한다.

악비 _ 송왕조를 부흥시키려 애쓴 남송의 장수. 가난한 농가 출신이지만 병서를 많이 읽어 전술과 무술에 뛰어났다. 금군의 주력 부대를 격파하고 연전연승하여 금나라 군사들이 언경 이남에는 얼씬도 하지 못하게 한다. 진회를 비롯해 금나라와 화친을 주장해온 조정의 대신들에게 몰려 투옥돼 살해당한다.

아골타 _ 금나라를 세운 여진족 수령. 1만 명도 안 되는 군사로 요의 10만 대군을 격파하고 단숨에 요의 동부관문인 영강주를 차지한다. 이어 2만 군사로 요의 70만 대군을 물리치고 요양부에서 황룡부에 이르는 요동 땅을 모두 차지, 1115년 금金나라를 세워 태조가 된다.

칭기즈칸 _ 몽골을 통일하고 금나라를 침공. 1204년 나이만부를 격파하고 전 몽골족을 통일하여 1206년 칭기즈칸成吉思汗이 된다. 세계 역사상 가장 넓은 대륙을 점유한 몽골 제국의 창업자로 몽골에서는 영웅이자 국부로 추앙 받고 있다.

이원호 _ 대하를 건설한 지도자로 송의 성姓을 거부. 중국 전체를 차지할 계획을 세우고 1041년 2월, 친히 군사를 이끌고 송나라 회원성을 공격한다. 송의 인종仁宗은 안무 초토사 한기韓琦에게 서하군과 맞서게 하지만 한기의 부하 임복任福이 함정에 빠져 대패한다.

오걸매 _ 금나라 태종으로 태조(아골타)의 동생.

요나라에 끌려다닌 송나라

군복 위에 입혀진 어의

중국의 역사에서 황제의 즉위는 많은 사연을 담고 있다. 두 살짜리 황제가 옹립되는가 하면 농민에서 황제에 오른 사람도 있다. 또 조광윤趙匡胤처럼 얼떨결에 황옥거에 오른 재수 좋은 인물도 있다. 조광윤은 앞에서 잠깐 언급했듯이 장수로 요나라 군사와 싸우러나가 술에 취해 군막에서 자고 있을 때 부하들이 그를 깨워 어의를 입히고 말에 태워 황제로 옹립해 천하를 차지하게 된 인물이다.

송나라를 세운 조광윤은 군관이었던 조홍은趙弘殷의 둘째 아들로 태어났다. 그가 출생할 시기에 중국은 큰 혼란에 빠져 있었다. 중국계·반反중국계를 비롯한 이민족 출신의 군벌들이 황폐해진 화북지방에서 제위를 노리고 있었고, 비교적 번성한 화남지방은 실력이 겸비된 군벌에 의해 분할되어 있었다.

조광윤의 가문은 3대조부터 이 같은 제위 찬탈을 노리는 군벌

송 태조

아래에서 군관으로 공로를 쌓아왔고 그의 아버지는 956년 사망할 당시에 상당한 고위직 군관이었다. 조광윤의 어머니 두씨杜氏는 지혜와 통찰력으로 조광윤에게 큰 영향을 끼쳤다.

'군사권을 확실하게 장악해야 한다.'

태조는 중앙집권제를 강화하고 전국의 군사권을 장악하여 나라의 기틀을 다지기 위해 개국에 공이 많은 장수들에게 봉지를 주어 지방으로 보냈다. 또 당을 멸망시키는 데 결정적 요인이 된 지방 군벌의 위험을 제거하기 위해 전념했고, 자신이 창건한 송의 번성을 위해 노력했다. 태조는 권력이 재상에게 집중되는 것을 막기 위해 황제 밑에 추밀사樞密使를 두어 군사 문제를 다루게 하고, 세무·재정을 관리하는 삼사三司를 신설하는 것을 골자로 하는 기구 개편을 단행하였다. 중요한 사안은 황제가 직접 처리하여, 권력을 확고히 장악했다.

송 태조는 민심을 살피는 데에도 게을리 하지 않았다. 신하들의 만류에도 불구하고 변장을 하고 백성들의 생활 형편을 살피는 잠행을 고집했다. 그는 호신용 단검 선물을 화를 내며 물리칠 만큼 뇌물을 금했고 생활은 검소했다.

"인사가 만사다. 재능이 없는 자는 발탁하지 않는다!"

태조는 인사에서도 혈연이나 정실보다는 실력이 입증된 재능에 바탕을 둔 관료제도를 도입했다. 구체적으로는 과거제도를 정비한 것이다. 궁중의 관리들이 신임관리를 추천하는 관습을 금지시켰고 과거에 급제한 사람들이 과거시험위원을 자신들의 후견인으로 존대하는 폐습을 버렸다. 또 과거에 낙방한 사람의 청원을 받아들여 재시험을 치르도록 했고, 과거합격과 선정과정이 공정하지 못했다는 기미가 조금만 있어도 재시험을 치르도록 했다.

태조가 죽자, 그의 동생인 진왕 광의光義가 태종太宗으로 즉위하였다. 태종이 맨 처음으로 시행한 일은 지방 관리를 엄하게 정비한 것이다. 특사를 보내 사정을 하여 유능하다고 평가된 사람들은 등급을 매겨 순서를 정하고, 무능하고 나태하거나 늙은 관리는 모두 자리를 내놓게 했다.

"우리가 진정한 통일 국가가 되기 위해서는 북한北漢을 멸해야 한다!"

태종은 요나라 정벌에 나섰으나 실패하고, 석경당이 거란에 내준 16주를 되찾겠다며 군사를 출동시켰으나 역시 성공하지 못하고 997년에 59살로 숨졌다.

납득할 수 없는 강화 조약

태종의 뒤를 이어 그의 셋째아들 조항趙恒이 진종眞宗으로 등극했다. 1004년 북쪽의 요나라가 20만 대군을 이끌고 남하하여 송나라를 침공하였다. 진종은 재상 구준寇準과 함께 친히 군사를 이끌고 북진길에 올랐다. 송의 대장 이계륭李繼隆이 전주에서 삼면으로 공격해 오는 요나라 군사들과 맞서 대승을 거두었다.

진종은 황하 남쪽에 이르러서는 북진을 멈추고 더 나아가려 하지 않았다. 구준과 고경의 강력한 북진 권고에 따라 진종은 황하를 건너 북성에 도착했다. 요나라 군사들과 백성들은 일제히 만세를 불러 진종을 환영했다.

이를 본 요나라 소태후는 석경당이 바친 연운 16주를 돌려주는 조건으로 화의를 제의했다. 진종은 화의가 깨질까 두려워한 나머지 '요나라는 송나라 황제를 형으로 섬기고, 양국의 국경은 그대로 지금 이 상태를 유지하고, 송나라는 이에 대한 대가로 매년 10만 냥의 은과 20만 필의 비단을 요나라에 보낸다'는 이상한 강화에 도장을 찍었다. 이 화친은 전연군에서 이루어졌기 때문에 역사상 '전연의 맹약'이라 부른다. 그 뒤 40년 동안은 두 나라가 평화로웠다.

요나라와 화친을 맺자 이번에는 서하西夏가 송나라를 넘보기 시작했다. 서하는 11세기에 건립되어 13세기 초까지 번영을 누린 티베트계 탕구트족의 왕조이다. 중국 북서부의 감숙성甘肅省, 산서성에 위치했던 탕구트족은 중앙 아시아와 서양 간의 교역로가 지나가는 지역을 차지하고 있었으며, 1038년까지 중국 송나라의 조공국이었다. 1038년 새로운 지도자인 이원호李元昊가 스스로 황제임을 선포하고 나라 이름을 대하大夏(송에서는 서하西夏라고 했음)로 정했다.

"송나라에서 내린 성姓을 쓰지 않겠다!"

서하의 수령은 당나라에서 하사한 이씨 성을 쓰고 있었고 송나라로부터는 조씨 성을 하사 받았다. 원호는 중국 전체를 점령할 계획을 세우고 1041년 2월, 친히 군사를 이끌고 송나라 회원성으로 밀고 들어왔다. 송의 인종仁宗은 안무 초토사 한기韓琦에게 1만 8천의 군사를 주어 호수천에서 서하군과 맞서게 했다. 한기는 임복任福에게 도망치는 적을 섬멸할 것을 지시했으나 임복은 서하군에게 속아 포위 당하고 싸우다가 전사했다. 이 전투에서 송나라 군사는 1만 3천 명의 전사자를 내고 대패했다.

남송군의 복장

　서하와 송의 전쟁은 2년이 넘어도 결판이 나지 않았다. 이 기회를 놓칠 세라 요나라에서 관남의 땅을 돌려달라고 요구했다. 요나라에 사신으로 간 송의 부필은 영토는 절대로 되돌려 줄 수 없다고 버티었다. 결국, 비단 10만 필과 은 10만 냥을 더 주는 조건으로 강화가 맺어졌다. 요나라에서는 세공을 늘리려는 속셈으로 땅을 내놓으라고 요구했던 것이다. 송나라에서는 한기를 다시 등용하여 범중엄과 힘을 합쳐서 서하의 공격에 대비토록 하였다.

　'요와 송이 손을 잡는다면 우리가 위험할 수도 있지.'

　서하에서는 요나라와 송나라가 강화를 맺었다는 소식을 듣고 송나라에 강화를 요청했다. 1044년, 마침내 강화가 체결되었다. 서하는 송나라의 신하 나라가 되고 송은 매년 비단 13만 필, 은 5만 냥, 차 2만 근을 준다는 것이 내용이었다. 서하 백성들을 송나라에서 생활 필수품을 공급받아야 살 수가 있었기 때문이다.

실패한 왕안석의 신법新法

1067년 신종神宗이 6대 황제에 즉위하면서 송나라는 전면적인 개혁이 시작되었다. 당시 19세였던 신종의 이름은 조욱趙頊. 1069년 신종은 급진적인 개혁가인 왕안석王安石을 불렀다. 왕안석은 중소농민과 중소상인들을 대지주·대상인의 횡포로부터 보호하고 나라를 부강케 하는 내용의 과감한 신법新法을 발표하고 사회·경제 개혁을 단행했다.

"춘궁기를 대비해 청묘법을 시행하노라!"

매년 봄·여름 춘궁기가 되었을 때 정부가 농민에게 낮은 이자로 돈을 빌려주는 제도인 청묘법青苗法이 시행되었고, 불균등한 조세제도를 고치기 위해 새로운 토지조사인 장량丈量을 통해 방전균세법方田均稅法이 이루어졌다. 또한 한 지역의 물품을 구입하여 다른 지역에서 판매하는 시역법市易法에 의해 정부수입이 증대되었다.

"군사제도를 대폭 고쳐 국력을 길러야 한다!"

군사력을 확대하기 위해서 신종과 왕안석은 전국에 지방군대의 훈련을 지시했다. 또한 정부는 말을 사서 화북지방의 농가에서 말을 사육하도록 위탁했으며 위탁 농가에서는 비상시에 가족을 1명씩 내보내어 기병으로 복무시킬 의무가 있었다.

신종이 개혁을 지속적으로 추진했으나, 왕안석은 지나칠 정도로 개인적인 적들을 많이 만들어서 1076년에 결국 관직에서 물러났다. 신법新法의 방대함과 관료주의의 경직성 때문에 신법은 큰 성공을 거두지 못했다. 특히 구양수歐陽修·소동파蘇東坡 등 구법당의 인물들이 신법에 반기를 들었다.

1085년 신종이 죽고 철종哲宗이 즉위했다. 신종이 죽은 후 개혁

정책을 비판한 보수적인 관료들이 그의 아들인 어린 황제를 보좌하여 섭정을 했다. 사마광이 재상으로 등용되자 신법은 폐지되고 개혁은 원점으로 돌아가 구법당파와 신법당의 당파싸움은 몇 세대 동안 지속되었다.

금나라에 짓밟히는 송나라

아골타는 마의태자의 후손인가?

1112년 2월, 요나라 천조제天祚帝는 지방 수장들을 데리고 수도에서 멀리 떨어져 있는 혼돈강에서 연회를 즐기고 있었다. 천조제가 수장들에게 춤을 추라고 명령하자 수장들은 한 사람씩 나와 춤을 추었으나 건장하게 보이는 수장 한 사람이 춤을 못 춘다며 황명을 거부하였다. 천조제는 당장 그의 목을 치고 싶었으나 참았다.

그는 아골타였다. 그를 죽이면 여진족이 반란을 일으킬 것 같았기 때문에 참은 것이다. 그가 바로 후일 금나라를 세우게 되는데 신라인의 후손이라는 기록이 곳곳에서 보인다.

《금사金史(금나라의 역사서)》에는 '금나라 시조는 이름이 함보이다. 처음 고려에서 나올 때 60세가 넘었다. 형 아고호볼은 따라가지 않고 고려에 남았다'고 되어 있다. 신라 마지막 왕자인 마의태자의 후손인 부안 김씨들은 《금사》의 내용을 이렇게 뒷받침한다.

'함보는 법명이고 그의 본명은 김행金幸(혹은 김준金俊)으로 마의태자 김일의 아들이자 경순왕 김부金傅의 손자이다. 김행은 여진으로 갔지만 다른 두 형제는 고려에 남아서 부안 김씨의 시조가 되었다.'

《고려사高麗史》에는 '생여진 완안부의 아골타가 황제라 일컫고 국호를 금이라 했다. 옛적 우리 평주平州 승僧 금준金俊이 여진에 도망해 들어가 아지고촌에 거주했으니 이가 금의 시조다' 라고 적었다. 또 금의 아골타가 고려에 보낸 국서에서 '형인 대여진 금국 황제大女眞金國皇帝는 아우인 고려국왕에게 글을 부치노라. 우리의 조상은 한 조각 땅에 있으며 거란을 대국이라 하고 고려를 부모의 나라라 하여 공손히 하였다' 고 기록돼 있다.

이상으로 볼 때, 아골타의 조상은 신라 경순왕의 아들인 마의태자로부터 시작된 것이며, 아골타가 금나라를 세울 때 '신라의 얼'을 이어받았다는 것을 국명으로 천명했다는 것이다.

만주에는 퉁구스계의 여진족女眞族이 널리 퍼져 부족생활을 하고 있었다.

'언젠가는 요를 쳐서 굴복시키리라.'

아골타는 각 부족과 비밀리에 군사와 무기를 모으고, 요나라를 공략할 기회를 노리고 있었다. 1114년, 아골타는 드디어 군사를 동원했다. 각 여진족의 수장들은 일제히 군사를 이끌고 아골타 밑으로 모였다. 아골타는 1만 명도 안 되는 군사로 요의 10만 대군을 격파하고 단숨에 요의 동부관문인 영강주를 차지했다. 다음해 12월, 요의 천조제는 70만 대군을 이끌고 아골타를 반격했다. 군사의 수가 월등히 많은 천조제는 승리를 자신했으나 아골타의 2만 군사에게 패하고 말았다. 여진족은 요양부에서 황룡부에 이르는 요동 땅을 모두 차지했다. 1115년, 아골타는 나라를 세워 금金이라고 하고 태조가 되었다.

송나라의 굴욕적인 외교

북송을 멸망시킨 금의 군대(복원도)

송나라는 눈엣가시 같은 요나라가 아골타에게 패하자 이 기회에 요나라를 치기 위해 금나라와 강화를 체결했다. 그 내용은 양면 공격으로 금나라는 중경을, 송나라는 연경을 공격하고, 요를 멸망시킨 뒤에 금나라와 송나라는 만리장성을 경계로 국경을 정하고 연운 16주는 송나라가 차지한다는 것이었다. 또한 송나라가 지금까지 요에 보냈던 공물을 고스란히 금나라에 보낸다는 세 가지 조건이었다. 이를 '해상의 맹약'이라 한다.

마침내 금과 송은 '해상의 맹약'대로 요나라를 공격하여 아골타의 대군은 요의 상경을 함락시켰고 2년 뒤에는 중경을 무너트렸다. 한편 송나라에서는 연경을 공격하려다가, 방랍의 반란이 일어나는 바람에 요를 치지 못하고 15만 대군을 그곳으로 돌렸다. 반란군은 곧 정부군에게 패했고 방랍도 체포돼 죽음을 당했다. 요의 천조제는 도망 다니다가 금나라 군사에게 체포되고, 요나라 귀족들은 서쪽으로 도망쳐 요나라를 재건했다. 이것을 서요西遼라 한다.

"약속대로 연경을 돌려주시오."

전쟁이 끝나자 송나라는 금나라가 반환하기로 되어 있는 연경을 돌려달라고 요구했으나 금나라는 자신들이 뺏은 것이라는 이유로 반환하지 않았다. 결국 여러 차례 회담 끝에 송나라는 매년 은 20만 냥, 비단 20만 필을 금나라에 조공으로 지불하기로 하고, 금나라는 연경을 빈 성으로 넘겨주기로 했다. 연경은 폐허나 다름없었다.

한편 송은 요나라의 잔여 병력을 끌어들여 금나라를 공격하려고 계획했다. 이에 금나라는 송의 수도 개봉으로 진격했다. 송의 황제 흠종은 궁궐을 비우고 도망치려다 대신 이강李綱이 막아서자 되돌아와 금나라에 강화를 요청했다. 결국 송은 금에 막대한 재물과 삼진三鎭을 바치고 송나라 황제가 금나라 황제를 큰아버지로 부른다는 치욕적인 강화를 맺었다.

태조(아골타)는 1123년에 병에 걸려서 회령부로 가던 중에 객사했다. 뒤를 태조의 동생인 오걸매吳乞買가 이으니 이가 금 태종이다.

금나라에 대항하는 팔자군

금나라 태종은 선제가 이루지 못한 중원 정복의 꿈을 포기하지 않고 있었다.

"송나라가 요나라를 끌어들여 우리를 치려고 한다. 선수를 쳐서 배신자를 응징하자!"

진용을 정비한 금나라 태종은 군사를 출동시켜 송나라 개봉을 향해 진격해 들어가 무혈 입성했다. 흠종과 태상황 휘종은 금나라 군사들에게 포로가 되어 금나라로 연행되었다. 기술자·예술가 등 수천 명의 포로와 함께 금은 보화 등이 금나라로 옮겨졌다. 금

휘종의 화조도

의 태종은 송나라 황제들의 직위를 박탈하여 강등시켰다. 이로써 요나라와 금나라의 시대는 가고 휘종의 동생 조구趙構가 임안臨安을 수도로 정하고 송나라를 계승해 고종高宗이 되었다. 역사는 이를 남송南宋이라 기록하고 있다. 1127년의 일이다. 남송이 세워지기 이전의 송나라를 북송北宋이라 부른다.

고종은 절개가 없는 인물이었다.

"금나라에 당한 치욕을 씻어야 합니다. 야만족에 대한 복수를 꼭 해야 합니다!"

주전파인 재상 이강이 재기를 촉구했으나 고종은 금나라의 비위를 맞추는데 급급했다. 하지만 고종의 화친책에도 불구하고 금나라 군사들은 고종을 노리고 있었다. 금나라 군사들은 고종을 장강 이북에서 몰아내더니 나중에는 바다로 밀어붙였다.

남송군이 분전 끝에 금나라 군사를 격퇴시키자 고종은 가까스로 다시 육지로 올라올 수가 있었다. 고종은 항주를 수도로 정하여 궁전을 세우고 백성들의 어려운 생활은 아랑곳없이 하루하루 편안하게 지내는 것으로 만족했다. 중원 백성들은 금나라의 만행으로 도탄에 빠져 있었다.

"금나라 군사를 몰아내고 송 왕조를 부흥시키자!"

백성들은 나라를 다시 일으키기 위해 도처에서 일어났다. 민군 가운데 태행산 일대에서 팔자군八字軍이 궐기했다. 10만에 달하는 팔자군은 용맹과 과감한 전술로 금나라 군대의 기세를 꺾어 놓았다. 두령은 왕언王彦이었다.

팔자군에 이어 중소산 일대에서는 홍건군紅巾軍이 금나라 타도에 나섰다. 그들은 머리에 붉은 수건을 두르고 있었다. 홍건군은 금나라의 사령부를 습격하여 부사령관을 생포했다. 중원 전역에서 일어난 남송의 군사의 수는 무려 1백만 명을 헤아렸다. 때를 맞춰 금나라에 붙잡혀갔던 휘종과 황후의 죽음이 돌아온 사신에 의해 알려지자 민군은 더욱 기세를 올렸다.

"금나라와 강화를 추진하라!"

고종은 자신의 생모와 부인이 금나라에 살아있다는 소식을 듣고 송환하기 위해 진회秦檜를 내세워 금나라와 강화 교섭을 벌여 일단 성사가 되었으나 금나라의 강화 반대파에 의해서 곧 폐기되고 말았다. 강화가 이루어지지 않자 1140년, 금나라는 강경파인 종필宗弼을 내세워 순식간에 개봉과 장안을 점령했다. 이에 격분한 남송의 뜻 있는 장수들이 또 몰려들었다.

"신이 금나라 군대를 격파하고 송을 재건하겠나이다!"

명장 악비岳飛와 한세충韓世忠 등이 앞에 나서자 남송군의 사기가 크게 높아졌다.

충절의 장수 악비의 죽음

악비

악비는 가난한 농가 출신이지만 병서를 많이 읽어 전술에 뛰어났고 무술 또한 뛰어난 장수였다. 악비의 군사들은 금군의 주력 부대를 격파하고 승승장구하였다. 이때부터 금나라 군사들은 악비가 나서는 전투에서는 꽁무니를 뺐다. 악비군의 용맹 앞에 금나라 군대는 점점 사기가 떨어져 금군의 장수 가운데는 투항하는 자까지 생겨났다. 악비군은 연전연승하여 금나라 군사들은 연경 이남 지역에는 얼씬도 하지 못하였다. 악비의 승리에 백성들도 힘을 합해 의용 부대를 조직하여 금나라에 대항했다.

"지금이 금나라를 섬멸할 절호의 기회이옵니다."

악비는 송군의 각 부대가 연합하여 금나라를 총공격할 것을 고종에게 건의하였다. 그러나 진회를 비롯해 금나라와 화친을 주장해온 조정의 대신들은 악비를 비롯한 남송의 군사들이 각지에서 금나라 군대를 무찌르는 것을 위험하다고 생각하고 있었다. 진회는 공이 큰 일선 장수들에게 상을 내리겠다고 속여 조정으로 오라는 명령을 내렸다. 고종의 명을 받은 악비는 비분의 눈물을 떨구었다. 조정으로 불려간 악비는 군사권을 빼앗기고 투옥되었다.

남송과 금나라 사이에 다시 강화가 논의되었다. 금나라의 통수 올출은 진회에게 악비를 죽여야 강화에 응하겠다고 걸고 나왔다. 악비는 진회의 모함에 걸려 옥안에서 쥐도 새도 모르게 죽었다. 악비의 나이 39살이었다.

남송과 금 사이에 강화가 이루어졌다. 강화 조건은 이러했다.

송나라는 금에게 신하로서의 예를 다하고 금나라 황제가 송나라 황제를 책봉한다. 송나라는 매년 은 25만 냥, 비단 25만 필을 금나라에 보내고 동쪽은 회수, 서쪽은 대산관을 국경선으로 한다.

이 치욕적인 강화로 송은 금의 부속국이 되었다.

용맹한 칭기즈칸의 등장

금나라가 송나라를 짓밟고 있을 때, 북방에서는 몽골족이 일어났다. 몽골족의 귀족인 테무진鐵木眞은 1204년에 나이만부를 격파하고 전 몽골족을 통일하여 1206년 칭기즈칸成吉思汗이 되었다. 칭기즈칸이란 절대적인 힘을 가진 군주라는 뜻이다.

칭기즈칸에게 어느 날 금나라의 사신이 찾아와 새 황제 위소왕에게 배례를 올리고 조서를 받으라고 명령했다. 당시 금나라는 몽골족이 통일을 하면 세력이 커질 것을 우려해 각 부족을 지배하고 있었다.

칭기즈칸의 아버지는 금나라의 희생자였다. 금나라가 이간질로 부족간에 싸움을 붙이는 바람에 같은 몽골족에게 붙잡혀 금나라로 끌려가 죽음을 당했던 것이다.

"아버지의 원수인 금나라가 새 황제에게 배례를 올리라고? 금나라를 가만 두지 않으리라."

사신이 다녀간 이듬해인 1215년, 칭기즈칸은 대군을 거느리고 금나라 정벌에 나서 금나라를 초토로 만들었다. 금나라는 몽골과 강화를 맺는 한편 개봉으로 천도하고 백성들을 이주시켜야 했다. 금나라는 계속 몽골의 위협을 받고 있으면서도 남송을 공략하는 등 국력을 낭비해 쇠약해지기 시작했다. 기회를 엿보고 있던 몽골은 남송과 연합하여 1234년 대군을 이끌고 금나라를 쳐서 멸망시키니 금나라는 9대 120년 만에 막을 내렸다.

칭기즈칸

칭기즈칸成吉思汗은 세계 역사상 가장 넓은 대륙을 점유한 몽골 제국의 창업자이자 초대 대칸이다. 그는 몽골의 여러 부족을 통합하고, 능력주의에 기반한 강한 군대를 이끌어 역사상 가장 성공한 군사 지도자가 되었다. 칭기즈칸은 세계사에 용맹하면서도 무자비하고 잔인한 정복자의 모습으로 전해지고 있기도 하지만, 몽골에서는 영웅이자 국부로 추앙 받고 있다.

오논 강에서 태어난 칭기즈칸의 정확한 출생연도에 대해서는 여러 가지 설이 있는데 전설에 따르면 그가 태어날 때 손에 피를 한 움큼 쥐고 있었기 때문에 상서로운 기운이 감돌았다고 한다.

그의 유년시대는 결코 행복한 것이 아니었다. 그가 9세 때 몽골 왕족 보르지긴족의 후예인 아버지 예수게이가 그의 부족과 오랜 불화관계에 있던 타타르족에 의해 금나라로 끌려가 독살되었다. 예수게이가 죽자 부족들은 예수게이와 정적인 타이치우트 일가의 사주를 받아, 예수게이의 미망인 호엘룬과 그 자녀들이 지도력을 발휘하기에는 너무 약하다고 생각하고 기회를 이용하여 권력을

찬탈했다. 칭기즈칸과 그의 가족은 비록 보르지긴족들의 배척을
받긴 했지만 왕족 출신이라는 이유로 상당한 대접을 받았다.

몽골 북방에 사는 메르키트족은 예수게이가 그들에게 빼앗은
여자인 호엘룬을 아내로 삼았기 때문에 칭기즈칸에게 반감을 가
지고 있었다. 이러한 이유로 메르키트족은 칭기즈칸의 아내인 보
르테를 데리고 가 첩으로 삼았다.

"보르테를 돌려주십시오. 은혜는 잊지 않겠습니다."

칭기즈칸은 아버지 예수게이와 의형제를 맺었던 케레이트족의
왕인 토그릴 완칸에게 사정을 말하여 보르테를 다시 찾아올 수 있
었다. 당시 토그릴 완칸은 몽골 지역 안에서 가장 강대한 통치자
였다. 칭기즈칸은 결혼기념물로 받은 모피를 토그릴에게 선물했
고 답례로 토그릴 완칸은 테무진의 흩어진 부족민들을 모아주겠
다고 약속했다. 그후 토그릴 완칸은 테무진에게 2만 명의 병력을
제공하고 칭기즈칸의 어릴 적 친구인 자무카도 설득시켜 병력을
제공하게 함으로써 그 약속을 지켰다.

칭기즈칸은 몽골 제국의 기반을 마련하였고, 역사에 지워지지
않는 기록을 남겼다. 몇 세기 동안 유라시아 대륙의 넓은 영토를
통치했던 몽골 제국의 영역은 몽골, 중국, 러시아, 우크라이나,
아제르바이잔, 아르메니아, 이라크, 이란, 카자흐스탄, 우즈베키
스탄, 아프가니스탄, 몰도바, 쿠웨이트, 독일, 폴란드, 헝가리까
지 뻗쳤다. 칭기즈칸은 금나라의 멸망을 보지 못하고 1227년에
죽었다.

제3장

근대화를 향한 몸부림

몽골족이 세운 원나라 시대

【 주요 인물 】

쿠빌라이칸(세조) _ 원나라를 세운 칭기즈칸의 손자. 칸에 오르기까지에는 부족간의 심한 마찰과 갈등을 겪는다. 왕후들의 추대로 칸에 오르자 아리부코가파가 들고일어나 두 파간에 주도권 싸움이 일어난다. 쿠빌라이가 이를 제압하고 황제에 올라 1271년 국호를 대원大元이라 고친다. 역전제도를 도입해 수도 대도에는 유럽인 등 서역 사람들이 몰려들어 대도는 국제 도시로 발돋움한다.

순제 _ 라마교에 빠져 정사를 돌보지 않은 황제. 라마교 승려를 비판하는 자는 혀를 자르고, 구타한 자는 손목을 자르는 중형으로 다스린다. 라마교 승려들은 남녀가 벌거벗고 도술에 빠지기도 하였는데 순제는 이들을 궁중으로 불러들여 함께 즐긴다.

유복통 _ 백련교를 업고 홍건적의 난을 일으킴. 교주 한산동의 아들 한림아韓林兒를 황제로 옹립하고 소명왕小明王이라 칭한다. 나라 이름을 송宋, 연호를 용봉龍鳳이라 하고 박주에 궁전을 세워 정권을 장악한다. 시간이 지나 여진呂珍의 추격을 받자 주원장朱元璋에게 원병을 청하지만 뜻을 이루지 못한다.

한산동 _ 백련교 교주로 혹세무민을 자행. 백련교는 동진東晉의 승려 혜원이 만든 종파인데 그는 미륵불을 믿으면 지상 천국을 건립한다고 내세운다.

주원장 _ 1328년 남경南京에서 북서쪽, 동부해안에 있는 호주에서 가난한 농부의 아들로 태어났다. 집안이 가난해 배우지도 못했고 17세 때 괴질과 기근으로 부모형제를 잃어 황각사皇覺寺의 증이 되어 의탁하고 있다가 민란이 일어나자 반란군 지도자 곽자흥郭子興의 수하로 들어가 실력을 발휘한다. 백련교에 들어갔던 그는 1366년에 홍건적의 상징이었던 소명왕을 죽여 자신이 홍건적의 무장임을 씻고 원에 부정적인 농민들을 기반으로 명明을 건국한다. 유방에 이어 평민 출신으로 황제가 된 두 번째 케이스다.

이선장 _ 주원장의 부하. 주원장에게 인재를 잘 등용하면 한 고조 유방처럼 천하를 얻을 수 있다며 원대한 꿈을 가지라고 간한다.

칭기즈칸의 손자 쿠빌라이의 등장

이민족이 중국 천하를 차지하다

칭기즈칸에 의해 중국 대륙을 장악하기 시작한 몽골족이 명실상부한 통일을 이룬 것은 칭기즈칸으로부터 5대째인 쿠빌라이칸(세조) 대에 이르러서이다. 하지만 그가 칸에 오르기까지에는 부족간의 심한 마찰과 갈등을 겪어야 했다. 쿠빌라이는 무려 34년 간이나 재위했는데 줄곧 헤게모니 쟁탈전을 벌여야 했다.

원나라를 건설한 쿠빌라이

이를 설명하기 위해서는 칭기즈칸 이후의 왕조 족보를 알아둘 필요가 있다. 칭기즈칸으로부터 2대 오고타이칸(태종, 칭기즈칸 아들), 3대 구우크칸(오고타이 아들), 4대 몽케칸(헌종, 칭기즈칸 4남 툴

루이 아들), 5대 쿠빌라이칸(세조, 칭기즈칸의 손자)으로 이어진다.

칭기즈칸은 생전에 제3차에 걸친 원정에서 차지한 영토를 네 아들에게 나누어주었다. 그들의 자손들이 건설한 나라를 4한국汗國이라 하는데, 킵차크 한국, 차카타이 한국, 오고타이 한국, 일 한국을 말한다.

1258년, 몽골 헌종憲宗(몽케칸)은 남송의 사천 지방을 공격하여 대승을 거두고 쿠빌라이는 호북 지방에서 승리했다. 몽케칸이 죽자 쿠빌라이와 캐라코룸에 있는 아리크부가 사이에 후계자 싸움이 벌어졌다. 1260년, 쿠빌라이가 왕후들의 추대로 칸에 오르자 아리부크가파가 들고일어나 두 파간에 주도권 싸움이 벌어졌으나 쿠빌라이가 이를 제압하고 황제에 올라 1271년 국호를 대원大元이라 고쳤다. 쿠빌라이는 남송의 재상 가사도와 1259년에 맺은 강화의 이행을 촉구했으나 가사도가 사자를 포로로 잡는 사건이 일어나자 1272년 다시 남송을 공격하였다. 이로써 남송은 1279년에 원나라에 9대 152년 만에 멸망하여 막을 내렸다. 대원大元은 몽골어로는 '다이온 이케 몽골 울루스' 즉 대원대몽고국大元大蒙古國이다. 중국 역사에서 다른 민족이 중국 전체를 통일한 것은 원나라가 처음이다.

쿠빌라이가 황제가 되었으나 편한 자리가 아니었다. 쿠빌라이가 중원으로 진출하자 오고타이 한국과 차가타이 한국이 손을 잡고 몽골제국의 종주권을 잡기 위해 쿠빌라이에게 도전을 해왔다. 이 싸움은 쿠빌라이가 죽은 후(1294년)에야 4한국이 원나라와 분리되어 독립국가를 만드는 것으로 끝이 났다.

"역전驛傳 제도를 만들라!"

역전 제도의 도입으로 인해 원나라의 수도 대도에는 유럽인 등 서역 사람들이 몰려들어 대도는 국제 도시로 발돋움했다. 특히 색목인(서방인)을 몽골족 다음으로 우대했기 때문에 외국과의 문물교류가 활발했다. 쿠빌라이의 원나라는 유목 국가인 몽골 제국의 직계 국가임과 동시에, 중국화한 명칭과 제도로 중국 역사상의 통일 왕조로서의 위치를 차지하게 되었다.

원나라때의 천문대

그는 서역에서 들어오는 문화를 중시하였으며, 티베트에서 라마교를 받아들였다. 쿠빌라이의 재위 시절에 마르코 폴로가 중국에 들어왔다. 쿠빌라이칸은 낯선 나라들의 이야기를 듣기 좋아했기 때문에 마르코를 자주 불러 이야기를 듣고 그에게 현지조사 임무를 주어 몽골 제국의 먼 지역으로 파견했다. 마르코는 이런 임무를 띠고 중국 남서부의 운남성과 미얀마의 타가웅까지 여행을 했다. 그는 또한 중국 남동부 지역을 여행하여, 몽골족이 정복한 지역을 자세히 살피며 후일 이를 《동방견문록》이란 책에 정리했다.

"지폐는 주화보다 가벼워서 사용하기가 좋구나!"

쿠빌라이는 마르코 폴로와의 상면을 계기로 지폐를 사용했다. 지폐는 송대에도 사용되었으나 쿠빌라이 때에 와서 유일한 교환수단으로 정착되었다. 이 시기에는 지폐의 사용이 필수적이었는데, 무역이 팽창하던 시기에 구리의 공급이 너무 적어 충분한 주화를 제조할 수 없었기 때문이다. 당시 구리의 상당량이 불사로 흘러 들어가 불상과 불구들을 만드는 데 이용되었다. 그러나 원대 말기에는 재정적으로 궁지에 몰려 지폐를 너무 많이 발행하여 인플레이션을 촉발했다.

마르코 폴로가 중국에 들어온 것은 20세 무렵으로 알려져 있다. 그는 17년 동안 중국에 머물렀는데 공주들의 선망의 대상이었다고 한다.

몽골군의 말발굽에 짓밟힌 고려

흔히 몽골이라고 부른 원나라는 우리 역사에는 큰 아픔을 안겨준 원한의 국가로 기억된다. 고려는 무려 여섯 차례나 몽골군의 말발굽에 국토가 유린당했고, 강화로 도읍을 옮겨야 했으며, 20만이 넘는 백성이 타국으로 끌려가 노역생활을 해야 했다. 원나라의 요구는 조공을 바치고 고려의 국왕이 입조를 하라는 것이었다.

원나라가 고려로부터 조공을 받은 것은 1218년 칭기즈칸 13년부터로 기록돼 있다. 1224년 칭기즈칸 재위기간에 사건이 일어났다. 고려에서 조공을 받아 가지고 돌아가던 몽골의 사신 저고여著古與가 압록강을 건너다가 살해된 것이다. 대신들은 고려군의 소행으로 보고 칭기즈칸에게 고려 침공을 주장했으나 칭기즈칸은 고개를 저었다. 그의 야망은 고려 같은 작은 나라가 아니라 서역에 있었던 것이다. 칭기즈칸은 고려와 국교를 끊는 것으로 이 사건을 마무리했다.

하지만 칭기즈칸이 죽고, 태종 오고타이가 즉위하자 살리타이를 사령관으로 임명하여 고려 침략의 명령을 내렸다.

"우리 몽골은 막강한 군사력을 갖고 있다. 성문을 열고 우리 몽골군을 맞이하라!"

살리타이가 고려 국경의 수비대장에게 항복을 권유하자 수비대장은 항복 문서를 몽골군 진영에 보내고 성문을 열어주었다. 힘이 모자라는 고려는 몽골이 요구하는 대로 조공을 바치고 입조를 하기로 강화를 요청할 수밖에 없었다. 강화가 이루어졌으나 몽골에서는 다루하치達種花亦 72명을 고려에 주둔시키고 횡포를 일삼았다. 이에 견디다 못한 고려는 도읍을 강화로 옮겨 몽골에 대해 항전하기에 이르렀다. 호국의 염원을 담은 팔만대장경은 이때 만들어졌다.

"감히 몽골에 대항을 해!"

몽골이 가만히 있을 리가 없었다. 다시 대군을 출동시켜 고려를 초토로 만들었다. 백성들의 생활은 말이 아니었다. 먹을 양식이 없어 몽골군의 말 배설물에서 미처 소화되지 않은 밀 등 곡식을 물에 씻어 먹는 사람도 있었다.

몽케칸이 죽고 제위를 이어받은 쿠빌라이는 고려에 대해 무력 대신 누그러진 정책을 펴기 시작했다. 몽골군과 다루하치를 고려에서 철수시키고 포로로 붙잡아 온 고려 백성을 모두 돌려보내 주었다. 이로써 고려는 40년 동안의 몽골 항쟁을 끝내게 되었다. 고려를 예속시킨 쿠빌라이는 고려의 힘을 이용하여 전선戰船을 건조하는 등 여러 차례나 일본을 쳤으나 반란 때문에 성공하지 못하고 1294년에 죽었다.

라마교의 유입과 홍건적의 등장

결혼 전 노승에게 처녀를 바치다

중국의 역사에서 어느 나라나 수명이 다해서 자연사하는 나라는 없다. 길든 짧든 한 왕조가 망한 데에는 그만한 이유가 있다. 원나라는 쿠빌라이가 천하를 통일 한 지 90여 년 만에 막을 내렸다. 기마 민족의 강한 나라가 쉽게 망한 원인은 라마교에 의한 학정과 계급주의로 인한 이민족에 대한 억압이 불러온 민심 이반에서 찾을 수 있다.

라마교는 인도의 명승 연화상좌사를 교조로, 티베트를 중심으로 흥성한 불교의 한 종파이다. 예부터 내려오는 토착적 민속신앙과 융합된 밀교密敎로서, 기도와 주문을 외우면 모든 악을 제거한다는 믿음을 가지고 벵골을 중심으로 7세기경 시작하였으나 타락상을 보여 쇠망하고, 그 후 8세기 중엽 인도에서 티베트를 비롯하여 네팔·몽골 등지로 퍼진 불교의 일파이다. 라마교는 쿠빌라이 칸의 보호를 받아 원의 국교가 되었고 정치와 종교의 두 가지 권

몽골군의 장막과 수레

한을 휘둘렀다.

　라마교 승려는 특권계급에 속할 정도로 지위를 보장받았으며, 수백 개가 넘는 라마교 사원들이 세워지게 되었다. 라마교에서는 결혼을 앞둔 신부의 혼전婚前에 나이가 많은 라마승과 동침을 하여 순결을 바치는 초야권이라는 관습이 있었다. 당시 몽골에서는 나이가 어리고 성性에 대한 경험 없는 처녀가 결혼 후 신체적 손상을 입지 않고 성행위를 할 수 있도록 미리 성교육을 시키는 풍습이 있었다. 하지만 이것은 하나의 구실에 지나지 않고, 라마교의 성적인 문란성을 극명하게 보여주는 사례이다. 뿐만 아니라 황실에서는 라마승들이 전파한 방중술房中術이 난음亂淫으로 변질돼 교리의 참뜻이 성聖이 아닌 성性을 숭배하는 지경에 이르렀다.

　쿠빌라이가 죽은 후 원나라는 후계자 문제로 어지러웠다. 쿠빌라이의 뒤를 이어 그의 아들 성종成宗이 제위를 이어 받았으며, 다음에는 성종의 큰조카인 무종武宗이 뒤를 이었다. 무종과 영종英宗, 태정제泰定帝의 뒤를 이어 9살짜리 천순제天順帝가 제위에 올랐다. 이에 무종의 차남 투크테무르가 군대를 이끌고 궁궐로 쳐들어가

제3장 근대화를 향한 몸부림 341

천순제를 쫓아내고 형을 황제로 세우니 이가 명종明宗이다. 명종은 동생 투크테무르를 황태제로 세운 다음해에 원인 모르게 급사했다. 투크테무르가 황태제로 즉위하니 곧 문종文宗이다. 문종은 재위 3년 만에 죽고 명종의 장남인 13살 소년 순제順帝가 제위에 올랐다.

"사람에게는 종교가 있어야해. 라마교는 마음을 편안하게 해준단 말이야."

무능한 순제는 황태자에게 정사를 일임하고 라마교에 심취했다. 라마교 승려들 가운데는 요승들이 많아 못된 짓을 자행했으나 이러한 실상을 아는지 모르는지 순제는 라마교 승려를 비판하는 자는 혀를 자르고, 구타한 자는 손목을 자르는 중형으로 다스렸다. 라마교 승려들은 남녀가 벌거벗고 도술에 빠지기도 하였는데 순제는 이들을 궁중으로 불러들여 함께 즐겼다.

이 무렵 원나라는 건국 초기의 기백은 찾아볼 없었고 점점 쇠약해져 갔다. 여기에 라마교 승려들의 행패는 원나라의 멸망을 부채질했다. 이러한 종교적인 타락은 다른 종교에도 영향을 미쳐 혹세무민하는 종교가 생기고 정권을 타도하려는 종교도 일어났다.

원나라에서는 인간의 계급을 몽골인-색목인-한인漢人-남인南人의 4등급으로 나누고 몽골인을 최우선에 두었다. 따라서 이민족에 대한 억압이 심했고 조정의 중요한 자리는 모두 몽골인이 차지했으며 그 다음이 색목인(서양인)이었다. 군사적인 면에서는 더욱 심했다.

"한족들을 별도로 관리한다!"

엔테무르 시대에 이르러는 원나라 초기 이후 한 동안 폐지되었던 과거제도가 다시 부활되었지만 몽골인들은 시험에 응시하지 않았다. 과거를 보지 않고도 관리로 채용되는 특전이 있었기 때문이다. 한편 3등급에 해당하는 한인들은 차별을 두어 관리했다. 한인들에게는 무기를 소지하지 못하게 했고 식칼도 여러 집이 한 개를 공동으로 사용토록 하였다.

또 새로 결혼하는 한족 여성의 초야권(여자노예가 결혼할 경우 영주가 먼저 여자와 동침하는 권리)은 몽골 병사의 몫이었는데, 이때 90여 년에 걸친 식민지배 동안 한족 여성이 몽골 병사에게 처녀성을 바친 때문에, 한족의 유전자가 몽골족으로 상당히 대체되었다는 주장도 있다.

몽골의 황제는 거친 초원지대에서 말을 생활의 도구로 삼아 떠돌던 유목민의 후예였다. 때문에 풍요로운 중원 지역에 자리를 잡았을 때는 궁핍한 생활에서 풍요 속에 향락을 즐기는 생활로 바뀌어 있었다. 그리고 호화로운 생활의 재원을 충당하기 위해서 백성들로부터 가렴주구 식으로 세금을 징수하고 재물을 약탈했다. 대신들도 무소불위의 권력을 휘둘렀다.

백련교를 등에 업은 홍건적의 반란

순제가 즉위한 15년, 마침내 양자강 유역에서 한인들이 반란을 일으켰다. 이 지역은 관리들의 착취와 황하의 범람이 겹쳐 백성들이 생활고에 허덕이고 있었다. 이런 반란은 지역을 가리지 않고 연쇄적으로 잇달아 일어났다. 그리고 이와 때를 같이하여 백련교白蓮敎라는 종교를 기반으로 한 홍건적紅巾賊 무리가 들고일어났다.

"말세가 다가왔다! 원나라는 운이 다했다. 이제 미륵불이 중생을 구원하러 올 것이니 미륵불을 섬겨라!"

　하남 일대에서 일기 시작한 이런 소문은 전국으로 급속하게 퍼져나갔다. 백련교는 동진東晉의 승려 혜원이 만든 종파인데 그들이 숭배하는 미륵불은 지상 천국을 건립하는 부처라고 내세웠다. 하남 영주 사람 유복통劉福通은 한산동韓山童이 교주로 있는 백련교를 등에 업고 반란을 일으키기 위해 세상의 종말이 왔다고 유언비어를 퍼트리고 다녔다. 미륵불의 새 세상이 도래한다는 소문이 퍼지자, 굶주린 백성들은 앞을 다투어 백련교 신도가 되었다.

　"미륵불을 믿으면 세상이 열린다. 몽골족을 몰아내고 송왕조를 부흥시키자!"

　드디어 유복통은 한산동을 수령으로 모시고 1351년, 반란의 깃발을 높이 쳐들었다. 반란군들은 머리에 붉은 수건을 둘렀다. 그래서 반란군은 홍건적으로이라 불렸다. 그러나 그 해 5월 원나라를 치기 위한 본격적인 전투 준비도 갖추기 전에 거사 계획이 들통이 나고 말았다. 이에 조직을 이끌었던 유복통은 급히 영주로 들어가서 군사를 일으켰으나 관군에게 패해 도주했다. 교주 한산동은 잡혀 처형당했고 그의 부인과 아들 한림아는 간신히 목숨을 건졌다.

　도망친 유복통은 흩어진 홍건군을 재정비하고 교주의 아들 한림아를 장수로 내세워 하남 지방의 여러 곳을 차례로 공략했고, 군사도 10만으로 불어났다. 또 홍건적에 호응하여 각지에서도 독자적인 반란이 일어나 조정을 괴롭혔다.

　반란군의 무리가 곳곳에서 일어나자 원나라 조정은 대규모 군대를 동원하여 토벌에 나섰다. 승승장구를 거듭한 유복통은 한림아韓林兒를 황제로 옹립하고 소명왕小明王이라 칭했다. 그리고 나라 이름을 송宋, 연호를 용봉龍鳳이라 했다.

1351년부터 4년 동안 하남 일대를 차지한 유복통은 박주에 궁전을 세우고 정권을 장악했다.

한림아의 모친 양씨를 황태후로 받들고 두준도, 성문옥을 좌우승상으로, 나문소를 평장정사로, 유복통의 동생 유육은 추밀원사로 삼아 국가로서의 체제를 갖추었다. 그러나 휘하에 있는 두준도 杜遵導가 한림아의 신임을 얻어 고개를 들자 유복통은 그를 암살해 버렸다. 내분이 일어난 것이다.

"반란군은 힘이 약해졌다. 총공격하라!"

토벌군 사령관 차칸테무르가 대군으로 개봉을 포위하자 성안에 갇힌 유복통은 1백여 일이 지나자 식량이 떨어져 곤경에 빠졌다. 유복통은 허수아비 황제 한림아를 데리고 안풍으로 도망쳤다. 차칸테무르는 개봉을 함락시킨 뒤, 아들 쿠쿠테무르를 보내어 홍건군에게 가담한 원나라 장수 전풍田豐을 항복시켰다.

다시 개봉으로 도주한 유복통은 원군의 집중 공격을 피하기 위해 군대를 세 갈래로 분산시켰다. 그러나 이것이 결정적인 실수였다. 쇠약해졌다고는 하지만 아직 원은 중원을 지배하고 있었고 결과적으로 분산된 반란군은 원군에게 각개격파 당하는 결과를 초래하게 되었다.

고래 싸움에 등터진 새우

토벌군에게 쫓기는 홍건적은 퇴로가 막혀 고민하던 중 압록강을 건너 고려로 침입하기에 이르렀다. 이것을 우리 국사에선

'홍건적의 1차 침입'이라고 부른다. 1359년(공민왕 8년) 고려를 침공한 홍건적 약 4만의 무리가 장수 모귀의 지휘 하에 얼어붙은 압록강을 건너 서경(평양)을 함락했다가 편장 이방실, 안주만호 안우 등이 이끄는 고려군의 격렬한 반격을 받아 궤멸되어 겨우 잔병 3백이 압록강을 건너 달아났다.

그 후 홍건적들은 수군을 동원하여 황해도와 평안도의 해안지대를 침범하다가 1361년(공민왕 10년) 10월에 10만의 반란군을 이끌고 얼어붙은 압록강을 건너 다시 고려에 침입하였다. 홍건적이 수도인 개경으로 진군하자 공민왕은 남으로 피난을 갔고 개경은 이들의 손에 함락되었다. 홍건적은 이후 수개월 동안 개경에 머물면서 살인과 방화, 약탈, 강간 등 잔학한 만행을 일삼았다. 그러나 12월 복주福州(안동安東)에 다다른 공민왕은 정세운을 총병관總兵官을 삼아 홍건적 토벌의 명을 내렸다. 1362년 1월 총병관 정세운은 이방실, 안우, 김득배 등과 함께 군을 수습, 홍건적을 크게 무찔러 개경을 수복하고 마침내 홍건적의 난을 평정했다.

홍건적의 침입으로 고려가 입은 피해는 컸다. 개경을 비롯해 서북면 여러 지역이 많이 파괴되었고, 남방 지역도 왕의 파천과 군사 징발 등으로 사회가 혼란해졌다. 또 전공을 세운 무장세력이 득세하게 되어 김용金鏞의 반란이나 흥왕사의 변 등이 발생했다.

홍건적은 다시 안풍에 자리를 잡았다. 원나라의 여진呂珍이 유복통이 숨어 있는 안풍의 홍건군 본진을 포위하자 유복통은 주원장朱元璋에게 원병을 요청했다. 주원장은 홍건군의 반란에 호응하여 호주에서 반란을 일으킨 곽자흥郭子興의 부장이었다. 하지만 주원장이 도착하기도 전에 여진은 안풍성을 공략하여 유복통을 죽였다. 이로써 유복통은 건국의 뜻을 제대로 펴지 못했으며 그의 죽음으로 홍건적은 멸망하고 말았다. 이후로는 유복통을 대신해 서수휘, 곽자흥 등의 군웅들이 원군과 싸우게 되며 그 틈바구니에서 훗날 원조를 무너뜨리고 명 제국을 세우는 주원장이 나타나게 된다.

탁발승 주원장 황제가 되다

주원장의 등장과 원의 멸망

주원장은 1328년 남경南京에서 북서쪽으로 약 16km 떨어진, 중국 동부해안에 있는 호주에서 가난한 농부의 아들로 태어났다. 집안이 가난해 배우지도 못했고 17세 때 괴질과 기근으로 부모형제를 잃어 황각사皇覺寺의 중이 되어 의탁하고 있었다.

당시 가난한 농부의 아들이 출가하는 것은 흔한 일이었다. 그는 탁발승이 되어 각지를 떠도는 동안 지방의 지리와 풍습을 알게 되었고 또 백성들의 고통을 직접 체험하게 되었다. 주원장이 탁발승으로 떠돌아다닐 때 당시 중국의 중부와 북부 지방에서는 기근과 가뭄으로 700만 명 이상이 굶어죽었다. 이러한 상황은 민중봉기를 촉진시켜 1325년경부터는 반란이 끊임없이 일어나기 시작했다. 평민 출신의 비적匪賊이 이끄는 반란군들은 부유한 사람들의 집을 습격하여 그들의 재물을 빼앗은 뒤 가난한 사람들에게 나누어주었다. 반란군의 지도자 가운데 곽자흥郭子興이 있었다.

'나라가 어지러우니 중노릇도 못해 먹겠구나. 대국을 건설하여 내가 주인이 되리라!'

주원장은 승복을 벗어 던지고 곽자흥의 반란군에 가입했다. 주원장의 비범함을 알아본 곽자흥은 그에게 병사 10만을 주어 거느리게 했다. 주원장은 금세 많은 공을 세워 곽자흥의 눈에 들었다. 곽자흥군이 토벌군의 공격에 맞섰다가 큰 피해를 입자, 주원장은 고향에서 군사 7백 명을 모아 곽자흥군에게 돌아갔으나 내분이 이는 것을 보고는 고향에서 모은 죽마지우 간부 20명과 병사들을 거느리고 곽자흥을 떠나 남쪽으로 향했다.

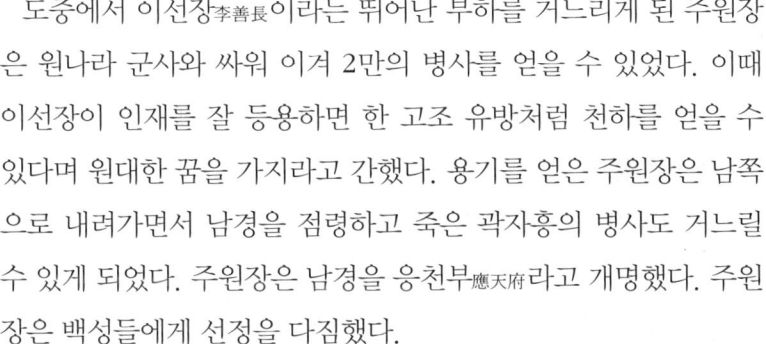

명대의 도자기

도중에서 이선장李善長이라는 뛰어난 부하를 거느리게 된 주원장은 원나라 군사와 싸워 이겨 2만의 병사를 얻을 수 있었다. 이때 이선장이 인재를 잘 등용하면 한 고조 유방처럼 천하를 얻을 수 있다며 원대한 꿈을 가지라고 간했다. 용기를 얻은 주원장은 남쪽으로 내려가면서 남경을 점령하고 죽은 곽자흥의 병사도 거느릴 수 있게 되었다. 주원장은 남경을 응천부應天府라고 개명했다. 주원장은 백성들에게 선정을 다짐했다.

"백성들이 마음놓고 생업에 종사할 수 있게 모든 악법은 폐지하라!"

주원장은 포고문을 내려 그동안 원성을 샀던 악법을 폐지하는 한편 관리들에게는 백성을 괴롭히지 말라고 지시했다. 그 무렵, 장사성張士誠, 진우량陳友諒 등이 이끄는 다른 반란 세력이 세력을 확장하기 위해 칼을 갈고 있었다. 주원장은 절강의 방국진과 손잡고 유기劉基를 참모로 영입하여 진우량을 물리치고 1364년, 부하들의 추대를 받아 오왕吳王에 올랐다. 당시 오왕은 장사성이었는데 이로 써 두 사람의 오왕이 세워진 셈이다.

주원장朱元璋은 중국 땅을 계속 정벌해나가던 중 1366년에 홍건적의 상징이었던 소명왕을 죽여 자신이 홍건적의 무장임을 부정하게 되고 이로써 홍건적의 난은 표면적으로 종결된다. 그리고 홍건적의 사상적 기반이 된 백련교에 입신했던 주원장은 홍건적임을 부정하면서 원에 부정적인 농민들을 기반으로 1368년 명明을 건국하기에 이른다.

금의환향하여 조상께 절하다

호주에는 주원장 조상의 묘가 있었다. 주원장은 금의환향했다. 주원장은 조상의 묘에 참배하고 고향 사람들에게 성대한 잔치를 베풀었다.

남부지방이 평정되자 주원장은 서달徐達·상우춘常遇春 등의 장수를 파견하여 북벌을 도모했다. 1368년 초 주원장은 마침내 스스로 명의 황제임을 선포하고 남경을 수도로 정하고 나라 이름을 명明이라 하고 연호를 홍무洪武라 하였다. 그래서 태조가 그의 공식 시호이나 통상적으로 홍무제로 불린다.

"명나라에서 군대를 동원했다 하옵니다!"

명나라의 북벌군이 노도같이 올라오는데도, 원나라 조정은 당파 싸움만 하고 있었다. 따라서 주원장을 막을 힘이 없었다. 원나라 장수들은 명나라 군사들을 보자 도주하거나 항복했고 순제는 후비·황태자 등을 데리고 북쪽으로 도망을 갔다. 순제는 응창부에서 51살로 세상을 떠났다. 이로써 원나라왕조는 쿠빌라이가 중국을 통일한 지 90여 년 만에 붕괴되었다. 주원장의 등극으로 중국은 1백여 년 만에 다시 한족의 지배 하에 들어갔고 1382년 마침내 중국 전 지역이 주원장에 의해 통일되었다.

주원장은 잔인하고 의심이 많았으며 성질이 급했는데 나이가 들수록 더욱 심해졌다. 처음에는 원의 영향력을 제거하기보다는 원의 궁정생활을 답습하여 모방했다.

"지도급에 있는 사람도 잘 못하면 벌을 받아야 한다!"

궁중에서 조금이라도 실수를 저지르면 나무막대기로 체벌을 가해 때로는 학자·관리들이 죽기도 했다. 그는 학자들이란 황제를 위해 일하는 국가의 노예에 불과하다고 느꼈다. 황제의 이 같은 태도 때문에 많은 사대부 인사들이 관직에 나가는 것을 포기했다

신흥왕조 명나라 시대

【 주요인물 】

건문제 _ 홍무제의 손자로 이름은 주윤문. 통치 기간에 내란을 거의 모두 진압하여 왕조의 기초를 새롭게 다졌으나 숙부들이 통치하고 있던 몇몇 공국 영토에 대한 중앙집권을 강화하려다가 몰락한다. 잔존세력을 격퇴시키고, 명조를 문화적·정신적으로 발전시킨 업적은 후대에 높이 평가된다.

주체 _ 홍무제의 4남으로 영락제에 오름. 정난군을 조직하여 조카인 건문제에 맞서 '정난靖難의 변'을 일으킨다. 황제가 된 후에는 정권의 기초를 공고히 하고 문물제도의 정비에 힘쓰는 한편 몽골족과 교전을 벌여 영토를 확장한다. 명나라 학문을 분야별로 종합한 백과전서《영락대전永樂大典》을 완성하고《사서대전四書大典》,《오경대전五經大典》등을 펴낸다.

왕진 _ 황실을 뒤흔든 환관. 환관의 최고직위인 사례감司禮監에 올라 전횡을 일삼는다. 마음대로 외국에 군대를 파견하는가하면 조금이라도 눈에 거슬리는 사람은 가차없이 목을 벤다. 영종을 부추겨 오이라트의 정벌에 나섰다가 토목보에서 대패당하고 영종은 적에게 사로잡히는 수모를 당한다.

누르하치 _ 중국 대륙을 넘본 만주족으로 후금 건설. 건주 여진의 부족장 가문에서 1559년에 태어나 20대 초반에 지도자가 된다. 건주 여진 세력을 통일하고 추장에 올랐으며 건주 여진을 만주滿洲로 개명했으며 계속 세력을 확장하여 1616년 요령성에 금金나라를 세워 왕이 된다.

홍타이지 _ 누르하치의 아들로 대청(금)을 세움. 후일 청 태종. 조선에서 정묘호란과 병자호란을 일으켜 조선을 유린하고 끝내는 삼전도에서 인조에게 신하로서의 예를 올리게 한다. 명을 굴복시켜 중국 천하를 통일하려는 꿈을 키운다.

이자성 _ 농민 반란군. 본명 이홍기李鴻基. 산서 연안延安에서 중농의 아들로 태어나 목동, 역졸, 군인 등을 전전하다가 식량 배급이 제대로 되지 않자 병란兵亂을 일으킨다. 1644년 3월 북경에 입성하여 국정을 장악하고 국호를 대순大順이라 하였지만 오삼계의 배반으로 실패한다.

홍무제와 영락제의 정치

여성편력이 다양했던 홍무제

중국 역사상에서 서민이 황제가 된 것은 단 두 사람이 있다. 바로 한漢나라의 고조 유방과 명明의 황제 홍무제 주원장이다. 그리고 둘 다 반란군이었다는 점에서 비슷하다. 하지만 주원장은 떠돌이 중에서 황제가 되었다는 점에서 중국 역사에서 신격화되고 있다.

홍무제

주원장은 우리나라 전라남도 해남 출신이라는 설화가 내려오고 있다. 조선을 개국한 태조 이성계의 아버지가 천하 명당을 찾아 전국 방방곡곡을 헤매다가 해남에 명당이 있음을 알아냈으나 이를 눈치챈 주원장이 미리 자기 부모를 모신 후 중국으로 갔다는 것이다. 또 《장백전張白傳》이란 민담소설에도 주원장이 장백張白의 죽은 누이의 남편이라는 것을 현몽하는 대목이 있다. 다만 사대주의와 모화사상이 깊은 조선에서 감히 상국인 명明 태조가 조선 전라도의 머슴 출신이라고 기록을 하지 못했을 뿐, 남도 곳곳에서 주원장이 해남 출신이라는 설이 구전口傳으로 전해지고 있다. 이는 중국에서 아직까지 그의 생가가 발견되지 않은 데서 설득력을 얻는다. 주원장의 부인 또한 고려에서 끌려간 공녀였다는 설이 있다.

이왕 주원장의 사생활 얘기가 나왔으니 그의 여성 편력에 대한 구전도 기술해본다. 주원장은 황후 외에도 많은 후궁을 거느렸는데 취아라는 갓 스무 살 넘은 여인을 가장 총애했다. 취아에게는 취영이라는 여동생이 있었는데 그녀는 여동생이 보고 싶기도 하고 자신의 모습을 자랑도 할 겸 황제에게 동생을 궁궐에 초대할 것을 간청하였다.

'아, 양귀비보다 아름답구나! 취아는 비교할 바가 못 돼!'

물이 막 오르는 열여섯 살 취영이 언니를 찾아오자 황제는 그녀의 미모에 눈이 멀었다. 그녀가 물러간 뒤에도 눈앞에 그녀의 아름다운 모습이 어른거려 잠을 자지 못할 정도가 되었다. 마침내 왕의 마음을 읽은 신하들이 취아를 안가로 보내고 취영을 궁으로 불러들였다.

그날부터 황제는 취영을 총애하기 시작하였고, 열 여섯 살임에도 성숙했던 취영은 황제에게 귀비의 자리를 요구하기에 이른다. 이에 주원장은 다음날 즉시 그녀의 오빠인 대장군 오정을 불러 그녀를 귀비로 승격시키라고 명한다. 오정은 취아에 이어 취영까지 황제의 비가 됐다는 말에 매우 기뻐하였다.

'언니의 사랑을 빼앗다니……. 가만 둘 수가 없지.'

취아는 동생 취영이 황제를 차지했다는 소식을 듣고는 분을 삭이지 못하였다. 더구나 황제가 넉 달 동안이나 자신의 거처에 들지 않자 오빠에게 올케를 보내 취영을 타일러 달라고 부탁하였다. 오정은 아내 테란을 궁안의 취영에게 보내게 되었는데 마침 주원장이 취영을 찾아왔다가 그 자리에 합류하여 주연을 베풀게 되었다. 테란은 남자 같은 시원한 성격에 술을 잘 마셨는데 이것이 황제의 마음에 들어 그날로 함께 잠자리에 들게 되었다.

'이렇게 좋은 세상도 있구나. 아, 성은을 입는 것은 영광이야!'

원래 음탕한 기질이 있던 테란은 그날부터 남편 오정의 생각은 까맣게 잊어버리고, 궁궐에서 나올 생각을 하지 않았다. 이를 눈치챈 오정이 반란을 일으켰으나, 얼마 안가 제압을 당해 목이 달아나고 말았다. 반역죄는 일족을 멸하는 벌로 다스렸으나 황제는 그의 동생인 취아, 취영 그리고 오정의 아내 테란의 죄를 묻지 않고 오히려 총애를 베풀었다.

선정에서 학정으로 추락하다

반군의 지도자에서 황제로 등극한 명의 홍무제洪武帝(주원장)는 이민족 통치자에 대한 국민적 저항감을 바탕으로 군사를 일으켜 국가를 창업했고, 진정한 중국식 행정제도를 다시 시행했다.

"외척과 환관은 정사에 나서지 말라!"

홍무제는 외척이나 실권을 쥐고 있는 환관·군부 등의 일부 집단들이 과거에 음모를 일삼았다고 생각하고 이 같은 세력을 억제하기 위해 각별히 노력했다. 예를 들면 황후나 환관들은 정사에 관여하지 못하게 했고, 군사문제를 관리하는 데에는 문인 출신의 관리를 임명했다.

홍무제는 백성들에게 조세 감면정책을 베푸는 한편 수리사업과 황무지 개간사업으로 생산량을 늘이는 등 백성들의 생활을 안정시키기 위해 많은 노력을 기울였다. 이로써 명 왕조는 건국 수년 만에 기반이 튼튼해졌다. 홍무제에게 힘이 된 것은 원나라를 공격하는데 큰공을 세운 재상 이선장과 유기였다. 두 사람은 명 왕조를 창업하는 데도 많은 일을 도와 명의 초기 기틀을 다졌다.

"과거제도를 시행하고 6부를 설치한다!"

홍무제는 중서성과 승상 제도를 없애고, 이조·호조·예조·병조·형조·공조 등 6부部를 황제의 직속으로 두고 군사 제도도 대폭 손질하여 중·전·후·좌·우의 5군도독부를 두어 황제가 지휘했다. 하지만 제도의 개편과 개혁, 그리고 황제 1인체제의 명나라 정치는 전제주의로 기울어갔다. 황제 혼자서 국사를 모두 관장할 수 없어 6명의 전각대학사殿閣大學士를 두어 일상적인 행정의 책임을 맡겼다.

홍무제는 몽골족을 격퇴하고 난 후에는 문신들이 가장 위험한 계급이라고 느꼈다. 그럼에도 불구하고 전통적인 중국 문화를 소생시키기 위해 불가피하게 유생계급을 복권시켰다. 또한 효과적인 행정을 펴려면 학자들에게 의존해야 한다는 것을 경험으로 알고 있었다. 그래서 교육을 장려하고 관리양성을 위해 의도적으로 학자들을 훈련시켰다. 동시에 학자들의 권세와 지위를 박탈하는 방법을 썼다.

63살의 홍무제는 자신이 죽은 뒤 후사문제로 다툼이 일어날 것을 염려해 이선장을 시작으로 하여 육중형陸仲亨 등 수많은 공신들을 죽였다. 그리고 1393년, 세 번째의 숙청으로 모반을 이유로 남옥藍玉을 비롯한 중심 인물들을 처형하고 가족과 일당을 포함한 2만여 명을 죽이는 학살을 단행했다. 이로써 명 왕조를 세우는 데 큰공을 세운 사람들은 모두 죽음을 당했다.

황위를 노린 숙질 간의 피바람

홍무제의 고민은 누구를 후계자로 삼느냐는 것이었다. 홍무제는 원래 큰아들 주표보다는 넷째 아들인 연왕 주체를 황태자로 세우려고 했다. 장남보다는 주체가 훨씬 더 현명하다고 보았기 때문이다. 주표는 온순한 성격인 반면 주체는 용맹스러워 믿음이 갔다. 홍무제는 주체를 연왕으로 삼아 북원의 침입을 막는 중요한 임무를 맡도록 하였다.

꽃병

"왕자 간에 난이 일어나서는 아니 되옵니다."

주표가 죽자 홍무제는 주체를 황태자로 삼으려했으나 유삼오劉三五가 손자(죽은 주표의 아들)로 적통을 이으라고 간하였다. 넷째 아들 주체를 황태자로 삼는다면 차남인 진왕 주상과 삼남인 진왕 주강이 들고일어날 것이 뻔했기 때문이었다. 홍무제는 황태손 주윤문을 후계자로 삼고 1398년에 71살로 세상을 떠났다.

홍무제의 잔인한 숙청 과정을 지켜보면서 '너무 심하지 않느냐'고 간언을 했던 황태손은 제위를 물려받아 명의 제 2대 황제인 건문제建文帝가 되었다. 그러나 이후 건문제의 숙부들 사이에 황위를 둘러싼 피비린내 나는 살육전이 벌어진다. 건문제의 숙부가 되는 주체는 아버지의 개국에 많은 공을 세운 터라 내심 홍무제의 처사가 섭섭했다. 섭섭하기는 홍무제의 5남인 주왕 주수도 마찬가지 였다.

숙부들을 제치고 황위에 오른 건문제는 제태齊泰·황자징黃子澄 등 여러 학자들을 등용하여 정사를 돌보는 한편 황위를 노리는 숙 부들에 대한 정리가 필요하다고 느꼈다.

'왕들의 권력이 강해지면 중앙이 위협을 받고 내 자리도 위태롭 게 되지. 왕들의 세력을 약화시키자!'

건문제는 번왕藩王들을 제압하여 중앙의 권력을 강화시키기로 하고 홍무제의 다섯째 아들 주왕周王 주수를 제거하였다. 이어 제 왕 주부朱傳, 대왕 주계朱桂의 직위를 박탈하고 주체를 치기 위해 기 회를 노렸다.

'황제가 나를 치기에 앞서 벌이는 연극이구나. 당하고만 있을 수 없지!'

조정에서는 북경의 포정사 장병 등에게 연왕을 체포하도록 명 령을 내렸다. 이에 주체는 북경에 주둔하고 있는 자신의 군대를 수도 남경으로 이동시키고 황제에 대항하였다. 주체는 자신의 군 대를 정난군靖難軍이라 이름지었다. 이에 당황한 건문제는 경병문耿 炳文을 토벌군 대장으로 임명하여 맞서게 했으나 경병문은 정난군 에게 패하고 말았다. 건문제는 다시 이경륭李景隆과 성용盛庸을 잇 달아 보냈으나 거듭 패하였다.

정난군과 토벌군의 내란은 여러 해를 끌었으나 결판이 나지 않 았다. 주체의 군대가 남경으로 진격하자 연왕 주체와 내통한 곡왕 주혜와 조국공 이경륭에 의해 성문이 열리고 주체의 군사들이 성 안으로 쏟아져 들어가 궁궐은 쉽게 함락되고 말았다. 정난군이 밀 어닥치자 건문제는 궁전에 불을 지르고 도망쳤으나 그 후 어디에서도 그의 흔적을 찾을 수 없었다. 결국 연왕의 승리로 돌아간 이 싸움을 '정난靖難의 변'이라 한다. 1402년, 주체는 황제의 위에 올라 영락제永樂帝가 되었다.

『영락대전』의 완성

성조 영락제는 홍무제의 신중책을 바꿔, 왕성하게 세력을 넓혔다. 당시 막북으로 도망친 몽골의 남은 세력들이 원의 부흥을 노리고 명의 국경을 자주 침범하여 백성들을 괴롭히고 있었다. 1410년, 영락제는 친히 군사를 이끌고 제1차 몽골 원정에 나섰다. 영락제의 50만 군사는 오논강 전투에서 벤야시리군을 대파했다. 벤야시리아는 죽음을 당했다. 다음에는 자주 국경을 침입하는 서몽골의 오이라트에 군사력을 동원해 트라강에서 쳐부수었다. 영락제의 2차 원정이었다.

"이제 북경을 수도로 한다!"

2차 원정 뒤인 1408년 영락제는 수도를 남경에서 북경으로 옮기고 북방 민족의 토벌에 나섰다. 북쪽으로 후퇴한 원나라의 잔당들을 제압하고 만주에서는 여진족을 복속시켰으며 남쪽은 안남安南을 정복하고 수마트라에도 군사를 보냈다. 영락제는 1410년 고비사막 북쪽을 친히 원정하였고 이후 1424년 진중에서 병사할 때까지 5차례의 친정親征을 감행했는데, 이를 중국역사에서는 '3리 5출'이라 하여 매우 자랑스럽게 여기고 있다. 3리犁란 몽골 고원에서 적의 본거지를 세 번 부셔버렸다는 것이고, 5출出이란 다섯 번이나 고비사막을 넘어 몽골에 쳐들어갔다는 것이다.

영락제

영락제는 정권의 기초를 공고히 하고 문물제도의 정비에 힘쓰는 한편 몽골족과 교전을 벌여 영토를 확장했고, 동아프리카에 자신의 심복인 정화를 보내 외교활동을 펼쳤다. 그는 명나라 학문을 종합한 각 분야별로 22,937권 10,109책이라는 엄청난 분량의 백과전서 《영락대전永樂大典》을 완성했다. 이 책은 2천여 명의 학자들이 약 3년 간의 작업 끝에 완성시킨 것이다. 이밖에도 《사서대전四書大典》, 《오경대전五經大典》등이 영락제 시대에 정리되었다. 영락제는 제 5차 원정에 나섰다가 병이 들어 1424년 세상을 떠났다.

명나라의 목줄을 죄는 세력들

부전자전父傳子傳의 황위 찬탈 싸움

칼로 일어선 자는 칼로 망한다는 말은 영락제를 두고 생긴 듯하다. 영락제 생전에 있었던 '정난의 난'과 같은 숙질 간의 제위 다툼이 당대에 또 일어난 것이다. 부전자전인 것이다.

영락제에게는 아들이 넷 있었다. 그 중 황후인 인효황후가 낳은 아들은 셋인데, 장남 인종은 마음이 너그럽고 덕이 있었으나 비만증에 걸렸고, 둘째 한왕 주고후는 무식하고 간악했으나 무술이 뛰어나 정난의 변과 몽골 정벌 때 많은 공을 세웠다. 셋째 조왕 주고수는 막내로서 영락제의 사랑을 한 몸에 받고 있었다.

후계자 문제가 일어났을 때 무장들은 주고후를 밀었고, 문신관료들은 인종을 밀게 되면서 비방과 모략을 총 동원한 추악한 권력 싸움이 일어났다. 영락제는 세자였던 주고치가 너무 문약한 반면 주고후가 무공이 뛰어났으므로 후계자 선정에 고민을 하였지만 뛰어난 손자인 첨기瞻基(후의 선덕제)를 둔 큰아들 인종을 황태자로 삼았다.

"조카가 황제가 되다니 말도 안 돼!"

후계자 문제가 일단락 되자 이번에는 셋째인 조왕 주고수가 병석에 누운 아버지 영락제를 독살하고 그 혐의를 형들에게 뒤집어 씌우려는 음모를 꾸미다가 사전에 발각되었다. 진노한 영락제가 아들을 죽이려고 하자, 황태자인 인종이 사정하여 겨우 목숨을 건질 수 있었다. 한편 한왕 주고후는 여전히 황제위를 단념하지 않고 호시탐탐 황태자 위를 노렸다.

영락제가 진중에서 사망하자 인종(홍희제洪熙帝)은 이를 숨기고 급히 돌아와 제위를 계승하고 동생들에게도 후한 대접을 하였으나, 한왕 주고후는 여러 무장들과 연결하여 엉뚱한 음모를 꾸미고 있었다. 인종은 재위 8개월만에 죽었다. 주고후는 아버지의 사망소식을 듣고 급거 귀경하는 황태자 첨기를 중간에서 암살하려 했으나 실패했다. 선덕제는 무사히 환궁해서 제위를 계승했다.

그러자 주고후는 군사를 동원했다. 삼촌과 조카 사이에 제위를 둘러싼 싸움이 벌어진 것이다. 선덕제는 재빠르게 한왕의 본거지인 낙양을 기습했다. 이때 한왕의 맏아들은 자기의 생모를 죽인 아버지에 대해서 큰 원한을 품고 있었고, 이런 아버지에 대한 원한은 사촌형인 선덕제와 내통했다. 한왕 주고후는 사로잡혀 감옥에 갇혀 있다가 벌건 숯불이 들어 있는 3백 근 짜리 무쇠 솥을 머리에 얹고 불타 죽었다.

환관 왕진이 일으킨 무모한 전쟁

선덕제는 1435년 38살의 나이로 세상을 떠나고 뒤를 이어 나이가 겨우 9살밖에 안 되는 영종英宗이 즉위했다.

"양영·양사기·양부 세 양씨가 어린 영종을 대신하여 정치를 하라!"

태황태후 장씨는 섭정을 하지 않겠다고 선언했다. 1440년, 양영이 죽고 2년 뒤에는 태황태후 장씨가 죽자 73세의 양사기는 정치를 떠나 칩거에 들어갔다. 이때 등장한 사람이 환관 왕진이다. 영종은 황태자 시절 스승이었던 왕진王振을 환관의 최고직위인 사례감司禮監으로 기용했는데 그는 황제의 신임을 받아 전횡을 일삼기 시작했다. 영종은 왕진을 '왕사王師'라 칭하며 모든 일을 그에게 맡겼다. 왕진은 마음대로 외국에 군대를 파견하는가하면 조금이라도 눈에 거슬리는 사람은 가차없이 목을 베었다.

"오이라트가 또 말을 몰고 왔습니다."

한편 항상 중국을 넘보고 있었던 서쪽의 몽골족인 오이라트가 말떼를 몰고 찾아왔다. 당시 몽골은 해마다 명나라에 조공으로 말을 갖다가 주고는 말 값을 비싸게 쳐 받아갔다. 명나라로서는 손해를 보는 거래였지만 일종의 화친책으로 말을 사주었던 것이다. 뿐만 아니라 오이라트는 사신의 수를 처음에는 50명으로 정했는데, 아무런 말도 없이 해마다 사신의 수를 늘려 나갔다. 사신에게 일일이 은상을 내려야 하는 명나라로서는 사신의 수가 늘어나자 말 값과 함께 큰 부담이 되었다.

1448년, 오이라트에서는 1천 명을 증원한 2천 5백 명의 사신을 북경에 보내왔다. 인원이 갑자기 늘어나자 왕진은 전년도의 인원수를 기준으로 은상을 내리고 말 값도 2할 만 지불했다. 화가 난 오이라트의 예센은 이듬해 7월, 대군을 이끌고 명나라 국경을 넘어왔다.

"폐하께서 친히 대군을 이끌고 나가신다면 적은 달아날 것입니다."

왕진이 영종에게 친히 군사를 이끌고 오이라트를 치라고 강권했다. 영종은 왕사의 말을 거역할 수 없어 무턱대고 50만 대군을 이끌고 북쪽으로 진군하였다. 왕진도 영종을 따랐다. 그러나 오이라트군이 너무 강해서 상대를 하지 못하고 계속 철수를 하였다. 이때 오이라트의 군대는 후퇴하는 명나라 군사의 후미를 맹공격했다. 명군은 싸움다운 싸움 한 번 해보지 못하고 패해 달아났다. 여기에 보급마저 끊어졌다.

왕진은 전군을 토목보土木堡에 주둔시키고 보급을 기다렸으나 그곳은 물 한 방울도 나오지 않는 땅이었다. 명나라 군사들은 땅을 팠지만 물을 구경할 수가 없었고 물을 먹지 못하니 견딜 수가 없었다. 다음 날 오이라트군이 명나라 군대를 포위했다가 한 쪽의 포위망을 풀고 후퇴하기 시작했다. 목이 타는 명나라 군사들은 식수를 얻기 위해 오이라트군의 퇴각로를 따라가다가 반격을 받아 전멸 당하고 말았다. 영종은 오이라트군의 포로가 되었다. 중국 역사상 외적과의 전쟁 중 황제가 포로로 잡혀 간 것은 명나라 영종이 처음이다. 이 사건을 '토목의 변'이라고 한다.

"왕진을 죽여라!"

호위 장교들은 환관 왕진을 주살했다. 왕진의 일족은 모두 처형하고 전 재산을 몰수했는데 왕진의 집 60여 개의 창고에 금은보화가 가득 차 있었다고 한다. 황제가 잡혀가자 황태후 손씨는 영

산악도

종의 이복동생인 성왕 주기옥을 경태제景泰帝에 올렸다. 포로가 된 영종은 상황으로 추대되었지만 이름뿐이었다.

5년 후 경태제가 병이 들자 장수 석형石亨과 서유정徐有貞 등이 반란을 일으켰다. 1457년 이들이 이끄는 2천의 군사가 남궁의 돌담 문을 부수고 들어가 귀국하여 연금되어 있던 영종을 수레에 태워 봉천문으로 들이닥쳤다. 때마침 그 시각은 신하들이 입궐하는 시간이었다.

봉천문에서 영종은 입궐하는 신하들에게

"경들이 경태제가 중태라는 이유를 들어 짐을 맞아 복위시켰으니 경들은 예전과 같이 맡은 바 임무에 충실하라"

라고 설득했다. 이미 경태제가 무력해졌다는 것을 알게 된 신하들은 누구도 영종의 이러한 행동을 제지하려 하지 않았다. 이를 명나라 역사에선 '탈문의 변'이라 부른다.

영종의 복위 과정에서는 상당한 피바람이 불었다. 우겸을 비롯한 수십 명의 중신들이 경태제 옹립에 찬성했다는 죄목으로 북경의 저잣거리에서 모조리 공개 처형당했다. 영종의 뒤를 이어 헌종憲宗이 즉위했다. 왕진이 죽은 후에도 환관정치로 나라는 어지러웠고 국력은 시들어갔다.

명을 괴롭히는 북의 오랑캐

'토목의 변'과 '탈문의 변'으로 어수선했던 명나라 조정은 그런 대로 안정을 찾아갔다. 그러나 왕조 창업이 한 세기를 넘기면서 대내적으로는 청류와 탁류, 그리고 향당이라는 파벌이 만들어지고, 이런 파벌은 정치 양상을 더욱 복잡하게 만들었다.
"북쪽에 오랑캐가 출현했습니다!"
성화제의 시대에도 몽골을 비롯한 변방의 크고 작은 침략은 줄어들지 않았다. 북쪽에서는 몽골족이, 남쪽에서는 왜구가 국경을 넘어와 노략질을 일삼고 백성들을 괴롭혔다. '토목의 변'으로 혼이 난 명나라에서는 북쪽의 오랑캐들을 막지 못한다면 나라의 명운이 길지 못할 것이라고 보고 대책 마련에 나섰다. 이런 위기를 수습하고 질서를 회복하는데 주도적인 역할을 하게 된 것이 청류라고 부르는 선비출신의 관료들이었다. 따라서 국방에 관한 정책도 공격보다는 수비 위주로 가닥이 잡혔다.
"오랑캐를 막기 위해 만리장성을 더 쌓아라!"
만리장성은 진시황제가 전 대의 성 쌓기를 이어받아 진행한 사업이지만 명대에도 증축이 이루어졌다. 명대에는 헌종 성화제의 치세기간인 15세기 후반에서 시작하여 16세기 세종世宗 가정제嘉靖帝에 이르기까지 약 1세기에 걸쳐 용도와 필요에 따라서 순차적으로 이뤄졌는데, 당시로서는 가장 시급한 것이 오이라트족의 침입에 대비하는 것이었다. 오이라트족의 근거지인 서북쪽을 막기 위해서 서쪽의 감숙성甘肅省에서부터 동쪽의 산서성山西省 경계에 이르는 지대에 4만 명을 동원해서 방대한 성벽을 쌓았다.

몽골에서는 예센칸이 죽은 후 달단부가 세력을 키웠고 다얀칸達延汗이라는 강력한 지도자가 몽골 전체를 통일하게 되었다. 다얀은 오이라트와 경쟁 관계에 있었던 타타르의 지도자였다. 다얀칸에게는 알단이란 손자가 둘 있었다. 이들 중 동생은 후일 칸에 오르게 되는데 그는 제 2의 쿠빌라이를 꿈꾸고 중국 침공을 시도한다.

1541년 몽골은 다시 사절을 명나라에 보내어 통상을 간청하였으나 명나라에서는 이들이 보낸 사절을 참혹하게 죽이고 그 목을 베어 국경지대에 들고 다녔다. 이에 화가 난 알단 형제는 군사를 이끌고 그 해 7월, 산서성으로 들어와 대동大同과 태원太原을 휩쓸면서 살육과 약탈을 자행했다. 이때 전후 34일간 이들에게 명나라는 열 곳의 진지와 서른 여덟 곳의 주州와 현縣이 짓밟히고 20여 만 명의 남녀가 죽거나 포로가 되었으며, 빼앗긴 가축이 2백만 마리, 불탄 집이 8만 호에 달했다고 한다.

1542년 형 알단이 포로로 잡아온 기녀妓女에게 빠져 정신 없이 보내다가 끝내는 건강까지 해치고 급사하고 말았다. 뒤를 이어서 혈기 왕성한 36세의 동생 알단이 단독으로 투메드 만호가 되었다.

"알단이 국경을 넘었사옵니다!"

1547년 사실상 전 몽골을 통일한 알단은 1550년 8월, 기병대를 이끌고 북경 북방의 장가구張家口를 유린하고 장성을 넘었다. 9월에는 북경을 포위하고 공포에 떨고 있는 명나라 황제에게 해 마다 조공을 바치고, 무역의 길을 열지 않으면 매년 한 번씩 도성을 포위하고 아무 것도 남기지 않겠다는 협박 편지를 보냈다. 명나라 군대는 이를 쳐다보고만 있을 뿐 반격할 기력도 없었다. 알단은

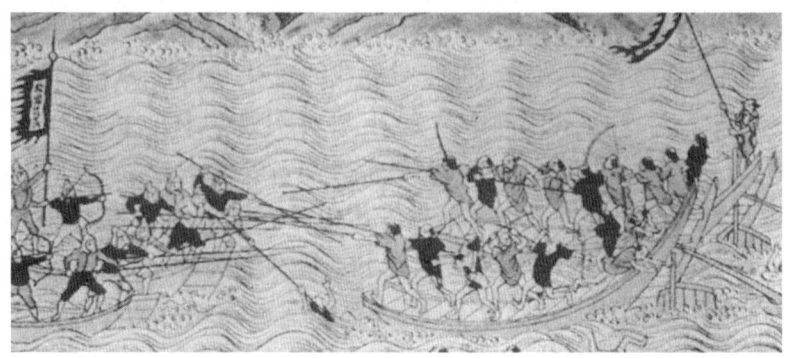
명나라 군사와 왜구와의 싸움

사흘동안 북경을 점령하고 마음껏 약탈과 살인, 방화를 저지르고 유유히 철수하였다. 이를 '경술庚戌의 변變'이라고 하고, 이들 몽골인들을 북로北虜의 무리들이라고 불렀다.
 명나라의 각지에서 군사들이 모여들자 알단칸은 일단 물러갔지만 다음해 명나라에서는 몽골의 요구를 받아들여 대동·선부에 마시馬市를 열어 주었다. 마시가 열리면 중국에서는 적자를 보면서도 몽골의 말을 무조건 사주어야 했다. 몽골은 말을 팔아야 생활을 할 수가 있었고 명나라는 말을 사 줌으로 해서 몽골의 침략에서 벗어날 수 있었기 때문이다. 마시는 1년에 봄 가을 두 차례 열렸는데 조정에서는 몽골의 말을 사주는 것에 대해 반대가 많았다. 1570년 10월, 알단칸의 손자 바간나기라가 그의 약혼녀를 할아버지에게 빼앗긴 것에 원한을 품고 국경을 넘어 명나라에 투항해 버린 사건이 있었다. 이 일은 알단으로 하여금 명나라와의 화의를 서두르게 하는 계기를 만들었다. 명나라는 바간나기를 알단에게 돌려주고 폐쇄했던 마시를 다시 열어주며, 알단은 명나라에 반역해서 투항해 온 사람들을 돌려보낸다는 조건으로 강화가 이루어졌다. 이렇게 해서 이들 양자 사이에는 마시라는 국경무역이 순조

롭게 다시 열렸으며 알단은 1571년 명나라로부터 순의왕順義王이
라는 책봉도 받았다. 그는 원나라 멸망 후 몽골 최대의 영웅이 되
었다.

남쪽 일본 해적의 노략질

"왜구가 또 침입하여 약탈을 일삼고 있사옵니다!"
한편 명나라 남쪽에서도 왜구倭寇라는 해적이 침입하여 골치가 아팠다. 1553년 8월, 절강성 상우현에 침입한 해적은 이어 도심인 남경 근처까지 쳐들어왔다. 이들 왜구들은 규모가 큰 것은 3백 명 정도, 작은 것은 70~80 명이 무리를 지어 일본도를 차고 바닷가를 누비며 약탈과 살인 방화를 일삼았다. 왜구들의 약탈은 차츰 명나라의 해적들과 손을 잡는 방법으로 변질되었다. 중국인 해적의 목적은 밀무역에 있었다. 시간이 흘러 약탈의 주도권은 아예 중국 해적들이 쥐게 되고, 왜구들은 무력을 휘두르는 행동대원으로 바뀌었다.
명나라에서는 1559년 척계광戚繼光을 왜구 토벌대장으로 임명했다. 척계광은 군사를 모집하여 척가군이라 이름짓고 유대유俞大猷 부대와 협공하여 1만여 명의 왜구를 섬멸했다. 왜구들의 퇴각으로 중국 해적들도 두목들이 체포·처형되면서 기세가 꺾이기 시작하였다. 이 무렵 일본에서는 도요토미 히데요시豊臣秀吉(풍신수길)가 일본 전국을 통일하고 일본인들의 해외 진출을 통제하였는데 이로 인해 중국에 왜구들의 출몰이 줄어들었다.

임진왜란과 두 차례의 호란胡亂

조선을 할퀴고 간 7년 전쟁

전쟁은 참혹한 결과를 낳는다. 전쟁에서 이긴 나라는 영토를 넓히고 막대한 전리품을 챙길 수 있겠지만 그러기 위해서는 막대한 대가를 지불해야 한다. 인명과 경제적인 손실이 크고, 많은 것을 파괴하게 된다. 패전국은 더 말할 나위가 없다. 국토는 만신창이가 되고 백성들은 나라 잃은 서러움에 울어야 한다.

 1592년 조선에서 임진왜란壬辰倭亂이 일어난다. 임진년에 왜倭가 일으킨 전쟁이라 해서 임진왜란이라 하지만 7년 동안 끌었다 해서 '7년 전쟁'으로도 불린다. 조선은 선조宣祖 25년이었고 명나라는 10살에 즉위한 만력제萬曆帝가 30살이 되던 해다. 일본에서는 도요토미 히데요시豊臣秀吉(풍신수길)가 전권을 장악하고 있을 때였다. 임진왜란을 일본에서는 '분로쿠文祿·게이초慶長의 역役', 중국에서는 '만력萬曆의 역'이라고 한다. 도요토미가 조선을 침공한 이유는 '명나라에 쳐들어갈 길을 빌리겠다' 라는 것이었지만 조선과

임진왜란 노량해전도

명을 모두 차지하려는 야심을 가지고 있었다.

"왜구가 조선을 침범하였다 하옵니다!"

1592년 4월 13일 고니시가 이끄는 왜군 선봉대 1만 8,700명이 부산포로 쳐들어와 부산성을 함락시키고 이어 동래성마저 무너뜨렸다. 왜군은 부산에 상륙한 지 18일 만인 5월 2일 서울을 점령하고, 15만의 군대를 재편하여 평안도, 함경도, 황해도로 진격했다.

선조宣祖는 의주까지 피난하는 한편 명나라에 원병을 청했다. 1592년 12월 25일, 명나라는 이여송李如松 장군에게 군사를 주어 조선으로 보냈다. 1593년 1월 8일, 이여송은 호준포를 앞세워 평양을 공격했다. 명나라 대포 앞에 왜군은 맥을 못 추고 대동강을 건너로 후퇴하였다. 이여송은 평양을 탈환하고 승전보를 명나라 조정에 알렸다. 그러나 이여송이 한양으로 진격하던 중 벽제관 전투에서 포위를 당하자 명나라 조정은 심유경沈惟敬을 보내 왜군과 강화를 추진했다.

하지만 강화는 양쪽의 주장이 팽팽해 결렬되고 도요토미가 14만의 대군을 이끌고 다시 조선을 침략하니 이것이 정유재란丁酉再亂

이다. 1598년 8월 도요토미가 죽자 왜군은 구심점을 잃어 흔들리기 시작했고 여기에 이순신 장군의 눈부신 활약으로 왜군은 완전 퇴각하고 7년에 걸친 전쟁은 끝나게 되었다.

임진왜란은 조朝·명明·일日 3국이 참전한 국제전으로 가장 큰 손실을 입은 것은 조선이었지만 명도 전쟁으로 국력이 많이 소모되어 재정압박이 가속되었고, 농민들의 봉기와 지방의 봉건군벌들의 반란을 불러왔다. 이러한 좋은 기회를 만주의 누르하치가 놓칠 리 없었다. 누르하치는 전쟁으로 세력이 약해진 명을 집어삼킬 준비를 차근차근 진행하고 있었다.

만주족 누르하치의 야심

누르하치는 건주 여진의 부족장 가문에서 1559년에 태어나 20대 초반에 지도자가 되었다. 그의 아버지와 할아버지는 명나라가 아타이를 공격하는 과정에서 명조가 지원하는 다른 부족과의 싸움에서 전사했다. 이에 누르하치는 명에 대해 원한을 품고 있었다. 또한 자신의 부족이 쇠퇴해 가는 상황에서 살아남기 위해 필사적인 노력을 했다.

1589년 누르하치는 건주 여진의 5부를 항복시켜서 건주 여진 세력을 통일하고 추장에 올랐으며 건주 여진을 만주滿洲로 개명했으며 계속 세력을 확장하여 1616년 요령성에 금金나라를 세워 왕이 되니 후금後金이다.

'중국을 통일하여 차지하자!'

누르하치의 후금은 명과 대치하고 중국 본토를 노렸다. 누르하치는 다양한 기능을 가진 팔기군八旗軍을 앞세워 명나라 장수 장승음이 이끄는 1만의 군사를 대파하고 계변성을 차지했다. 이어 살이호薩爾滸 싸움에서 명나라 장수 두송을 죽이고 대승을 거두어 많은 군사를 거느릴 수가 있었다. 이것이 1619년의 일이었다. 살이호 전투는 후금이 세력을 떨치고 명을 멸망시키는 결정적인 역할을 했다.

이런 와중에 명나라에서는 만력제가 죽고 태창제를 이어 천계제天啓帝가 즉위했다. 천계제는 요동성을 지키고 있는 웅정필을 전쟁 중에 근무태만으로 파면하고 원응태袁應泰를 후임으로 임명했다. 그 해 흉년이 들어 몽골인 수만 명이 명의 국경을 넘어왔는데 원응태는 아무런 조사 없이 그들을 받아들였다. 이때 몽골인에 섞여 들어온 여진족의 첩자들이 누르하치의 요양 공략에 맞춰 방

백옥 불상

화를 하는 등 일조를 했다. 이로써 요양 70여 개의 성이 함락되었다. 명나라 군사는 광영 싸움에서 대패하여 산해관 서쪽으로 도망쳤다. 이 전쟁의 패배로 명나라는 급속한 내리막길을 걷게 되었다.

"수도를 심양으로 이전한다!"

누르하치는 심양, 요동 등을 접수한 후 1625년에는 수도를 요양에서 심양으로 옮겼다. 누르하치는 1626년 2월 영원성寧遠城을 침공했다가 처음으로 패했고, 그 해 9월 30일 전투에서 입은 상처 때문에 중국의 통일을 이루지 못하고 죽었다.

인조, 청 태종에게 세 번 절하다

1636년(인조 15) 1월 30일, 혹한의 날씨였다. 남한산성에 몽진해 있던 인조는 행궁을 떠나 삼전도三田渡(지금의 잠실)에 마련된 수항단受降壇(항복의식을 받아들이든 단)으로 향했다.

곤룡포 대신 남색의 융복戎服(군복의 일종)으로 갈아입은 임금의 초라한 행렬을 보고 도열해 있던 백성들은 통곡을 하였다. 수많은 청나라 군사들이 창을 비껴 들고 서 있는 길을 헤치고 청 태종(홍타이지)이 앉아 있는 단상 아래 도착한 인조는 신하로서의 예로 세 번 절하고 아홉 번 머리를 땅에 닿게 조아리는 '삼배구고두三拜九叩頭'를 올려 항복을 증명했다. 이 의식은 여진족이 그들의 천자를 배례하는 절차의 하나였다. 인조는 머리를 땅에 대고 대국에 항거한 죄를 용서해 줄 것을 청하였다. 머리가 땅에 닿을 때 소리가 나지 않는다 하여 인조는 수도 없이 머리를 땅바닥에 부딪쳐야 했고 급기야는 이마에서 피가 흘렀다. 청 태종은 조선 국왕의 죄를 용서하고 신하로 맞이한다는 칙서를 내렸다.

이상은 병자호란丙子胡亂으로 남한산성에서 청에 대항했던 인조가 청의 군사력 앞에 더 이상 견디지 못하고 신하로서 무릎을 꿇고 항복하는 '삼전도의 치욕'을 재구성한 것이다. 참으로 치욕스런 역사의 한 페이지이다.

"조선을 공략하라!"

누르하치의 뒤를 이은 홍타이지는 즉위한 다음해인 1627년 1월 아민阿敏 등에게 3만 명의 병력으로 조선을 침공하게 했다. 이것이 '정묘호란丁卯胡亂'이다. 홍타이지는 즉위 전부터 명나라를 침입할 때 자신들의 배후를 칠 우려가 있는 조선을 미리 정복하려고 마음먹고 있었다. 당시 조선 인조는 친명배금親明排金 정책을 표방하고 있었다.

후금군의 일부는 가도의 모문룡을 치고, 주력부대는 의주를 돌파하고 파죽지세로 남하하여 의주 평양을 거쳐 1월 25일 황주에 이르자 인조를 비롯한 조신朝臣들은 강화로, 소현세자昭顯世子는 전주로 피난했다. 평산까지 진출한 후금군은 계속 남진하다가 후방을 공격당할 위험이 있다는 점과, 명을 정벌할 군사를 조선에 오랫동안 묶어둘 수 없다는 점 때문에 조선에 강화講和를 제의했다. 강화의 내용은 형제의 맹약을 맺을 것, 강화가 성립되면 곧 군사를 철수시킬 것, 양국 군대는 서로 압록강을 넘지 않을 것, 조선은 후금과 강화해도 명을 적대하지 않는다는 것 등의 내용이었다.

그러나 홍타이지는 계속 압박을 가하면서 1632년에는 '형제의 맹'에서 '군신君臣의 의義'로 양국관계를 고칠 것을 요구하면서 많은 조공을 요구했다. 홍타이지는 1636년 나라 이름을 대청大淸으로 바꾸고 자신을 태종太宗이라 칭했다.

"청의 요구를 절대로 받아들일 수 없습니다."

이에 조선은 주전파와 주화파로 엇갈려 논쟁을 벌이다가 주전파가 우세하여 '군신의 의'로 전환하는 것은 결코 받아들일 수 없다며 화친을 깨겠다는 태도를 굳히게 되었다. 조선이 청과의 싸움을 결정한 해 12월 청나라의 침략으로 병자호란丙子胡亂이 발생했다. 1636년 12월 홍타이지는 군사를 이끌고 조선 정벌에 나섰다. 무려 10만 대군이었다. 조선에서는 왕족들은 강화江華로 피난시키고 인조는 때를 놓쳐 남한산성으로 몽진했다. 청나라 군사들은 강화도를 함락시키고 인조가 있는 남한산성을 포위했다.

"청과 강화를 맺으셔야 합니다."
"아니올시다. 끝까지 싸워 나라를 지켜야 합니다."

남한산성에서는 주전파와 주화파가 맞서다가 결국 항복 쪽으로 가닥을 잡았다. 드디어 1637년 1월 30일, 인조는 삼전도三田渡에 나아가 청 태종에게 무릎을 꿇고 항복을 해야만 했다. 병자호란으로 청나라는 조선의 소현세자와 봉림대군을 인질로 끌고 갔고 척화파 3학사인 홍익한·오달제·윤집도 붙잡혀갔다. 이로써 조선은 명나라와 친선관계를 끊고 청나라에 예속되었다. 이후 조선에서는 북벌론이 대두하였으나 성공하지는 못했다. 청은 삼전도에 청 태종의 공적을 기리는 삼전도비三田渡碑(대청황공덕비大淸皇功德碑)를 세우게 했다. 이 비는 지금도 서울 송파구 석촌동에서 역사를 증명하고 있다.

자금성에 입성한 역졸 이자성

명나라 정벌에 나선 청 태종

"절대로 명나라 때의 이자성李自成의 재판再版이 되어서는 안 된다."

모택동毛澤東(마오쩌둥)이 1949년 국민당군을 대만으로 쫓아내고 북경에 입성할 때 일성으로 한 말이라고 한다. 이자성이 명나라를 굴복시키고도 나라를 제대로 세우지 못하고 명나라와 후금의 연합군에게 패한 것을 교훈으로 삼자는 말이다. 이자성은 북경에 입성했으나 지나친 승리감과 부하들의 부정부패로 42일 간의 북경 생활을 마감해야 했다. 그의 최대의 적은 내부에 있었던 것이다. 하지만 명의 마지막 황제 숭정제를 제위에서 끌어내린 사람은 바로 이자성이었다.

"명을 굴복시켜서 중국을 통일하자!"

홍타이지의 야망은 명을 확실하게 굴복시켜 중국 천하를 통일하는 것이었다. 홍타이지는 명나라보다 더 화력이 강한 대포를 만

산해관

드는 등 그는 군비 증강에 힘을 쏟았다. 명나라의 마지막 황제 숭정제는 재위 17년 동안 수십 명의 신하들을 파면시키거나 죽일 정도로 의심이 많았고 성질도 포악했다.

"원숭환이 후금으로 오기로 했다!"

홍타이지는 원숭환이 명나라 정벌에 걸림돌이 된다고 판단하고 그를 없애기 위해 후금과 내통하고 있다고 헛소문을 퍼트렸다. 이 소문을 들은 숭정제는 곧 원숭환을 잡아다가 옥에 가두었다. 원숭환이 억울하게 붙잡혀 가자 그 부하들은 불만을 품고, 군사를 이끌고 후금에 항복해 버렸다. 홍타이지로서는 뜻밖의 소득이었다. 1636년 청 태종太宗에 오른 홍타이지는 그 해 명나라 정벌에 나섰다. 이 싸움에는 태종의 동생 아지커阿濟格가 선두에 서서 수십 차례의 싸움을 연승으로 이끌었다. 2년 뒤 태종은 친히 명나라 정벌에 나섰다. 청 태종은 명나라의 철통같은 요새인 산해관을 함락하기 위해 명나라 군사가 송산성에 집결하자 전군에 총공격 명령을 내렸다.

"대포를 쏘고 기마부대는 측면을 공격하라!"

연전연승을 거두어 사기가 충천한 청나라 군사들은 명군을 닥치는 대로 쳐부수었고 명나라 군사들은 속수무책으로 당할 수밖에 없었다. 명나라 총독 홍승주는 청나라에 항복했고 총병 오삼계와 왕박이는 겨우 목숨을 건지고 패주했다.

무너지는 명나라

설상가상으로, 명나라는 청나라의 공격과 더불어 여러 곳에서 일어난 반란에 시달렸다. 명나라는 과거 만주족과의 여러 차례 싸움에서 국고가 바닥이 났고, 따라서 백성들에게 과다하게 세금을 거둬들여 이를 견디지 못한 백성들은 고향을 떠나 도둑이 되거나 떠돌아다녔다. 하남과 섬서 지방에 백성들이 중심이 된 반란세력이 등장했고 군인들도 군수품이 내려오지 않자 반란군에 가담하여 그 규모는 군대를 방불케 하였다.

반란군의 우두머리는 왕가윤王嘉胤이었는데 그가 명나라 부총병 조문조曹文詔에게 죽음을 당하자 왕가윤의 부하 고영상高迎祥이 반란군의 지도자가 되었다. 고영상에게 용병술과 지도력이 젊은 장수 이자성李自成이 들어왔다. 고영상은 장충헌과 함께 주력 부대를 이끌고 사방으로 병력을 분산하여 정부군을 포위하고 공격을 가해 10일만에 안휘성의 봉양성을 함락시켰다. 반란군이 이런 전과를 거둔 데에는 이자성의 힘이 크게 작용했다.

본명이 이홍기李鴻基인 이자성은 산서 연안延安에서 중농의 아들로 태어났으나 가세가 기울어 목동, 역졸, 군인 등을 전전하다가 식량 배급이 제대로 되지 않자 병란兵亂을 일으켜 농민군에 가담하였다. 감숙·섬서 일대에 반란이 일어나자 관리를 죽이고 1631년 고영상의 농민군에 합류한 그는 여러 농민군 세력이 통일된 작전을 하도록 합의를 이끌어내는 데 큰 역할을 하면서 두각을 나타냈고 1636년 고영상이 정부군에게 잡혀 죽은 뒤에는 틈왕闖王이라 칭하고 농민군을 이끌었다.

이자성은 한때 연패를 당해 산 속으로 숨기도 했지만 곧 1640년 하남 지방에 든 큰 흉년이 도움이 되어 재기에 나섰다. 이자성이 반란군을 이끌고 하남에 도착하자 굶주린 백성들은 너도나도 이자성의 휘하로 들어가 반란군의 수는 금세 수만 명으로 불어났다. 힘을 얻은 이자성은 1641년, 낙양을 공격하여 점령하였다. 이자성은 복왕福王을 죽이고 그 재산을 모두 백성들에게 나누어주어 민심을 얻었다. 그리고 유적流賊의 성격에서 벗어나 거점을 확보하고 주요 도성都城을 공격하기 시작하였다.

남양을 함락하고 당왕 주율막을 죽인 이자성은 1643년 개봉을 공격하여 승천을 함락시켰다. 이어 양양을 점령한 뒤, 이곳을 양경襄京으로 개칭하고 자신을 신순왕新順王으로 칭했다. 그 해 2월, 이자성은 동정군東征軍을 동원하여 태원을 함락시켰다. 태원은 산서에서 가장 큰 도시이다. 1644년에는 서안西安을 점령한 뒤 이를 서경西京으로 개칭하고 국호를 대순大順이라 하였다. 이자성은 황제가 되었다. 1644년 3월 15일, 이자성은 숭정제에게 다음과 같이 통고를 하였다.

"18일 북경을 함락시키겠으니 그리 알라!"

이자성의 농민 반란군은 북경을 향한 공격을 개시하였다. 당시 명의 주력 부대는 요동에서 새로 일어난 청의 침략에 대비해 산해관에 있었기 때문에 북경 공략은 식은 죽 먹기였다. 무관을 돌파하여 태원, 대동, 하북 등을 함락시키자 명나라의 군사들은 대항할 생각도 하지 못하고 반란군에 투항하였다.

환관들도 이자성 편을 들었다. 숭정제가 가장 신임하는 조화순曹化淳은 환관 두훈의 설득에 성문을 활짝 열고 반란군을 맞이했다. 3월 18일 반란군은 물밀 듯이 성안으로 쳐들어갔다.

숭정제는 황태자·영왕永王·정왕定王은 외가로 피난시키고 자신은 환관 왕승은을 데리고 자금성을 빠져나가 경산으로 향했다. 4월 25일 자금성紫禁城이 이자성에게 함락되자 숭정제는 처첩과 6살 된 딸을 죽이고 자신도 자살하였다. 그때 숭정제의 나이 겨우 34살이었다. 이로써 명나라는 16대 277년 만에 멸망하였다.

청淸에 나라를 내준 반역자 오삼계

이자성이 자금성에 입성하자 백성들은 만세를 부르며 그를 반겼다. 이자성은 중국 전체의 황제가 되기 위한 의식을 준비하였다. 지방의 주둔군도 이자성을 지지하는 사신을 보내왔다. 그러나 이자성은 중국을 통일한 것이 아니었다. 명군의 주력을 이끌고 산해관을 지키던 오삼계는 이자성의 투항 권고를 따르지 않고 50만 대군을 거느리고 끝까지 저항했다. 여기에다 잔인하고 난폭하기로 소문난 장헌충張獻忠의 군대가 합류하면서 약탈이 자행되어 민심이 황폐해졌다. 한편, 청나라에서도 군대를 일으켰다.

"이자성이 북경을 함락시켰다고? 그대로 둘 수 없지."

그때 청나라에서는 태종 홍타이지가 죽고, 6살의 순치제가 즉위했다. 순치제를 대신하여 정사를 맡았던 그의 숙부인 예친왕은 대군을 이끌고 심양을 떠나 산해관 쪽으로 진군했다. 저항하던 오삼계는 앞뒤에서 적을 맞는 형세가 되어 버리자 오삼계의 아버지 오양은 아들에게 항복을 권했다.

이자성도 오삼계에게 백은 4만 냥을 군사비용으로 보내 회유했다. 오삼계가 항복을 선언하려고 할 무렵 이자성의 부하들이 아버지와 애첩 진원원陳圓圓을 붙잡아갔다는 뜻밖의 소식이 전해졌다.

오삼계

'항복하라고 하고는 뒤통수를 쳐? 이자성의 무리를 섬멸하고 말리라!'

오삼계는 이자성을 치기 위해 청나라에 항복하고 원병을 요청했다. 청의 예친왕은 뜻밖의 호재에 주저하지 않고 오삼계의 청을 받아들여 청의 주력부대를 내주었다. 결국 이자성과 오삼계가 맞붙게 되었다. 양군이 한창 싸우고 있을 때, 청나라 군대가 이자성과 오삼계의 군사들을 동시에 공격하기 시작했다. 이자성은 영평까지 패주하고 명나라 군사들도 전멸 당했다.

이자성은 오삼계에게 강화를 제의했으나 오삼계는 이를 받아들일 위치에 있지 않았다. 청나라가 이미 산해관을 차지하고 있었기 때문이었다. 4월 29일, 이자성은 자금성의 무려전에서 계획했던 즉위식을 허둥지둥 치르고 황제에 올랐다. 이자성의 군대는 잇달아 청군에 패했고, 이자성은 북경으로 퇴각하였다가 다시 서안으로 철수하였다. 청군은 오삼계를 앞세워 산해관을 넘어 북경에 입성하였다. 이자성은 서안마저 포기하고 동관, 양양 등지로 퇴각을 거듭하다가 1645년 호북의 통산 인근에서 농민들의 손에 죽었다고 전한다.

서구 열강의 각축장이 된
청淸나라 시대

【 주요 인물 】

오삼계 _ 예친왕의 도움을 받아 이자성을 멸한 청의 장수. 강희제가 번진을 철폐하자 반란을 일으켜 주왕周王이라 칭했으나 곧 병사한다.

강희제 _ 중국을 재통일하고 《강희자전》을 남긴 성군. 누르하치의 증손자로, 명나라 때의 관리들을 유임시키고 한족 선비들을 대거 관리로 기용하는가 하면 문자도 만주어와 한자를 병용하게 하는 등 한족 끌어안기로 나라의 기반을 다진다. 유럽의 새로운 지식과 기술을 수입하고 예수회 선교사들을 받아들였으며 대신들에게 기하학과 수학을 배우게 한다.

옹정제 _ 강희제 못지 않은 유능한 통치자. 세금을 단일화하여 백성들의 부담을 덜어주었고, 재정 개혁을 단행하였으나 자신의 입지를 튼튼히 하기 위해 차츰 탄압정치를 편다.

건륭제 _ 예술 문학 진흥에 기여하지만 반만사상反滿思想을 직·간접으로 담은 모든 불온서적을 삭제하거나 없앤다. 《사고전서》를 편찬.

유지협 _ 반란을 일으킨 백련교 교주. 감언이설로 빈곤에 시달리는 농민들을 불러모아 무장을 시키고 반란을 꾀한다.

임칙서 _ 영국의 아편 밀수를 막기 위해 파견된 호광총독. 그의 애국심은 아편 전쟁을 불러온다.

홍수전 _ 태평천국의 난을 일으킨 배상제회 교주. 1851년 배상제회는 국호를 태평천국으로 하고, 홍수전을 천왕으로 추대한다. 15년간이나 청나라를 괴롭힌다.

이홍장 _ 청의 직례총독으로 외교전문가. 상공업 근대화계획을 추진하고, 오랜 기간 서구 열강을 상대로 외교문제를 담당한다.

강유위 _ 양계초·담사동 등과 함께 변법을 바탕으로 한 개혁을 시도하지만 실패하고 일본으로 망명한다.

원세개 _ 서태후 심복으로 임시 대총통 역임. 손문의 양보로 중화민국 대총통이 되지만 황제를 꿈꾸다 죽는다.

손문 _ 삼민주의를 주창하고 신해혁명을 주도한다. 1919년 중화혁명당을 중국국민당으로 개명하고 새로운 국가의 재건을 선포한다. 1920년 비상 회의를 열어 정식 정부의 수립을 결의하고 비상 대총통에 선출된다.

어부지리漁父之利로 일어선 청나라

통일의 길에는 살육이 따른다

　청나라의 예친왕 도르곤은 명나라 오삼계의 반역적인 도움으로 청 태종도 이루지 못한 산해관을 넘는데 성공한다. 앞에서도 기술했듯이 오삼계는 자신의 아버지와 애첩 진원원陳圓圓이 이자성에게 붙잡혀가자 원수를 갚는다는 구실로 예친왕에게 붙어버린 것이다. 진원원은 누구인가? 그녀는 일개 기녀妓女에 지나지 않았다. 하지만 미모가 출중하고 기예에 뛰어나 명기名妓의 반열에 올랐다.

　명나라의 마지막 황제 숭정제의 총애를 받고 있었던 전비田妃는 황제가 내우외환에 시달려 우울해하는 것을 달래기 위해 부친 전홍을 통해 진원원을 궁으로 불러들였다. 그러나 숭중제가 금세 싫증을 내자 전홍에게 다시 돌려보냈는데 어느 날 전홍의 연회에 참석했던 오삼계가 보고는 한눈에 반해 그녀를 달라고 한다. 전홍은 불쾌했지만 어쩔 수 없이 진원원을 오삼계에게 보낸다. 진원원은 이자성에게 잡혀가 사랑을 받다가 오삼계에게 구원돼 다시 그의 사랑을 받게 된다. 오삼계는 진원원을 오왕 부차의 애첩 서시처럼 생각했다고 한다.

"이제 청나라는 백성을 위한 정치로 중국을 통치한다!"

예친왕은 중국 왕조의 정통성을 강조하기 위해 우선 민심을 잡는데 힘을 기울이

청나라 황금머리탑

는 한편 중국 통일을 위한 마무리 작업을 서둘렀다. 청나라에 대항하는 명나라의 옛 장수들이 있고, 생사가 확인되지 않은 이자성이 있는 한 중국대륙을 완전히 장악했다고 볼 수는 없었다. 예친왕은 잔존 세력인 오삼계, 공유덕孔有德, 상가희, 경중명 등을 회유하기 위해 남쪽 지방의 왕으로 봉했다.

한편 예친왕은 사천에 모여 있는 장헌충 무리의 토벌에 나섰다. 오삼계를 비롯한 공유덕 등이 청나라 군사들을 거느리고 반청 세력 소탕에 나섰다. 1645년 4월, 청나라 군사들은 통일을 빙자하여 양주를 함락시키고 인종청소에 버금가는 살인을 저질렀다. 열흘 동안에 80만 명을 죽였고 7월에는 강음을 함락시켜 9만여 명을 또 죽였다.

대만을 되찾은 정성공의 활약

이자성의 입성

"야만족을 이 땅에서 몰아내고 명나라를 다시 세우자!"

청의 만행이 그치지 않자 각처에서 나라를 되찾자는 봉기가 일어났다. 중국의 큰 섬인 대만臺灣에서는 정성공鄭成功이 군사를 일으켜 청나라에 대항하였다. 정성공의 아버지 정지룡鄭芝龍은 대만 해협에서 무역업과 해적행위로 큰돈을 번 해상모험가였다. 부친이 일본에서 장사하다가 일본여자를 아내로 맞아들였는데 그 사이에 태어난 아들이 정성공이다. 1650년 아버지의 해상권을 이어받은 정성공은 금문·하문 두 섬을 근거지로 무역을 하여 군비에 충당하는 한편, 본토 반격의 기회를 노리고 있었다.

1658년 5월, 정성공은 바다를 건너 북벌에 나섰다. 그에게는 17만이라는 막강한 군사가 따르고 있었다. 정성공은 북경을 공략하기 위해서는 남경 공략이 먼저라고 보고 함대를 파견해 과주·진강 등의 청나라 기지를 차례로 무너트렸다. 하지만 남경성 공략에서 청군의 위장 전술에 속아서 크게 대패하고 대만으로 방향을 틀었다. 이 무렵 대만은 네덜란드의 지배를 받고 있었다.

정성공은 네덜란드군과 8개월 동안이나 전쟁을 벌여 대만에 정착하는 기틀을 마련했다. 이 전쟁에는 정성공은 군함 350척이 동원되었다. 이로써 38년 동안 네덜란드의 지배를 받아 오던 대만은 중국에 돌아왔다. 1661년 4월의 일이다.

강희제, 중국을 완전 통일하다

1661년 성조聖祖 강희제康熙帝가 8살의 어린 나이로 황제의 자리에 올랐다. 그의 연호인 강희는 평화로운 조화를 뜻한다. 이에 앞서 강희제의 아버지 순치제는 명망이 높은 보정대신 4명에게 정사를 돕도록 당부했었다. 그런데 그 가운데 오바이가 권력을 제멋대로 휘두르고 횡포를 일삼았다.

강희제가 16살이 되어 친정에 나섰으나 오바이의 전횡은 수그러들지 않았다. 강희제는 오바이를 없애야 나라꼴이 제대로 되겠다고 생각하고 황제를 능멸한 죄로 그를 체포해 재판에 회부했다. 오바이에게는 사형이 언도되었으나, 강희제는 평생 구금으로 형벌을 낮추어 주었다. 이런 일이 있은 후부터 강희제는 황제로서의 면모를 보이고 권력을 제대로 행하기 시작했다.

1673년 강희제가 오삼계 등에게 내렸던 번진을 철폐하자 이들 3진이 반란을 일으켰다. 오삼계는 다음해 스스로 주왕周王이라 칭했으나 곧 병사하고 다른 번진인 경정충耿精忠과 상지신尚之信은 청에 항복해왔다. 이제 청나라가 통일하는 데 남은 것은 대만뿐이었다. 정성공의 대만에는 복건·연해 지방에서 수십 만의 이민이 몰려와서 개발에 참여해 경제·문화가 날로 발달했다. 하지만 정성공은 39살의 나이로 병사하고 그의 아들 정경鄭經이 뒤를 이어 대만을 지휘했으나 그도 1681년에 죽었다. 정경의 아들 정극상이 후계자가 되었으나 1683년 청나라 군사들이 들어오자 손을 들고

강희제

말았다. 이로써 정씨의 40년 반청 反清 활동은 막을 내리지만 대만은 후일 또 한 번 역사의 소용돌이의 무대가 된다.

"북쪽에서 또 다른 침략군이 국경을 넘어와 약탈을 일삼고 있사옵니다!"

'삼번의 난'이 진정되자 북쪽에서 또 다른 세력이 청나라를 넘보기 시작했다. 러시아였다. 러시아 제국은 이에 앞서 명나라 말기부터 차차 남쪽으로 세력을 뻗쳐 중국의 국경지대인 네르친스크와 알바진 등지에 기지를 쌓고 흑룡강 상류에 모습을 나타내었다. 강희제는 군사 1만 5천을 동원해 알바진을 포위했다. 1685년 5월의 일이었다.

"러시아 군사들을 국경에서 몰아내라!"

청나라 군사들이 무력으로 위협하자 러시아군 사령관 토르푸친이 항복을 해왔다. 청나라는 러시아 포로들을 훈방했다. 그러나 청나라 군사가 철수하자, 러시아 군사들은 다시 알바진에 진지를 구축했다. 화가 난 강희제는 군사를 동원하여 알바진을 공격하여 러시아군을 죽이거나 사로잡았다. 사령관 토르푸친은 전사했다. 이에 러시아 황제는 청나라에 강화를 청하는 국서를 보내고 양국 간에 국경선을 정하자고 제의하였다. 이렇게 해서 1689년, 네르친스크에서 이른바 '네르친스크 조약'이 체결됐다.

강·옹·건 3대가 일군 찬란한 업적

강희제를 벤치마킹 하라!

"청淸의 강희제·옹정제·건륭제가 남긴 지혜에 중국의 미래가 있다."

모택동毛澤東(마오쩌둥)이 중국 국가주석으로 있을 때 한 말이다. 또 호금도胡錦濤(후진타오) 현 중국 국가주석도 관리들에게 소설《강희제》를 읽으라고 독려했다고 한다. 요즘 중국 최고위급 관리들 사이에서는 '강희제 배우기'가 한창인 것이다.

앞에서 청나라를 어부지리로 얻은 나라라고 했지만 청나라는 중국 역사에서 뚜렷한 획을 그은 위대한 나라라고 하지 않을 수 없다. 한족漢族도 아닌, 소수민족이 수억 명의 한족을 이끌어갔다는 것은 참으로 놀라운 지도력이다. 그것은 강희제라는 뛰어난 지도자와 옹정제·건륭제로 이어지는 성군 라인이 있었기 때문에 가능했다.

강희제는 누르하치의 증손자다. 그는 아들 옹정제, 손자 건륭제에 이르는 3대 130여 년 간의 찬란했던 청나라 전성기를 구가하게 만든 장본인이자 시발점이었다. 강희제는 문무文武를 겸한 군주로 61년 동안이나 중국을 지배했다. 그 힘은 어디서 나왔을까? 그것은 꾸준한 자기 연마에서 나왔다고 할 수 있다.

강희제는 한족이 아니었기 때문에 청년이 되어서야 한자를 배웠지만 웬만한 학자 못지 않은 상당한 한학 실력을 갖추었고 글씨도 달필이었다. 소림사少林寺 현판도 강희제의 글씨라고 한다.

"한족도 만주족과 똑같이 대우하라!"

중국을 장악한 강희제가 치중한 정책은 한족 끌어안기였다. 명나라 때의 관리들을 유임시키고 한족 선비들을 대거 관리로 기용하는가 하면 문자도 만주어와 한자를 병용하게 하는 등 한족들의 반발을 사전에 차단했다.

"궁궐에 책을 읽고 토론할 서실을 만들라!"

강희제는 1677년 자금성에 남서방南書房이라는 서실을 설치하고, 이곳에서 당대의 석학들과 철학·역사 등을 주제로 활발한 토론을 벌였다. 그는 특히 주자학朱子學에 심취하여 주자가 내세운 유교적 이상을 열심히 실천하려고 노력했다. 이러한 노력은 만주족이 세운 청조가 중국인의 대부분을 차지하는 한족의 신임을 얻는 데 가장 효과적이었다.

"이제 중요한 관리는 시험으로 뽑겠노라!"

1679년, 강희제는 박학홍사과博學鴻詞科라는 관리시험제도를 설치하여 학식이 높은 선비들을 등용하는 정책을 폈다. 유교철학으로 교육을 받은 중국 관리들을 선발하는 전통적인 과거제도 외에도 학문이 탁월한 인재들을 뽑아 한림원翰林院에 모아놓고 명조의 사서인 《명사明史》를 편찬했다. 강희제가 편찬을 명한 다른 책들 중 유명한 것은 6년여에 걸쳐 완성한 4만 2,000자의 한자가 수록된 《강희자전康熙字典》(1716)을 들 수 있다.

이밖에도 《대청회전大淸會典》 180권, 《패문운부佩文韻府》 106권, 《역대제화시류歷代題畵詩類》 120권, 《고금도서집성古今圖書集成》 1만여 권 등 엄청난 분량의 책들도 한족 지식인들의 손에 이루어졌다. 또 《주자전서》, 《성리대전》 등의 주자학 서적도 강희제의 명에 의해 편찬되었다.

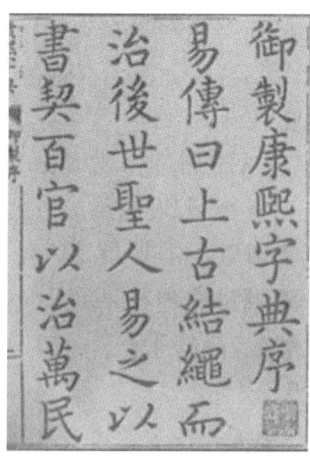

강희자전 어제 서문

"대신들은 외국의 신기술을 배워 백성들에게 전파하라!"

유럽의 새로운 지식과 기술을 선호했던 강희제는 예수회 선교사들을 받아들여 대신들에게 기하학을 배우고 대포 제조술을 익히게 했다. 또 수학을 배우는 한편 중국의 정확한 지도를 편찬토록 했으며 1708년에는 측량조사를 실시해 1717년에 《황여전람도皇輿全覽圖》가 완성되었다. 이처럼 예수회 선교사들이 문화적으로 많은 기여를 하게 되자 강희제는 로마 가톨릭교의 중국 내 포교를 공식으로 허락했다.

이처럼 의욕적으로 왕성한 활동을 한 강희제도 후계자 문제로 골머리를 앓았다. 그는 3명의 황후와 여러 명의 후궁을 두었는데 그 사이에서 38명의 아들과 20명의 딸을 낳았다. 강희제는 1675년 한 살 밖에 되지 않은 두 번째 아들 윤잉胤礽을 황태자로 책봉했으나 왕자들에게 동등한 왕위 계승권을 인정하는 만주족 전통에 어긋나는 것이어서 왕자들 사이에 끔찍한 싸움이 벌어졌다.

　1722년 겨울, 강희제는 북경의 북서쪽 교외에 있는 별궁 장춘원長春苑에 머물다가, 12월에 병으로 사망했다. 강희제는 넷째 아들 윤진에게 살해되었다는 설도 있다. 윤잉은 1708년에 폐위되었다가 1709년에 복권되었으나 1712년에 다시 폐위되어 영원히 복권되지 못했다. 결국 넷째 아들 윤진을 황사로 삼으니 이가 옹정제擁正帝이다.

문학과 예술에 뛰어났던 건륭제

　옹정제 또한 강희제 못지 않게 정치를 잘해 나갔다. 강희제의 정책을 이어받아 세금을 단일화하여 백성들의 부담을 덜어주었고, 재정 개혁을 단행하여 그가 죽었을 때는 국고에 은전이 6천만 냥이나 있었다고 한다. 유능한 통치자였던 그는 관료의 부정을 감찰할 관료기구를 만들어 후세에 남겨주었으며, 제국의 법률을 강력하게 시행했다. 또한 재정을 재정비하여 국가의 수입을 증대시켰다. 세속적인 업적 외에도 종교연구를 꾸준히 해서 선禪 불교에 관한 광범위한 저술을 남겼다.

　하지만 옹정제의 정치는 자신의 입지를 튼튼히 하기 위해 차츰 탄압정치로 발전했다. 재위 초년에 자신의 권력을 강화하기 위해 형제들과 그의 지지자들을 투옥하거나 처형했으며, 나머지 형제들의 권력을 약화시켰다. 자신을 황제로 만들어준 공신들까지도 냉혹하게 처벌했다.

　"글을 함부로 쓰는 자는 법에 따라 처벌한다!"

옹정제 시대를 역사는 '문자文字의 옥獄'이라고 기록하고 있다. 한족에 대한 사상탄압을 강력하게 추진하면서 글을 잘 못 쓰는 자는 필화筆禍를 입고 처형당했기 때문이다. 한족의 우월성을 찬양하거나 만주족을 비방하는 사람은 이 문자의 옥에 걸려들었고 실수로 글을 잘못 쓰는 경우도 죽음을 면치 못했다. 정사正史의 기록으로는 그가 자연사했다고 되어 있지만 일생 동안 적을 많이 만들었으므로 그에게 처형된 어떤 사람의 딸에 의해 살해되었다고 야사는 전한다.

옹정제의 뒤를 이은 4대 건륭제는 강희·옹정의 두 황제가 쌓아 놓은 바탕 위에서 정치를 잘해 나가서, 강희·옹정·건륭 3대에 걸친 130여 년은 청나라의 황금 시대를 이루어 놓았다. 건륭제는 1735년 10월 18일, 25세의 나이로 제위에 올라 60년을 통치했다. 건륭제는 조부 강희제의 재위 기간을 넘지 않기 위해 제위에서 물러나 태상황으로 있다가 죽었는데 이 기간까지 합하면 중국 최장의 재위 황제가 된다. 큰 키에 준수한 몸매로 단정한 자세를 늙을 때까지 잃지 않았으며 강건한 체력과 활동적인 성품으로 많은 이들의 칭송을 받았다.

건륭제도 강희제와 유사한 편찬사업을 벌여 《사고전서四庫全書》를 펴냈다. 《사고전서四庫全書》는 1772년 건륭제가 중국의 전통적인 4개 학문 분야인 고전·역사·철학·문학 분야에서 가장 중요한 저서만을 선정·편찬하라는 명을 내려 완성됐는데 10여 년 간에 걸쳐 약 10만여 권으로 정리된 것으로 황실과 개인의 서고를 모두 섭렵하여 만들어진 것이다.

건륭제는 예술과 문학의 진흥에도 크게 기여했다. 시와 산문을 쓰고, 서예를 하고, 그림을 그렸다. 그러나 이 같은 문학에 대한

건륭제

관심은 가혹한 검열제도를 도입하는 계기가 되었다. 1774년 건륭제는 반만사상反滿思想을 직·간접으로 담은 모든 불온서적을 삭제하거나 없애버리라는 명령을 내렸다. 이때 약 2,600종이나 되는 책들이 불태워졌다.

건륭제는 중국 역사상 위대한 군주였지만 그의 후계자는 너무나 허약하고 미비하여 19세기 중엽에 들어온 서방 열강들의 세력을 이겨낼 수 없었다. 85세에 황제 자리에서 물러난 건륭제는 아들 옹염에게 황위를 물려주고 1799년에 89세로 죽었다. 이가 바로 가경제嘉慶帝이다. 이때는 건륭제 때부터 권력의 핵을 이뤘던 화신이 전횡을 일삼아 나라가 부패한 모습을 보이고 있었다.

백련교에 휘청거린 청조

1796년, 가경제 즉위 1년 만에 '백련교의 난'이 일어났다. 백련교도의 난은 9년 동안이나 계속 되는데 그 원인은 다른 민란처럼 조정의 부정부패에 있었다. 청나라는 건륭제 후기부터 부정부패가 싹트기 시작해 빈부의 격차가 심해지고 민심의 이반이 나타나 쇠퇴의 길로 접어들게 되었다. 가경제는 강력한 통치자가 못되어서 만연한 관리들의 부패를 없애기보다는 궁중의 경비를 줄이는 정책을 취했다. 이 정책은 국가재정을 복구하는 데는 어느 정도 성공했으나 조정이 갈수록 무력해지는 것을 막지는 못했다.

정부수입을 더 늘리기 위해 높은 관직을 팔았던 것 때문에 실제로 부패는 더욱 심해졌다. 게다가 백성들의 세금부담은 여전히 과중한 상태였다.

"과중한 세금에 눌려서 살 수가 없다 차라리 죽는 게 낫다!"

관중에서는 1백만 명이 넘는 농민이 고향을 버렸고 하북에서도 농민들이 해마다 만리장성을 넘어 변경의 사막지대나 산해관 쪽으로 이동했다. 이어 이곳저곳에서 농민 반란이 일어나기 시작했고 드디어 백련교白蓮敎가 반란을 일으켰다. 백련교는 불교의 겁劫사상과 미륵사상을 바탕에 두고 있었다.

"곧 석가모니가 미륵불로 환생하여 이상적인 세상을 건설한다!"

백련교의 교주는 유지협이었다. 그는 감언이설로 빈곤에 시달리는 농민들을 불러모아 교도들에게 무장을 시키고 반란을 꾀하고 있었다.

이를 알게 된 조정에서는 유지협을 체포하라고 명령을 내렸으나 그가 잡히기도 전에 양양 땅에서 기생 출신 왕총아王聰兒와 그의 남편 제림齊林이 난을 일으켰다. 청을 멸하고 명을 재건하자는 것이 이들의 구호였다. 제림이 곧 토벌군에게 살해되자 왕총아는 남편의 원수를 갚는다며 농민들을 모아 극한투쟁에 들어갔다.

청 조정은 백련교의 모든 식량공급을 차단하고 그곳의 농민들을 요새지역으로 이동시켜 지방 방위군으로 편성했다. 이후 반란군에게 지위와 신분을 보장해주겠다는 회유와 아울러 반란군 지도자를 체포한 경우 포상금을 주겠다는 정부의 약속으로 인해 반란군은 그 힘이 많이 약화되었다. 결국 1801년 유지협이 체포돼 처형되고 왕총아는 자살함으로써 백련교도들의 9년 간의 투쟁은 마감됐다. 1804년의 일이다.

백련교의 난이 평정되자 가경제 18년인 1813년, 백련교의 한 종파인 천리교가 나라를 어지럽혔다. 임청林靑 · 이문성李文成을 우두머리로 하여 하남 · 하북에서 반란을 일으킨 것이다. 이들은 북경의 자금성을 공격하기까지 하였으나 청나라 군사들의 기세에 눌려 임청은 능지처참되었으며 이문성은 자결하였다. 두 차례의 난으로 청조는 국력이 기울기 시작했다.

아편 전쟁과 청의 개항

무역 불균형이 몰고 온 전쟁

'아픈 만큼 성숙해진다.'
 어떤 일에 실패했거나 젊은이가 실연을 당했을 때 흔히 쓰는 요즘 말이지만 아편 전쟁은 청나라에 아픔을 안겨준 정도가 아니었다. 아주 깊고 큰 상처를 남긴 전쟁이었다. 1842년 남경에서 영국과 맺은 불평등 조약은 청나라를 세계의 웃음거리로 만들었고 중화사상의 자존심을 짓밟았다. 아편 전쟁은 아편이 매개가 돼서 일어난 전쟁이라 해서 그렇게 부르지만 학계에서는 중·영 전쟁으로 정리하고 있다.
 청나라가 내란에 시달리며 우물 안 개구리처럼 지내고 있을 때 서양에서는 점차 거센 바람이 일고 있었다. 포르투갈·스페인·네덜란드·영국 등이 바다 건너로 진출하여 항로를 열고 여러 나라와 물물 교역을 추진하고 있었다. 1700년대 초부터 중국과 무역을 열어온 영국은 자국의 모직물을 주로 수출하는 한편 중국으

영국의 아편거래에 맞섰던 임칙서

로부터는 생사·도자기·차 등을 수입했다. 그러나 중국인들이 모직물을 별로 선호하지 않아 영국의 무역은 늘 적자를 기록했다.

'모직물로는 안 되겠다. 아편을 내보내자.'

영국은 아편이 당시 난국에 삶의 의욕을 잃고 있는 중국인들에게 잘 받아들여질 것으로 보고 인도와 삼각무역을 열어 아편의 수출에 매달렸다. 아편은 입에서 입으로 전해져 금세 인기 물품이 되었다.

"아편이 문제다! 가산을 탕진하고 건강도 망친다!"

아편의 확산은 농촌경제의 파탄과 구매력의 상실을 가져왔고, 관료와 병사의 아편 흡식은 국가의 기능을 마비시킬 지경이었다. 또 은銀의 유출이 많아짐에 따라 은값이 오르게 되자, 은으로 조세를 납부해야 하는 농민들의 부담이 커져 조세 미납사태가 일어나 재정의 궁핍이 초래되었다. 아편의 수입은 1818년 약 4천 상자였던 것이 1838년에는 연간 4만여 상자로 급증했다.

"전 백성의 아편의 흡식을 금하고 아편 무역을 법으로 금지시키든지 수입을 차단해야 합니다!"

조정에서는 군신 모두가 아편의 해악을 동감하고 거래를 막는 방안을 논의했다. 그리고 그 타개책으로 청나라 선종 도광제는 개혁주의자인 임칙서林則徐를 전권대신 겸 호광총독으로 임명하여 광동에 파견, 아편의 밀수를 차단하도록 했다. 임칙서의 아우가 아편에 중독되어 죽은 일이 있었기 때문에 아편 문제는 임칙서가 적임자였다.

1839년 1월, 광동에 도착한 임칙서는 두 통의 포고문을 광동에 보냈다. 한 통은 외국 무역 독점권을 얻은 특허 상인 조합인 공행 公行에게, 또 한 통은 광동에 있는 외국 상인에게 보내는 것이었다. 공행 조합에는,

> 청나라는 영원히 아편의 수입을 막는다. 향후 이를 어길 경우, 사형에 처하고 재산을 몰수해도 좋다는 서약을 하라.

는 공문을 보냈다. 외국 상인에게는,

> 너희 나라에서도 금하고 있는 아편을 중국에 들여와 사람들 병들게 하고 재물을 모으니, 엄벌로 다스릴 죄이다.

하는 내용의 포고문을 전달하였다.

임칙서의 닦달에 영국 측에서는 아편 1천 상자를 내놓았으나 임칙서는 외국 상관을 포위하여 아편 2만 상자를 찾아내 석회와 섞어 바다에 던져버렸다. 이 무렵, 영국 선원이 중국의 농부 임유희 林維喜를 때려죽인 사건이 일어났다. 임칙서가 범인의 소환을 요구하자 마카오에 있는 조지 엘리엇은 이를 거부했다.

"마카오를 차단하라!"

임칙서는 마카오의 보급로를 끊는 한편 마카오에 있는 중국인 노무자들은 모두 소환했다. 식량이 끊긴 엘리엇이 구룡으로 식량을 구하러 갔으나 실패하자 9월 4일 엘리엇의 함대와 중국 해군

아편전쟁

사이에 충돌이 일어나 첫 발포가 일어났다. 이어 11월 3일 천비에서 양국 해군간에 전투가 벌어졌고 중국이 참패했다. 이로써 선전포고 없이 전쟁이 시작되었다. 영국 함대가 중국군의 포격을 견디지 못하고 철수하자, 임칙서는 조정에 승전 보고를 올렸다.

청나라에서 강경한 태도를 보이자, 영국도 물러서지 않고 맞대응으로 나왔다. 이미 10월에 개전을 결정한 바 있던 영국 정부는 1840년 2월 조지 엘리엇을 전권대표로, 브레머를 사령관으로 하는 원정군을 파견했다. 1840년 4월, 영국의회가 군사비 지출을 승인함으로써 역사적인 '아편 정쟁'의 막이 올랐다.

아편 전쟁이 남긴 치욕의 '남경 조약'

영국 원정군이 1840년 6월 마카오 해역에 도착하면서부터 정식으로 시작된 아편 전쟁은 3단계로 나눌 수 있다. 제1단계는 1841년 1월까지로, 영국이 대고까지 북상하여 직례총독 기선琦善과 협상한 뒤 남하하여 조약을 강요하며 홍콩을 강점하는 기간이다. 제2단계는 중국 측이 조인하지 않은 가조약을 영국이 일방적으로 선포하고 홍콩을 강점, 영국 영토임을 선언하자 청나라가 다시 전쟁에 돌입한 때부터 8월까지이다. 3단계는 1841년 8월 신임

전권대사 헨리 포틴저가 도착하면서부터 1842년 남경조약에 이르는 시기이다.

영국은 제18연대, 보병 제26연대, 포병 2개 중대, 9척의 함정, 9척의 수송선, 약 4천의 육군 병력으로 무장하고 조지 엘리엇이 총사령관이 되어 이끌었다. 청국 군대는 주산 열도에 2천의 군사가 지키고 있었으나 영국 군대가 나타나자 모두 도망쳐 버렸다. 정해진의 총병 장조발은 전사했고 영국군은 주산열도를 쉽게 점령해 버렸다.

엘리엇 사령관은 기함 웰즈리호를 타고 군함 5척과 수송선 4척을 이끌고 천진 쪽으로 거슬러 올라갔다. 청나라는 기선琦善으로 하여금 영국 측과 교섭을 벌이도록 하였다. 엘리엇은 임칙서가 몰수한 2만 상자의 아편 대금을 배상해 줄 것과 연해의 몇 개 섬을 영국인의 거주지·상업 활동 장소로 내놓으라고 요구했다. 교섭은 장소를 광동으로 옮겨 조지 엘리엇의 동생이자 감독관인 찰스 엘리엇과의 사이에 진행되었다. 영국의 조건은 청나라는 영국에 홍콩을 100년 동안 내주고 6백만 달러의 배상금을 지급하며 무역을 다시 열라는 것 등이었다. 이것이 바로 '천비 가조약' 이다.

이 사실을 보고 받은 중국의 도광제는 화가 나서 교섭을 중지시키고 영국군에 대한 공격명령을 내렸으나 청나라 군사들은 싸워보지도 않고 도망쳤다. 이후 영국군은 청국 백성들을 학살하고 재물을 약탈하는 등 말로 표현할 수 없는 만행을 저질렀다.

"영국군의 만행을 보고 당할 수만 없다. 우리나라는 우리가 지킨다!"

드디어 평영단이라는 민병대가 일어나기 시작했다. 주민 2만여 명은 농기구 등으로 무장하고 영국 보병대를 포위했으나 광주 지

부 여보순余保純이,

"포위를 풀지 않으면, 배상금 6백만 달러를 물도록 하겠다"

고 위협해 평영단을 해산시켰다. 이후 영국군은 거함과 거포로 오송을 공격하여 점령했으며, 1842년 8월에는 상해를 거쳐 양자강을 거슬러 올라가 북경을 위협하자 도광제는 결단을 내리지 않을 수 없었다. 결국 1842년 8월 영국함대의 갑판 위에서 영국과 청나라 사이에 '남경 조약南京條約'이 체결되었는데 그 내용은 다음과 같다.

> 청나라는 홍콩을 영국에게 1백년간 넘겨주고 청나라는 전쟁 배상금 1천2백만 달러, 몰수된 아편의 배상금 6백만 달러 등을 3년 안에 중국에 지불한다. 광동, 하문, 복주, 영파, 상해 등 5개 항구를 개항하며 개항장에 영사관을 설치한다.

청국으로서는 참으로 불평등하고 치욕스러운 조약이었다. 청국은 이어 1844년에는 미국(망하望廈 조약), 프랑스(황포 조약), 1847년에는 스웨덴, 노르웨이(광동廣東 조약) 등 다른 서양 여러 나라들과도 영국과 맺은 조약의 내용과 비슷한 불평등조약을 맺을 수밖에 없었다.

아편전쟁은 중국 대륙에 엄청난 파장을 불러왔다. 개항으로 인해 중국 대륙은 서구 열강의 각축장이 되었고 청나라는 봉건주의의 잠에서 깨어나기 시작했다.

홍수전이 세운 15년 간의 태평천국

아편 전쟁이 가져온 남경조약의 배상금 지불 이행을 위해 청국 조정은 과중한 세금을 부과해야만 했고 백성들은 도탄에 빠져 결국 곳곳에서 반란의 무리들이 일어났다. 아편 전쟁에서 패한 청나라가 5개의 항구를 열면서 광동 지방에는 많은 실업자가 생겼다. 그들은 정부에 불만을 품고 반기를 들기 시작했다. 이것이 아편 전쟁 11년째인 1851년에 일어난 '태평천국의 난'의 시발이었다.

난을 일으킨 사람은 종교단체인 태평천국의 교주 홍수전洪秀全이다. 홍수전은 광동성 화현 출신으로, 여러 번 원시元試에 실패하고 실의에 빠져 약 40일간 병석에 누워있었는데, 이때 이상한 꿈을 꾸게 되었다. 상제上帝로 생각되는 금색 머리에 검은 도포를 입은 기품이 넘치는 노인에게서 파사검破邪劍(사악함을 물리치는 검)을 선물 받고, 또 예수라는 중년 남자로부터 요사스러움을 없애는 도끼를 받는 꿈이었다.

그 후 그는 과거를 보러 광동에 갔다가 영국인 침례교 선교사로부터 〈관세양언觀世良言〉이란 팸플릿 형태의 책자를 받고 자신이 꾸었던 이상한 꿈의 의미를 이해하고, 기독교에 눈을 뜨게 되었다. 1836년, 홍수전의 나이 16살 되던 해였다.

홍수전은 1847년 태평천국의 전신이라 할 수 있는 조직인 기독교 단체 배상제회拜上帝會를 광동성 계평현桂平縣 금전촌金田村에서 창설했다. 풍운산馬雲山이 포교활동을 벌여 약 3천명의 신도를 이끌고 홍수전을 맞이하여 그를 지도자로 삼았다. 배상제회의 참가자는 빈농, 광산노동자 등의 저소득층이 중심이었다. 배상제회의 조직과 세력이 커지자 조정에서는 이를 견제하려는 움직임을 보였고, 지방의 지주 및 유력자들과 마찰이 일어나기 시작하였다. 풍운산을 비롯해 신도들이 체포되자, 홍수전은 이때까지의 종교 활동에서 정치혁명으로 옮겨갈 것을 결심했다.

1850년 배상제회는 금전촌에 집결해 단영團營이란 군사조직을 결성했다. 무기를 비밀리에 제조하여 혁명을 위한 준비를 진행해 나갔으나, 금전촌에 집결하는 과정에서 청나라 조정의 군대 및 자경단과 몇 차례 충돌이 발생했다.

"나라 이름을 태평천국이라 한다!"

1851년 1월 11일 배상제회는 국호를 태평천국으로 하고, 홍수전을 천왕으로 추대하였다. 그리고 곧 군사를 일으켰다. 금전촌에 집결한 사람들은 2만 명도 못되었으나 이들은 몇 배 많은 청나라 군대를 격파하면서 혁명의 불길이 활활 타올랐다. 당시 청나라는 제1차 아편 전쟁에서 국력을 소모하고, 이어 제2차 아편 전쟁을 벌이고 있는 상황이어서 정규군을 넓게 분산 배치할 수가 없었고, 태평천국군을 정면에서 공격하는 일도 불가능한 사태가 벌어졌다

태평천국군은 영안성을 점령하고 홍수전은 양수청 등 5인을 중간 지도자로 세워 군사를 이끌었다. 1852년 4월, 광서 제독 향영의 군대와 태평천국군 사이에 전투가 벌어져서 청국군의 많은 병사들이 전사하는 등 양군이 막대한 피해를 입었다. 그러나 태평천국군은 식량과 화약이 바닥났기 때문에 영안을 뒤로하고, 양수청의 의견을 따라 북상하여 호남성과 호북성을 목표로 삼았다.

태평천국군은 포위망을 뚫고 진격하여 전주성을 점령하고 이어 장사성을 포위한 지 한 달만에 익양을 점령하고 이어 무창을 집어삼켰다. 무창은 태평천국군이 처음으로 함락시킨 성도省都였고, 이

홍수전.

태평천국군과 청군의 싸움

곳의 점령으로 막대한 금은재화를 얻었다.

"하늘의 뜻으로 오랑캐(만주족)를 토벌한다!"

이들은 장강을 타고 내려가 남경을 공격하여 10여 일의 치열한 싸움 끝에 차지했다. 1853년 3월 29일, 홍수전은 남경을 '천경天京'이라 개명하고 양강 총독 관저를 '천왕부天王府'라 이름지었다. 천경은 태평천국의 수도가 되었다.

승승장구한 태평천국군은 1862년 1월에 상해에 주둔하고 있는 영국군을 공격하여 대승을 거두고, 상해 점령을 눈앞에 두었으나 남경이 청국군에 포위되는 사태가 발생했다. 할 수 없이 눈앞에 있는 상해 점령을 포기하고 남경으로 군대를 돌렸다. 전세는 역전되었다. 1863년 12월, 태평천국군은 소주를 빼앗겼고 1864년 7월 19일, 태평천국의 수도 남경도 함락 당해 사실상 세력을 잃고 1866년에 완전히 멸망하고 말았다. 홍수전은 남경 함락 두 달 전에 병으로 죽었다.

15년 간 청나라를 어지럽힌 태평천국의 난은 오랜 중국 역사에서 보면 하나의 작은 반란에 불과하지만 재산을 공유하고 토지를 농민들에게 고르게 분배하는 사회주의적 성격과 미국의 대통령 제도를 받아들이고자 한 민주주의적 성격을 갖춘 기독교적인 사회운동이라는 점에서 의미를 부여할 수 있다.

애로호 사건과 천진·북경 조약

"영국 배를 위장한 애로호를 수색해 아편을 몰수하라!"
태평천국의 난이 한창인 1856년 10월 8일, 설상가상으로 '애로호 사건'이 일어났다. 청국 관헌들이 밀수선 단속을 이유로 광주 앞 바다에 정박해 있는 영국 국기를 단 아편 밀수선 애로호에 들어가 이명태李明太를 비롯하여 12명을 체포하면서 일어난 사건이다.

광주 주재 영국 영사는 양광 총독 섭명침葉名琛에게 항의하는 한편 피해 보상과 함께 연행자 석방을 요구했다. 그러나 청나라가 이를 거부하자 영국과 프랑스는 연합군을 결성해 침공을 개시하였다. 프랑스는 1856년 광서성에서 불법적으로 포교하고 있던 선교사가 중국 관리에게 처형된 사건을 구실로 영국과 공동으로 군대를 파견했다. 제2차 아편 전쟁이 일어난 것이다.

1857년 12월, 연합군은 광주를 함락시키고 4개국 사절과 함께 영국 군함 10여 척, 프랑스 군함 6척, 러시아 군함 1척 등이 북경을 향해 진격했다. 연합군이 가는 길에는 폭력과 약탈이 난무했다. 1858년 4월, 연합군 함대는 천진 근처에까지 치고 올라왔다. 청국 조정에서는 담정양譚廷襄을 전권대사로 임명하여 협상을 벌였으나 결렬되고 말았다. 연합군이 천진 외항을 포격하며 위협을 가하자 사태가 급박해진 청나라 조정에서는 영국과 프랑스 등이 요구하는 이른바 '천진 조약'에 서명을 하기에 이른다. 천진 조약의 주요내용은 외국공사의 북경 주재, 양자강 유역과 북부 및 기타

애로호 사건

지역의 10개 항구 개항, 내지에서의 외국인 여행·통상·포교의 자유, 영사재판권의 확대, 양자강 및 각 통상항으로의 군함 진입권, 배상금 지급 등 7개항이었다.

1860년, 영·불 함대 1백여 척이 또다시 주산 열도와 상해를 점령하고, 10월 13일에는 북경의 안정문을 점령, 조약을 강요했다. 이것이 영·불과 청국 사이에 체결된 '북경北京 조약'인데 그 내용은 천진 조약에, 천진항을 열고 구룡반도를 영국에 넘겨준다는 두 가지가 추가된 것이었다. 이로써 제2차 아편 전쟁은 막을 내렸다.

청 · 일 전쟁과
강유위의 변법 개혁

갑오농민전쟁으로 불붙은 청 · 일 전쟁

서태후

두 차례의 아편 전쟁과 태평천국의 난으로 엄청난 국력을 낭비한 청나라는 일본과 벌인 청 · 일 전쟁마저 패함으로써 나락의 길로 접어들게 되었다. 청나라는 외유내환에 시달리면서도 조선을 속국으로 삼아 간섭을 하고 있었고, 기댈 데 없는 조선으로서는 그나마 청국이 위안이 되는 상황이었다. 청 · 일 전쟁은 돌이켜보면 조선 땅에서 청국과 일본이 서로 조선을 차지하려고 벌인 전쟁이라는 점에서 우리나라에는 가슴 아픈 비극으로 기록되고 있다.

1861년 8월, 함풍제가 죽고 3살의 동치제同治帝가 즉위했다. 황제의 나이가 어렸으므로 함풍제의 정부인인 동태후東太后와 측실인 서태후西太后가 함께 섭정에 나섰다. 이 무렵 청나라는 1872년에 죽은 증국번의 뒤를 이어 이홍장李鴻章이 직례총독直隷總督에 임명되어 25년 간이나 정사를 맡았다. 이홍장은 이 기간에 여러 상공업 근대화계획을 추진했고, 오랜 기간에 걸쳐 서구 열강을 상대로 외교문제를 담당했다.

"호남에서 농민들이 반란을 일으켰다!"

청·일 전쟁의 직접적인 발단은 1894년 조선에서 일어난 갑오농민전쟁甲午農民戰爭에 있지만 이에 앞서 청나라는 조선을 사이에 두고 일본과 대립하여 임오군란(1882)과 갑신정변(1884)을 불러왔다. 청과 일본이 첨예하게 대립하고 있을 때 조선에서 갑오농민전쟁이 일어나 농민군이 순식간에 남부지방 전역을 휩쓸자 농민군의 기세에 당황한 조선 정부는 청나라에 반란 진압을 위한 원군을 요청했다. 이것이 일본에게 조선 침략의 계기가 됐다.

막강한 자리에 있는 원세개의 지시로 6월 4일, 이홍장은 조선 출병을 명령했다. 이러한 청국의 군사 움직임을 이미 알고 있었던 일본은 이보다 이틀 전에 병력을 조선으로 출발시켰다.

6월 8일 청국의 섭사성이 거느린 선봉 부대 2천4백여 명이 아산만에 도착한 다음날 일본의 선발대가 인천에 도착했다. 청국군이 아산만에 상륙하여 12일부터 군사행동을 시작하자 일본은 청국이 조선에 출병하려면 일본에 알려야 한다는 천진 조약을 내세워 일본공사관과 거류민 보호라는 구실로 해군과 육군의 대부대를 파병했고, 이어 인천-서울 간의 정치적·군사적 요충을 장악했다. 그러는 사이 갑오농민전쟁은 진압이 되었다.

"민란이 진압되었으니 양국의 군사들은 물러가시오."

일본군의 침입에 당황한 조선정부는 청·일 양군의 동시 철병

이홍장

을 요구했으나 일본의 오오토리大鳥 공사는 철수를 거부하고 오히려 청나라에 철군을 요구했다. 청나라에서는 일본의 요구를 거절했다.

8월 1일, 마침내 조선에서 청·일 전쟁의 불이 붙었다. 이 싸움에서 황해 해전은 가장 규모가 큰 전쟁이었다. 1894년 9월 17일 청나라의 북양함대가 일본의 함대와 압록강 하구에서 맞서 싸운 이 전투에서 청나라 측은 화력이 우위에 있었음에도 불구하고 군사들의 경험 부족과 기동력의 열세로 대패했다. 참전한 10대의 군함 중 5척이 침몰, 3척이 파손되었으며, 850명이 사망하고 500명이 부상하였다. 반면, 일본군은 4척 파손에 사망자 90명, 부상은 200명이었다. 이로써 일본군은 제해권을 확보했으며, 북양함대는 여순항으로 피신하였다.

평양에서의 패배로 청나라 군대는 후퇴하여 압록강가의 요새에 방어태세를 갖추었다. 일본군은 병력을 보충한 후 10월 10일 빠른 속도로 만주로 진격했다. 1894년 10월 24일 밤, 일본군은 몰래 압록강을 건너 부교를 띄웠다.

"청나라 군사들을 끝까지 추격하라!"

다음날 오후에는 단동 동쪽 호산의 주둔기지를 공격하였다. 오후 10시 30분, 청나라 군대는 방어 위치를 버리고 다음날까지 단동으로 후퇴하였다. 야마가타 장군이 지휘하는 일본군 제1군은 단동을 향해 북쪽으로 진격하여 사망 4명, 부상 14명의 희생만으로 중국 영토에 발판을 마련하게 되었다.

가쓰라 다로의 3사단은 서쪽으로 도주하는 청국군을 쫓아 요동

조선에서 일어난
청·일전쟁

반도의 도시들을 점령하였다. 오오야마 이와오가 이끄는 일본육군 2사단은 요동반도 남쪽 해안에 상륙하여 도시들을 점령하였고, 여순항은 일본군에 포위되었다. 여순항을 점령한 일본군은 여순에 거주했던 수천 또는 2만 명의 시민들을 학살하였는데, 이를 '여순 대학살'이라 한다.

청·일 전쟁은 일본의 승리로 끝났다. 1895년 4월 17일에 시모노세키에서 이홍장·이경방·오정방 등으로 구성된 청국 사절과 일본측의 이토와 무쯔 외상이 참석하여 강화 교섭을 벌여 전문 11조로 된 '시모노세키 조약'을 체결했다. 이로써 일본은 조선을 발판으로 삼아 청의 요동 반도와 대만을 차지하였고 조선과 청국은 자주적 개혁이 좌절되고 일본 및 제국주의 열강의 침탈대상이 되어갔다. 일본은 청·일 전쟁으로 얻은 막대한 배상금, 과중한 세금수탈로 만들어진 군사비, 식민지 대만으로부터 얻은 이윤, 전쟁으로 축재한 자본가의 이윤 등을 바탕으로 전쟁 후 일본자본주의는 급속한 발전을 이룩했다.

하지만 일본은 어렵게 차지한 요동 반도를 내놓아야만 했다.

청·일 전쟁이 끝난 직후 러시아·독일·프랑스 등 3국이 힘을 합해 반기를 들고 나왔기 때문이다.

변법이 불러온 무술 정변

한편 청국에서는 청·일 전쟁에서 크게 패배한 데 대한 자성론이 대두하기 시작했다. 고위 관료집단을 중심으로 서양 제국주의 열강에 대항하기 위해 외국의 유익한 문물을 배우자는 변법자강운동變法自彊運動이 일어났고 그 선두에 광동성 남해 출신 강유위康有爲와 그의 제자 양계초梁啓超, 담사동이 있었다. 1888년, 강유위는 황제 광서제에게 외국의 법을 차용한 변법變法을 바탕으로 한 개혁 정치를 주창하는 상소문을 올렸다.

"보수주의를 허물고 서양의 문물을 받아들여야 하옵니다. 또한 부패를 일소해야 하옵니다."

강유위는 남해현의 학인신사 가문 출신이었다. 그의 스승은 그에게 사회를 위해 봉사한다는 유교적 이상을 불어넣었고, 그는 전통적인 인습, 주자학적 권위주의, 과거제도가 요구하는 것에 대해 반기를 들었다. 독서를 통해 외국의 문화와 사상을 알게 되면서 서양문화를 숭상하게 되었고 1880년대에 역사의 진보, 사회적 평등, 세계정부 및 우주의 본성 등과 같은 몇 가지 자신의 기본적 이념을 구상하기 시작했다.

서태후의 섭정으로부터 비교적 자유로워진 광서제는 1898년 4월, 강유위를 총리아문 장경에 임명하고 변법을 제정하라고 지시했다. 강유위는 양계초와 함께 보국회라는 청년 단체를 조직하고,

일본에서 이미 실시하고 있는 국회와 헌법, 교육제도 등의 개혁을 착착 진행시켜 나갔다.

"신 변법에 따라 나라를 다스린다!"

강유위의 시안에 따라 광서제가 변법 조서를 발표했다. 낡은 과거제도는 폐지되었고 새로운 체계를 갖춘 각층의 학교들이 설립되었으며 서양의 산업·의학

원세개

등 여러 제도가 도입되었다. 법전이 개정되고 행정부도 쇄신을 단행했으며 이로 인해 부정부패는 설 자리를 잃게 되었다. 그러자 특권을 누리고 있던 기존 세력들이 위협을 느끼고 서태후에게 변법의 부당성을 간하기에 이르렀다.

서태후가 광서제에게 강유위를 천거한 호부상서 옹동화를 파면시키자 변법파들은 담사동을 중심으로 서태후를 없애기로 하고 신식 육군을 지휘하고 있는 원세개를 끌어들이기로 했다. 하지만 원세개는 서태후가 신임하는 인물이었다. 결국 변법파의 거사 계획은 원세개가 서태후에게 일말을 털어놓는 바람에 실패로 돌아갔고 무술 변법은 시행 1백일만에 폐기되었다.

'황제가 뭘 몰라! 죽여 없애야지!'

화가 난 서태후는 광서제에게 음독 자살을 강요했으나 가까스로 목숨을 건지고 유배되었다.

청국 조정은 다시 서태후의 손에 들어갔다. 강유위와 양계초는 일본으로 망명했으며 담사동은 망명권유를 뿌리치고 죽음을 택했다. 그는 죽기 전에 중국의 장래를 염려하는 글을 양계초에게 남겼는데 강광인·양심수·임욱·양예·유광제 등과 함께 '무술6

의화단의 난

군자戊戌六君子'라고 불린다. 실패로 끝난 이 쿠데타를 역사는 '무술 정변'이라고 기록한다.

의화단 난이 초래한 신축 조약

"이 땅에서 예수쟁이들을 몰아내자!"

강유위의 무술 변법이 원세개의 배반으로 실패로 돌아간 다음 해인 1899년 반反기독교운동을 벌이던 의화단義和團이 평원현을 습격하는 사건이 일어났다. 평원현은 중국인 기독교 신자들이 거주하는 곳이었다.

의화단의 모태는 백련교의 일파인 의화권義和拳으로 거슬러 올라간다. 이들은 의화권을 연마하면 총알이나 칼도 막을 수 있다고 믿는 신흥종교집단이었다. 의화권은 청·일 전쟁 이후 열강의 침략이 격화되면서 일반 민중들 사이에 급속히 확대돼, 1898년 명칭을 의화단으로 바꾸고 본격적인 반제국주의 투쟁을 전개하기 시작했다. 이들은 청의 기독교인들이 제사를 거부하는 것을 증오했다.

　의화단의 난은 1898년 황하강의 범람으로 인한 산동 지방의 기근이 기폭제가 되었다. 굶주린 농민들이 의화단에 가담해 정부를 겨냥해 들고일어났는데 이들의 본래 목표는 중국에서 특권을 누리고 있던 서구 열강과 만주족 왕조인 청을 몰아내는 것이었다. 의화단은 청나라가 전쟁에서 잇달아 패하고 치욕적인 조약을 체결하여 엄청난 배상금을 지불하게 된 것은 유럽의 열강들이 기독교를 앞세워 침략하기 때문이라고 생각하고 서양인들을 무차별 학살했다. 교회에는 불을 지르고 철도를 파괴하며 하북, 북경, 천진, 산서, 하남, 내몽고, 동북 등지로 뻗어 나갔다.

　원세개에게 의화단을 토벌하라는 특명이 내렸다. 의화단의 20만은 원세개의 신식 군대에 쫓기면서도 1900년 직례 의화단과 합류하여 2~6월 천진을 점령했고, 중국 주재 외국기관을 파괴했다. 이에 영국 · 프랑스 · 미국 · 독일 · 일본 · 러시아 · 이탈리아 · 오스트리아의 연합군이 의화단의 토벌을 위해 천진에서 북경으로 진격을 시도했다.

"외국 군대는 내정간섭을 하지 말라! 그들을 격파하라!"

　조정에서는 의화단의 힘을 이용해 외국의 세력을 배척하는 운동을 펴려했다. 6월 13일 서태후는 관군에게 외국 군대의 진입을 저지하고 모든 외국인을 살해하라고 명했다. 이로 인해 독일인 선교사가 살해되었으며, 다른 외국인 선교사들과 그 가족들 및 공사관 요원들은 수백 명의 중국인 신자들과 함께 북경에 있는 공사관 구역과 대성당 안에 포위되었다. 스기야마 일본 공사 서기관과 독일의 공사가 죽음을 당했다. 서태후로 해서 힘을 얻은 의화단은 투쟁 이념을 종래의 '반청복명反淸復明'에서 '부청멸양扶淸滅洋(서양인을 멸하고 청나라를 돕는다)'으로 바꾸고 청나라 군대와 협력했다.

연합군이 군사를 정비하여 북경의 공격에 나섰다. 총 병력은 군함 47척, 군사 2만여 명이었으며 일본군이 주력부대였다. 8월 17일, 마침내 8개국 연합군이 북경을 점령했다. 그 동안 의화단과 청나라 정부군에 연패를 당하며 수모를 겪은 연합군은 분풀이를 하려는 듯 주인 없는 북경을 마음대로 유린하고 약탈했다. 연합군은 6월 20일부터 그곳에 갇혀 있던 외국인들을 구조했다. 서태후와 광서제는 서안으로 피신하고 조정에는 연합국과의 협상을 추진하기 위한 몇몇 대신들만이 남았다.

연합군이 북경을 차지하자 청나라는 또 굴욕적인 강화에 응하지 않을 수 없었다. 1900년 12월부터 강화조약 문제가 논의되어 1901년 9월 7일 청국 대표 이홍장과 연합국 대표 사이에 무려 12개 조항의 '신축辛丑 조약'이 조인되었다. 연합국은 영국·독일·일본·미국·러시아·오스트리아·프랑스·이탈리아·네덜란드·스페인·벨기에 등의 11개국이었다.

신축 조약을 북경의정서北京議定書라고도 한다. 조약은 총 12조이고 부칙은 19항으로 되어 있는데 주요내용은 다음과 같다.

사건을 일으킨 관리를 처벌하고 각 국에게 사과한다. 백은白銀 4억 5천만 냥을 1940년까지 39년 간 연 이자율 4리로 원리 합계 9억 8천만 냥을 배상한다. 이를 위해 해관세·상관세·염세 등을 차압한다. 북경 동쪽 교외에 있는 민간거주지를 외교관 지역으로 설정하고 각 국에서 군대를 주둔시켜 관리한다. 대고에서 북경에 이르는 포대를 파괴하며, 북경에서 산해관 사이의 철도 옆 주요 지점 12곳에 각 국의 군대를 주둔시킨다. 총리각국사무아문總理各國事務衙門을 외무부로 고치고 6부

러·일 전쟁의 심양전투

보다 위에 두어 대외업무를 담당하게 한다. 중국인이 조약 체결국을 적대시하는 조직을 결성하거나 그 조직에 참가하는 것을 금지하며, 이를 어기는 자는 사형에 처한다. 성省의 관리자는 관할 지역에서 조약 체결국 국민이 상해를 입는 사건이 발생하면 곧 이를 진압해야 하며, 이를 어길 경우에는 그 관직을 박탈하고 다시는 임용하지 않는다.

참으로 굴욕적이고 엄청난 재정적 부담을 끌어안는 조약이었다. 한편 러시아는 이번 기회를 틈타 동북 3성(봉천·길림·흑룡강성)에서 군대를 철수하지 않겠다고 버텼다. 일본은 러시아를 그대로 둔다면, 자기들의 동양 진출에 큰 장애가 된다고 판단하고 1904년 2월 6일, 러시아와 국교를 끊고 선전포고도 없이 여순의 러시아 함대를 기습 공격했다. 이것이 청나라에서 발발한 러·일 전쟁이다.

"동북 삼성은 청나라 영토다. 모두 물러가라!"

한편 청나라에서는 동북 삼성은 엄연한 중국의 영토이므로 동북 삼성을 러시아와 일본 어느 쪽도 차지해서는 안 된다는 성명을 발표했지만 이것이 러·일 전쟁을 막지는 못했다. 러시아는 해군과 해상 무역을 위해 태평양 연안의 부동항을 얻으려 했다. 블라디보스톡은 사용 가능한 유일한 항구로, 여름에 주로 이용되는 반면 여순항은 연중 사용할 수 있었다.

러·일 간에 수 차례의 결판나지 않은 해상 전투가 이어졌으나, 도고 제독은 항구의 해안 포대로부터 보호받는 러시아 함대를 충분히 공격할 수 없었다. 러시아 해군은 1904년 4월 13일 스테판 오시포비치 마카로프 제독이 사망하여 어쩔 수 없이 항구를 떠나야 했다. 그 후 여순항에 있던 러시아의 전함들은 포위한 일본 육군의 포격으로 침몰되었고 8월 말의 요양遼陽 전투 후 러시아군은 심양으로 후퇴하였다. 여순항은 결국 러시아 주둔군 지휘관이 상부와의 의논 없이 일본에 항구를 양도함으로써 1905년 1월 2일 함락되었다. 일본은 주변국들의 예상을 뒤엎고 승리를 거두었고, 일본은 극적으로 동아시아의 판도를 뒤바꾸어 세계 무대에 등장하게 되었다.

러·일 전쟁에서 일본이 승리하자, 1905년 9월 5일 마침내 양국 간에 '포츠머스 조약' 이 맺어졌다. 미국의 루즈벨트 대통령이 주선한 이 조약은 '러·일 강화 조약' 으로도 불린다.

썩은 나라를 수술하는 의사 손문孫文

손문孫文과 신해혁명辛亥革命

의화단 사건을 계기로 청나라는 보수파 세력이 몰락하고 혁신세력이 등장하였으며, 이러한 세력의 변화는 1911년 신해혁명辛亥革命으로 연결된다.

의화단 사건이 신축 조약이라는 엄청난 결과를 불러오고 직례 총독 이홍장이 죽자 산동 순무 원세개袁世凱가 후임으로 부임함으로써 청나라의 제일 실력자가 되었다. 원세개는 이홍장이 거느렸던 북양군을 장악하였다.

원세개는 진사시험도 급제하지 못한 무식한 사람이었다. 하남성 항성 지방의 군인 지주가문에서 태어난 그는 탁월한 재능을 지니기는 했으나 젊었을 때는 학문보다 운동에 더 뛰어난 재주를 보였고 쾌락을 탐닉했고 공부는 뒷전이었다.

'원세개가 실권을 잡으면 나라가 위태롭다.'

손문

청나라 황족과 만주족 중신들은 원세개를 직례총독에서 해임시키고 황제의 고문인 군기대신 과 외상(외무부장관)을 겸하게 했다. 한편 조정에서 개혁정책의 한 방안으로 입헌立憲운동을 벌이고 있을 때 일본에서는 손문孫文(쑨원)이 혁명운동을 꾀하고 있었다.

손문은 민족民族 · 민권民權 · 민생民生을 기본으로 한 삼민주의三民主義를 혁명 이념으로 삼고 멸청滅淸을 주창했다.

손문(쑨원)은 중국 남부 지방인 광동성廣東省 향산香山의 가난한 농가에서 태어났다. 1879년 노동자로 하와이에 건너갔던 맏형 손미孫眉가 그를 하와이로 데려갔다.

'의사가 되어서 인술을 펼쳐야겠다.'

손문은 하와이에서 5년 만에 돌아온 뒤 1886년 광주의 박제의원博濟醫院 부속의학교에 입학했다가 홍콩에 있는 서의서원西醫書院(홍콩대학교 의학부의 전신)으로 전학하여 1892년에 졸업했다. 손문은 전통적인 정치수업을 받은 적은 없지만 야망이 있었고 당시의 중국이 처한 상황에 대해 무척 괴로워하고 있었다.

'의사보다는 정치가가 되어 병든 나라를 치유해야겠다.'

광주에서 의사 생활을 하던 그는 1894년 천진에 있는 이홍장에게 정치 개혁을 요구하는 장문의 편지를 보냈으나 신통한 답변을 듣지 못하고 그 해 10월 다시 하와이로 건너가 흥중회興中會를 결성했는데, 이것이 훗날 그가 이끌게 되는 비밀 혁명결사의 전신이다. 구성원은 대부분 광동 출신들이었고 사무원 · 농민 · 직공 등

주로 사회 하층계급 사람들로 이루어졌다. 다음해 홍콩으로 돌아와 정사량鄭士良 · 육호동陸皓東 등과 함께 홍중회 본부를 세운 손문은 만주족을 몰아내고, 중국을 회복하여 민주적인 공화 정부를 수립해야 한다고 역설했다.

"동지들이여! 이齒에는 이라고 했습니다. 힘을 모아 궐기합시다!"

손문은 광주에서 육호동 등과 함께 무장 봉기를 시도했으나 실패하고 일본으로 건너가 동경에서 1905년 중국동맹회(국민당의 전신)를 결성해 동지들을 규합하고 혁명운동을 계속하였다. 중국동맹회는 1903년 황흥 등의 유학생들이 호남성 장사에서 조직한 화흥회華興會와 1904년 상해에서 채원배 · 장병린 등이 주축이 된 광복회光復會와 연대한 전국적인 혁명조직으로, 동맹회는 손문을 주석으로 추대하고 "오랑캐를 몰아내고 중화中華를 회복한다"는 강령을 채택했다.

혁명군, 무창에 입성하다

1908년, 서태후와 광서제가 몇 달 사이로 죽자 광서제의 동생인 순친왕 재풍의 큰아들 부의溥儀가 3살로 황제가 되어 선통제宣統帝로 불리니 바로 청나라의 마지막 황제이다(부의의 스토리는 영화 〈마지막 황제 부의〉를 통해 잘 알려져 있다). 황제가 너무 어려서 부친인 순친왕 재풍이 대신하여 정치를 하였다.

서태후와 광서제의 죽음을 계기로 1908년 '신군 사건'이 일어났다. 손문(쑨원)의 혁명 사상을 추종하는 청년 장교들이 국상을 기회로 반란을 일으켰으나 실패했고 1910년 광동의 신군이 다시 봉기했으나 거사도 해보지 못하고 실패했다. 손문의 혁명이 성공할 가능성은 점점 더 멀어져 가는 듯했다. 그런데 청국 조정이 그의 혁명에 도움을 주는 국면이 도래했다.

"철도의 국유화를 반대한다!"

1911년에 청 정부는 간선철도를 모두 국유화한다는 방침을 확정했는데, 이것이 각 지방의 철도 관계 사업자들을 격분시켰다. 그 해 5월 사천성에서 보로운동保路運動은 무장봉기로 발전했고, 조정은 폭동을 효과적으로 진압하지 못하여 곳곳에서 더 많은 폭동이 일어났다. 이것이 무창 봉기의 성공으로 이어졌다.

"무창을 공격한다!"

1911년 7월 31일, 동맹회 중부를 결성한 담인봉·송교인·진기미 등이 무창성 밖 공병 제11진영에서 방화하는 것을 신호로 한양의 제42연대도 무창·한양·한구를 공격하기로 밀약이 되었다. 10월 혁명군(당시 중국은 각 지방에서 혁명군이 기세를 떨치고 있었음)은 여러 가지 협조가 미흡했음에도 불구하고 뜻하지 않게 여러 성省 정부를 전복시키는 데 성공했다.

무창은 호광 총독 서징이 책임을 맡아 지키고 있었으나 혁명군은 초망대의 무기고를 탈취하고 헌병영을 점령했다. 청국군 병사들은 본대에서 이탈하여 혁명군에 투항해 혁명군이 되었다. 서징은 탈출하여 한구로 도주했다. 혁명군은 10월 11일 새벽에 무창 시내 주요 지대를 점령했다. 혁명군은 호북의 자의국諮議局에서 도독都督의 선출과 군정부의 수립을 위한 회의를 열고 입헌파의 제의에 따라 신군장교 여원홍黎元洪을 도독으로 추대하여 혁명군정부를 건립했다. 그리고 중화민국中華民國의 탄생을 알리는 포고문을 발표했다.

혁명군의 활약은 날이 갈수록 빛났다. 봉기에 나선 지 한 달 동안에 무려 15개 성이 혁명군에 호응하여 청나라 지배에서 벗어나 독립하겠다고 선언했다. 섬서·산서의 북방 2성과 운남·강남·귀주·강소·절강·광서·복건·안휘·광동 등 남방 대부분의 성과 상해가 청나라로부터 독립을 선포하고 혁명군에 가담했다.

대총통이 된 무식쟁이 원세개

한편 청나라 조정에서는 원세개를 호광 총독에 임명하여 혁명군을 토벌하려고 하였으나 원세개는 신병을 핑계로 응하지 않았다.

"몸이 불편해 나갈 수가 없습니다."

큰 꿈을 갖고 있는 원세개는 호광 총독에 만족할 인물이 아니었다. 이

금으로 만든 편종(청대)

에 조정은 원세개가 군사권을 전부 장악하도록 배려하였다. 힘을 얻은 원세개는 10월 30일 하남성 신양에서 혁명군 진압을 개시하고 무력으로 한구를 점령했다. 원세개의 신군에게 잇달아 패한 혁명군은 11월 30일에 각처에서 일어난 혁명 대표를 영국 조계에 모아놓고 통일 정부를 수립할 대책을 논의하였다.

"원세개를 끌어들입시다."

중국동맹회의 중진 왕조명汪兆銘이 원세개를 임시 대총통으로 삼으면 그의 추격을 면할 수 있을 것이라고 제안하였다. 왕조명의 제안에 이견이 없지도 않았으나 발등의 불을 끄기 위해 원세개를 임시 대총통으로 추대했다. 손문은 미국 덴버 시에서 신문을 통해 무한 혁명이 성공했다는 사실을 알고 1911년 12월 25일 대대적인 환영 속에 상해로 돌아왔다.

"손문이 돌아왔으니 민주 방식으로 대총통을 선출합시다!"

18개 성의 대표들은 12월 29일에 정식으로 선거를 실시해 손문을 1표가 모자라는 만장일치로 대총통으로 선출했다. 혁명파는 1912년에 드디어 남경南京에 임시정부를 수립하였다. 1912년 1월 1일, 남경에서 중화민국 임시 대총통 취임식이 열렸다. 이 자리에서 손문은 삼민주의에 입각한 정치를 실현하겠다는 선서를 하였다. 이로써 중국은 민주주의에 의한 공화정치 시대가 열리게 되었다.

이제 중국은 두 개의 정부가 대립하는 양상이 되었다. 남경에 중화민국 정부가 수립되었지만 북경에는 부의가 황제로 있는 청나라가 일본을 등에 업고 버티고 있었다. 두 정부 사이에서 원세개는 강화 회담을 추진하고 있었는데 청나라 조정에서는 원세개가 남북을 통일하면 중화민국을 승인하지만 손문이 이끄는 남경의 임시 정부는 받아들일 수 없다는 입장을 고수하고 있었다.

원세개는 양면작전을 짜고 있었다. 손문의 사퇴를 종용하는 한편으로 황제를 퇴위시키기 위해 심복 단기서에게 장군 42명의 서명을 받아냈다. 원세개의 작전에 청나라 조정은 손문이 요구하는 공화제와 군주제를 놓고 주장이 엇갈려 갈팡질팡하고 있었다. 원세개의 강화 회담은 진전이 없었다.

"나라를 위해 대총통직을 내 놓을 용의가 있다!"

이때 손문이 중대한 선언을 하였다. 청나라 황제가 물러나고, 원세개가 공화정부 수립에 찬성한다면, 대총통 자리를 그에게 양보하겠다는 등의 5개항을 제시한 것이다. 손문의 혁명 세력은 원세개에게 대항할만한 군사력이 없었으므로 눈물의 후퇴를 해야만 했다.

원세개로서는 손문의 제의가 손해날 것이 없었다. 오히려 반가운 제안이었다. 융유 황태후는 이후 청국 황실에 대한 예우를 확약 받은 뒤, 2월 12일에 선통제 퇴위 조서에 옥새를 찍었다. 그 다음날 손문은 대총통직을 사임했고, 2월 14일 원세개가 대총통에 취임했다.

이로써 청나라는 267년 만에 막을 내렸다. 역사는 이를 '신해혁명辛亥革命'이라고 기록하고 있다. 중국에서는 무창에서 최초로 신해혁명의 봉기가 일어난 10월 10일을 쌍십절雙十節이라 하여 중요한 경축일로 지키고 있다. 신해혁명으로 260여 년에 걸친 청조의 통치가 끝나고 2천여 년 동안 이어온 중국의 황제 통치도 막을 내리게 된다. 하지만 신해혁명을 절반의 성공으로 보는 견해도 많다.

이념의 대립장 중화민국 시대

【 주요 인물 】

장개석 _ 국민당 지도자로 북벌을 단행. 1887년 절강성 봉화현의 유복한 가문에서 태어나 군관이 되기 위하여 중국 보정군관학교와 일본 육군관학교에서 공부했다. 국민혁명군 총사령이 되어 북벌을 단행하지만 장학량에게 체포돼 제2차 국·공을 하게 된다. 하지만 곧 이를 깨고 모택동과의 대결에서 패해 대만으로 쫓겨간다.

모택동 _ 공산당 발기인으로 후일 중국 국가 주석. 장개석에게 쫓겨 3만리의 대장정에 나서지만 전열을 가다듬어 기회를 엿본다. 1946년 장개석이 쌍십협정을 깨고 공격해오자 반격에 나서 1949년 국민군을 물리친다. 중화인민공화국 주석이 되어 '대약진운동', '인민공사', '사회주의 건설 총노선'의 삼면홍기 정책을 내걸지만 실패하고 이어 홍위병紅衛兵을 내세워 부르주아와 자본주의를 공격하는 문화대혁명을 일으키지만 역시 실패하고 만다.

4인방 _ 문혁을 이끈 왕홍문·장춘교·요문원·강청. 문화대혁명 기간 중 가혹한 정책을 밀어 부쳤다는 죄로 유죄판결을 받은 급진적인 정치 핵심집단.

임표 _ 국방장관으로 모택동의 후계자로 지명돼 국정 전반에 걸쳐 군부의 지배력을 강화했으나 모택동에 밀려 소련으로 망명 중 비행기 추락으로 사망한다.

주은래 _ 모택동을 도와 중화인민공화국을 건설. 프랑스에서 공산당 유럽지부 조직책을 맡고 있다가 돌아와 국민혁명에 참가한다. 장개석이 장학량에게 연금되었을 때 장개석을 설득하여 제2차 국·공 합작을 이끌어내고 쌍십협정에서도 많은 영향력을 행사한다.

등소평 _ 천안문 사태를 수습하고 경제를 부흥시킨 인물. 유소기와 함께 실용주의적인 경제발전을 주창하다 모택동과 갈등을 빚게 되고 문화대혁명 과정에서 공격을 받아 실각한다. 1973년 주은래의 후원으로 복권되지만 1976년 1월 주은래가 죽자 4인방에 의해 다시 밀려난다. 1977년 7월 고위직을 회복하고 이때부터 중국의 경제발전을 위해 이른바 '흑묘백묘론黑猫白猫論'을 내세워 자신의 독자적인 정책을 실행해나간다.

호요방 _ 민주화를 주창해 사후 천안문 사태 야기. 1989년 4월 15일 그가 사망하자 다음날 북경대학에는 대자보가 나붙고 6월 4일까지 각지에서 극심한 시위가 벌어져 유혈 사태를 불러온다.

정체성을 찾으려는 중국인들

황제를 꿈꾸는 완장형 권력가 원세개

소설가 윤흥길의 작품 가운데 〈완장〉이 있다. 1983년에 발표한 소설인데, 전라도의 무식한 한 건달이 저수지의 감시원이 되어 완장의 힘으로 갖은 횡포를 자행하는 모습을 통해 한국전쟁 이후 정치권력의 폭력성과 보통 사람들의 암울한 삶을 해학적 필치로 그려낸 윤흥길의 대표작이다.

이러한 완장의 힘은 한국전쟁이나 일제치하에서도 흔히 볼 수 있었고, 뒤에서 기술할 모택동 시대의 대약진운동에서 홍위병이 붉은 완장에 힘입어 권력을 휘두르는 데에서도 살펴볼 수 있지만 원세개야말로 완장형 권력가였다. 그는 손문과는 다른 인물이었다. 그의 꿈은 오로지 기회를 보아 나라를 다시 황제 체제로 바꾸어 자신이 황제로 즉위하려는 것이었다. 진사 시험에도 합격하지 못한 무식한 자의 머리로서는 획기적인 구상이었다.

'내게는 대총통보다는 황제가 어울려!'

원세개는 1912년 2월 14일 대총통에 취임한 후 곧 황제를 다시 부활하는 작업에 착수했다. 그 첫 번째 작업으로 대폭적인 개각을 단행하였다. 각료 10명 중 중요한 육군·해군·외교·내무의 자리에 자신의 측근들을 기용하여 권력을 장악했다. 그러나 개각을 한 지 열흘도 안 되어 원세개와 내각 사이에 마찰이 생겨 내각이 해산되는 사태가 발생했다.

8월 25일, 국민당이 창당되고 원세개의 실정 책임을 물어야 한다는 목소리가 국민당 안에서 높게 일자 원세개는 국민당에 대항하는 진보당을 창당하여 아군을 양성하고 1913년 10월 6일 정식 대총통 선거를 실시했다. 그러나 선거는 무력의 감시를 받는 부정 선거였다. 평복을 입은 군경 수천 명이 의원들을 감금하다시피 하고 총통 선거를 치렀던 것이다.

'국회가 무엇이야! 옛날처럼 황제제도를 다시 만들어야 해!'

선거에서 정식으로 대총통이 된 원세개는 국회와 지방의회를 총통이 마음대로 폐지할 수 있는 법을 제정했다. 원세개가 중화민국을 없애고 다시 황제가 되려는 야심을 차근차근 다져나가는 것을 눈치 챈 손문은 원세개를 타도하기 위해서 일본으로 떠났다. 손문이 동경에서 중화혁명당을 조직하자 중국에서 망명해온 혁명 동지들이 그의 밑으로 모여들었고 장개석蔣介石(장제스)은 상해에서 입당해 본토에서 기반을 다지기 시작했다.

장개석의 등장과 원세개의 퇴장

장개석은 1887년 절강성 봉화현의 비교적 유복한 상인·농민 가문에서 태어났다. 그는 군관이 되기 위하여 1906년 중국 북부에 있던 보정군관학교에 입학했고 이어 1907~1911년 일본 육군관학교에 유학했다.

장개석

일본 군대에 근무하면서 일본군의 스파르타식 규율을 숭상하고 따르게 되었으며 동경 유학시절에 만난 젊은 동료들은 그에게 많은 영향을 주었다. 그들은 조국에서 이민족인 만주족을 몰아내자는 결의를 했고 이 과정에서 그는 공화주의 신봉자, 혁명가로 변모했다. 1911년 중국에 혁명이 일어났다는 소식을 듣고 중국으로 돌아와 청나라 정부를 전복시킨 산발적인 전투에 참가했다.

"원세개를 중국 국민의 이름으로 토벌한다!"

손문은 1914년 9월 1일 중화혁명당 선언문을 발표하고 중화혁명군을 창설, 자신이 대원수가 되었으며 각 성에 사령관을 두었다. 이 무렵 제1차 세계 대전이 발발했다. 1914년 8월 4일, 영국과 독일이 선전을 포고하자 일본은 산동반도 북쪽에 군대를 상륙시켰다. 일본은 중국을 통째로 집어삼킬 속셈으로 원세개에게 21개의 조건을 요구했다. 21개 요구조건은 산동성의 철도와 광산에 대한 일본의 이권을 인정하고 만주에 일본의 조차지租借地를 설정하며 중국 중부에 위치한 한야평 광산을 중국·일본이 공동 관리한다는 것이었다. 또 중국연안의 섬·항구·만 등을 일본이 마음대로 이용하고 일본인 고문을 중국정부에 두어 내정을 간섭할 수 있도록 한다는 것 등이었다. 그리고 그것을 모두 들어주면 일본 정부는 원세개가 황제가 되는 것을 인정한다는 조항을 삽입했다.

'내가 황제가 된다고? 좋지! 까짓 것 나라가 어디로 가겠나.'

원세개는 중국 내 여론이 비난을 퍼붓는 데도 일본과 교섭을 벌이는 한편 국민대표대회 조직법을 공포하여 황제가 되기 위한 공작을 꾸몄다. 원세개가 21개 조항의 거의 전부를 수용하고 12월 12일 추대를 받아 황제에 즉위하자 여기저기서 원세개를 토벌하자는 세력이 등장했다.

"황제를 자칭하는 원세개를 몰아내자!"

운남성의 호국군이 중심이 되어 각지에서 들고일어나자 원세개는 결국 다음 해 3월 23일, 황제 자리에서 물러났다. 원세개의 황제 재위 기간은 83일이었다.

"원세개를 죽여라!"

1916년 5월, 상해로 돌아온 손문은 무력 봉기를 선언하고 장개석(장제스)을 산동성으로 보내어 중화혁명군 동북군을 도우라고 지시하는 한편 남쪽의 호국군과 함께 원세개를 쫓도록 했다. 원세개는 더 이상 버티지 못하고 1916년 6월 5일 58세로 병사했다.

원세개가 죽자 부총통 여원홍이 대총통이 되었다. 여원홍은 북양 군벌 안휘파의 영수 단기서가 움직이는 허수아비였다. 이 무렵 제1차 세계대전은 더욱 혼란으로 치닫고 있었다.

1917년 8월 18일, 국회의원 120명은 황포 공원에서 비상 회의를 열고 중화민국 군정부의 조직을 의결하였다. 군정부의 대원수에는 손문, 원수에는 당계요와 육영정이 선출되었다. 하지만 군정부의 군대는 병력이 미약했다. 군정부가 창설되자 위협을 느낀 국

무총리 단기서는 10월 6일 군정부군을 토벌하라고 명령을 내렸다. 군대를 미처 정비하기도 전에 침공을 받은 군정부군은 호남과 사천에서 패했고 이로 인해 내부에서 책임론과 함께 분란이 일어나 어수선했다. 책임론에는 손문도 포함되었다. 손문은 군정부가 내부 분열로 자신을 불신임하자 다시 일본으로 떠나 버렸다.

5 · 4 운동으로 표출된 중국인의 분노

제1차 세계대전은 1918년 독일의 항복으로 종전이 되었다. 이 전쟁에서 중국은 직접적으로 전란을 입지는 않았지만 영국, 프랑스, 독일, 러시아, 일본 등에게 많은 손해를 보았다. 전쟁이 끝난 후 파리강화회의에서 전후처리에 대한 회의가 열렸다. 중국은 패전국인 독일이 산동성 내에서 차지하고 있던 식민지적 권익을 중국에 돌려주고 일본과 맺은 21개 조항도 취소돼야 한다고 주장했다. 그러나 일본은 21개 조항 가운데 산동 문제는 중 · 일 간의 문제라고 주장했다. 문서상의 증거가 있었던 데다가 영국 · 프랑스 등의 연합국이 1918년의 중일협약을 지지해주기로 일본과 약속했으므로, 4월 21일의 강화회의에서 결국 일본측의 주장이 받아들여졌다.

산동 문제에 관한 파리 강화회의의 결정을 알리는 전보가 1919년 4월 30일 북경에 도착했고, 이어 5월 1~3일 북경신문에 이 소식이 보도되자 중국 국민들은 충격과 분노에 휩싸였다. 중국 국민들은 그들의 이권과 주권을 탈취하려는 제국주의 열강들뿐만 아니라 외세와 결탁하여 권력을 유지하려고 했던 중국의 군벌세력

5·4 운동

에 대해서도 분노했다.

"불평등 조약을 취소하고 중국의 권리를 행사합시다! 중국을 위하여 모두 일어섭시다!"

준비모임 끝에 북경의 학생들은 5월 4일 천안문에 모여 21개 조항의 무효를 외치며 대규모 시위를 거행하기로 했다. 이것이 '5·4 운동'의 시발이다. 5월 4일 오후 천안문 광장에 모인 약 3천 명의 학생시위대는 각 국 외교사절들에게 청원서를 제출하기 위해 공사관 구역으로 갔으나, 일요일이라 뜻을 이루지 못한 채 친일매국노로 지목되어온 조여림의 집으로 향했다. 조여림은 단기서 내각에서 외교차장을 지낸 친일파였다.

"매국노 조여림이 도망쳤다. 집에 불을 질러라!"

그들은 조여림이 달아나자 그의 집에 있던 또 다른 친일파 인물들을 구타한 뒤 집에 불을 질렀다. 사태가 심각해지자 정부는 진압방침을 세우고, 학생 32명을 체포했다. 5일부터 학생들은 체포된 학생의 석방을 내걸고 동맹수업거부를 했다. 여론은 학생들 편이었고, 정부는 고립되었다.

6일 경찰총감과 북경대학교 총장 채원배 사이에 협상이 이루어졌다. 수업을 재개하고 7일의 대회에 불참한다는 조건으로 학생들이 석방되었다. 그러나 7일이 지난 후 정부 내에서는 다시 강경책이 대두되었다. 조여림 등을 유임시키고 경찰총감과 채원배를 해임시키려 하자, 9일부터 채원배의 유임문제를 둘러싸고 다시 운동이 계속되었다.

  "일본상품을 사지 말자! 불을 지르자!"

  학생들이 강연활동, 일본상품 배척, 국산품 애용 등을 통해 반일운동을 확대시키자 정부가 강경하게 진압에 나섰다. 학생들은 6월 3일부터 몇 군데에서 수백 명이 집단을 이루어 체포를 각오하고 계속 강연을 했다. 6월4일까지 체포된 학생은 1천 명 가까이 되었다.

  북경 학생들의 투쟁은 전국으로 확대되었다. 전국 각 도시에서는 학생들에게 동조하여 매국노 규탄과 반일운동을 전개했다. 그 중에도 상해에서 일어난 이른바 삼파투쟁三罷鬪爭(학생의 수업거부, 상인의 철시, 노동자의 파업)은 그 규모나 운동 전반에 미친 영향이 매우 컸다.

  6월10일 마침내 중국 정부는 민중에게 굴복하고 매국적인 친일파 관리 3명을 파면시켰다. 강화조약의 조인거부를 둘러싸고 운동이 계속되면서 6월 28일 파리의 중국 대표단은 베르사유 강화조약의 조인을 거부했다.

장개석과 모택동의 대결

중국 공산당의 태동

5·4 운동은 민중이 처음으로 역사발전의 주체로 떠오른 운동이었다. 지식층과 민중이 결합하여 노동운동의 기초를 닦았다는 점과 중국의 국민의식이 형성·확립되어감으로써 근대적 국민국가 형성의 분수령을 이룩했다는 점에서 큰 의미를 지닌다. 따라서 5·4 운동은 일반적으로 중국현대사의 시발점으로 여겨지고 있다.

중국은 5·4운동을 겪고 난 후 여러 혁신세력이 등장하고 소비에트의 영향을 받아 의식 있는 공산주의자의 무리가 등장하기 시작했다. 5·4운동은 손문에게도 영향을 미쳤다. 많은 민중들이 그의 삼민주의를 신봉하게 된 것이다.

제1차 세계대전이 종전을 고하자 1919년 10월 10일, 손문은 중화혁명당을 중국국민당으로 개명하고 새로운 국가의 재건을 선포했다. 이어 1920년 4월 2일에는 광주에서 비상 회의를 열어 정식

정부의 수립을 결의하고 비상 대총통에 선출됐다.

"우리 국민군은 북벌로 중국을 통일한다!"

손문은 계림에 대본영을 설치하고 1921년 1월 참모총장 이열균에게 강서를 공격하게 하고, 허숭지에게는 호남을 맡겼다. 그러나 북벌군은 진형명이 후방에서 반란을 일으키

모택동

는 바람에 당초의 계획을 바꾸어야만 했다. 결국 진형명의 협공에 막혀 고전을 하다가 진형명을 물리치고 1923년 2월 21일, 광주로 돌아 왔다. 중국국민당은 1924년 1월 20일, 광주에서 제1회 전국대회를 광주에서 열었고, 이듬해에는 국민정부를 정식으로 창립했다.

이보다 3년 앞서 1921년 7월 상해에서 중국공산당 창립 발기 모임이 열렸다. 5·4운동의 지도자로서 러시아 볼셰비키 혁명(1917)의 승리 이후 공산주의자가 된 진독수가 러시아 보이딘스키의 권유를 받아 이대소와 함께 창당을 주도했다. 중국의 모든 좌경단체에 초청장을 냈으나 경찰의 추적을 받고 있어 창당 발기대회에 참가한 사람은 13명에 지나지 않았고 그나마 시내에서 행사를 치르지 못하고 강상의 나룻배에서 대회를 마쳐야 했다. 후일 공산당에 힘입어 중국을 지배하게 되는 모택동毛澤東(마오쩌둥)도 이 13명 중의 하나였고 동필무·장국도·하숙형 등도 함께 했다.

이 무렵 진독수는 북경대학 문과대학장으로 《신청년》이라는 잡지를 내고 있었고 이대소는 북경대학 도서관장으로 있었는데 모

택동은 양창제의 소개로 이대소를 만나 도서관에서 일했었다. 모택동은 《신청년》을 통해 진독수와도 교류를 하고 있었다. 후일 이름을 날리게 되는 소설가 노신魯迅(루쉰)도 북경대에서 진독수를 만나 문학적·사상적으로 많은 영향을 받았다. 모택동은 후일 중국공산당 서기로 지명됐다가 주석이 되었다.

모택동은 공산당원의 무장과 빨치산노선을 주장하였으나 진독수는 이를 거부하였다. 진독수는 결국 모택동에 의해 당의 지도적 위치에서 끌어내려졌으며, 1929년 중국공산당에서 축출되었다. 진독수는 1932년 국민당에 의해 체포되어 1937년까지 감옥에서 보냈으며, 1942년 심장마비로 사망했다.

국민당과 공산당의 협력(국·공 합작)

소련의 외교관인 에드리프 요페가 1922, 1923년 두 차례에 걸쳐 상해로 손문을 찾아왔다. 1923년의 방문에서 손문과 요페는 공동성명서를 발표했다. 내용은 공산체제는 중국에 적합하지 않으며, 소련은 중국에서의 모든 특권을 포기함과 동시에 외몽골 이남 지역에 대하여 영향력을 행사할 의사가 없다는 등의 것이었다.

이와 앞서 1920년 코민테른 제2회 대회에서 프롤레타리아 계급의 세력이 미약한 동안 일시적으로 부르주아 민주주의 세력과 제휴하여 제국주의를 몰아낸다는 방침이 채택되었다. 이에 따라 중국공산당은 제2회 전국대표대회에서 국민당과의 합작을 결의했고 국민당에서도 소련의 원조와 혁명의 대중적 기초 마련을 위해 손문이 공산당과의 합작을 결정했다. 이것이 바로 1924년의 제 1

차 국・공 합작國共合作이다.

1924년 1월의 국민당 제1회 전국대표대회에서 공산당원은 개인자격으로 국민당에 입당하기로 하고, 국민당은 소련 및 공산당과 제휴하고 노동자・농민을 지원한다는 정책을 채택했다. 이 대회에서 국민당의 조직개편이 이루어지면서 소련인 보르딘과 몇몇 공산당원이 국민당의 요직에 취임하게 되었다. 모택동도 1925년 국민당 선전부장을 지냈다.

'강한 당을 만들기 위해서는 조직의 개편이 필요하다!'

1924년 초 손문은 소비에트 공산당의 조직을 모델로 하여, 상명하달식上命下達式의 기강이 엄격한 조직으로 국민당을 개편했다. 그의 지시에 따라 국민당은 전당대회에서 중앙집행위원으로 3명의 공산당원을 선임했고 군관학교를 설립했다. 제1기 학생으로 324명을 선발하였다. 학생들은 졸업 후에 국민혁명군의 중추적인 인물이 되어, 향후 군벌과의 싸움에서 막강한 역할을 했다. 손문은 군관학교의 교장으로 장개석蔣介石(장제스)을 임명했다. 이 같은 조치를 통해 국민당은 조직이 훨씬 강화되었다.

이 해 8월, 광주에서는 진염백陳廉伯이 상단군商團軍 사건을 일으켰다. 영국이 소련과 대항할 상인들의 정부를 수립하기 위해 '광주 상단'을 이용하여 무기를 사들이자 소련과 손잡는 것을 경계한 손문이 장개석에게 압수 지시를 내린 것이다. 장개석은 진염백의 밀수선을 나포하여 무기 9천 정을 압수해 버렸다.

이 무렵, 손문은 간경화로 고생하고 있었다. 1925년 3월 12일, 손문은 북경의 한 병원에서 59세로 세상을 떠났다. 그의 삼민주의는 씨만 뿌렸을 뿐 제대로 싹이 트기도 전이었다. 손문은 숨을 거두기 전에 당원들에게 '민중을 일깨워 자유・평등을 구가하는 중국을 건설해 달라'는 유언을 남겼다.

손문이 죽자 자유와 평등을 사랑하는 각 국들이 조문 사절을 보냈고 이념이 다른 공산당원도 자리를 같이 했다. 그의 사체는 1929년까지 북경 근처의 벽운사에 매장되지 않은 채 안치되어 있다가, 남경으로 옮겨져 중산릉에 안장되었다. 이후 손문은 '중국인의 국부國父', 혹은 '중국 근대화의 아버지'로 추앙 받고 있다.

손문이 죽은 후 국민당 내에서는 요중개가 우파에 의해 암살 당하는 사건을 계기로 좌우파의 갈등이 노골화하기 시작했다. 1926년 군관학교의 지지를 받아 중앙위원에 선출된 장개석은 반공 反共 을 국민당의 강령으로 삼고 공산당 타도에 나섰다.

한편 처음 공산당의 활동은 보잘 것 없는 것이었다. 하지만 차차 노동자를 대상으로 한 계몽 활동과 노동운동으로 시선을 모으기 시작했다. 1922년에는 공산당의 존재를 대외적으로 알리는 선전활동을 벌였고, 국민들로부터 외침에 대항하는 세력으로 인정받기에 이르렀다.

"대총통의 뜻을 이어 북벌을 완성한다!"

장개석은 손문이 생전에 추진했던 북벌을 국민 정부에 강력하게 건의했다. 이에 따라 군사위원회 주석으로 추천된 장개석은 국민 혁명군 총사령이 되어 북벌군을 출동시켰다. 1927년 3월 18일 공산주의자들이 부추기는 상해총공회는 노동자들을 동원하여 무장 봉기를 일으켜 북방 연합군을 무찌르고 상해를 탈환했다. 이것이 이른바 상해의 '3월 혁명'이다. 이 무렵 장개석은 북부 군벌과 상해의 금융인들의 지지를 받으며 좌익 세력과 손을 끊은 상태였다. 장개석은 4월 12일 상해 총공회를 습격, 공산당원을 체포하고 노동자에게도 발포 명령을 내렸다. 이로써 좌익 세력이 노동자를 앞세워 봉기하려던 계획은 실패로 돌아갔고 제 1차 국공합작도 결렬되고 말았다.

장개석은 상해 탈환이 있은 지 6일 후 남경에 국민 정부를 세웠다. 결국 중국에는 국민당 좌파와 공산당이 연합한 무한 정부, 장제스가 이끄는 우파의 남경 정부, 북경의 군벌 정부가 3파전을 벌이게 되었다.

쫓겨가는 모택동의 홍군(대장정)

"작전상 후퇴한다. 정강산으로 가자!"

장개석의 돌변한 태도에 공산당은 새로운 투쟁 방식을 모색해야만 했다. 1927년 7월, 공산당 간부들은 2만여 명의 홍군을 이끌고 봉기를 일으켜 남창을 차지했으나 곧 국민당군의 공격에 무너지고 말았다. 이로써 도시 노동자를 중심으로 세력을 모으려 했던 공산당의 전략은 전면 수정이 불가피하게 되었다. 공산당의 새로운 지도자로 떠오른 모택동(마오쩌둥)은 공산당이 도시 노동자로부터 외면을 당하자 농촌을 장악한 다음 도시를 포위한다는 전략을 수립하고 정강산으로 들어갔다. 그는 농민들을 계몽하고 토지혁명 등을 통해 당의 세력을 확장하는 데 힘을 기울여 나갔다. 모택동의 이러한 전략은 공산당의 소비에트가 중국 대륙에서 뿌리를 내리는데 크게 기여했다.

이 무렵(1924년 여름) 프랑스에서 공산당의 유럽지부 조직책을 맡고 있던 주은래周恩來(저우언라이)가 중국으로 돌아와 국민혁명에 참가했다. 1927년 3월 장개석의 북벌군이 상해 외곽에 도착했을 때 그는 국민당 군대를 위해 노동자들을 동원, 폭동을 일으켜 상해를 장악했다. 그러나 장개석이 상해 입성 후 공산주의자들을 숙청하자 무한으로 도망쳤다. 그 해 4월 무한에서 열린 제5차 전국대표대회에서 공산당 중앙위원 및 정치국위원으로 선출된 주은래는 국민당 좌파인사들이 공산당과 결별하게 되자 남창 사건(1927.8)으로 알려진 공산당 봉기를 일으키는 데 큰 역할을 했다. 국민당이 남창을 재탈환하자 광동 동부지역으로 퇴각했고 곧 홍콩을 거쳐 상하이로 도피했다.

"우리의 북벌에는 중단이 없다!"

1928년 1월, 다시 국민혁명군 총사령이 되고 3월에 중앙정치회의 주석에 취임한 장개석은 다시 북벌에 나섰다. 4개 군단으로 편성된 북벌군은 1928년 4월, 진격을 개시하여 두 달 후에는 북경에 무혈 입성했다. 국민 정부는 북벌을 끝내고, 10월 10일에 손문이 구상했던 오원제의 정부를 세우고 장개석을 주석으로 선출했다.

모택동의 홍군(공산군)은 게릴라 전법으로 국민군을 괴롭혔다. 1930년 노척평이 거느린 국민군 10만이 패한데 이어 다음해 하응흠마저 무너지자 장개석은 친히 군대를 동원했다. 그러나 승기를 잡았음에도 불구하고 뜻하지 않은 악재로 철군을 할 수밖에 없었다. 1931년 9월 18일 '만주 사변'이 일어난 것이다. 이로써 장개석이 중국을 완전 장악할 좋은 기회를 놓치게 되었다.

"유조구柳條溝에서 철도 폭파 사건이 일어났다!"

그날 밤, 심양 북쪽 유조구의 만주 철도선이 일본 관동군 참모에 의해 폭파되었다. 일본 군부와 우익은 일찍부터 만주의 이권을 차지하려는 야욕을 가지고 있었다. 이를 위해 일본 관동군 참모

이타가키 세이시로板垣征四郎, 이시하라 간지石原莞爾 등이 앞장서 만주침략계획을 모의했다. 이들은 유조구에서 만철 선로를 폭파하고 이를 중국인의 소행이라고 뒤집어씌우고는 연선에서 북만주로 일거에 군사행동을 개시했다.

일본군이 하얼삔을 비롯한 만주의 대부분을 빼앗자 1931년 9월 22일, 중국공산당은 항일을 내세워 민중을 선동했다. 학생들은 국민정부에 일본과 싸울 것을 요구했으나 장개석은 먼저 공산당을 쳐야 한다며 응하지 않았다. 이에 공산당은 정부를 뒤엎고 자신들의 공산 정권을 세우기 위해 일본을 등에 업고 국민당 타도를 부르짖었다.

1932년 1월 일본 관동군은 요동·길림성을 장악하고, 이 지역 군벌들에 압력을 가해 두 성의 독립을 선언하게 했다. 이어 11월에는 소·만 국경을 이루는 동북3성 전역을 장악했고, 장학량의 반만항일 거점인 금주를 점령하고 3월 1일 만주국이라는 허수아비 정권을 세웠다. 황제에는 부의가 다시 옹립되었다.

일본군의 출병으로 국민군의 추격이 주춤하자 공산당은 노동자·학생들을 끌어들여 세력을 확장하고 중화소비에트공화국을 세웠다. 서금에 자리를 잡은 공산당은 모택동을 주석으로 선출하고 국민당과 대결에 들어갔다.

"중국 땅에서 공산당을 몰아내자!"

만주사변과 상해사변을 마무리지은 장개석은 다시 홍군 토벌 작전에 나서 1933년, 중앙소비에트구로 진격했으나 실패하고 말았다. 장개석은 좌절하지 않고 다시 그 해 8월, 1백만의 군대를 지휘하여 홍군 토벌에 나섰다. 이것이 제 5차 토벌전이었다. 두 달 뒤인 10월, 마침내 공산당 10만 명은 국민당의 압박에 못 이겨 소비에트 지구로부터 철수할 것을 결정하고 서금을 떠나 정처 없는 대장정大長征의 길에 올랐다. 1934년 탈출을 시작한 홍군은 국민당군의 추격과 지방군벌의 저지에 맞서 싸우면서 쫓겨가야 했다.

결국 11개의 성을 통과하는 3만 리의 강행군 끝에 대장정을 마무리지었다. 그들은 1935년 11월 7일 연안에서 1백여 리 떨어진 소비에트구 보안에 다다랐다. 참으로 비참한 퇴각이었다. 당시 마흔 한 살의 모택동은 책상 하나와 담요 두 장, 낡은 외투를 휴대하고 떠났는데 도중에 말라리아에 걸려 사경을 헤매었다고 한다.

부하에게 체포된 장개석(서안사변)

"먼저 일본군을 몰아내자!"

1935년, 일본의 산해관 침공과 열하성 점령 등을 항의하는 12·9운동이 벌어졌다. 항일 시위는 국민정부에 일본을 응징할 것을 요구했다. 그러나 장개석은 선안내 후양외(먼저 공산당을 없애 나라를 안정시킨 다음 외적에 대항한다) 정책을 고수했다. 그는 그만큼 공산당 타도를 최상의 목표로 삼고 있었다. 장개석과는 반대로 공산군은 '중국인끼리 싸우지 말고 일치 단결하여 일본과 싸우자'는 구호를 내걸었고 많은 국민들이 이에 동조했다. 그러나 장개석은 이러한 제안을 무시하고 공산당 토벌 작전을 계속하였다.

"탕, 탕, 탕!"

1936년 12월 12일 새벽, 난데없는 총소리가 장개석을 깨웠다. 놀란 장개석은 뒷산으로 도망쳤으나 이내 2백 여명의 동북군(만주군) 군대를 이끌고 온 한 대위에게 붙잡히고 말았다. 대위는 장개석을 동북군의 지휘관인 장학량 공관으로 끌고가 연금시켰다. 이에 앞서 장개석은 1935년 9월 이곳에 서북 초비사령부를 만들어 총사령관은 자신이 맡고 장학량에게 부사령관 겸 총사령관 대행을 맡겼었는데 부하에게 붙잡혀온 것이다.

주은래

장학량은 일본군에게 폭사 당한 장작림의 아들로 일본에 원한이 많았기 때문에 국민당과 공산당이 손잡고 일본군을 쳐주기를 바랐다. 그래서 장개석을 체포하고 협상을 벌이기로 한 것이다. 장학량은 장개석에게 석방의 조건으로 8개항을 내걸었다. 그 중 중요한 것은 국민당 정부가 공산당 토벌을 중지하고 연합하여 항일 투쟁을 벌이자는 것이었다.

신변의 위험을 느낀 장개석은 공산당과 다시 손을 잡을 수밖에 없었다. 1936년 12월 25일 장개석은 이 제안에 대해 구두로 승낙한 후 석방되었다. 이를 역사는 서안사변西安事變이라고 적고 있다. 이것이 제2차 국공합작으로 여기에는 주은래의 힘이 크게 작용했다. 장개석이 결정을 못하고 있을 때 급진적인 장교들은 장개석의 처형을 요구했으나 공산당에서는 이를 원치 않았다. 결국 주은래가 중간에 나서 일을 원만하게 처리한 것이다. 장개석과 주은래는 황포군관학교에서 교장과 정치부 주임으로 매일 얼굴을 맞대고 생활한 처지였다. 주은래는 이후에도 뛰어난 외교가의 실력을 보이게 된다.

만주 침략으로 세력을 강화한 일본 군부와 우익은 정국을 장악하고 일본을 파시즘 체제로 전환시키는 한편 1937년에는 중·일

전쟁을 일으켰다.

"중국인들을 보는 대로 죽여라!"

7월 7일 중국 전 국토에 침략을 감행한 일본군은 12월 13일 상해 전선을 무너뜨리고, 중국의 수도 남경을 함락시킨 뒤 약 두 달 동안 '남경대학살'을 자행하였다. 일본 중지나방면군中支那方面軍의 사령관 마쓰이 이와네松井石根 대장 휘하의 5만 여 일본군은 중국인 포로와 일반시민을 대상으로 강간·학살·약탈을 자행했다. 학살의 방법은 기총에 의한 무차별 사격, 생매장, 휘발유를 뿌려 불태워 죽이는 등 잔인했다. 이때 30만 명의 시민이 죽었다.

1940년대 초 중국은 3개로 분할된 양상을 보였다. 중경을 중심으로 하는 국민당 정부, 연안을 중심으로 하는 공산당의 섬감영변구, 그리고 일본군이 점령한 지구 등으로 크게 나뉘어졌다. 중·일 전쟁이 지지부진한 가운데 공산당의 세력이 커졌고 1941년 10월, 마침내 국민당군과 공산당 계열의 신사군의 사이에 싸움이 일어났다. 바로 '환남 사변'이다. 국·공 양군은 1주일을 밤낮으로 싸웠고 공산군의 대패로 끝났다. 이로써 제 2차 국공합작도 무너지고 말았다.

1941년 12월 8일, 일본 연합함대의 진주만 공격으로 태평양전쟁이 발발했다. 이에 앞서 1939년 유럽에서는 나치 독일이 폴란드를 침공함으로써 제2차 세계대전이 일어났다. 국민정부는 연합국(미국·영국·프랑스)의 편에 서서 일본·독일·이탈리아에 선전 포고를 하였다.

일본은 태평양전쟁 초기에는 여러 곳에서 연전연승했으나 1942년 6월 5일, 미드웨이 해전에서 미국 태평양 함대의 반격을 받아 일본의 항공모함 4척을 비롯한 비행기의 태반을 잃었다. 1945년

8월 6일, 일본의 히로시마에 미국의 원자폭탄이 떨어지고 8월 15일 일본 천황이 연합군에 무조건 항복을 발표함으로써 일본은 중국에서 물러갔다.

대륙에 나부끼는 오성홍기

대만으로 쫓겨가는 장개석

한 나라에 왕이 둘이 있을 수 없다. 둘이 있다면 싸워서 하나를 쓰러트려야 진정한 왕이 될 수 있다. 권투의 같은 체급에서 챔피언이 둘 있을 수 없는 것과 같다.

제2차 세계대전이 끝나자 중국은 국민당과 공산당의 대결이 확연해졌다. 일본이라는 공동의 적이 물러간 만큼 이제 누가 중국의 지도자가 되어 중국을 장악하느냐 하는 문제만이 남았다. 1945년 8월 28일, 모택동과 장개석은 중경에서 장장 43일에 걸쳐 여러 가지 문제를 의논하는 회담을 개최했다. 국민당 측의 장군 왕세걸과 공산당 측의 주은래周恩來(저우언라이) 사이에도 협상이 열렸다. 화평교섭회담이라 불리는 이 회담에서 양측은 10월 10일 '상호간에 내전을 피하고 독립·자유·부강의 신중국을 건설한다'는 '쌍십협정'에 서명했다.

이 무렵 양군의 군사력은 국민 정부군이 월등히 우세했다. 국민

정부군의 병력이 약 430만 명인데 비해 중국공산당의 병력은 팔로군, 신사군, 민병을 합쳐서 약 328만 명 정도였다. 군대의 숫자가 많은 국민당은 공산군을 격파할 수 있다고 자신하고 쌍십협정을 일방적으로 파기하고 1946년 6월, 2백만 대군으로 화북과 화중에서 대규모의 공격을 감행했다. 모택동도 물러서지 않고 맞섰다. 전면적인 국·공 내전이 발발한 것이다. 이 싸움에서 승리한 국민당은 1947년 3월 19일에는 연안을 점령했다.

"더 이상 물러설 수 없다! 국민군을 쳐라!"

공산당의 반격도 만만치 않았다. 1947년 말부터는 전세가 역전되어 공산군은 장춘·길림·심양 등을 포위한데 이어 1948년 봄, 낙양과 개봉을 점령하고 연안을 탈환했다. 그 해 11월에서 다음해 1월에 걸쳐 최대 규모의 회하 대전이 벌어졌는데, 국민당군은 포위 당해 대패하고 말았다. 국민당 정부는 전쟁에서 승승장구하여 곧 중국을 평정하는 듯했으나 내부의 부패를 다스리지 못했고 국민들의 어려운 생활을 헤아리지 못하는 정치로 민심을 잃고 있었다.

1949년 4월, 공산군이 양자강 남쪽을 공격하자 국민당 군 지휘자들은 싸우지도 않고 백기를 들었다. 1949년 공산당은 국민당군을 대만으로 몰아내고 중국 본토를 장악했다. 장개석은 미국의 지원을 받아 공산당과 화의를 하려고 했으나 노련한 외교전략가인 주은래가 나서서 장개석을 돌려세웠다. 공산당은 1949년 10월 1일 북경을 수도로 하고, 중화인민공화국이라는 이름으로 공산정권을 수립하였다. 주석으로는 모택동이 선출되었으며 주은래는 총리를 맡았다. 주은래는 모택동과 같은 기간인 27년 간(1949 ~ 1976)을 총리로 모택동의 오른팔 노릇을 했다. 대만으로 쫓겨간 장개석은 대북에 자유중국을 세웠다. 자유중국은 이제 대만臺灣으로 불린다.

실패한 모택동의 삼면홍기 정책

공산군의 북경입성

모택동毛澤東(마오쩌둥)은 1934년 장사를 떠나 대장정 길에 오른 지 15년 만에 오픈카를 타고 인민들의 열렬한 환영을 받으며 북경에 입성했다. 1949년 10월1일 천안문 광장에 선 모택동은 주덕, 주은래, 유소기, 팽덕회, 등소평 등 혁명동지들을 거느리고 중화인민공화국中華人民共和國의 건국을 선언했다.

모택동은 빈농의 아들로 태어났으나 그의 아버지는 농업과 곡물상 등을 하면서 가세를 일으켜 부농이 되었다. 모택동은 교육의 용도는 문서기록이나 계산을 위한 것이라고 생각하는 집안 분위기 속에서 성장했다. 8세 때 마을 서당에 입학하여 유교경전의 기초지식을 익혔다. 13세 때 학업을 중단하고 아버지의 강요로 집안의 농장에서 하루종일 일을 하게 되었다.

"홍위병을 창설하여 중국에서 일본을 몰아내야 한다!"

성장한 후 1919년 여름 모택동(마오쩌둥)은 장사에서 농민을 제외한 학생·상인·노동자들의 연대조직을 결성해 정부에 항일운동을 요구하는 시위를 벌였다. 이 시기에 그가 쓴 글들을 보면 전 세계에 홍위병紅衛兵의 창설을 촉구하고 러시아 혁명을 찬양하는 내용이 대부분이다.

모택동은 이백의 시를 좋아했고 그 자신도 시인이었다. 그는 세 번 결혼했다. 첫 번 째 부인은 은사인 양창제의 딸 양개혜였고, 두 번 째는 정강산의 혁명동지인 하자진, 세 번 째는 4인방의 한 사람인 강청江靑이었다. 모택동이 공산당의 실력자로 북경에 들어왔을 때 중국은 장기간의 내전과 일본 등의 잦은 외침으로 국력이 쇠진한 상태였다. 또 잔존 반공세력이 기회를 엿보고 있었다.

주석에 오른 모택동은 5대 운동과 3대 사회주의 개혁을 범 인민운동으로 전개해 나갔다. 3대 사회주의 개혁은 농업과 공업, 수공업에 대한 개혁을 일컫는데 이러한 운동의 밑바탕에는 그의 출생과 성장 배경이 깔려 있는 듯하다.

이러한 일련의 운동은 중국의 경제를 살리는데 도움이 됐으나 괄목할 만한 것은 못되었다. 모택동에게는 인민들이 요구하는 여러 문제들에 대한 이해가 부족했고 이로 인해 농·공업 생산이 정체하고 가시적인 경제성장을 이루지 못하는 상황이 지속됐다. 여기서 등장한 것이 대약진 운동이다.

"삼면홍기三面紅旗 정책으로 국민 경제를 살리자!"

1950년대 말 모택동은 '대약진운동', '인민공사', '사회주의 건설 총노선'의 삼면홍기 정책을 내걸었다. 인민공사는 늘어나는 노동자들의 일자리를 만들기 위해 조직된 기구였다. 가장 작은 구성단위는 생산대生産隊이고, 그 위에 생산대대生産大隊가 있으며 이것이 모여 인민공사를 이루었다. 인민공사는 임금제와 공급제로 운영되었는데 분배에 모순이 많아 작업 능률을 떨어뜨리는 등 실효를 거두지 못했다.

대약진 운동은 속전속결 운동이었다. 이 운동은 '10년 안에 영국을 따라잡고, 15년 안에 미국을 이기자'는 슬로건을 내걸고 모든 가치를 '많이, 빨리, 잘하고, 절약하자'에 두고 고속발전을 추구하였다. 하지만 대약진 운동은 수천 만 명이 기아로 사망하는 실패를 몰고 왔고 모택동도 권력의 2선으로 물러남과 함께 '대동란'으로 불리는 '문화대혁명'의 씨앗을 잉태하게 되었다.

모택동의 대약진운동이 실패로 돌아가자 유소기劉少奇(류사오치)와 당 총서기 등소평鄧小平(덩샤오핑)이 획기적인 경제 정책을 실시하여 성과를 거두면서 전면에 등장하게 된다. 유소기와 등소평은 개인의 생산의지를 높이고 실질적인 방향으로 산업을 진흥시키려고 노력했고 인민들의 호응을 끌어냈다. 그러나 유·등의 경제 노선은 이들의 부상에 불안을 느낀 모택동이 1966년 문화대혁명文化大革命을 일으키는 바람에 물거품이 되고 만다.

혼란을 몰고 온 문화대혁명

문화대혁명은 1966년 5월부터 76년 10월까지 10년 간 중국에서 전국적으로 전개된 정치적 성격을 띤 문화운동을 일컫는 말로 '문혁'이라 줄여 부르기도 한다. 중국사회를 뒤흔들었던 정치적·사회적 동란이다.

1958년의 인민공사화 정책이 식량 위기를 초래하면서 실패한 뒤 그 책임을 지고 당의 일선에서 물러났던 모택동과 진백달陳伯達(천보다), 강청江靑(장칭) 등이 인민을 동원해 등소평(덩샤오핑)·유소기劉少奇(류사오치)에게 정치적으로 탄압을 가했다.

"중앙 정부가 하는 일이 옳지 않다면 지방이 반란을 일으켜서 중앙을 공격해야 한다!"

모택동은 1966년 여름에 '조반유리造反有理(모든 반항과 반란에는 나름대로 정당한 도리와 이유가 있다는 뜻)' 라는 슬로건을 내걸고 전국에 홍위병紅衛兵을 내세워 부르주아와 자본주의를 공격하게 했다. 모택동은 소련 식 사회주의 건설노선을 경계하면서 자신의 실각을 막기 위해 홍위병을 동원해 중국 전역을 혼란상태로 몰아넣었다. 홍위병은 청년 노동자와 소학생에서 대학생에 이르는 젊은 이들로 구성되었다.

모택동은 지명된 후계자들을 자신의 사상에 더욱 충실한 지도자로 대체하고, 중국공산당을 정화하는 정책변화를 시도했다. 그는 홍위병을 당과 군대로부터 보호하고 최 측근들로 문화혁명을 수행할 중공중앙문혁소조中共中央文革小組를 조직하는 한편 아내 강청江淸(장칭)은 문화계를 지배할 급진적인 지식인 집단을 동원했다. 국방장관 임표林彪(린뱌오)에게는 군부를 모택동의 지원세력으로 만들게 했다. 주은래 총리는 혼란 중에서도 국무를 정상적으로 운영해 모택동을 도왔다.

홍위병의 활동으로 모택동의 후계자로 지목되었던 유소기劉少奇(류사오치)와 당 총서기 등소평鄧小平(덩샤오핑) 등 중요한 정치국 지도자들이 권좌에서 물러났다. 1967년 홍위병 내부에서 무력충돌이 일어나자 모택동은 임표(린뱌오) 휘하의 군대에게 홍위병 대신 문화혁명에 개입할 것을 지시했고 이로 인해 1969년 임표가 모택동의 후계자로 지명돼 국정 전반에 걸친 군부의 지배력이 강화되었다.

등소평

그러자 모택동은 권력을 장악하기 위해 설치는 임표에게 경계심을 품고 그를 숙청할 음모를 꾸미기 시작했다. 이를 눈치챈 임표는 1971년 9월 소련으로 탈출하다가 몽골 상공에서 비행기 추락사고로 사망했다. 그가 비행기를 탔다는 정보를 입수한 주은래는 모택동에게 미사일을 쏘아 비행기를 추락시키자고 건의했으나 받아들여지지 않았다는 설이 있다. 정부는 임표가 모택동을 암살하려다 실패하자 망명을 떠났다가 죽었다고 발표했다. 이를 역사는 '9·13 사건'이라 한다.

임표의 사망으로 권력 일선에 나선 사람은 주은래였다. 이 무렵 모택동이 뇌일혈로 몸이 좋지 않다는 것을 안 주은래는 대책을 논의했다. 1973년 초 모택동과 주은래는 등소평을 권력에 복귀시켰다. 그가 복귀되자 강청 일당은 더욱 급진적인 노선을 확립하려고 했으나 문화혁명 기간중 이들 조직원들 사이에 대립이 싹트면서 모택동의 정책은 힘을 잃게 되었다.

1973년 중반부터 1976년 9월 모택동이 죽을 때까지 강청을 비롯한 왕홍문王洪文(왕홍원)·장춘교張春橋(장춘차오)·요문원姚文元(야오원위안) 등 4인방과 주은래·등소평 집단 사이에서 정치권력이 왔다갔다했으나 1974년 7월 모택동이 다시 주은래와 등소평을 지지함에 따라 4인방은 세력을 잃었다. 그리고 주은래마저 병세가 악화됨에 따라 1974년 여름부터 등소평이 일선에 등장했다.

1976년 1월에 주은래가 죽자 그해 4월 모택동은 등소평을 공식적으로 숙청하였으나 1976년 9월 모택동이 죽고 그 해 10월에 행정·경찰·군부 지도자들의 연합에 의해 4인방이 숙청되면서 1977년 등소평은 복권의 길이 열렸다. 모택동의 사망과 4인방의 몰락, 등소평의 복권으로 '문혁'은 실패로 돌아갔다.

천안문 사태와 등소평의 흑묘백묘론

"검은 고양이든 흰 고양이든 쥐를 잘 잡으면 좋은 고양이다!"

실패한 '문혁'이 막을 내리고 1978년 새로운 지도자로 등장한 등소평(덩샤오핑)은 이른바 '흑묘백묘론黑猫白猫論'을 내세워 국가 경제 살리기 정책을 추진했다. 등소평은 국가 경제를 살리기 위해서는 사회주의를 바탕으로 개방을 해야 한다고 주장하였다.

1978년 등소평은 중앙위원회전체회의 개혁개방노선 채택 결의에 따라 농업생산책임제 도입, 기업자주권 확대, 경제특구 설치, 합영사업 인가 등 서구시장경제를 부분적으로 도입하여 경제적 자유·개방의 폭을 확대해 나가기 시작했다. 이에 맞춰 1980년대에 인민공사가 해체돼 토지의 개인 소유가 허용되면서 농업 생산량이 크게 향상되었다.

하지만 농산물의 생산량 증가가 한계에 부딪치자 정부는 농산물 수매가격을 인상했고 이것이 물가 상승과 인플레이션을 불러왔다. 여기에다 공산당의 부정부패까지 만연하여 소득격차에서 오는 불만을 부채질했고 급기야는 1989년 천안문天安門 사태를 야기했다.

1989년 4월 15일 공산당 간부 호요방胡耀邦(후야오방)이 북경의

한 병원에서 심근경색증으로 사망하자 다음날 북경대학에는 백여 장의 대자보가 나붙었다. 등소평은 호요방과 조자양趙紫陽(자오쯔양)을 자신의 후계자로 정했으나 1982년 당 총서기에 취임한 호요방은 등소평과 노선을 달리하여 사상과 언론의 자유, 법치주의와 당의 민주화를 내세우고 과감한 정치개혁을 추진하였다. 이러한 정치 개혁 노선은 젊은이들을 중심으로 많은 사람들의 공감을 얻어내는 한편 당내 보수파들의 반발을 불러일으켰다. 결국 호요방은 당 총서기 직에서 물러나야 했다.

"호요방에 대한 객관적인 평가를 하라!"

북경과 상해에서 학생들의 가두시위가 벌어졌다. 이를 기폭제로 북경대학교의 학생 수천 명은 천안문 광장에 집결하여 연좌시위에 들어갔다. 4월 18일에는 학생들이 호요방의 정책에 대한 재평가 등 7개항을 요구하며 시위를 확대하였다. 7개항은 민간인의 신문발행 허용, 고급 간부의 수입과 재산 공개, 호요방의 애도활동 객관적 보도, 1987년에 공포된 시위에 관한 10개항 규정의 취소 등이었다.

4월 22일 호요방의 장례식에서 확산된 시위는 5월 13일부터 2천여 명의 학생이 천안문 광장에서 단식농성에 들어가면서 더욱 가열돼 일 주일 뒤에는 시민·학생 1백여 만 명이 거리로 쏟아져 나왔다. 중국 정부는 5월 19일 밤을 기해 북경 시내에 군 병력을 투입하기 시작했고, 5월 20일에는 북경 일대에 계엄령을 선포했다.

이를 계기로 당내 보수파가 개혁파를 누르게 되었고 강경파인 이붕李鵬(리펑) 총리가 정권을 장악하기 시작했다. 그러나 북경의 시위는 중국 전역으로 번졌다. 상해는 물론 심양·장춘·장사 등에서 시위가 잇달았고, 결국 6월 4일 '피의 일요일'로 불리는 군의 대학살로 이어졌다. 군은 시위대에 무차별 총격을 가해 민주화 시위를 종식시켰다. 7주 동안 지속된 천안문 사태는 그렇게 끝을 맺었다.

천안문

혼란이 계속되는 동안 모습을 나타내지 않아 사망설이 나돌았던 등소평이 6월 9일 공식 석상에 모습을 나타냈다. 그는 이날 북경 일대에 출동한 군 지휘관들을 접견하고 '반反혁명 폭동'이 진압되었다고 선언했다.

당시 중국 정부는 천안문 사건으로 민간인 사망자 300여 명, 부상자 7천여 명이 발생했다고 발표했지만 비공식 집계로는 5천여 명 사망, 3만여 명 부상이라는 주장도 있으나 확인되지는 않았다. 하지만 이 같은 '피의 정치'에도 불구하고 등소평의 개혁·개방 정책은 중국을 새롭게 떠오르는 경제대국으로 만들었다.

1994년 이후 공식석상에서 모습을 감춘 등소평은 1997년 2월 지병으로 사망했다. 등소평은 오늘의 중국인들로부터 '등鄧 할아버지'라는 애칭으로 추앙을 받고 있다.

등소평이 죽은 뒤 실권을 장악한 것은 강택민江澤民(장쩌민)이다. 그리고 강택민의 뒤를 이어 호금도胡錦濤(후진타오)가 주석 직을 승계해 온가보溫家寶(원자바오) 총리와 함께 오늘의 중국을 이끌어가고 있다. 공산당과 건국의 기초를 닦은 모택동을 제 1세대라고 한다면 항일과 국·공 내전 승리의 주역인 등소평은 제 2세대가 된다. 그리고 학생·청년 시절 공산혁명에 투신한 강택민은 제 3세대라 할 수 있고, 호금도(후진타오)-온가보(원자바오) 세대는 제 4

세대가 된다.

  2008년 8월 8일 오후 8시. 북경의 올림픽경기장에서 제 29회 북경 하계올림픽의 개막을 알리는 축포가 울리고 화려한 불꽃이 하늘을 수놓았다. 올림픽 112년 역사에서 중국이 처음으로 개최하는 올림픽이었다. 우리나라의 88서울올림픽보다 20년이나 늦게 열린 북경올림픽은 중국인들에게는 자부심 그 자체였다.
  중국은 1997년 7월, 아편전쟁으로 영국에게 할양하였던 홍콩을 되돌려 받았다. 청·일 전쟁, 중·일 전쟁, 태평양전쟁, 21개 조항의 요구 등으로 철천지원수가 되고 5·4운동을 야기하는 원인이 되었던 일본과도 1972년 관계가 개선되었다.
  1950년 한국전쟁 당시 25만의 군대를 보내 한반도를 유린했던 중국은 1992년 우리나라가 대만과 단교하는 것을 조건으로 수교를 맺어 이제 교류국이 되었다. 뿐만 아니라 '북핵北核'을 둘러싸고 벌이고 있는 6자 회담의 한 나라로 정치·경제·사회·문화 모든 면에서 우리나라와 밀접한 관계의 이웃나라가 되었다.

중국의 학문과 사상 · 시문학과 서화

[주요 인물]

공자 _ 춘추 시대의 유학자로 《논어論語》를 남김. 세계 4대 성인의 한 사람. 인仁을 인간의 가장 큰 덕목으로 여기고 인仁으로써 이상적인 나라를 세우기를 원한다.

맹자 _ 공자의 인仁 사상에 의義를 더한 인의仁義 사상을 강조한 유학자. 여기에 예禮와 지智도 곁들여서 '인의예지'를 주창하고 성선설性善說을 강조.

장자 _ 노자의 영향을 받은 도가의 대표. "도는 어떤 대상을 요구하거나 사유하지 않고, 스스로 자기존재를 성립시키고 움직인다"는 무위자연론을 주장.

묵자 _ 묵가학파를 창시해 겸애설兼愛說을 주장. 목수출신으로, 그의 제자들도 모두 노동자, 농민, 종묘지기 등 천민 출신들이었다. 귀족 신분을 거절하고 반전反戰운동에 앞장선다.

사마천 _ 궁형을 이기고 《사기》를 완성. 명장 이릉李陵이 흉노에게 항복한 죄로 극문을 당하자 무죄를 변호했다가 궁형을 받지만 16년간의 산고 끝에 《사기》를 완성한다.

이백 _ 중국의 시성으로 불리는 당대唐代의 시인. 두보杜甫와 함께 중국 시문학의 쌍두마차. 궁정시인인 한림공봉翰林供奉으로 관직생활을 하다 뛰쳐나와 전국을 떠돌며 시작에 몰두.

두보 _ 이백과 함께 활동한 당의 시인. 진사 시험에 낙방한 후 숙종의 배려로 좌습유左拾遺란 낮은 관직을 받았으나 곧 그만두고 가솔을 이끌고 떠돌며 굶주림 속에서 1,400여 수의 시를 남긴다.

소동파 _ 《적벽부赤壁賦》의 시인. 자유분방한 심정과 재능의 표현을 통해 경쾌한 리듬 속에 절묘한 비유와 유머를 담은 시를 즐겨 썼다.

왕희지 _ 중국의 서성書聖으로 불리는 명필. 순수한 전통필법에서 한 걸음 더 나아가 자연스러운 가운데 변화무쌍한 필법을 조화롭게 구사.

노신 _ 《아Q정전》을 지은 중국의 대표적 문인. 일본을 이기기 위해서는 민중의 정신을 개혁해야 한다며 의사의 길을 포기하고 글을 쓴다.

춘추 · 전국 시대의 백가쟁명

무위자연을 주장한 노자

〈도덕경〉을 지은 노자

노자老子(기원전 6세기)는 도가道家의 창시자이다. 초나라 출생으로 성은 이李씨고 이름이 이耳, 자는 담聃, 또는 백양伯陽이다. 노군老君 또는 태상노군太上老君으로 불렸다.

노자가 자신의 사상을 5천 자로 정리한 것이 《도덕경道德經》이다. 현대 학자들은 《도덕경》이 노자 한 사람이 저술한 것이 아니고 여러 사람이 쓴 것으로 보고 있다. 학자들은 도교가 불교의 발전에 큰 영향을 미쳤다고 보고 노자는 유가에서는 철학자로, 평민들 사이에서는 성인 또는 신으로, 당에서는 황실의 조상으로 숭배되었다.

노자는 주周 왕조에서 수장사守藏史(국가 도서관 관장에 해당하는 벼슬)를 지냈지만 왕이라는 절대 권력을 부정했다. 도교의 모든 이론은 노자에 의해 마련되었는데 그는 세상의 모든 사물이 도道로부터 나온 것이라고 주장했다. 《도덕경》을 통해 볼 때, 노자 사상의 핵심은 무위자연無爲自然에 있으며, 그것이 곧 도道라는 개념으로 집약된다. 무위는 우주론적인 주장으로 부자연스런 행위를 조금도 하지 않는 것을 의미한다.

노자는 인간 관계의 오계명을 주장했다. 다섯 가지는 첫째, 진실함이 없는 아름다운 말을 늘어놓지 말라. 둘째, 말 많음을 삼가라. 셋째, 아는 체하지 말라. 넷째, 돈에 너무 집착하지 말라. 다섯째, 다투지 말라가 그것이다. 노자는 공자를 직접 가르치지는 않았지만 학문에 영향을 주었다. 공자가 30세 무렵 당시 학자로서 사상가로서 존경을 받고 있는 노자를 찾아갔다. 이때, 노자는 70세가 넘었다. 공자는 노자에게서 사람이 뽐내는 마음, 지나친 욕심, 부질없는 뜻을 버리면 덕이 나타나서 저절로 도덕이 행해질 것이라는 가르침을 받았다.

인仁을 가장 큰 덕목으로 여긴 공자

공자孔子(기원전 552~479)는 유교를 열어 세계 4대 성인의 한 사람으로 꼽힌다. 공자孔子의 이름은 구丘이고, 자는 중니仲尼이다. 공자는 노魯나라의 산동성 곡부에서 태어났다. 아버지는 오나라의 대부 숙량흘叔良紇이고, 어머니는 안징재顔徵在였다.

숙량흘은 원래 장수였다. 70살에 이르렀을

공자

때는 딸 아홉과 아들 하나를 두었으나, 아들은 다리를 절었다. 인근에 안顔씨라는 노인이 있었는데 어느 날 숙량흘이 뒤를 이을 자식 하나를 낳고 싶다며 그에게 딸 하나를 달라고 청하였다. 이때 16살 된 셋째 딸 징재를 얻었고 여기서 생긴 아들이 공자다. 공자는 체구가 컸지만 어릴 때부터 무武보다는 문文을 가까이 하였다. 15살이 된 공자는 학교에 들어갔다. 공자는 서자였으므로, 집안에서는 천대를 하였지만 기죽지 않고 열심히 공부했다.

기원 전 521년, 30살이 된 공자는 자신의 지식을 제자들에게 가르치기 시작했다. 공자는 제자가 된 남궁경숙과 함께 주나라 낙양으로 가서 발달된 문물을 체험했다. 주나라에는 이름난 사상가와 예술가들이 많았다. 공자는 50세 무렵 제나라와 노나라의 회담에서 제나라의 책략을 꺾고 노나라의 국위를 높인 공으로 대사구大司寇라는 최고 재판관의 자리에 올랐다.

공자는 '육경六經'(역경易經 · 시경詩經 · 주례周禮 · 서경書經 · 춘추春秋 · 악기樂記)을 고쳐서 제자들을 가르쳤다. 6경은 유교의 중심 사상을 이루었고, 종교의 차원에까지 도달했다.

공자는 '인仁'을 인간의 가장 큰 덕목으로 여겼으며, 인仁으로써 이상적인 나라를 세우고 만인이 인을 완성하기를 원했다. 공자가 주창한 '인'은 박애 · 덕 · 선 등의 뜻을 지니고 있는 심오한 인도주의로서, 정치적으로는 명분을 바르게 하고, 질서에 따라 임금은 임금답게, 신하는 신하답게 본분을 지키는 것으로 나타난다. 또 사회 생활에 있어서는 자기의 도리를 다하고, 자기가 싫은 것은 남에게 강요하지 않는다는 것을 비롯한 여러 가지 덕으로 나타난다. 이러한 인을 지향하고 예에 정진하는 사람이 군자요, 그렇지 못한 사람은 소인이라는 주장이다.

공자가 가르친 제자 3천 명 중 뛰어난 제자가 72명이라고 전하는데 안회·자로·자공이 수제자로 꼽힌다. 공자의 제자들이 공자의 언행을 기록하고 정리하여 펴낸 책이 이 시대 동양의 고전이 된 《논어論語》이다. '수신제가치국평천하修身齊家治國平天下'를 주창했던 공자는 기원전 479년에 세상을 떠났다.

인의예지仁義禮智를 주창한 맹자

맹자孟子(기원전 371~289)는 공자가 죽은 지 1백여 년 뒤에 추나라에서 태어났다. 맹자는 성이 맹孟이고 이름은 가軻이다. 아버지는 맹격孟激이고, 어머니는 장씨였다. 맹자의 아버지는 맹자가 3살 때 세상을 떠났는데, 너무 가난하여 제대로 장례를 치르지 못했다. 그처럼 가난한 속에서도 어머니

맹자

는 맹자의 교육에 온 정성을 쏟았다. 맹자의 어머니가 베틀에서 실을 끊어 아들을 훈계한 '맹모단기지훈'이나 어린 맹자의 교육을 위해 세 번씩이나 이사했다는 '맹모삼천지교'는 이 시대에도 교훈이 되고 있다.

맹자는 43살 때인 기원전 329년에 제나라 왕의 스승이 되었다. 50살 때는 양나라의 혜왕에게 왕도 정치를 역설하였다. 맹자는 공자의 인仁 사상에 의義를 더한 '인의仁義' 사상을 주창했다. 여기에 예禮와 지智도 곁들여서 '인의예지仁義禮智'를 어진 마음이라고 하였다. 예는 공경하는 마음이요, 지는 착하고 악한 것을 구별하

는 마음이다. 맹자는 성선설性善說을 주장했다. '인간은 태어날 때부터 착하다'는 게 맹자의 학설이다. 이와 반대되는 학설이 순자가 주장한 성악설性惡說이다.

맹자는 자신의 사상을 널리 실현하려 하였다. 맹자는 패도를 버리고 왕도를 따라 인정을 펴야 한다고 꾸준히 제후들에게 권유하는 한편, 천명天命을 얻음과 함께 통치자는 백성들의 복지를 돌보아야 할 책임이 있다고 강조했다. 맹자는 여러 나라를 방문했지만 그의 통치철학을 실천에 옮기려고 하는 제후는 한 사람도 없었다. 세월이 흘러감에 따라 맹자의 좌절감은 깊어갔고 마침내 고국인 추나라로 돌아와 여생을 후학 양성에 바쳤다. 『맹자孟子』는 제자들이 맹자가 여러 제후·제자들과 주고받은 말들을 엮은 책으로 각 장 상하 2편, 총 7장 14편으로 구성되어 있다.

도를 천지만물의 근본으로 본 장자

장자莊子는 노자의 영향을 받은 도가의 대표이다. 송宋나라 사람으로 본명은 장주 莊周이다.

장자莊子는 도道를 천지만물의 근본원리라고 보았다. 장자는 "도는 어떤 대상을 요구하거나 사유하지 않고, 스스로 자기존재를 성립시키며 절로 움직인다"는 이른바 무위자연無爲自然을 주장했다. 그는 누구에게도 구속받지 않는 자유로움을 즐겼던 것으로 알려져 있다.

장자는 저서 『남화경南華經』 『장자莊子』에서 모든 경험이나 지각의 상대성은 만물의 동일성萬物齊同과 밀접하게 연관되어 있다고 주장했다. 그리고 도가 어디에 있느냐는 질문에 대해 장자는 도가 없는 곳이 없다고 대답했다.

장자에게는 많은 일화가 남아 있다. 아내가 죽자 눈물을 흘리지 않고 오히려 악기를 두드리며 노래를 불렀다는 장자의 고사는 지금도 만인의 입에 오르내린다.

반전운동에 앞장섰던 묵자

묵자墨子(기원전 470~391)는 묵가墨家의 창시자이다. 이름이 적翟인 그는 어려서는 유가학설을 공부했으나 나중에는 겸애설兼愛說을 주 사상으로 하는 묵가학파를 창시했다. 묵자는 인간 충돌의 근본원인은 서로를 사랑하지 않는데 있다고 보고 겸애설을 주창했다. 묵자는 목수출신으로 그의 제자들도 모두 노동자, 농민, 종묘지기 등 천민 출신들이었다고 전한다. 묵자는 초楚나라와 월越나라 등 여러 곳에서 봉토를 주겠다고 하였으나 귀족의 신분이 되는 것을 거절하고 노동자의 검은 옷을 입고 다니며 반전反戰운동에 앞장섰다고 한다.

《한비자韓非子》를 저술한 철학자 한비

법가法家는 진시황의 신하 이사에게 죽음을 당한 한비韓非(기원전 280~233)가 창설했다. 한비는 《한비자韓非子》를 저술한 전국 시대 중국의 정치철학자이다. 그는 한韓의 공자 가운데 한 명으로 일찍이 형명학을 익혀 중앙집권적 제국의 체제를 적극적으로 창도한 법가 이론의 집대성자 정도로 알려져 있다.

한비는 현명한 임금은 관리를 다스리나 백성은 다스리지 않고, 법에 따라 사람을 선택하나 그 스스로 천거하지 않으며, 법에 따라 공을 헤아리나 스스로 재지는 않는다고 하였다. 진왕秦王 정政(후의 시황제始皇帝)은 한비의 전제정부에 관한 이론을 정리한《한비자韓非子》에 깊은 감명을 받아 중국을 통일한 후 이를 통일국가의 정치원리로 삼았다.

궁형을 이기고 완성한《사기史記》

사마천

한漢나라 무제 시대에는 정치·군사·경제 상의 발전을 토대로 하여, 문화적으로도 현란한 꽃을 피웠음은 앞에서도 기술한 바 있다.

무제는 봉선封禪을 봉행하기를 좋아했다. 봉선이란 흙을 쌓아 단을 만들고 천지에 제사지내는 일로서 태평성대의 상징이다. 신하가 황제의 봉선 행사에 참여하는 것은 영예로운 일이었는데 태사령(역사를 기록하는 관리) 사마담司馬談은 당시 낙양에 있어서 봉선에 참여할 수가 없었다. 계획하였던 봉선 참여가 수포로 돌아가자 사마담은 죽기 전에 아들 사마천司馬遷(기원전 145~85?)에게 이렇게 유언했다.

"내가 죽은 후 네가 태사가 되거든 내가 쓰려고 했던 역사를 꼭 써야 한다."

태사는 역사를 기록하는 관리이다. 사마담이 죽은 3년 후 사마천은 태사가 되었다. 사마천은 아버지의 유언에 따라 중국의 역사를 책으로 썼고 이것이 사마천의 『사기史記』이다. 신화 시대의 황제黃帝로부터 한 무제에 이르는 약 3천 년의 중국 역사를 기록하고 있는 『사기』는 중국 정사正史의 제일 가는 모범적 역사서로 세계에 널리 알려져 있다.

사마천은 기원전 145년 섬서성陝西省 한성현韓城縣에서 출생했다. 어려서는 학자 동중서와 공안국孔安國에게서 수학하였고, 부친의 영향을 받아 전국의 사적지를 직접 답사하고 각지의 전설과 풍속 등을 찾아내는 일에 힘을 쏟았다.

『사기』를 쓰기 시작한 지 5년 되던 해에 사건이 벌어졌다. 무제가 명장 이릉李陵을 흉노에게 항복한 죄로 국문하는 자리에서 사마천이 이릉의 무죄를 변호한 것이다. 이릉은 5천의 보병부대를 끌고 흉노의 주력부대 3만 기병과 사투를 벌이다가 응원부대의 도움을 받지 못하여 항복을 했던 것이다.

"이릉은 나라를 위해 자신의 일신을 돌보지 않고 몸 바쳐 싸웠습니다. 그가 비록 패했으나 나라를 위해 싸운 공로는 영원히 사라지지 않을 것입니다. 그가 패전하였을 때 장수의 신분으로서 자결하지 않은 것은 권토중래를 꾀하기 위함입니다. 그러므로 그를 살려서 다시 한 번 기회를 주는 것이 마땅하다고 아룁니다."

당시 조정에서는 이릉을 참하기로 이미 내부 방침을 세워놓고 형식적인 국문을 하고 있는 상황이었다. 따라서 무제는 죄인을 옹호하는 사마천을 가만 둘 수 없다며 사형을 명하였다. 사마천은 『사기』를 완성하기 위해 궁형宮刑(생식기를 제거하는 벌)을 자청했다. 당시 한나라에서는 사형을 받은 죄인이 막대한 벌금을 내거나 궁형을 택하면 사형을 면제해 주는 제도가 있었는데 사마천은 생활이 어려워 돈을 마련할 수가 없었다. 그때 사마천의 나이 48세였다. 2년 후 출옥한 사마천은 중서령中書令으로 있으면서 『사기』의 저술을 계속했다.

이 책은 16년 간의 산고를 거쳐 기원전 97년 마침내 완성되었다. 사마천은 자신의 저서 『사기史記』의 서문에서 이렇게 썼다.

> 태사라는 직책은 무당이나 점쟁이에 가깝고, 이른바 폐하의 우롱을 받는 악공과 흡사한 대접을 받으며 세상 사람들로부터도 경멸을 당하는 존재에 불과합니다. ……인간은 누구나 죽을 수밖에 없는데 최선은 조상의 명예를 위하여 죽는 것이며, 자기의 절개를 지키는 것, 자기 체면을 더럽히지 않는 것, 자신이 한 말에 책임을 지는 것이 그 뒤를 잇습니다. 그 밑으로는 죄를 지어 여러 가지 체형을 당하는 것인데 그 중에서도 가장 참혹한 것은 부형(궁형의 별칭)인 것입니다.

자신이 궁형을 받은 것이 남자로서 얼마나 치욕스런 일인가를 잘 나타낸 말이다.

중국의 시문학과 서화

《어부사漁父辭》에 실린 굴원의 절개

굴원屈原(기원전 340~278)은 초楚나라 왕족 출신으로, 이름은 평平이다. 재능이 뛰어나 20대에 초 회왕의 좌도로 총애를 받았으나 그의 재주를 시기하는 자들의 모함을 받고 추방을 당했다.

기원전 299년, 진나라는 다시 초나라를 공격하여 8개성을 빼앗고 초의 회왕에게 회담을 요청했다. 이에 초나라에서는 찬반이 엇갈렸다. 회왕의 아들 자란子蘭은 가야 한다고 주장했고 좌도左徒 굴원屈原은 가지 않아야 한다고 주장했다.

회왕이 진나라에 인질로 잡히자 경양왕頃襄王이 즉위하고 경양왕의 아우 자란이 영윤 자리에 올랐다. 자란은 상관대부 근상을 끌

굴원

어들여 굴원을 숙청하기로 했다. 근상 역시 능력이 있는 굴원을 시기하고 있었다.

"굴원이 학식이 높다고 대왕을 우습게 보고 있다하옵니다."

굴원은 근상의 모함에 결국조정에서 쫓겨나 변경으로 추방당했다. 갈 곳이 없는 굴원은 양자강과 동정호, 상수湘水 강가를 전전하며 떠돌아다니며 시를 짓고 살았다. 이때 고기를 잡던 한 어부가 머리를 풀어헤친 그를 보고 물었다.

"굴원, 당신이 어째서 이 지경이 됐습니까?"

굴원은 고개를 돌리며 탄식했다.

"세상은 서로 상반된 게 있는 법이오. 온 세상이 혼탁한데 나 홀로 깨끗하면 뭘 하겠소. 세상이 모두 취했는데 나 홀로 취하지 않아 융화가 어려웠소이다."

이에 어부가 "세상의 흐름을 좇는 것이 인간의 사는 길이 아니냐"고 묻자 굴원은 다음의 시 한 수로 어부에게 대답했다. 굴원이 지은 시 《어부사漁父辭》는 그의 절개가 잘 드러나고 있다.

사람이 세수하고 몸을 씻은 다음에는 반드시 모자의 먼지를 털고 의복의 먼지를 털어서 입는다고 하지 않는가. 나는 깨끗한 몸을 결코 더럽힐 수 가 없다. 그럴 바에는 차라리 강물에 몸을 던져 물고기의 밥이 되는 게 낫지 어찌 더러운 세속에 몸을 던질 수 있단 말인가.

굴원의 대표작은 〈이소離騷〉라는 시인데, 자신의 한평생을 읊은 장편 서사시로, 그 문장이 뛰어나 흔히 훌륭한 문장을 이를 때 '굴원의 이소'를 비유하곤 한다. 이 시는 373구, 2490자로서 중국의 고대 시가 가운데서 제일 긴 서정시이다. 이 시는 풍부한 상상력으로 시인이 나랏일에 근심하고 백성들의 가난 질병과 고통을 우려하는 애국주의 사상감정을 토로했다.

또한 초나라 조정의 비리와 추악한 행위를 강하게 꼬집었으며 나라와 도탄에 빠진 백성들을 구원하기 위해 유능한 자를 등용하고 공정한 법도를 제정해야 한다는 정치 견해를 밝혔다. 굴원의 시는 후세 문학창작에 큰 영향을 주었다. 사마천, 이백, 두보, 백거이 같은 문학가들은 봉건사회의 죄악을 폭로하고 규탄하는 면에서 굴원의 영향을 받았다. 굴원의 낭만주의 정신과 창작방법은 후세의 이름 있는 문인들에게 막대한 영향을 미쳐 역사적으로 위대한 시인으로 평가하고 있다.

『사기』를 쓴 사마천은 "굴원의 대표작들을 읽어보니 슬프지 않을 수 없었고, 그의 사람 됨됨이를 알 수 있었다. 그의 재능을 거절할 나라가 없었을 테지만 그렇게 비극적인 생을 마쳤다"며 아쉬워하였다고 한다. 이백李白은 "초왕 궁전 간데 없고 공산만 남았는데 굴원의 사부는 해, 달인 양 떠 있구나" 라고 절찬했다. 그의 시작품은 유럽과 일본, 러시아에서도 번역, 출판되었다.

굴원이 위수를 떠돌고 있을 때 초나라는 날이 갈수록 진나라에 영토를 잃어 수도 영을 뺏기고 회왕이 굴욕을 견디면서까지 버텼던 검중과 무 땅도 진에 내주었다.

'아, 조국 초나라도 이젠 운이 쇠하였구나!'

굴원은 분노와 비애에 싸여 음력 5월 5일 몸에 돌을 매달아 멱라수에 몸을 던져 죽었다. 그의 나이 62세 때의 일이다. 중국인들은 굴원이 죽은 음력 5월 5일을 단오절端午節로 명명하고 지금도 강에 용선을 띄우는 등 여러 가지 추모행사를 하고 있다. 추모행사 가운데 하나는 갈대 잎으로 싼 떡을 강의 물고기에게 던져 주는 것인데 이는 물 속의 굴원이 물고기에게 뜯어 먹히지 않게 물고기 밥을 주는 놀이라고 한다.

물에 빠진 당나라 시인 이백李白

이백

이백李白(701~762)은 두보杜甫와 함께 중국 시문학의 쌍두마차로 불린다. 이들은 동시대 인물이라는 점에서도 눈길을 끈다. 또 한유韓愈 · 유종원柳宗元과 함께 당나라 시대의 시문 4군자로 꼽힌다.

이백은 자는 태백太白이다. 청련거사青蓮居士라고도 한다. 소년시절부터 뛰어난 문학적 재능을 발휘하여 주위 사람들을 놀라게 했다. 그의 출생에 관해서는 촉蜀의 면주綿州(지금의 사천성) 창명현에서 출생했다는 설, 5세 때 아버지와 함께 서역에서 이주해왔다는 설, 아버지가 상인이었다는 설, 서북 지방의 이민족이었다는 설 등 여러 가지 설이 있다.

경제적으로 매우 풍족한 가정에서 태어났으며, 25세 무렵까지 촉국에서 지낸 것으로 알려져 있다. 일찍부터 독서를 좋아했고, 15세 무렵에는 시문 창작에도 높은 기량을 보였다고 한다. 20세 무렵에는 임협任俠 등과 사귀었으며, 칼로 사람을 베었다는 기록도 있다. 또 익주益州의 자사刺史 소정에게 재능을 인정받았으며, 동엄자東嚴子라는 은자와 함께 민산岷山의 남쪽에 은거하는 등 세속에서 누릴 수 없는 자유로운 생활을 했다고 한다.

"나 같이 글 잘 쓰고 똑똑한 사람을 나라에서 왜 부르지 않지?"

이백은 정치에 관심이 많았고 조정에서 불러주기를 고대했다. 그는 당시 부패한 정치에 불만을 품고 자신의 정치적 재능을 발휘해 보겠다는 꿈을 갖고 있었다. 어느 날, 현종이 이백을 불렀다. 이백은 '벼슬 한 자리 내리려나?' 하는 기대로 현종을 알현하였으나 현종의 말은 뜻밖의 것이었다.

"연회가 열리면 짐 곁에서 시나 지으면서 흥을 돋구어 주며 지내시오."

이백은 한림공봉翰林供奉으로 임명되었으나 정규직은 아니고 궁정시인이었다. 이백의 일생 중 관직에 몸담았던 것은 이 시기이며, 이로 인해 이한림 · 이공봉 등의 호칭이 나왔다. 조정에 나가는 일은 누구보다도 이백 자신이 희망했던 것이기는 했지만, 궁정시인으로서의 생활은 그에게 맞지 않았다.

이백은 생전에 많은 일화와 전설을 낳았다. 물 속에 비친 달을 건지려다 익사했다는 그의 사망에 관한 전설은 사실이 아니지만 자유분방한 그의 삶을 잘 설명해주는 일화이다. 이 시기에 이백은 화려한 명성과는 달리 심한 고독감을 느꼈다. 이 3년 간은 시간적으로는 짧았지만, 다수의 작품과 다양한 체험으로 수놓아진 중요한 시기였다. 그는 황제 측근들과의 마찰로 인해 744년 장안을 떠나지 않을 수 없었다.

'아! 따분하다. 벼슬이고 뭐고 고향에 가고 싶구나.'

이백은 궁궐 생활에 싫증을 느끼고 장안을 떠나 방랑의 길에 올랐다. 여행을 하다가 이백은 두보를 만나 두 사람은 형제 같은 사이가 되었다. 두 시인은 함께 하남 지방과 산동 일대를 두루 돌아다니며 시를 읊고 술을 마셨다. 그러다가 이백은 두보와 헤어져 각각 여행을 떠났다. 이백은 1천여 수의 시를 남겼다. 그의 시의 내용을 제재에 따라 살펴보면 가장 대표적인 위치를 차지하는 것은 여행・이별・음주・달빛・유선遊仙 등 소위 그의 세계관에서 유출되는 일련의 제재이다.

이백은 안록산의 난이 일어났을 때 영왕永王 이린李璘의 수군에 막료로 들어가게 되었다. 그러나 황실 내부의 분쟁으로 영왕의 군대는 적군賊軍으로 간주되었고 영왕은 살해되었으며, 이백도 체포되어 심양의 감옥에 갇혔다. 주변 사람들의 도움으로 일단 석방되었으나, 대역죄가 추가되어 결국 멀리 야랑으로 유배되었다.

762년, 62세의 이백은 당도當塗의 현령이었던 이양빙에게 병든 몸을 의탁하고 있다가 과도한 음주가 원인이 되어 그 해 11월 이양빙의 손에 시문의 초고를 맡기고 죽었다.

굶주림 속에서 시를 쓴 두보杜甫

두보

이백과 함께 당대 최고의 시인으로 평가받는 두보杜甫(712~770)는 당 현종이 즉위한 해인 선천先天 1년(712)에 허난성 궁현에서 태어났다. 몰락한 관료의 가정이었다. 초당初唐의 이름높은 시인 두심언杜審言의 손자이기도 한 두보는 7세 때 이미 〈봉황시〉를 지은 조숙한 소년이었다.

자는 자미子美. 두보를 '두릉杜陵의 포의布衣' 또는 '소릉少陵의 야로野老'라고 칭한 것은 장안長安의 남쪽 근교에 있는 두릉 땅에 두보의 선조가 살았기 때문이다. 만년에 공부원외랑工部員外郎의 관직을 지냈으므로 두공부杜工部라고 불리기도 한다. 일찍 어머니를 여의고 낙양의 숙모 밑에서 자랐는데 그의 시에 대한 재능은 일찍이 낙양의 명사들에게 인정을 받았다. 젊었을 때부터 술을 좋아했고 강직한 성품을 드러냈으며 연장자들과 교류를 즐겼다.

'벼슬을 해야지. 그러려면 과거 시험을 보아야 해.'

머리가 명석한 두보는 장안에 가서 진사 시험에 응시하였으나 떨어지고 말았다. 당시는 간신 이임보가 전횡하고 일삼고 있을 때라 부정이 많았고 가난한 두보는 낙방했다. 두보의 실망은 컸다. 20세를 전후하여 8, 9년 간 각 지방을 유람한 일이 있는 두보는 진사 시험에 낙제하고는 다시 여행길에 나서 산동성과 하북성을 유랑했다. 이때 명산대천을 보고 많은 시를 썼다고 하나 이 시기의 시는 전혀 전해지지 않고 있다.

안사의 난이 일어나 가족을 데리고 피난길에 오른 두보는 극히 궁핍한 떠돌이 생활을 하는 중에도 늘 부인과 함께 다녔고 잠시라도 떨어져 있게 되면 항상 처자의 신상을 염려하는 애정이 넘치는 시를 짓곤 했다. 이즈음 그는 벌써 30세나 되었는데도 전도가 열리지 않은 탓인지, 억압당하고 있던 정신이 때로는 대상을 찾아 날카로운 어조의 시로 표현되었다.

'숙종은 어진 임금이니까 나 같은 문재를 알아보실 거야.'

두보는 당 숙종이 즉위하자 임금을 찾아갔다. 숙종은 두보에게 좌습유左拾遺란 낮은 관직을 주었을 뿐 큰 벼슬을 내리지 않았다. 두보는 장안에서 궁핍한 생활을 하였다. 너무 가난해서 자식이 굶어 죽는 일까지 일어났다. 초근목피로 연명하는 생활이었다. 이같은 생활의 어려움과 조정에 대한 분노, 백성들이 굶주리고 있는

데 대한 비통함은 그의 많은 시에 잘 반영돼 있다. 두보는 권력자들의 향락과 사치를 증오하는 시를 지었다. 두보는 각지를 방랑하는 가운데 전란과 부역에 시달리는 백성들의 고통을 직접 보고 들었는데 역시 시가 되었다.

전국을 떠돌아다니던 두보의 건강은 쇠약해져서 폐결핵·중풍·학질에다 당뇨병까지 겹치고 왼쪽 귀도 들리지 않게 되었다. 그 사이에도 시작詩作은 점점 많아졌다. 두보 일가는 동정호를 떠돌아다니다가 담주潭州로 가서 거적으로 위를 가린 배를 집 삼아 지내며 부자유스런 몸으로 약초를 캐서 시장에서 팔기도 했다. 이즈음의 시는 신세진 사람들에게 바치는 것들이 많아서 그의 궁핍한 정도를 미루어 짐작케 한다.

770년 겨울 담주에서 악양岳陽으로 가는 도중 두보는 고생스런 일생을 끝마쳤다. 이때 나이 59세였다. 가족은 그의 관을 향리로 운반할 돈이 없어 오랫동안 악주에 두었는데, 그 후 40여 년이 지난 뒤 두보의 손자 두사업杜嗣業이 위사현偃師縣으로 운반하여 수양산 기슭에 있는 할아버지 두심언의 묘 옆에 묻었다.

오늘날 전해지는 두보의 시는 1,470여 수이다. 그 시를 보면 고난으로 가득 찼던 유랑의 시기에 따라 각각 시풍의 변화를 보이고 있는데 이는 다른 시인에게서는 그 예를 찾아보기 드문 일이다. 두보의 시는 그의 엄격한 정신을 표현한 격조 높은 것이었다. 철저하게 사실을 묘사하는 수법과 엄격한 성률聲律에 의해 세상일이나 사람의 감정을 미세하게 그려내고 있다. 두보의 시는 우리나라에는 《두시언해杜詩諺解(이병주 엮음)》로 많이 알려지고 있다.

시인 유종원柳宗元과 한유韓愈

유종원柳宗元(773~819)은 당대의 문학자이자 철학자이다. 그는 천지가 생기기 전에는 오직 원기元氣만이 존재했으며 천지가 나누어진 뒤에도 원기는 천지 중에 있다고 주장했다.

유종원의 이명은 유하동柳河東, 자는 자후子厚로 하동해河東解 사람이다. 일찍이 유우석劉禹錫 등과 함

유종원

께 왕숙문王叔文의 혁신단체에 참가했으나, 실패하여 영주사마永州司馬로 좌천되었다.

시인인 한유韓愈와 함께 고문운동古文運動을 제창하여 거의 천년 동안 귀족 출신의 문인들에게 애용된 변려문騈儷文에서 작가들을 해방시키려고 했다. 한유와 함께 당송 8대가에 속하여 '한·유韓柳'라고 불리기도 했다.

그의 《산수유기山水遊記》는 널리 알려져 있는데, 특히 풍경의 특징을 묘사하는 데 뛰어났다. 세상에 대한 울분을 자연풍경에 대입하고, 속세와 떨어져 있는 기이한 산수에 마음의 울분을 담아 작품에 반영했다. 시의 내용은 담백하며, 유배생활을 반영한 작품과 경치를 묘사한 소시小詩는 매우 뛰어나다고 평가된다.

한유韓愈(768~824)는 중국 산문의 대가이며 탁월한 시인이다. 자는 퇴지退之, 한문공韓文公이라고도 한다. 중국과 일본에 광범위한 영향을 미친 후대 성리학性理學의 원조이다. 고아 출신으로, 처음

한유

과거에 응시했을 때는 인습을 거부하는 문체 때문에 낙방했다.

그 후 25세에 진사에 급제, 여러 관직을 거쳐 이부시랑吏部侍郎까지 지냈다. 사후에 예부상서禮部尙書로 추증되었고 문文이라는 시호를 받는 영예를 누렸다. 그가 쓴 《원도原道》·《원성原性》등은 중국문학의 백미이며 그가 주장한 고문체 문장의 대표작이 되었다. 시문학에서도 그는 기존의 문학적 형식을 뛰어넘으려고 한 시인으로 평가받고 있다.

시인 도연명陶淵明과 《귀거래사》

돌아가리라, 나 돌아가리라
나의 고향이 황폐해지기 전에
나 돌아가리라.
지금까지 나라의 부름을 받아 잘 지냈거니
어찌 아쉬워하고 홀로 슬퍼하고 있는가?
지난 세월은 부질없음을 알았으니
앞으로 어찌 살아야 하는가도 알았도다.

도연명陶淵明(365~427)의 시 《귀거래사歸去來辭》의 일부분이다. 도연명의 시詩 중 최고의 작품으로 꼽히는 작품이다. 도연명의 이름은 잠潛, 호는 오류선생五柳先生, 연명淵明은 자이다. 동진東晉 말기부터 남조南朝의 송宋(劉宋) 초기의 인물이다.

'전원시인'으로 불리는 도연명은 강주江州 심양군尋陽郡 시상현柴桑縣에서 태어났다. 그의 가문은 대대로 남방의 토착 사족士族으로, 북조로부터 내려온 귀족이 절대적 실권을 장악하고 있던 당시의 남조 사회에서는 발붙이기가 어려웠다. 도연명의 아버지는 은둔생활을 했기 때문에 이름조차 알려져 있지 않다. 어머니는 정서대장군征西大將軍 환온桓溫의 장사長史 막료장이었던 맹가孟嘉의 넷째 딸이었다. 도연명은 그 사이에서 외아들로 태어났다.

도연명

도연명은 젊어서 세 번 관직에 올랐다가 세 번 모두 그만 두었다. 29세 때 자기가 살고 있던 강주의 제주(교육장)로 취임했으나 곧 사임했고 35세 때 당시 진晋나라 유뢰지劉牢之 장군의 참군參軍(참모)으로 취임했으나 이것 역시 곧 그만두었다. 그 후 시를 지으며 살았는데 생계가 어려워지자 41세 때 는 팽택彭澤의 현령縣令이 되었으나 높은 관리에게 아첨하는 것이 싫어 두 달만에 사표를 던지고 고향으로 돌아갔다. 이때 지은 시가 《귀거래사》이다.

도연명은 이후 죽을 때까지 20여 년 간 은둔생활에 들어갔다. 고향에 은거한 지 3년째 되는 해에 갑작스런 화재로 생가가 타버리자 그는 일가를 거느리고 고향을 떠나 주도인 심양의 남쪽 근교에 있는 남촌南村으로 이사해서 그곳에서 만년을 보내게 되었다. 그는 강주의 장관 왕홍王弘을 비롯해서 은경인殷景仁·안연지顔延之 등 많은 관료·지식인과 친교를 맺을 수 있었다. 그가 후세에 이름을 남길 수 있었던 것도 후에 남조 송의 내각과 문단의 지도자가 된 왕홍과 안연지를 친구로 두고 있었기 때문이었다.

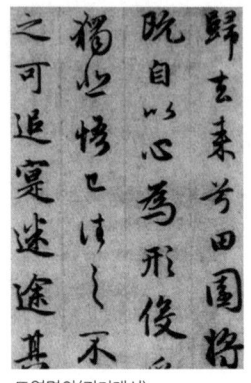
도연명의〈귀거래사〉

도연명의 시문으로 현재 남아 있는 것은 사언시四言詩 9수, 오언시 115수, 산문 11편이다. 이중 저작연대가 명확한 것이나 대강 알 수 있는 것은 80수이다. 도연명은 농사꾼으로 생활을 하면서 자연주의의 전원시 시작詩作으로 말년을 보내다가 62세로 영면했다.

《적벽부赤壁賦》의 시인 소동파蘇東坡

북송의 시인 소동파(1036~1101)는 인종仁宗 때 미산(사천성)에서 태어났다. 그의 본명은 소식蘇軾, 자는 자첨子瞻이다. 동파는 그의 호로 동파거사東坡居士에서 따온 별칭이다. 아버지 소순蘇洵, 동생 소철蘇轍과 함께 '3소三蘇'라고 일컬어지며, 이들은 모두 당송8대가唐宋八大家에 속한다.

1056년 그의 아버지 소순은 두 형제를 데리고 상경하여 아들의 시를 구양수歐陽修에게 보여주었는데 격찬을 받았다. 이들 형제는 관리임용시험에 동생과 나란히 급제하여 봉상부鳳翔府의 첨서판관簽書判官이 되어 관리 생활을 시작했다.

1068년 신종神宗이 시행한 신법新法에 대해서 구양수와 함께 비판적이었던 소동파는 감관고원監官告院이라는 사무직을 담당하다가 지방 근무를 청하여 절강성 항주, 밀주, 서주, 호주 등지의 지방관을 역임하면서 신법으로 인해 고생하는 농민들의 생활상을 시로 묘사했다. 1079년에는 조정의 정치를 비방하는 내용의 시를 썼다는 죄목으로 어사대御史臺에 체포되어 수도로 호송되었다. 이때 어사들의 심문과 소동파의 변명을 담은 기록이 《오대시안烏臺詩案》에 남겨져 지금까지 전해오고 있다. 100일간의 옥살이를 마치고 황주로 좌천되자 정치에는 일체 관여하지 않았다. 이 때의 생활은 부인은 누에를 치고 자신은

소동파

병영이었던 땅을 빌려 농사를 지었다. 이 땅을 동파(동쪽 언덕)라 이름짓고 스스로를 동파거사라고 칭했다. 그 유명한《적벽부赤壁賦》가 지어진 것도 이곳에서였다.《적벽부》는 적벽에 배를 띄우고 친구들과 유유자적 노는 마음을 읊었다.

 소동파는 구양수·매요신 등에 의해서 기틀이 마련된 송시宋詩를 더욱 발전시키고 구양수·매요신의 시풍에서 벗어나 훨씬 적극적인 관점에서 시를 지었다. 그의 시는 자유분방한 심정과 재능의 표현을 통해 경쾌한 리듬 속에 절묘한 비유와 유머를 담고 있다. 제재에 있어서도 특별히 구애받지 않아 이전까지 다른 사람들이 취하지 않았던 것, 간과되어왔던 것들도 시로 썼다.

 소동파는 서예에도 뛰어났다. 그의 글씨는 왕희지王羲之·왕헌지王獻之 부자의 정통적인 서법과 안진경顔眞卿 일파의 혁신적 서법을 겸비하고 있다는 평가를 받고 있다. 소동파는 말년에 해남도로 유배되어 그곳에 주로 거주하던 여족黎族과 함께 비참한 생활을 하다 다시 명예직에 복직되었으나 상경하던 중 중병을 얻어 66세로 영면했다.《동파집東坡集》40권과《동파후집東坡後集》20권 등 많은 문집이 전한다.

서성書聖 왕희지王羲之

왕희지王羲之(321~379, 혹은 303~361)는 서성書聖이라 불릴 정도로 역사상 가장 윤택한 기운과 고상하며 품위가 있고 짜임새 있는 글씨를 아름답게 쓴 사람이다.

낭야 임기에서 태어난 왕희지에게는 많은 일화가 따른다. 그의 바지는 새로 입은 지 얼마 안 되어서 무릎 위가 여기저기 구멍이 났는데 그가 앉기만 하면 손가락으로 글씨를 써서 무릎 부위가 헤졌다고 한다. 또 하나는 물이 시커멓게 된 '묵지默池'라는 연못이 있었는데 왕희지가 먹을 간 벼루를 너무 많이 씻어서 물이 시커멓게 되었다고 전한다.

왕희지가 젊었을 때였다. 어느 날 시장 바닥에서 부채를 팔고 있는 노인을 만났다. 노인이 부채를 한 개도 팔지 못하고 파리만 날리고 있는 것을 본 왕희지는 붓을 꺼내 부채에 한시 한 구절을 쓰고는 자신의 이름을 적어 넣었다.

"아니, 이게 무슨 짓인가? 부채에다 낙서를 해 놓으면 어찌 판단 말인가?"

부채 파는 노인이 화를 냈으나 왕희지는 아랑곳하지 않고 남은 부채에 글씨를 써넣었다. 잠시 후 한 사람이 부채의 글씨를 알아보고는 부채를 사면서 소리쳤다.

"왕희지의 글씨다!"

그러자 사람들이 몰려들었다. 노인은 부채를 비싼 값에 모두 팔았다고 한다.

왕희지는 한대에 싹이 튼 해서·행서·초서의 실용서체에 운치韻致를 불어넣어 예술적인 서체로 승화시켰다. 즉 쓰고 읽히는 실용적인 글씨에 신비롭고 기품이 있는 운치를 불어넣은 서예가이다. 따라서 서예역사에 있어서 서체의 발전은 그에 이르러 완성된 것으로 여겨지고 있다.

왕희지 이후의 서예가들 중에서 그의 영향을 안 받은 사람이 없을 정도로 그의 서체는 후학의 교본이 되었다. 전통필법을 계승 발전시킨 그의 해서와 행서는 안온하면서도 웅건하고 자유롭다. 우리나라에서도 삼국시대 이래 해서와 행서의 전범이 되어 널리 쓰였다.

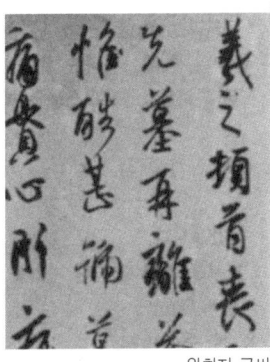
왕희지 글씨

왕희지는 순수한 전통필법에서 한 걸음 더 나아가 자연스러운 가운데 변화무쌍한 필법을 조화롭게 구사하였다. 그래서 후대에 있어 서예상의 새로운 모색과 변화가 추구될 때에는 늘 왕희지에 대한 새로운 평가와 재해석으로부터 시작되었다. 중국의 역대 황실이 그의 글씨를 선호하고 널리 수집하여 그의 서체와 필법이 크게 성행했다. 왕희지의 대표작으로는 《난정서蘭亭敍》가 있다. 난정서는 천하제일의 행서로 여겨져 이후 모든 행서체의 전범典範이 되었다.

《홍루몽》의 작가 조설근

조설근曹雪芹은(1715~1763)은 중국어로 쓴 소설 중 가장 많은 독자를 확보한 대하소설 《홍루몽》의 작가이다. 중국에는 "《홍루몽》은 만리장성과도 바꿀 수 없다"는 말이 있다. 《홍루몽》을 5

번 읽었다는 모택동은 "《홍루몽》을 읽지 않으면 중국 봉건사회를 이해할 수 없다"고 단언했다.

《홍루몽》은 주인공인 미소년 가보옥을 둘러싼 애정비극과 귀족의 흥망 등 러브스토리와 당시의 사회상을 그린 소설이다. 주인공 가보옥을 중심으로 400명이 넘는 등장인물 하나 하나가 뚜렷한 개성을 나타내며 펼쳐지는 거대한 인생의 파노라마를 통해《삼국지연의》에서는 느끼지 못했던 고전소설의 새로운 맛을 느낄 수 있다.

조설근은 만년에 빈궁한 상태에서 어릴 적의 추억을 바탕으로 《홍루몽》을 쓰기 시작하였으나 10년 동안에도 마무리를 하지는 못했다. 생활이 어려운데다가 단 하나뿐인 어린 자식마저 요절하여 80회에서 중단하고 50세도 못되어 세상을 하직했다. 그가 세상을 뜨면서 남긴 것이란 벽에 걸린 거문고와 칼 한 자루뿐이었고, 그의 부인도 의탁할 곳이 없었다고 한다. 《홍루몽》은 후일 고악이 40회를 덧붙여 120회본으로 완성되었다.

《아Q정전阿Q正傳》의 노신魯迅

20세기 중국문학의 거장으로 불리는 노신魯迅(루쉰, 1881~1936)의 본명은 주수인周樹人, 자는 예재豫才이다. 대표작으로는 〈아Q정전阿Q正傳〉을 비롯하여 《광인일기》, 《눌함》 등이 있다.

노신의 아명은 장수樟壽였고 수인이라는 이름은 1898년 남경의 학교에 입학할 때 지었다. 노신은 중류 정도의 지주 집안에서 출생했다. 조부는 중앙정부의 관리였으나 친지가 관리시험을 치를 때 평소 알고 지내던 시험관에게 뇌물을 건네주었다는 혐의로 체포·투옥되는 사건이 일어났다. 때문에 그의 소년 시절은 생활이 어려웠다. 노신은 이때의 감상을 자신의 첫번째 소설집 《눌함》의 자서를 통해 이렇게 밝히고 있다.

"누구라도 평온한 가정으로부터 곤궁의 나락으로 떨어진 사람이 있을 수 있겠지만 나는 이러한 과정 속에서 세상 사람들이 가진 대부분의 모습을 볼 수 있었다고 생각한다."

노신

어머니의 도움으로 남경의 광로학당을 졸업한 노신은 일본 도호쿠 대학에서 의학을 공부했고, 이 무렵부터 사상적으로는 혁명파에 속하여 반청反淸 혁명단체인 광복회에 가입했다. 노신은 일본의 침략 행위를 이기기 위해서는 민중의 정신을 개혁해야 한다고 생각하고 의사의 길을 포기하고 글을 쓰기 시작했다.

일본에서 귀국 후 잠시 고향에서 교원생활을 하다가 손문이 일으킨 신해혁명을 계기로 국민정부의 교육부원으로서 참가하여 북경으로 올라왔다. 그러나 혁명에 대한 실망과 원세개 정부에 대한 반감으로 잠시 은둔하다가 문학에 심취해《광인일기》,《아Q정전》등 중국사회와 민중의 현실을 그린 소설을 발표, 중국 근대문학의 출발점을 마련했다.

《아Q정전》은 1921년에 노신이 북경신문에 연재한 중편소설이다. 이 소설은 '아Q'라는 일용 노동자를 주인공으로 하여 봉건적인 중국사회가 만들어낸 민족적 비극을 풍자한 작품이다. 독자들은 자기 자신 속에 숨어 있는 아Q 기질에 충격을 받았고 이 작품은 곧바로 전국적인 명성을 얻게 되었다. 노신은 소설 외에도 많은 수필집을 남겼다.

 1932년 말 국민당 정부에 항거하여 결성된 민권보장동맹民權保障同盟에 참여한 일로 노신은 수배돼 오갈 데가 없게 되었다. 그는 아파트 방에 틀어박혀 집필을 계속하다가 결국에는 폐결핵에 걸려 1936년 10월 19일 56세의 나이로 병사했다. 이때 학생과 시민 조문객은 1만 명에 이르렀다고 한다. 그는 만국공원 묘역의 한 구석에 안치되었다.

중국사 연대표

기원전

1650경	상왕조 시작.
1070경	무왕이 주왕조 창건.
1050	무왕 은나라 멸하고 주나라 건설.
827	선왕 주왕조를 중흥.
770	유왕이 죽고, 동주 시대 시작.
722	춘추 시대 시작. 기원전 481년까지.
685	제 환공 즉위. 관중을 상으로 삼음.
679	제 환공, 춘추오패 최초의 패자가 됨.
632	진 문공, 송·제와 함께 성복에서 초군 격파.
552	공자 출생.
505	월나라 오나라를 공격
496	오왕 합려, 월에 패해 사망.
494	오왕 부차, 월왕 구천을 항복시킴.
473	월왕 구천, 오를 멸망시킴.
453	진의 3대부 한·위·조가 지백을 멸망시키고 진을 삼분.

445	위 문후 즉위.
403	한·위·조 제후로 주왕실의 인정을 받음. 전국시대 개막.
359	진秦 효공, 상앙을 등용하여 제1차 상앙변법 시행.
333	소진, 합종책 성립.
328	진秦, 장의를 재상으로 임명
299	초 회왕 진에 생포됨.
278	진의 장군 백기, 초의 수도 영을 점령. 초는 진으로 천도.
259	진왕 정政(진시황제) 출생.
221	진이 6개국을 병합하고 천하통일. 시황제 칭호 사용.
213	이사의 주장으로 분서령을 반포. 다음 해 갱유사건 발생.
210	진시황제가 순행 중 사망. 2세황제(호해)가 즉위.
	시황제 여산릉에 묻힘.
209	진승·오광의 난 발발. 9월, 항우·유방 거병.
206	진 멸망. 홍문연에서 항우와 유방이 만남.
202	항우가 오강에서 전사. 유방 황제에 오름.
195	고조가 죽고 혜제(영) 즉위. 여후의 전제 시작.
180	여후 죽고, 여씨 일족 살해됨.
154	오초칠국의 난 발생. 곧 평정.
139	장건이 서역으로 출발. 비단길 개척.
126	장건, 서역에서 귀환.
121	곽거병, 흉노에게 2회 출격. 흉노의 혼사왕 투항.
60	서역도호 설치.

33	5월, 원제 사망. 성제 즉위. 왕씨 등 외척이 권력 장악.
8	왕망, 대사마가 됨.
1	6월, 애제 사망. 평제 즉위와 동시에 왕망이 재차 대사마에 취임.

기원후

5	왕망, 평제를 독살.
8	왕망 황제의 지위에 오름. 국호를 신新으로 정함.
18	적미군의 반란 발생.
22	유수 등의 거병으로 왕망군 각지에서 패퇴.
23	유현, 경시제로 즉위. 왕망 살해되고 신 멸망.
25	유수, 광무제로 즉위. 낙양에 도읍을 둠.
57	광무제 사망. 명제 즉위.
73	두고, 북흉노를 공격하고 반초를 서역에 파견함.
91	반초, 서역도호가 됨.
92	두헌의 살해와 함께 환관의 전횡 시작.
141	외척 양기 대장군으로 승진. 양씨의 전횡 심각.
146	양기, 질제를 살해. 환제 즉위.
159	양기, 환관에게 살해. 환관 단초 등이 열후에 봉해져 전횡을 일삼음.
166	제1차 당고사건 발생. 서주에서 반란 발생.

184	황건의 난 발생.
189	영제 사망하고 소제 즉위.
190	동탁, 수도를 장안으로 옮김.
192	왕윤과 여포, 동탁을 살해.
208	적벽 대전 – 유비·손권 연합군 화공으로 조조군을 대파.
220	조조 사망. 아들 조비가 헌제를 폐위시키고, 위를 건국(문제).
221	유비, 촉한을 건국(소열제).
227	촉의 제갈공명 출사표를 올리고 위를 공격.
229	손권, 오나라 황제가 됨.
234	촉의 제갈공명 오장원에서 사망.
249	사마의, 승상이 되어 위의 실권을 장악. 고평릉 사변.
263	위, 촉을 멸망.
265	사마염, 위를 멸망시키고, 진을 건국(무제).
280	진, 오를 멸망시키고 천하를 통일 달성.
300	팔왕의 난 발발.
316	유요, 장안을 함락하고 서진을 멸함.
319	갈족의 석륵, 조왕이라 칭함(후조).
337	선비족 모용황, 연나라 건국(전연).
370	전진 부견, 전연을 멸망시키고 통일.
383	전진의 부견 남정을 시도, 비수에서 동진군에 패배.
386	선비족 척발규 북위를 건국.
402	환현, 반란을 일으키고 다음해 제위를 찬탈.

404	유유, 환현을 토벌.
420	유유, 동진을 멸망시키고, 송을 건국하고 무제가 됨.
479	소도성, 송을 멸망시키고, 제를 세움.
493	북위 효문제, 평성에서 낙양으로 천도. 한화정책 추진.
502	소연, 제의 화제로부터 양위 받아 양을 건국(무제).
534	고환, 효정제를 옹립해 동위 세움.
535	우문태, 문제를 옹립해 서위 세움.
550	고양, 동위를 멸망시키고 북제를 건국(문선제).
556	진패선, 양을 멸망하고 진을 건국. 우문각, 북주를 건국(효민제).
581	양견, 북주를 멸망시키고 수왕조 건국.
588	수, 진을 정복하고 남북을 통일.
604	태자 양광, 양제로 즉위.
605	양제, 대운하의 공사를 시작, 610년 완공.
611	양제, 고구려 친정에서 대패. 이후 두 차례의 원정도 실패.
613	양현감, 난을 일으킴.
618	양제, 살해되고 이연, 고조황제에 오름. 국호를 당이라 함.
626	이세민, 형 건성(태자)과 동생 원길을 살해(현무문의 변).
644	당 태종, 고구려를 침공하나 양만춘에 대패.
690	측천무후. 예종을 폐위하고 황제에 올라 국호를 주로 고침 (무주혁명).
705	국호 당으로 회복. 측천무후 사망.
710	위후, 중종 독살.

712	예종, 태자 융기(현종)에게 양위.
742	안록산, 평로절도사가 됨.
745	현종, 양귀비를 총애.
755	안사의 난 발발. 763년까지 계속됨.
756	현종, 성도로 피난. 양국충·양귀비 등은 살해.
819	헌종, 환관에게 살해. 목종 즉위.
875	소금밀매업자 왕선지가 일으킨 난에 황소가 호응해 황소의 난 발생. 884년까지 이어짐.
880	황소, 장안에 입성해 국호를 제라 하고 황제가 됨.
882	황소군 장수 주온, 당에 항복하고 전충이란 이름을 하사받음.
883	이극용, 황소를 격파. 주전충을 선무절도사로 임명.
907	주전충, 당을 빼앗아 후량을 건국.
923	이존욱(장종), 후량을 멸하고 후당을 세움.
936	석경당, 거란의 지원을 받아 후당을 멸하고 후진 건국.
946	요(거란), 후진을 멸망시킴.
947	유지원, 후한을 건국.
951	곽위, 후주를 건국. 유숭, 북한을 건국.
960	조광윤, 후주를 멸하고 송을 건국(태조).
976	태조가 급사하고 동생 광의가 태종으로 즉위.
1004	송과 요 사이에 '전연의 맹'으로 화의가 성립.
1038	이원호, 즉위하여 대하(서하)라 칭함.
1044	송과 서하 사이에 화의가 성립.

1085	송나라 신종 죽고 왕안석 신법을 폐지.
1115	여진의 아골타가 금金을 건국(금태조).
1123	송이 연경을 수복. 금 태조가 죽고 동생 오걸매가 즉위(태종).
1125	금, 요의 천조제를 사로잡고 요를 멸망.
1127	송의 휘종, 흠종이 체포되고 북송 멸망.
1140	금군 남진. 악비 금군을 격파하고 개봉에 당도.
1142	송과 금의 제1차 화의 성립.
1189	몽골의 테무진, 칸을 칭함.
1206	테무진, 몽골을 통일하고 칭기즈칸이라 칭함.
1219	칭기즈칸 서정 돌입. 1224년까지 계속됨.
1227	칭기즈칸 병사.
1234	금, 몽골과 남송의 군대에 공격받아 멸망.
1235	몽골과 남송의 교전 시작.
1260	쿠빌라이칸(세조) 즉위.
1271	몽골, 국호를 원元으로 바꿈.
1351	하남에서 홍건의 난이 발생. 이후 각지에 군웅이 할거.
1364	주원장, 자립하여 오왕을 칭함.
1368	주원장이 즉위하여 명을 건국하고 홍무제가 됨.
1398	홍무제 사망. 황태손 건문제 즉위.
1399	연왕 북경에서 거병하여 정난의 변을 일으킴.
1402	연왕 영락제로 즉위하여 내각을 편성.
1410	영락제의 제1차 몽골 친정.

1424	제5차 몽골 친정. 영락제, 원정에서 귀환 도중 유목천에서 사망.
1431	정화, 제7차 남해원정.
1449	토목보의 변 일어나 황제가 포로가 됨.
1572	만력제 즉위. 장거정 대학사의 수보가 됨.
1589	여진(만주)족 누르하치, 건주에서 삼위를 통일.
1616	누르하치, 후금을 건국.
1626	누르하치 사망. 홍타이지 즉위.
1629	이자성, 반란에 가담.
1636	후금, 국호를 청으로 바꿈.
1641	이자성, 낙양을 점령하고, 명의 복왕 살해.
1643	홍타이지 사망. 순치제 즉위.
1644	이자성, 서안을 수도로 국호를 대순으로 정함. 북경을 점령하고 명을 멸망시킴. 청, 오삼계와 힘을 합쳐 이자성군 격파, 북경 입성.
1645	청, 남경 공략, 복왕정권 멸망.
1646	당왕정권 멸망. 계왕 영력제 옹립.
1658	정성공, 강남에 진격하여 일시 남경을 포위.
1661	순치제 사망. 강희제 즉위. 남명정권 소멸. 정성공, 대만 수복.
1673	오삼계, 운남에서 거병. 삼번의 난 발생.
1681	오삼계, 자살. 반란 평정.
1689	러시아와 네르친스크조약을 체결.

1716	≪강희자전≫ 완성.
1722	강희제 사망. 옹정제 즉위.
1735	옹정제 사망. 건륭제 즉위.
1782	≪사고전서≫ 완성.
1796	건륭제 퇴위. 가경제 즉위. 백련교의 난 발생(1804년까지).
1839	임칙서가 몰수한 아편을 폐기. 아편전쟁 수행을 영국하원이 결의.
1842	남경조약 조인.
1851	배상제회 홍수전, 금전에서 봉기해 태평천국이라 칭함.
1853	태평천국군, 남경을 점령하고 천경으로 개칭.
1856	애로호 사건 발생.
1860	영·불 연합군 북경 점령, 북경조약 체결.
1882	조선으로 청·일 양국 출병. 조선에서 임오군란 발생.
1888	강유위 제1차 상소.
1894	청·일 전쟁 발발. 손문, 하와이에서 흥중회 결성.
1898	광서제, 변법유신 선언. 무술정변 발생, 서태후가 탈권.
1900	의화단이 북경 열강 공사관 포위.
1901	신축조약 체결.
1904	러·일 전쟁 발발.
1911	청조가 천한 등 간선철도 국유화 반포. 무한에서 신군이 봉기해 신해혁명으로 발전.
1912	중화민국 남경임시정부 성립. 원세개 북경에서 임시대총통에

	취임.
1914	손문, 동경에서 중화혁명당 결성.
1915	일본이 중국에 대해 21개조 요구. 원세개가 황제추대를 수락.
	원세개 타도 혁명 발발.
1919	5·4운동 발발.
1921	중국공산당 창당.
1924	광주에서 국민당 제1회 전국대표대회, 제1차 국공합작
	정식 시작.
1926	북벌 개시.
1927	장개석, 상해에서 반공 쿠데타.
1931	9·18 만주사변 발생.
1934	대장정 시작.
1936	서안사건 발생.
1937	제2차 국공합작 시작. 일본군 남경대학살 자행.
1945	8월 15일, 일본 항복. 장개석과 모택동, 중경회담.
1948	삼대전투에서 인민해방군 승리.
1949	10월 1일, 중화인민공화국 성립 선언. 장개석, 대만으로 이주.
1953	제1차 5개년 계획 개시.
1958	인민공사 설립.
1965	문화대혁명 시작.
1971	임표 비행기 추락사.
1975	장개석 사망.

1976	주은래 사망. 9월 모택동 사망. 사인방 체포. 문화대혁명 종결.
1977	등소평 복귀.
1989	5월, 소련의 고르바초프 중국 방문. 6월 4일, 천안문사태 발생. 민주화운동 탄압.
1992	8월 24일, 한·중 수교.
1997	1월 17일, 등소평 사망. 7월 1일, 홍콩 반환.
2008	8월 8일 북경올림픽 개최.

인물로 풀어 쓴

이야기 중국사

 The History of the China

- 초판 1쇄 발행 2007년 5월 15일
- 초판 4쇄 발행 2014년 11월 20일

- 엮어 옮김   이 형 기
- 편집 주간   박 선 규

- 펴 낸 곳   아이템북스
- 펴 낸 이   박 효 완
- 디 자 인   김 영 숙
- 마 케 팅   최 용 현

- 등록번호   제2-3387호
- 등 록 일   2001년 8월 7일
- 주   소   서울 마포구 서교동 444-15 1층 101호

※ 잘못된 책은 교환해 드립니다.